中国能源统计年鉴

CHINA ENERGY STATISTICAL YEARBOOK

2013

国家统计局能源统计司 编

Compiled by
Department of Energy Statistics,
National Bureau of Statistics, People's Republic of China

中国统计出版社
China Statistics Press

图书在版编目（CIP）数据

中国能源统计年鉴. 2013 : 汉英对照 / 国家统计局能源司编. -- 北京 : 中国统计出版社, 2013.12
ISBN 978-7-5037-7022-7

Ⅰ. ①中… Ⅱ. ①国… Ⅲ. ①能源经济－经济统计－中国－2013－年鉴－汉、英 Ⅳ. ①F426.2-54

中国版本图书馆 CIP 数据核字(2013)第 278412 号

中国能源统计年鉴 2013

作　　者 / 国家统计局能源统计司　编
责任编辑 / 胡文华
装帧设计 / 李雪燕
出版发行 / 中国统计出版社
通信地址 / 北京市丰台区西三环南路甲 6 号　邮政编码/100073
电　　话 / 邮购（010）63376909　书店（010）68783171
网　　址 / http://csp.stats.gov.cn
印　　刷 / 河北天普润印刷厂
经　　销 / 新华书店
开　　本 / 880 × 1230mm　1/16
字　　数 / 712 千字
印　　张 / 23.25
版　　别 / 2013 年 12 月第 1 版
版　　次 / 2013 年 12 月第 1 次印刷
定　　价 / 298.00 元

如有印装差错，由本社发行部调换。

《中国能源统计年鉴 2013》

编委会和编辑人员

顾　　问：马建堂

主　　任：许宪春

副 主 任：文兼武

编委会委员：（以姓氏笔画为序）

文兼武　王晓辉　安新莉　朱　虹　许宪春　张　洋

孟合合　胡　卫　陶　全

总 编 辑：文兼武

副总编辑：孟合合　王晓辉

编辑部主任：朱　虹　王立群

编辑人员：（以姓氏笔画为序）

马　帅　王庆一　车　桐　任宝莹　孙如皎　安新莉

朱春燕　朱　虹　朱　峰　张　剑　张　洋　张　展

孟　凯　李　蓓　杨宜茜　杨　佳　武　斌　胡　卫

赵　倩　陶　全　焦　健　谢　欣　熊晋梅

责任编辑：胡文华

China Energy Statistical Yearbook 2013

EDITORIAL BOARD AND STAFF

编 辑 说 明

一、《中国能源统计年鉴》是一部全面反映中国能源建设、生产、消费、供需平衡的权威性资料书，从 1986 年开始，由国家统计局工业交通统计司主编。2008 年版起，由国家统计局能源统计司主编，中国统计出版社出版，向国内外公开发行。

二、为满足广大读者对中国能源统计数据的需求，提高数据应用的时效性，从 2004 年起，《中国能源统计年鉴》由每两年出版一册改为每年出版一册，封面的年份由数据年份改为出版年份。

三、《中国能源统计年鉴》信息量大，特别突出数据的权威性、完整性。全书共分为 8 个部分：1.综合；2.能源建设；3.能源生产；4.能源消费；5.全国能源平衡表；6.地区能源平衡表；7.香港、澳门特别行政区能源数据；附录为台湾省能源数据、有关国家和地区能源数据、主要统计指标解释以及各种能源折标准煤参考系数。

四、本书大部分资料来源于国家统计局年度统计报表及《中国统计年鉴》。全国统计数字均未包括香港、澳门特别行政区和台湾省。能源平衡表核算范围不包括非商品能源。

五、本书中，中国能源数据截止到 2012 年，世界和各国及地区能源数据截止到 2011 年。

六、符号使用说明：年鉴各表中“空格”表示该项统计指标数据不足本表最小位数、数据不详或无该项数据；“#”表示其中的主要项。

七、从 2012 年起，行业分类均采用 2011 年版最新行业分类标准。

PREFACE

China energy statistical yearbook is an annual statistical publication, which covers very comprehensive data in energy construction, production, consumption, equilibrium of supply and demand in an all-round way, established in 1986, edited by the department of Industry and Transport Statistics of State Statistics Bureau. 2008 annual is edited by the Department of Energy Statistics of State Statistics Bureau, published by China Statistics Press, to the domestic and international public publication.

In order to satisfy the masses of readers' demands for China energy statistics, improve the efficiency and timeliness of the data use, from each of 2004, *China energy statistical yearbook* is published one volume every year instead of one volume every 2 years, the year of front cover also switched over to publishing year.

The amount of information in *China energy statistical yearbook* is large, especially stress the authoritativeness, integrality of the data. The book consists of eight chapters: 1. General Survey; 2. Construction of Energy Industry; 3. Energy Production; 4. Energy Consumption; 5. Energy Balance Table of China; 6. Energy Balance Table by Region; 7. Energy data for the Hong Kong and Macao Special Administrative Region. Additional information provided in the appendices include major energy data for Taiwan province, energy data for related countries or areas and explanatory notes of main statistical indicators and conversion factors from physical units to coal equivalent.

Annual statistical reports from the National Bureau of Statistics and the *China Statistical Yearbook* are the main data sources of this document. However, the national data in this book does not include that of the Hong Kong and Macao Special Administrative Region, the Taiwan province. Also, the data in the energy balance tables does not cover non-commercial energy.

The China energy data were by the year of 2012, energy data for the world and other countries or area were by the year of 2011.

Notations used in the yearbook：blank space indicates that the figure is not large enough to be measured with the smallest unit in the table, or data are unknown or are not available;" # "indicates a major breakdown of the total.

Since 2012，Classification for national standard of industry classification is implementing new version of 2011 except legal entities.

目　录

CONTENTS

一、综合

Chapter 1 General Survey

1-1 能源生产、消费与国内生产总值增长速度 ···························· 3
Growth Rate of Energy Production and Consumption Compared with Growth Rate of GDP
1-2 国民经济和能源经济主要指标 ···························· 4
Main Indicators of National Economy and Energy Economy
1-3 平均每万元国内生产总值能源消费量 ···························· 6
Energy Intensity by GDP
1-4 能源加工转换效率 ···························· 7
Efficiency of Energy Transformation
1-5 人均能源生产量和消费量 ···························· 8
Energy Production and Consumption Per Capita
1-6 人均生活用能量 ···························· 9
Residential Energy Consumption Per Capita
1-7 年末交通运输设备拥有量 ···························· 10
Number of Transportation Equipment (Year-End)
1-8 主要能源品种进、出口量 ···························· 11
Imports and Exports of Major Energy Products
1-9 主要高耗能产品的进、出口量 ···························· 12
Imports and Exports of Energy Intensive Products
1-10 分地区废气中主要污染物排放情况（2012 年） ···························· 13
Main Pollutant Emission in Waste Gas by Region (2012)
1-11 分地区废水中主要污染物排放情况（2012 年） ···························· 14
Main Pollutant Emission in Waste Water by Region (2012)

二、能源建设

Chapter 2 Construction of Energy Industry

2-1 国有经济能源工业分行业固定资产投资 ···························· 19
Investment in Fixed Assets of State-Owned Units in Energy Industry
2-2 国有经济能源工业分行业固定资产投资构成 ···························· 19
Proportions of Investment in Fixed Assets of State-Owned Units in Energy Industry
2-3 分地区国有经济能源工业固定资产投资 ···························· 20
Investment in Fixed Assets of State-Owned Units in Energy Industry by Region
2-4 分地区国有经济煤炭采选业固定资产投资 ···························· 21
Investment in Fixed Assets of State-Owned Units in Coal Mining and Processing by Region

2-5 分地区国有经济石油和天然气开采业固定资产投资 22
Investment in Fixed Assets of State-Owned Units in Petroleum and Natural Gas Extraction by Region
2-6 分地区国有经济电力、蒸汽、热水生产和供应业固定资产投资 23
Investment in Fixed Assets of State-Owned Units in Electricity, Steam, Hot Water Production and Supply by Region
2-7 分地区国有经济石油加工及炼焦业固定资产投资 24
Investment in Fixed Assets of State-Owned Units in Petroleum Processing and Coking by Region
2-8 分地区国有经济煤气生产和供应业固定资产投资 25
Investment in Fixed Assets of State-Owned Units in Gas Producing and Supply by Region
2-9 能源工业分行业投资 26
Investment in Energy Industry
2-10 能源工业分行业投资构成 26
Investment in Energy Industry by Proportions
2-11 分地区能源工业投资 27
Investment in Energy Industry by Region
2-12 分地区煤炭采选业投资 28
Investment in Coal Mining and Processing by Region
2-13 分地区石油和天然气开采业投资 29
Investment in Petroleum and Natural Gas Extraction by Region
2-14 分地区电力、蒸汽、热水生产和供应业投资 30
Investment in Electricity, Steam, Hot Water Producing and Supply by Region
2-15 分地区石油加工及炼焦业投资 31
Investment in Petroleum Processing and Coking by Region
2-16 分地区煤气生产和供应业投资 32
Investment in Gas Producing and Supply by Region

三、能源生产
Chapter 3 Energy Production

3-1 一次能源生产量和构成 35
Primary Energy Production and Composition
3-2 分地区焦炭生产量 37
Coke Production by Region
3-3 分地区原油生产量 38
Crude Oil Production by Region
3-4 分地区汽油生产量 39
Gasoline Production by Region
3-5 分地区煤油生产量 40
Kerosene Production by Region
3-6 分地区柴油生产量 41
Diesel Oil Production by Region
3-7 分地区燃料油生产量 42
Fuel Oil Production by Region
3-8 分地区天然气生产量 43
Natural Gas Production by Region

3-9 分地区发电量……44
Power Generation by Region
3-10 分地区水力发电量……45
Hydro Power Generation by Region
3-11 分地区火力发电量……46
Thermal Power Generation by Region
3-12 分地区城市天然气供应情况……47
Basic Statistics on Supply of Natural Gas in Cities by Region
3-13 分地区城市人工煤气供应情况……48
Basic Statistics on Supply of Coal Gas in Cities by Region
3-14 分地区城市液化石油气供应情况……49
Basic Statistics on Supply of LPG in Cities by Region
3-15 分地区城市集中供热情况……51
Basic Statistics on Heating Supply in Cities by Region

四、能源消费

Chapter 4 Energy Consumption

4-1 能源消费总量和构成……54
Total Energy Consumption and Composition
4-2 工业分行业终端能源消费量（实物量）-2012……56
Final Energy Consumption by Industrial Sector (Physical Quantity) -2012
4-3 工业分行业终端能源消费量（标准量）-2012……62
Final Energy Consumption by Industrial Sector (Standard Quantity) -2012
4-4 分行业能源消费总量……68
Consumption of Total Energy and Its Main Varieties by Sector
4-5 分行业煤炭消费总量……70
Consumption of Coal and Its Main Varieties by Sector
4-6 分行业焦炭消费总量……72
Consumption of Coke and Its Main Varieties by Sector
4-7 分行业原油消费总量……74
Consumption of Crude Oil and Its Main Varieties by Sector
4-8 分行业汽油消费总量……76
Consumption of Gasoline and Its Main Varieties by Sector
4-9 分行业煤油消费总量……78
Consumption of Kerosene and Its Main Varieties by Sector
4-10 分行业柴油消费总量……80
Consumption of Diesel Oil and Its Main Varieties by Sector
4-11 分行业燃料油消费总量……82
Consumption of Fuel Oil and Its Main Varieties by Sector
4-12 分行业天然气消费总量……84
Consumption of Natural Gas and Its Main Varieties by Sector
4-13 分行业电力消费总量……86
Consumption of Electricity and Its Main Varieties by Sector

4-14 分地区能源消费总量 88
Total Energy Consumption by Region
4-15 分地区煤炭消费量 89
Coal Consumption by Region
4-16 分地区焦炭消费量 90
Coke Consumption by Region
4-17 分地区原油消费量 91
Crude Oil Consumption by Region
4-18 分地区汽油消费量 92
Gasoline Consumption by Region
4-19 分地区煤油消费量 93
Kerosene Consumption by Region
4-20 分地区柴油消费量 94
Diesel Oil Consumption by Region
4-21 分地区燃料油消费量 95
Fuel Oil Consumption by Region
4-22 分地区天然气消费量 96
Natural Gas Consumption by Region
4-23 分地区电力消费量 97
Electricity Consumption by Region

五、全国能源平衡表

Chapter 5 Energy Balance Table of China

5-1 中国能源平衡表(实物量) -2012 100
Energy Balance of China (Physical Quantity) -2012
5-2 中国能源平衡表(标准量) -2012 106
Energy Balance of China (Standard Quantity) -2012
5-3 综合能源平衡表 112
Overall Energy Balance Sheet
5-4 煤炭平衡表 114
Coal Balance Sheet
5-5 焦炭平衡表 116
Coke Balance Sheet
5-6 石油平衡表 118
Petroleum Balance Sheet
5-7 原油平衡表 120
Crude Oil Balance Sheet
5-8 燃料油平衡表 122
Fuel Oil Balance Sheet
5-9 汽油平衡表 124
Gasoline Balance Sheet
5-10 煤油平衡表 124
Kerosene Balance Sheet

5-11 柴油平衡表 …… 126
Diesel Oil Balance Sheet
5-12 液化石油气平衡表 …… 126
LPG Balance Sheet
5-13 天然气平衡表 …… 128
Natural Gas Balance Sheet
5-14 电力平衡表 …… 128
Electricity Balance Sheet

六、地区能源平衡表
Chapter 6 Energy Balance Table by Region

6-1 北京能源平衡表 (实物量) -2012 …… 132
Energy Balance of Beijing (Physical Quantity) -2012
6-2 天津能源平衡表 (实物量) -2012 …… 138
Energy Balance of Tianjin (Physical Quantity) -2012
6-3 河北能源平衡表(实物量) -2012 …… 144
Energy Balance of Hebei (Physical Quantity) -2012
6-4 山西能源平衡表(实物量) -2012 …… 150
Energy Balance of Shanxi (Physical Quantity) -2012
6-5 内蒙古能源平衡表(实物量) -2012 …… 156
Energy Balance of Inner Mongolia (Physical Quantity) -2012
6-6 辽宁能源平衡表(实物量) -2012 …… 162
Energy Balance of Liaoning (Physical Quantity) -2012
6-7 吉林能源平衡表(实物量) -2012 …… 168
Energy Balance of Jilin (Physical Quantity) -2012
6-8 黑龙江能源平衡表(实物量) -2012 …… 174
Energy Balance of Heilongjiang (Physical Quantity) -2012
6-9 上海能源平衡表(实物量) -2012 …… 180
Energy Balance of Shanghai (Physical Quantity) -2012
6-10 江苏能源平衡表(实物量) -2012 …… 186
Energy Balance of Jiangsu (Physical Quantity) -2012
6-11 浙江能源平衡表(实物量)-2012 …… 192
Energy Balance of Zhejiang (Physical Quantity) -2012
6-12 安徽能源平衡表(实物量) -2012 …… 198
Energy Balance of Anhui (Physical Quantity) -2012
6-13 福建能源平衡表(实物量) -2012 …… 204
Energy Balance of Fujian (Physical Quantity) -2012
6-14 江西能源平衡表(实物量) -2012 …… 210
Energy Balance of Jiangxi (Physical Quantity) -2012
6-15 山东能源平衡表(实物量) -2012 …… 216
Energy Balance of Shandong (Physical Quantity) -2012
6-16 河南能源平衡表(实物量)-2012 …… 222
Energy Balance of Henan (Physical Quantity) -2012

6-17 湖北能源平衡表(实物量) -2012 228
Energy Balance of Hubei (Physical Quantity) -2012
6-18 湖南能源平衡表(实物量) -2012 234
Energy Balance of Hunan (Physical Quantity) -2012
6-19 广东能源平衡表(实物量) -2012 240
Energy Balance of Guangdong (Physical Quantity) -2012
6-20 广西能源平衡表(实物量) -2012 246
Energy Balance of Guangxi (Physical Quantity) -2012
6-21 海南能源平衡表(实物量) -2012 252
Energy Balance of Hainan (Physical Quantity) -2012
6-22 重庆能源平衡表(实物量) -2012 258
Energy Balance of Chongqing (Physical Quantity) -2012
6-23 四川能源平衡表(实物量) -2012 264
Energy Balance of Sichuan (Physical Quantity) -2012
6-24 贵州能源平衡表(实物量) -2012 270
Energy Balance of Guizhou (Physical Quantity) -2012
6-25 云南能源平衡表(实物量) -2012 276
Energy Balance of Yunnan (Physical Quantity) -2012
6-26 陕西能源平衡表(实物量) -2012 282
Energy Balance of Shaanxi (Physical Quantity) -2012
6-27 甘肃能源平衡表(实物量) -2012 288
Energy Balance of Gansu (Physical Quantity) -2012
6-28 青海能源平衡表(实物量) -2012 294
Energy Balance of Qinghai (Physical Quantity) -2012
6-29 宁夏能源平衡表(实物量) -2012 300
Energy Balance of Ningxia (Physical Quantity) -2012
6-30 新疆能源平衡表(实物量) -2012 306
Energy Balance of Xinjiang (Physical Quantity) -2012

七、香港、澳门特别行政区能源数据
Chapter 7 Energy Data for Hong Kong and Macao Special Administrative Region

7-1 香港主要能源及相关指标 315
Major Energy and Related Indicators of Hong Kong
7-2 香港电力和煤气消费量 316
Consumption of Electricity and Gas of Hong Kong
7-3 香港油产品进口留用量 316
Hong Kong Retained Imports of Oil Products
7-4 香港煤产品进口留用量 317
Hong Kong Retained Imports of Coal Products
7-5 香港电力生产、消费和进出口 317
Hong Kong Electricity Production, Consumption, Imports and Exports
7-6 澳门主要能源及相关指标 318
Major Energy and Related Indicators of Macao

7-7 澳门能源平衡表 ······ 318
Macao Energy Balance Table

附录 1 台湾省能源数据
Appendix Ⅰ Energy Data for Taiwan Province

附录 1-1 台湾省主要能源及相关指标 ······ 321
Major Energy and Related Indicators of Taiwan Province
附录 1-2 台湾省分行业电力消费量 ······ 322
Taiwan Province Electricity Consumption by Sector
附录 1-3 台湾省能源供给总量及构成 ······ 322
Taiwan Province Energy Supply and Composition
附录 1-4 台湾省能源消费总量及分部门消费构成 ······ 323
Taiwan Province Energy Consumption and Composition by Sector
附录 1-5 台湾省电力生产量和消费量 ······ 323
Taiwan Province Electricity Production and Consumption

附录 2 有关国家和地区能源数据
Appendix Ⅱ Energy Data for Related Countries or Areas

附录 2-1 年中人口数 ······ 327
Mid-Year Population
附录 2-2 国内生产总值汇率算法(2005 年价格) ······ 328
Gross Domestic Products Using Exchange Rates (US$2005)
附录 2-3 能源生产总量 ······ 329
Total Energy Production
附录 2-4 能源生产量/一次能源供应量(能源自给率) ······ 330
Energy Production/TPES(Self Sufficiency)
附录 2-5 能源供应量/GDP(吨标准油/千美元 2005 年价格) ······ 331
TPES/GDP(toe per thousand 2005 US$)
附录 2-6 人均能源供应量(吨标准油/人) ······ 332
TPES/ Population (toe per capita)
附录 2-7 煤生产量 ······ 333
Coal Production
附录 2-8 原油和天然气凝析液(NGL)生产量 ······ 333
Crude Oil Production
附录 2-9 天然气生产量 ······ 334
Natural Gas Production
附录 2-10 总发电量 (2011 年) ······ 335
Total Electricity Generation(2011)
附录 2-11 终端能源消费量 ······ 336
Total Final Energy Consumption
附录 2-12 煤的一次供应量 ······ 337
Primary Supply of Coal

附录 2-13　石油的一次供应量 ········· 338
Primary Supply of Oil
附录 2-14　天然气供应量 ········· 339
Primary Supply of Gas
附录 2-15　国内生产总值电耗(千瓦小时/美元 2005 年价) ········· 340
Electricity Consumption/GDP(kW • h per 2005 US$)
附录 2-16　人均电力消费量(千瓦小时/人) ········· 340
Electricity Consumption / Population (kW • h per capita)
附录 2-17　煤净进口量 ········· 341
Net Import of Hard Coal
附录 2-18　石油净进口量 ········· 342
Net Import of Oil
附录 2-19　天然气净进口量 ········· 343
Net Import of Natural Gas
附录 2-20　主要高耗能产品单位能耗中外比较 ········· 344
Energy Consumption for Main Energy Intensive Products by Comparing China with Selected Countries

附录 3　主要统计指标解释 ········· 349
Appendix Ⅲ Explanatory Notes of Main Statistical Indicators

附录 4　各种能源折标准煤参考系数 ········· 355
Appendix Ⅳ Conversion Factors from Physical Units to Coal Equivalent

一、综　　合

Chapter 1　General Survey

1-1 能源生产、消费与国内生产总值增长速度

GROWTH RATE OF ENERGY PRODUCTION AND CONSUMPTION COMPARED WITH GROWTH RATE OF GDP

年 份 Year	国内生产总值增长速度(%) Growth Rate of GDP (%)	能源生产增长速度(%) Growth Rate of Energy Production	电力生产增长速度(%) Growth Rate of Electricity Production	能源消费增长速度(%) Growth Rate of Energy Consumption	电力消费增长速度(%) Growth Rate of Electricity Consumption	能源生产弹性系数 Elasticity of Energy Production	电力生产弹性系数 Elasticity of Electricity Production	能源消费弹性系数 Elasticity of Energy Consumption	电力消费弹性系数 Elasticity of Electricity Consumption
1980	7.8	-1.3	6.6	2.9	6.6		0.85	0.37	0.85
1981	5.2	-0.8	2.9	-1.4	3.0		0.56		0.58
1982	9.1	5.6	6.0	4.4	5.9	0.62	0.66	0.48	0.65
1983	10.9	6.7	7.2	6.4	7.3	0.61	0.66	0.59	0.67
1984	15.2	9.2	7.3	7.4	7.4	0.61	0.48	0.49	0.49
1985	13.5	9.9	8.9	8.1	9.0	0.73	0.66	0.60	0.67
1986	8.8	3.0	9.5	5.4	9.5	0.34	1.08	0.61	1.08
1987	11.6	3.6	10.6	7.2	10.6	0.31	0.91	0.62	0.91
1988	11.3	5.0	9.6	7.4	9.7	0.44	0.85	0.65	0.86
1989	4.1	6.1	7.3	4.2	7.3	1.49	1.77	1.03	1.78
1990	3.8	2.2	6.2	1.8	6.2	0.58	1.63	0.47	1.63
1991	9.2	0.9	9.1	5.1	9.2	0.10	0.99	0.55	1.00
1992	14.2	2.3	11.3	5.2	11.5	0.16	0.80	0.37	0.81
1993	14.0	3.6	15.3	6.3	11.0	0.26	1.09	0.45	0.79
1994	13.1	6.9	10.7	5.8	9.9	0.53	0.82	0.44	0.76
1995	10.9	8.7	8.6	6.9	8.2	0.80	0.79	0.63	0.75
1996	10.0	3.1	7.2	3.1	7.4	0.31	0.72	0.31	0.74
1997	9.3	0.3	5.1	0.5	4.8	0.03	0.55	0.06	0.52
1998	7.8	-2.7	2.7	0.2	2.8		0.35	0.03	0.36
1999	7.6	1.6	6.3	3.2	6.1	0.21	0.83	0.42	0.80
2000	8.4	2.4	9.4	3.5	9.5	0.28	1.12	0.42	1.13
2001	8.3	6.5	9.2	3.3	9.3	0.79	1.11	0.40	1.12
2002	9.1	4.7	11.7	6.0	11.8	0.52	1.29	0.66	1.30
2003	10.0	14.1	15.5	15.3	15.6	1.41	1.55	1.53	1.56
2004	10.1	14.4	15.3	16.1	15.4	1.43	1.51	1.60	1.52
2005	11.3	10.0	13.5	10.6	13.5	0.88	1.19	0.93	1.19
2006	12.7	7.4	14.6	9.6	14.6	0.58	1.15	0.76	1.15
2007	14.2	6.5	14.5	8.4	14.4	0.46	1.02	0.59	1.01
2008	9.6	5.4	5.6	3.9	5.6	0.56	0.58	0.41	0.58
2009	9.2	5.4	7.1	5.2	7.2	0.59	0.77	0.57	0.78
2010	10.4	8.1	13.3	6.0	13.2	0.78	1.28	0.58	1.27
2011	9.3	7.1	12.0	7.1	12.1	0.76	1.29	0.76	1.30
2012	7.7	4.4	5.8	3.9	5.9	0.57	0.75	0.51	0.77

注：国内生产总值增长速度按可比价格计算，能源生产增长速度和能源消费增长速度采用等价值总量计算。

a) GDP growth rate is calculated at comparable prices, the growth rates of energy production and consumption are calculated by coal equivalent.

1-2 国民经济和能源经济主要指标

指　　标	Item	单 位 unit	2000
1.年底人口总数	1.Year-end Population	万人 10^4 persons	126743
城镇	Urban	万人 10^4 persons	45906
乡村	Rural	万人 10^4 persons	80837
2.国内生产总值	2.Gross Domestic Products	亿元 10^8 yuan	99215
第一产业	Primary Industry	亿元 10^8 yuan	14945
第二产业	Secondary Industry	亿元 10^8 yuan	45556
工业	Industry	亿元 10^8 yuan	40034
建筑业	Construction	亿元 10^8 yuan	5522
第三产业	Tertiary Industry	亿元 10^8 yuan	38714
3.全社会固定资产投资总额	3.Investment in Fixed Assets	亿元 10^8 yuan	32918
能源工业(国有)	Energy Industry (State-owned)	亿元 10^8 yuan	2840
煤炭采选业	Coal Mining and Processing	亿元 10^8 yuan	199
石油和天然气开采业	Petroleum and Natural Gas Extraction	亿元 10^8 yuan	365
电力、蒸汽、热水生产和供应业	Electricity, Steam Production and Supply	亿元 10^8 yuan	2130
石油加工及炼焦业	Petroleum Processing and Coking	亿元 10^8 yuan	95
煤气生产和供应业	Gas Production and Supply	亿元 10^8 yuan	60
4.进出口总额	4.Total Value of Exports and Imports	亿元 10^8 yuan	39273
出口总额	Exports	亿元 10^8 yuan	20634
进口总额	Imports	亿元 10^8 yuan	18639
5.一次能源生产总量(发电煤耗计算法)(*)	5.Primary Energy Production (coal equivalent calculation)(*)	万吨标准煤 10^4 tce	135048
一次能源生产总量(电热当量计算法)(**)	Primary Energy Production (calorific value calculation)(**)	万吨标准煤 10^4 tce 万吨标准煤 10^4 tce	128743
6.能源消费总量(发电煤耗计算法)(*)	6.Total Energy Consumption (coal equivalent calculation)(*)	万吨标准煤 10^4 tce 万吨标准煤 10^4 tce	145531
能源消费总量(电热当量计算法)(**)	Total Energy Consumption (calorific value calculation)(**)	万吨标准煤 10^4 tce	139445

注：(*) 发电煤耗计算法是指电力按当年平均火力发电煤耗换算成标准煤(下表同)。
(**) 电热当量计算法是指电力按自身的热功当量换算成标准煤。采用的折标系数为1万千瓦时=1.229吨标准煤(下表同)。
(*) Electricity is converted to TCE by average quantity of fuel used for power generation. (the same as in the following tables)
(**) Electricity is converted to TCE by 104kwh=1.229TCE. (The same as in the following tables)

2001	2002	2003	2004	2005	2006	2007	2008	2009	2010	2011	2012
127627	128453	129227	129988	130756	131448	132129	132802	133450	134091	134735	135404
48064	50212	52376	54283	56212	58288	60633	62403	64512	66978	69079	71182
79563	78241	76851	75705	74544	73160	71496	70399	68938	67113	65656	64222
109655	120333	135823	159878	184937	216314	265810	314045	340903	401513	473104	518942
15781	16537	17382	21413	22420	24040	28627	33702	35226	40534	47486	52374
49512	53897	62436	73904	87598	103720	125831	149003	157639	187383	220413	235162
43581	47431	54946	65210	77231	91311	110535	130260	135240	160722	188470	199671
5932	6465	7491	8694	10367	12409	15296	18743	22399	26661	31943	35491
44362	49899	56005	64561	74919	88555	111352	131340	148038	173596	205205	231407
37214	43500	55567	70477	88774	109998	137324	172828	224599	278122	311485	374695
2622	2626	2876	3643	4766	5687	6715	7940	10003	11219	11468	12402
199	233	310	420	624	759	836	1014	1241	1477	1635	1784
375	158	236	301	279	387	586	740	1271	1798	2009	1963
1861	2082	2158	2640	3451	4042	4611	5336	6686	7054	6806	7670
127	93	90	188	299	369	549	698	561	556	653	540
58	60	82	95	113	129	133	153	244	336	365	446
42184	51378	70484	95539	116922	140974	166864	179921	150648	201722	236402	244160
22024	26948	36288	49103	62648	77597	93564	100395	82030	107023	123241	129359
20159	24430	34196	46436	54274	63377	73300	79527	68618	94699	113161	114801
143875	150656	171906	196648	216219	232167	247279	260552	274619	296916	317987	331848
136223	142829	164011	187268	205860	220895	234856	247010	259767	279694	300907	310995
150406	159431	183792	213456	235997	258676	280508	291448	306647	324939	348002	361732
142972	151789	176074	204219	225781	247562	268413	277515	292028	307987	331173	341094

1-3 平均每万元国内生产总值能源消费量

ENERGY INTENSITY BY GDP

年 份 Year	万元国内生产总值能源消费量(吨标准煤/万元) Total Energy Consumption (tce/10^4 yuan)	万元国内生产总值煤炭消费量(吨/万元) Coal (tn/10^4 yuan)	万元国内生产总值焦炭消费量(吨/万元) Coke (tn/10^4 yuan)	万元国内生产总值石油消费量(吨/万元) Petroleum (tn/10^4 yuan)	万元国内生产总值原油消费量(吨/万元) Crude Oil (tn/10^4 yuan)	万元国内生产总值燃料油消费量(吨/万元) Fuel Oil (tn/10^4 yuan)	万元国内生产总值电力消费量(万千瓦小时/万元) Electricity (104 kW·h/10^4 yuan)
	国内生产总值按1980年可比价格计算 GDP is calculated at 1980 constant prices						
1980	13.20	13.36	0.94	1.92	2.02	0.67	0.66
1981	12.37	12.60	0.82	1.94	1.82	0.59	0.64
1982	11.84	12.23	0.76	1.57	1.66	0.54	0.63
1983	11.36	11.82	0.71	1.44	1.56	0.49	0.61
1984	10.59	11.20	0.66	1.29	1.38	0.43	0.56
1985	10.10	10.74	0.62	1.21	1.25	0.37	0.54
1986	9.78	10.40	0.63	1.18	1.24	0.36	0.55
1987	9.39	10.06	0.62	1.12	1.16	0.34	0.54
1988	9.06	9.68	0.59	1.08	1.09	0.32	0.53
1989	9.07	9.68	0.60	1.08	1.09	0.32	0.55
1990	8.90	9.51	0.62	1.04	1.06	0.30	0.56
	国内生产总值按1990年可比价格计算 GDP is calculated at 1990 constant prices						
1990	5.32	5.69	0.37	0.62	0.63	0.18	0.34
1991	5.12	5.45	0.35	0.61	0.61	0.17	0.34
1992	4.72	4.93	0.34	0.58	0.57	0.15	0.33
1993	4.40	4.59	0.33	0.56	0.52	0.14	0.32
1994	4.12	4.31	0.31	0.50	0.47	0.12	0.31
1995	3.97	4.16	0.32	0.49	0.45	0.11	0.30
1996	3.69	3.83	0.32	0.48	0.43	0.10	0.29
1997	3.40	3.44	0.27	0.48	0.43	0.09	0.28
1998	3.16	3.13	0.27	0.46	0.40	0.09	0.27
1999	3.03	3.00	0.23	0.45	0.41	0.08	0.26
2000	2.89	2.80	0.22	0.45	0.42	0.08	0.27
	国内生产总值按2000年可比价格计算 GDP is calculated at 2000 constant prices						
2000	1.47	1.42	0.11	0.23	0.21	0.04	0.14
2001	1.40	1.35	0.11	0.21	0.20	0.04	0.14
2002	1.36	1.30	0.11	0.21	0.19	0.03	0.14
2003	1.43	1.40	0.12	0.21	0.19	0.03	0.15
2004	1.50	1.46	0.13	0.22	0.20	0.03	0.15
2005	1.49	1.47	0.16	0.21	0.19	0.03	0.16
	国内生产总值按2005年可比价格计算 GDP is calculated at 2005 constant prices						
2005	1.28	1.25	0.14	0.18	0.16	0.02	0.13
2006	1.24	1.22	0.13	0.17	0.15	0.02	0.14
2007	1.18	1.15	0.12	0.15	0.14	0.02	0.14
2008	1.12	1.08	0.11	0.14	0.14	0.01	0.13
2009	1.08	1.04	0.11	0.13	0.13	0.01	0.13
2010	1.03	0.99	0.11	0.14	0.14	0.01	0.13
	国内生产总值按2010年可比价格计算 GDP is calculated at 2010 constant prices						
2010	0.81	0.78	0.08	0.11	0.11	0.01	0.10
2011	0.79	0.78	0.09	0.10	0.10	0.01	0.11
2012	0.76	0.75	0.08	0.10	0.10	0.01	0.11

1-4 能源加工转换效率

EFFICIENCY OF ENERGY TRANSFORMATION

单位：%　　　　(%)

年 份 Year	总效率 Total Efficiency	发电及电站供热 Power Generation and Heating by Power Station	炼 焦 Coking	炼 油 Petroleum Refinery
1980	69.54	36.02	88.68	99.00
1981	69.28	36.68	90.89	99.06
1982	69.20	36.78	90.51	99.13
1983	69.93	36.94	91.18	99.16
1984	69.16	36.95	90.08	99.17
1985	68.29	36.85	90.79	99.10
1986	68.32	36.69	90.63	99.04
1987	67.48	36.75	90.46	98.81
1988	66.54	36.34	90.77	98.76
1989	66.51	36.74	90.30	98.57
1990	66.48	37.34	91.28	90.19
1991	65.90	37.60	89.90	98.10
1992	66.00	37.80	92.70	96.80
1993	67.32	39.90	98.05	98.49
1994	65.20	39.35	89.62	97.48
1995	71.05	37.31	91.99	97.67
1996	70.19	36.63	94.07	97.46
1997	69.76	35.89	94.01	97.37
1998	69.28	37.09	94.97	96.41
1999	69.25	37.04	96.13	97.51
2000	69.04	37.36	96.21	97.32
2001	69.34	37.63	96.48	97.92
2002	69.04	38.73	96.63	96.71
2003	69.40	38.83	96.13	96.80
2004	70.91	39.46	97.55	96.43
2005	71.55	39.87	97.57	96.86
2006	71.24	39.87	97.77	96.86
2007	70.77	40.24	97.56	97.17
2008	71.55	41.04	97.75	97.17
2009	72.01	41.73	97.38	96.63
2010	72.83	42.43	96.44	96.86
2011	72.32	42.44	96.41	97.01
2012	72.43	43.01	94.60	97.02

1-5 人均能源生产量和消费量

ENERGY PRODUCTION AND CONSUMPTION PER CAPITA

年份 Year	人均能源生产量 Per-Capita Energy Production 能源总量（千克标准煤） Total Energy (kgce)	原煤（千克） Raw Coal (kg)	原油（千克） Crude Oil (kg)	电力（千瓦小时） Electricity (kW•h)	人均能源消费量 Per-Capita Energy Consumption 能源总量（千克标准煤） Total Energy (kgtce)	煤炭（千克） Coal (kg)	石油（千克） Oil (kg)	电力（千瓦小时） Electricity (kW•h)
1980	650	632	108	306	614	622	89	306
1981	636	625	102	311	598	610	94	311
1982	662	661	101	325	615	636	81	325
1983	696	698	104	343	645	671	82	344
1984	751	761	111	364	684	723	83	364
1985	814	830	119	391	730	776	87	392
1986	826	838	123	421	758	806	91	422
1987	842	856	124	459	799	856	95	460
1988	870	889	124	495	844	902	101	496
1989	909	942	123	523	867	925	104	524
1990	915	951	122	547	869	930	101	549
1991	911	945	123	589	902	960	108	591
1992	921	958	122	647	937	979	115	651
1993	942	976	123	711	984	1026	125	715
1994	996	1040	123	779	1030	1078	125	777
1995	1071	1129	125	836	1089	1143	133	832
1996	1093	1147	129	887	1110	1150	145	884
1997	1085	1128	131	923	1105	1120	157	917
1998	1045	1073	130	939	1097	1087	160	934
1999	1053	1089	128	989	1122	1112	168	982
2000	1070	1096	129	1074	1153	1117	178	1067
2001	1131	1157	129	1164	1183	1136	180	1158
2002	1177	1211	130	1292	1245	1189	194	1286
2003	1334	1424	132	1483	1427	1402	211	1477
2004	1517	1638	136	1700	1647	1601	245	1695
2005	1658	1802	139	1918	1810	1778	250	1913
2006	1771	1929	141	2181	1973	1946	266	2181
2007	1876	2042	141	2482	2128	2070	278	2482
2008	1967	2115	144	2608	2200	2122	282	2608
2009	2063	2233	142	2782	2303	2222	288	2782
2010	2220	2418	152	3145	2429	2334	323	3135
2011	2366	2616	151	3506	2589	2551	338	3497
2012	2457	2699	154	3693	2678	2611	353	3684

注：本表按年平均人口数计算，下表同。

a) This table is calculated by annual average population, the same applies to table following.

1-6 人均生活用能量

RESIDENTIAL ENERGY CONSUMPTION PER CAPITA

年 份 Year	全国人均生活用能量(千克标准煤) Annual Average Residential Energy Consumption Per Capita (kgce)	煤炭 (千克) Coal (kg)	电力 (千瓦小时) Electricity (kW•h)	液化石油气 (千克) LPG (kg)	天然气 (立方米) Natural Gas (cu.m)	煤气 (立方米) Gas (cu.m)	城镇人均生活用能量 (千克标准煤) Urban (kgce)	农村人均生活用能量 (千克标准煤) Rural (kgce)
1980	112	118	11	0.4	0.2	1.4	332	60
1981	101	122	12	0.5	0.2	1.4	290	55
1982	102	124	12	0.5	0.2	1.5	281	56
1983	107	128	13	0.6	0.1	1.5	283	59
1984	113	135	15	0.6	0.4	1.6	288	63
1985	127	149	21	0.9	0.4	1.3	307	72
1986	127	148	23	1.1	0.6	1.3	306	71
1987	132	152	26	1.1	0.7	1.6	300	76
1988	141	159	31	1.2	1.4	1.6	307	84
1989	139	152	35	1.4	1.5	2.4	297	84
1990	139	147	42	1.4	1.6	2.5	298	83
1991	139	143	47	1.8	1.6	3.2	292	83
1992	134	127	55	2.1	1.8	4.4	267	85
1993	133	123	63	2.5	1.5	4.6	258	86
1994	129	109	73	3.2	1.7	6.3	238	86
1995	131	112	83	4.4	1.6	4.7	242	86
1996	121	83	88	5.9	1.7	6.4	238	71
1997	119	77	99	6.2	1.7	8.9	226	71
1998	119	73	104	6.9	1.9	9.7	218	71
1999	122	70	109	6.8	2.1	9.3	213	75
2000	124	67	115	6.8	2.6	10.0	210	76
2001	127	66	127	6.7	3.3	9.4	207	80
2002	134	66	138	7.6	3.6	9.8	210	87
2003	153	70	160	8.6	4.0	10.2	232	102
2004	176	75	184	10.4	5.2	10.7	256	119
2005	194	77	221	10.2	6.1	11.1	279	132
2006	212	77	256	11.1	7.8	12.7	298	145
2007	234	74	308	12.4	10.9	14.1	320	163
2008	241	69	332	11.0	12.8	13.9	319	173
2009	254	69	366	11.2	13.3	12.5	325	190
2010	258	68	383	10.9	17.0	12.5	315	204
2011	278	69	418	12.0	19.7	10.9	327	228
2012	294	68	460	12.1	21.3	10.2	339	246

1-7 年末交通运输设备拥有量
NUMBER OF TRANSPORTATION EQUIPMENT (YEAR-END)

指 标 Item	2000	2002	2003	2004	2005	2006	2007	2008	2009	2010	2011	2012
铁路机车合计(辆) Total Railway Locomotives(unit)	15253	16026	16320	17022	17473	17799	18306	18437	18922	19431	20721	20797
蒸汽机车 Steam Locomotives	911	374	343	263	193	133	124	118	107	72	15	15
内燃机车 Diesel Locomotives	10826	11312	11355	11872	12114	12148	12111	12021	11805	10990	11081	10602
电力机车 Electric Locomotives	3516	3918	4622	4887	5166	5518	6071	6298	7010	8369	9625	10180
铁路客车(辆) Railway Passenger Coaches(unit)	35989	37942	38972	39766	40328	40945	42471	43215	47436	50391	52838	55764
铁路货车(辆) Railway Freight Cars(unit)	439943	446707	503868	520101	541824	558483	571078	584961	594388	622284	644677	664333
民用汽车合计(万辆) Total Civil Motor Vehicles(10^4unit)	1609	2053	2383	2694	3160	3697	4358	5100	6281	7802	9356	10933
载客汽车 Passenger Vehicles	854	1202	1479	1739	2132	2620	3196	3839	4845	6124	7478	8943
载货汽车 Trucks	716	812	854	893	956	986	1054	1126	1369	1598	1788	1895
其它机动车(万辆) Others(10^4 unit)	4168	6174	7109	7786	8595	8798	9434	9757	10489	11306	11549	11322
公路部门营运车辆(万辆) Motor Vehicles Owned by Highway Department(10^4 unit)	703	826	925	1067	733	803	849	931	1087	1133	1264	1340
私人汽车(万辆) Private Vehicles(10^4 unit)	625	969	1219	1482	1848	2333	2876	3501	4575	5939	7327	8839
民航飞机合计(架) Total Civil Aircraft(unit)	982	1112	1160	1245	1386	1614	1813	1961	2181	2405	3191	3589
民用运输船舶合计(艘) Total Civil Transport Vessels(unit)	229676	202977	204270	210700	207294	194360	191771	184190	176932	178407	179242	178591
机动船 Motor Vessels	185018	165936	163813	166854	165900	157805	157544	152247	149367	155624	157950	158309
驳船 Barges	44658	37041	40457	43846	41394	36555	34227	31943	27565	22783	21292	20282
#私人运输船舶 #Private Transport Vessels	142117	115108	114297	115503	95838	70292	70017	64552				

1-8 主要能源品种进、出口量

IMPORTS AND EXPORTS OF MAJOR ENERGY PRODUCTS

指　标　Item	2000	2002	2003	2004	2005	2006	2007	2008	2009	2010	2011	2012
进口量 Import												
煤(万吨) Coal(10^4tn)	212	1081	1110	1861	2617	3811	5102	4034	12584	16310	18210	28841
焦炭(万吨) Coal(10^4tn)				1	1				16	11	12	8
原油(万吨) Crude Oil(10^4tn)	7027	6941	9102	12272	12682	14517	16317	17889	20365	23768	25378	27103
汽油(万吨) Gasoline(10^4tn)						6	23	199	4		3	
煤油(万吨) Kerosene(10^4tn)	255	215	210	282	328	561	524	648	612	487	618	621
柴油(万吨) Diesel Oil(10^4tn)	26	48	85	275	53	71	162	624	184	180	233	91
燃料油(万吨) Fuel Oil(10^4tn)	1480	1660	2395	3059	2609	2799	2417	2186	2407	2299	2684	2683
液化石油气(万吨) LPG(10^4tn)	482	626	637	641	617	536	405	259	408	327	350	359
其它石油制品(万吨) Other Petroleum Products(10^4tn)	161	384	432	384	443	443	689	666	1153	1731	1648	1548
天然气(亿立方米) Natural Gas(10^8cu.m)						10	40	46	76	165	312	421
电力(亿千瓦小时) Electricity(10^8kW•h)	15	23	30	34	50	54	43	38	60	56	66	69
出口量 Export												
煤(万吨) Coal(10^4tn)	5505	8384	9403	8666	7172	6327	5317	4543	2240	1910	1466	928
焦炭、半焦炭（万吨） Coke and Semi-coke(10^4tn)	1520	1357	1472	1501	1276	1447	1530	1221	54	335	330	102
原油(万吨) Crude Oil(10^4tn)	1031	766	813	549	807	634	389	424	507	303	252	243
汽油(万吨) Gasoline(10^4tn)	455	612	754	541	560	351	464	203	492	517	406	292
煤油(万吨) Kerosene(10^4tn)	199	170	202	205	269	371	448	536	594	605	656	745
柴油(万吨) Diesel Oil(10^4tn)	55	124	224	64	148	78	66	63	451	464	202	185
燃料油(万吨) Fuel Oil(10^4tn)	33	64	76	182	230	258	380	732	862	990	1227	1162
液化石油气(万吨) LPG(10^4tn)	2	6	2	3	3	15	34	68	85	93	119	128
其它石油制品(万吨) Other Petroleum Products(10^4tn)	280	246	262	361	473	473	416	419	305	386	459	328
天然气(亿立方米) Natural Gas(10^8cu.m)				24	30	29	26	32	32	40	32	29
电力(亿千瓦小时) Electricity(10^8kW•h)	99	97	103	95	112	123	146	166	174	191	193	177

1-9 主要高耗能产品的进、出口量

IMPORTS AND EXPORTS OF ENERGY INTENSIVE PRODUCTS

指 标 Item	2000	2004	2005	2006	2007	2008	2009	2010	2011	2012
进口量 Import										
钢材（万吨） Steel Products(10^4tn)	1596	2930	2582	1851	1687	1543	1763	1643	1558	1366
钢铁丝(吨) Iron and Steel Wire(tn)	336300									
未锻造的铜及铜合金(万吨) Copper and Copper Alloys(10^4tn)	81	138	142	97	173	170	347	338	329	398
未锻造的铝及铝合金(万吨) Aluminum and Aluminum Alloys(10^4tn)	91	103	64	51	28	26	174	36	33	64
锌及锌合金(吨) Zinc and Zinc Alloys(tn)	129974									
烧碱(吨) Caustic Soda(tn)	46458									
纯碱(万吨) Soda Ash(10^4tn)	13	20	7	14	4					
肥料(万吨) Chemical Fertilizers, Manufactured(10^4tn)	1189	1240	1397	1129	1169	622	411	718	795	843
纸浆(万吨) Paper Pulp(10^4tn)	335	732	759	796	847	952	1368	1137	1445	1646
纺织用合成纤维(万吨) Synthetic Fiber Suitable for Spinning(10^4tn)	100	99	84	62	51	32	35	37	35	33
出口量 Export										
水泥(万吨) Cement(10^4tn)	605	704	2216	3613	3301	2604	1561	1616	1061	1200
平板玻璃(万平方米) Plate Glass(10^4sq.m)	5592	14464	19925	26433	30917	27762	16643	17398	18726	17632
钢材（万吨） Steel Products(10^4tn)	621	1423	2052	4301	6265	5923	2460	4256	4888	5573
钢铁丝(吨) Iron and Steel Wire(tn)	190122									
铜材(吨) Copper Products (tn)	144484	390023	463560	559122	499678	517522	455136	508580	500347	492980
铝材(吨) Aluminum Products(tn)	130052	430988	711484	1240157	1853413	1900000	1390000	2180000	3000000	2830000
未锻造的锌及锌合金(吨) Zinc and Zinc Alloys(tn)	593336	263149	146845	341465	276714	71320	29287	43395	48369	7937
纸及纸板(未切成形)(万吨) Paper and Paperboard in Rolls(10^4tn)	65	101	167	305	422	361	362	380	450	471

1-10 分地区废气中主要污染物排放情况（2012年）

MAIN POLLUTANT EMISSION IN WASTE GAS BY REGION (2012)

地　区	Region	废气中主要污染物排放量 Main Pollutant Emission in Waste Gas		
		二氧化硫 (万吨) Sulphur Dioxide (10^4 tons)	氮氧化物 (万吨) Nitrogen Oxides (10^4 tons)	烟(粉)尘 (万吨) Smoke and Dust (10^4 tons)
全　国	**National Total**	**2117.63**	**2337.76**	**1235.77**
北　京	Beijing	9.38	17.75	6.68
天　津	Tianjin	22.45	33.42	8.41
河　北	Hebei	134.12	176.11	123.59
山　西	Shanxi	130.18	124.40	107.09
内蒙古	Inner Mongolia	138.49	141.89	83.30
辽　宁	Liaoning	105.87	103.63	72.63
吉　林	Jilin	40.35	57.59	26.48
黑龙江	Heilongjiang	51.43	78.06	69.93
上　海	Shanghai	22.82	40.16	8.71
江　苏	Jiangsu	99.20	147.96	44.32
浙　江	Zhejiang	62.58	80.88	25.40
安　徽	Anhui	51.96	92.13	46.21
福　建	Fujian	37.13	46.72	25.26
江　西	Jiangxi	56.77	57.71	35.74
山　东	Shandong	174.88	173.90	69.53
河　南	Henan	127.59	162.59	59.98
湖　北	Hubei	62.24	64.00	34.97
湖　南	Hunan	64.50	60.72	34.07
广　东	Guangdong	79.92	130.34	32.83
广　西	Guangxi	50.41	49.83	29.97
海　南	Hainan	3.41	10.34	1.66
重　庆	Chongqing	56.48	38.27	18.23
四　川	Sichuan	86.44	65.90	29.58
贵　州	Guizhou	104.11	56.35	29.45
云　南	Yunnan	67.22	54.43	39.06
西　藏	Tibet	0.42	4.43	0.66
陕　西	Shaanxi	84.38	80.81	46.21
甘　肃	Gansu	57.25	47.34	20.76
青　海	Qinghai	15.39	12.61	15.64
宁　夏	Ningxia	40.66	45.54	19.83
新　疆	Xinjiang	79.61	81.95	69.61

1-11 分地区废水中主要污染物排放情况（2012年）

地 区	Region	废水排放总量（万吨）Total Waste Water Discharged (10^4 tons)	废水中主要污染物排放量 Main Pullutant Emission in Waste Water			
			化学需氧量（万吨）COD (10^4 tons)	氨氮（万吨）Ammonia Nitrogen (10^4 tons)	总氮（万吨）Total Nitrogen (10^4 tons)	总磷（万吨）Total Phosphorus (10^4 tons)
全 国	**National Total**	**6847612**	**2423.7**	**253.6**	**451.4**	**48.9**
北 京	Beijing	140274	18.7	2.0	3.3	0.4
天 津	Tianjin	82813	22.9	2.5	3.3	0.4
河 北	Hebei	305773	134.9	11.1	36.0	3.9
山 西	Shanxi	134298	47.7	5.7	8.4	0.8
内蒙古	Inner Mongolia	102424	88.4	5.3	26.7	2.1
辽 宁	Liaoning	238769	130.6	10.8	20.5	2.8
吉 林	Jilin	119509	78.8	5.6	12.9	1.6
黑龙江	Heilongjiang	162589	149.9	9.3	24.8	2.4
上 海	Shanghai	219244	24.3	4.7	1.5	0.2
江 苏	Jiangsu	598211	119.7	15.3	17.5	1.9
浙 江	Zhejiang	420961	78.6	11.2	9.2	1.1
安 徽	Anhui	254329	92.4	10.6	18.1	2.0
福 建	Fujian	256263	66.0	9.3	9.6	1.2
江 西	Jiangxi	201190	74.8	9.1	11.4	1.4
山 东	Shandong	479100	192.1	16.9	56.3	6.1
河 南	Henan	403668	139.4	15.0	41.9	4.8
湖 北	Hubei	290200	108.7	12.9	19.5	2.3
湖 南	Hunan	304214	126.3	16.1	22.1	2.4
广 东	Guangdong	838551	180.3	22.4	19.5	2.5
广 西	Guangxi	245578	78.0	8.3	11.6	1.3
海 南	Hainan	37103	19.7	2.2	4.1	0.5
重 庆	Chongqing	132430	40.3	5.3	5.4	0.6
四 川	Sichuan	283657	126.9	14.1	22.1	2.5
贵 州	Guizhou	91455	33.3	3.9	4.7	0.4
云 南	Yunnan	154010	54.9	5.9	7.6	0.7
西 藏	Tibet	4683	2.6	0.3	0.6	0.0
陕 西	Shaanxi	128749	53.6	6.2	8.6	0.8
甘 肃	Gansu	62813	38.9	4.1	4.7	0.4
青 海	Qinghai	21994	10.4	1.0	0.7	0.1
宁 夏	Ningxia	38948	22.8	1.7	2.7	0.2
新 疆	Xinjiang	93810	67.9	4.7	16.2	1.2

MAIN POLLUTANT EMISSION IN WASTE WATER BY REGION (2012)

石油类 (吨) Petroleum (ton)	挥发酚 (吨) Volatile Phenol (ton)	铅 (千克) Plumbum (kg)	汞 (千克) Mercury (kg)	镉 (千克) Cadmium (kg)	总铬 (千克) Total Chromium (kg)	砷 (千克) Arsenic (kg)
17493.9	**1501.3**	**99358.8**	**1223.4**	**27249.9**	**190079.1**	**128493.8**
51.5	0.5	215.9	0.5	17.9	460.1	21.3
138.2	1.2	1004.6	3.7	9.6	453.8	19.4
986.0	120.3	377.8	5.0	26.6	5963.6	66.3
1202.0	727.2	453.6	5.8	799.0	501.2	574.0
798.3	216.8	3050.0	77.0	415.7	35.2	5081.8
714.6	30.1	557.2	10.8	56.9	742.0	350.3
301.5	5.0	198.9	5.4	26.6	162.2	1015.4
293.4	6.5	31.0	1.6	4.1	376.3	4.1
649.7	4.0	321.3	4.0	15.3	2815.4	99.9
1205.3	52.1	2322.9	113.9	38.7	11340.0	584.1
684.2	23.9	498.1	10.4	212.9	19520.0	199.4
739.3	5.6	1737.5	9.0	132.2	3547.5	5062.4
434.5	9.4	3093.0	27.5	347.4	11769.3	1230.5
579.0	10.9	6750.4	95.6	2219.5	17438.7	8712.1
1086.8	38.6	735.7	15.4	1012.4	7104.2	2192.3
1147.2	136.4	4670.4	20.2	1318.3	32604.5	1374.0
972.4	17.0	3292.3	219.1	656.4	12484.8	9595.1
784.5	19.9	38607.3	236.9	13516.8	18168.9	53524.9
691.0	11.3	4855.1	33.7	794.9	28454.0	758.3
285.9	15.0	5418.4	46.7	1405.5	1769.7	6639.2
4.2	0.3	15.8	1.0	4.6	136.1	18.6
354.5	9.5	88.4	0.7	2.6	513.1	1362.4
423.9	1.7	1645.7	72.8	147.2	3604.6	2642.2
461.8	1.1	289.0	26.2	123.6	172.3	560.6
410.0	3.9	8916.2	12.6	1655.2	94.3	10495.3
0.6		3.2	0.1	0.6	1.3	8943.2
741.3	2.7	1692.9	31.2	631.2	1727.2	655.7
264.4	2.5	6792.7	89.8	1303.7	5026.3	3751.1
316.0	1.4	724.8	9.9	120.1	14.7	1452.7
179.0	10.6	92.1	4.3	24.2	340.3	168.7
593.1	15.8	906.7	32.6	210.1	2737.5	1338.6

二、能源建设

Chapter 2　Construction of Energy Industry

2-1 国有经济能源工业分行业固定资产投资

INVESTMENT IN FIXED ASSETS OF STATE-OWNED UNITS IN ENERGY INDUSTRY

单位：亿元 (100 million yuan)

项 目 Item	1995	2000	2005	2006	2007	2008	2009	2010	2011	2012
能源工业 Energy Industry	2025	2840	4766	5687	6715	7940	10003	11219	11468	12402
煤炭采选业 Coal Mining and Processing	282	199	624	759	836	1014	1241	1477	1635	1784
石油和天然气开采业 Petroleum and Natural Gas Extraction	500	356	279	387	586	740	1271	1798	2009	1963
电力、蒸汽、热水生产和供应业 Electricity, Steam, Hot Water Producing and Supply	1043	2130	3451	4042	4611	5336	6686	7054	6806	7670
石油加工及炼焦业 Petroleum Processing and Coking	162	95	299	369	549	698	561	556	653	540
煤气生产和供应业 Coal Gas and Coal Products	39	60	113	129	133	153	244	336	365	446

注：自2011年起，除房地产开发投资和农户投资，固定资产投资统计起点由50万元提高到500万元；城镇固定资产投资数据发布口径改为固定资产投资(不含农户)，该口径等于原来城镇固定资产投资加上农村企事业组织的项目投资,以下表同。

a) Since 2011, the cut-off point has changed from 500 000 yuan to 5 million yuan, published coverage of investment in fixed assets in urban area changed into investment in fixed assets (excluding rural households) which included investment in urban area and investment in rural enterprises (units). The same applies to the tables following.

2-2 国有经济能源工业分行业固定资产投资构成

PROPORTIONS OF INVESTMENT IN FIXED ASSETS OF STATE-OWNED UNITS IN ENERGY INDUSTRY

单位：% (%)

项 目 Item	1995	2000	2005	2006	2007	2008	2009	2010	2011	2012
能源工业 Energy Industry	100.00	100.00	100.00	100.00	100.00	100.00	100.00	100.00	100.00	100.00
煤炭采选业 Coal Mining and Processing	13.94	7.00	13.08	13.35	12.45	12.77	12.40	13.16	14.26	14.38
石油和天然气开采业 Petroleum and Natural Gas Extraction	24.67	12.52	5.85	6.80	8.72	9.31	12.71	16.02	17.52	15.83
电力、蒸汽、热水生产和供应业 Electricity, Steam, Hot Water Producing and Supply	51.48	75.02	72.42	71.09	68.67	67.20	66.84	62.87	59.35	61.84
石油加工及炼焦业 Petroleum Processing and Coking	7.98	3.34	6.28	6.49	8.18	8.79	5.61	4.95	5.70	4.35
煤气生产和供应业 Coal Gas and Coal Products	1.93	2.11	2.37	2.27	1.97	1.92	2.44	2.99	3.18	3.60

2-3 分地区国有经济能源工业固定资产投资

INVESTMENT IN FIXED ASSETS OF STATE-OWNED UNITS IN ENERGY INDUSTRY BY REGION

单位：亿元 (100 million yuan)

地 区	Region	1995	2000	2005	2006	2007	2008	2009	2010	2011	2012
北 京	Beijing	48	54	100	91	133	124	125	94	88	89
天 津	Tianjin	121	31	47	104	175	273	297	235	241	194
河 北	Hebei	109	167	190	268	257	276	209	370	426	400
山 西	Shanxi	70	107	263	332	441	538	599	797	868	995
内 蒙	Inner Mongolia	74	33	382	445	600	695	822	906	824	648
辽 宁	Liaoning	133	180	127	167	241	248	307	407	366	424
吉 林	Jilin	44	66	47	80	104	217	256	321	253	229
黑龙江	Heilongjiang	163	72	114	149	180	283	313	586	566	620
上 海	Shanghai	76	76	108	122	138	158	272	140	101	115
江 苏	Jiangsu	49	202	311	285	175	248	324	294	275	417
浙 江	Zhejiang	56	91	291	272	339	258	318	326	420	433
安 徽	Anhui	77	54	170	238	380	388	326	321	289	422
福 建	Fujian	38	71	115	169	272	311	235	268	280	362
江 西	Jiangxi	19	51	81	97	93	83	136	150	129	134
山 东	Shandong	181	330	216	232	216	263	277	407	531	323
河 南	Henan	100	181	210	215	267	405	422	298	275	285
湖 北	Hubei	138	222	188	234	244	280	334	334	298	287
湖 南	Hunan	58	89	117	131	176	220	188	195	226	215
广 东	Guangdong	85	90	376	401	342	349	558	691	544	691
广 西	Guangxi	21	71	67	103	105	95	210	256	284	257
海 南	Hainan	2	13	71	47	20	30	37	27	32	32
重 庆	Chongqing		43	74	140	136	126	150	151	174	266
四 川	Sichuan	111	95	183	273	328	317	386	513	669	751
贵 州	Guizhou	27	67	180	187	202	242	241	263	283	230
云 南	Yunnan	23	49	141	207	215	267	382	348	358	453
西 藏	Tibet	9	10	15	13	18	30	39	44	49	77
陕 西	Shaanxi	40	94	238	276	425	471	580	667	717	766
甘 肃	Gansu	34	53	97	97	147	195	312	416	384	373
青 海	Qinghai	22	11	21	42	32	34	75	57	111	180
宁 夏	Ningxia	12	16	61	76	105	141	182	199	243	188
新 疆	Xinjiang	107	50	74	89	106	173	239	277	308	616

2-4 分地区国有经济煤炭采选业固定资产投资

INVESTMENT IN FIXED ASSETS OF STATE-OWNED UNITS IN COAL MINING AND PROCESSING BY REGION

单位：亿元 (100 million yuan)

地区	Region	1995	2000	2005	2006	2007	2008	2009	2010	2011	2012
北京	Beijing	0.62	0.21	0.01	0.21	0.66	0.71	1.00	1.15	0.33	
天津	Tianjin	60.30									
河北	Hebei	62.86	19.54	30.68	42.42	28.63	18.44	29.08	33.88	52.50	40.96
山西	Shanxi	46.59	34.25	180.97	198.03	193.31	259.36	321.92	505.01	573.41	622.18
内蒙	Inner Mongolia	35.26	2.49	31.74	70.73	103.60	135.68	188.78	166.89	210.74	205.51
辽宁	Liaoning	6.09	7.95	15.34	7.94	14.16	17.53	11.27	13.89	18.17	36.17
吉林	Jilin	2.86	0.84	5.07	14.43	8.49	16.04	15.88	13.21	12.33	8.36
黑龙江	Heilongjiang	14.12	7.46	22.48	33.68	34.66	39.46	54.82	46.95	54.78	51.77
上海	Shanghai										
江苏	Jiangsu	6.16	5.48	12.31	7.85	1.00	12.52	13.69	11.55	4.59	4.11
浙江	Zhejiang	0.12									
安徽	Anhui	34.64	13.16	91.42	131.17	166.54	160.06	167.18	164.91	104.34	163.33
福建	Fujian	1.48	1.27	1.73	1.60	0.81	2.65	3.11	3.32	2.38	2.44
江西	Jiangxi	1.72	0.89	4.40	4.18	6.47	4.43	8.21	1.00	2.07	0.18
山东	Shandong	24.62	39.50	55.61	41.61	36.43	31.21	37.13	21.52	26.97	26.43
河南	Henan	22.83	18.47	23.80	22.97	33.85	50.40	47.32	44.87	49.95	59.07
湖北	Hubei	0.56	0.43				0.64	0.95	0.65	0.45	
湖南	Hunan	3.38	1.04	4.16	2.59	5.21	4.76	6.71	8.84	10.20	16.55
广东	Guangdong	0.99	0.17								
广西	Guangxi	0.93	0.52	1.58	1.83	1.56	2.36	5.79	6.57	10.29	3.94
海南	Hainan	0.01									
重庆	Chongqing		1.08	5.06	15.69	10.09	9.46	9.71	14.37	13.13	20.26
四川	Sichuan	6.61	2.21	6.90	7.65	6.58	7.05	8.90	15.68	25.46	15.09
贵州	Guizhou	6.65	4.46	21.56	30.11	32.17	49.92	35.97	42.58	56.44	61.58
云南	Yunnan	3.59	1.90	6.30	8.69	10.57	17.95	22.96	23.35	14.33	21.53
西藏	Tibet	0.09									0.20
陕西	Shaanxi	8.38	3.20	12.93	20.28	24.69	36.53	75.84	146.32	200.54	216.75
甘肃	Gansu	4.07	4.97	10.21	8.96	11.56	10.32	46.11	60.63	78.32	66.38
青海	Qinghai	0.24	0.01	0.42	0.48	1.43	1.28	1.20	2.29	4.61	5.01
宁夏	Ningxia	5.21	2.79	32.88	32.42	58.67	69.76	77.88	77.76	75.67	76.61
新疆	Xinjiang	3.34	2.15	6.92	15.90	15.28	18.70	49.31	49.75	33.10	59.24

2-5 分地区国有经济石油和天然气开采业固定资产投资

INVESTMENT IN FIXED ASSETS OF STATE-OWNED UNITS IN PETROLEUM AND NATURAL GAS EXTRACTION BY REGION

单位：亿元 (100 million yuan)

地 区	Region	1995	2000	2005	2006	2007	2008	2009	2010	2011	2012
北 京	Beijing			0.03	0.03		18.16			0.14	
天 津	Tianjin	30.77	4.11	9.03	30.60	28.26	29.22	28.18	62.30	66.51	1.40
河 北	Hebei	3.06	3.35	2.09	0.96	1.78	1.51	0.97	4.98	3.95	0.90
山 西	Shanxi							4.84	5.98	6.08	26.60
内 蒙	Inner Mongolia		0.70	18.05	28.28	105.87	175.69	157.29	184.41	92.55	38.78
辽 宁	Liaoning	54.91	67.50	21.58	34.63	49.47	19.72	11.27	16.18	24.74	4.80
吉 林	Jilin	17.39	20.85	0.14	6.22	20.14	33.47	80.54	66.51	54.99	59.27
黑龙江	Heilongjiang	103.85	0.40	7.52	5.00	19.36	61.43	98.39	327.04	337.64	296.37
上 海	Shanghai	0.07	2.17			12.72	28.41	8.21	0.33	0.57	
江 苏	Jiangsu	6.28	10.74	11.62	14.97	11.25	19.20	25.24	25.71	13.67	28.20
浙 江	Zhejiang										
安 徽	Anhui						0.25		1.50		
福 建	Fujian										
江 西	Jiangxi						0.22				
山 东	Shandong	79.97	132.95		0.82	3.47	3.55	8.04	172.27	279.13	2.05
河 南	Henan	26.10	43.95	55.37	55.33	67.44	71.43	73.31	71.26	55.49	59.15
湖 北	Hubei	3.77	13.20	12.19	16.94	28.12	27.46	28.08	1.64	2.02	0.17
湖 南	Hunan							0.04	0.10	0.77	
广 东	Guangdong	6.28	0.72	0.47	0.56	0.60	0.44	0.28	0.08	1.90	0.84
广 西	Guangxi	0.04			0.14	1.17	0.78	1.52	1.02	4.24	
海 南	Hainan		5.00								
重 庆	Chongqing		0.09	0.28	0.24	3.14	7.13	8.31	6.20	4.88	11.84
四 川	Sichuan	24.11	6.87	13.65	15.19	19.50	19.37	11.66	7.45		3.16
贵 州	Guizhou			0.52	0.54			0.42		0.56	
云 南	Yunnan		0.03				0.29	0.67	0.73	0.17	
西 藏	Tibet				0.03						
陕 西	Shaanxi	2.76	23.98	94.69	126.50	172.30	161.49	177.36	233.38	273.57	275.01
甘 肃	Gansu	4.29	6.57	5.76	8.05	14.23	22.35	15.23	10.82	17.65	74.09
青 海	Qinghai	6.00	1.76	4.54	1.07	0.92	0.59		0.15	0.05	38.67
宁 夏	Ningxia							0.15	0.05		
新 疆	Xinjiang	85.85	10.61	21.23	40.43	26.13	37.35	16.03	11.18	18.05	215.80

2-6 分地区国有经济电力、蒸汽、热水生产和供应业固定资产投资

NVESTMENT IN FIXED ASSETS OF STATE-OWNED UNITS IN ELECTRICITY, STEAM, HOT WATER PRODUCTION AND SUPPLY BY REGION

单位：亿元 (100 million yuan)

地 区	Region	1995	2000	2005	2006	2007	2008	2009	2010	2011	2012
北 京	Beijing	37	36	76	65	126	101	113	82	74	78
天 津	Tianjin	23	21	28	60	106	125	155	130	154	167
河 北	Hebei	38	134	142	209	193	226	147	307	357	343
山 西	Shanxi	21	67	77	123	223	232	245	240	259	310
内 蒙	Inner Mongolia	33	29	308	292	340	338	434	536	450	369
辽 宁	Liaoning	42	86	77	108	160	187	260	320	215	240
吉 林	Jilin	20	43	41	58	73	160	157	238	177	155
黑龙江	Heilongjiang	26	59	76	88	110	151	125	181	143	224
上 海	Shanghai	57	62	103	114	100	122	248	124	95	105
江 苏	Jiangsu	29	172	284	257	161	202	269	196	246	351
浙 江	Zhejiang	54	90	261	259	333	253	313	319	403	403
安 徽	Anhui	27	39	66	90	194	209	135	141	128	219
福 建	Fujian	33	67	95	118	123	154	154	174	227	257
江 西	Jiangxi	14	47	66	86	79	68	116	136	119	120
山 东	Shandong	61	149	140	171	127	166	168	181	198	274
河 南	Henan	46	113	123	116	147	273	268	157	150	147
湖 北	Hubei	126	204	169	208	198	237	279	252	168	178
湖 南	Hunan	51	75	101	127	168	209	177	180	205	187
广 东	Guangdong	64	82	330	329	244	234	515	645	487	626
广 西	Guangxi	20	69	65	100	98	89	199	210	219	222
海 南	Hainan	2	6	8	8	15	30	35	23	32	31
重 庆	Chongqing		41	67	121	116	103	121	125	150	219
四 川	Sichuan	77	83	158	240	295	275	349	475	545	717
贵 州	Guizhou	20	62	157	156	168	192	202	218	218	163
云 南	Yunnan	19	47	130	197	198	242	344	309	332	423
西 藏	Tibet	9	10	15	13	18	30	38	44	48	75
陕 西	Shaanxi	25	63	110	107	197	217	264	208	164	189
甘 肃	Gansu	18	39	44	42	92	136	188	278	236	208
青 海	Qinghai	16	9	16	40	29	32	74	52	104	136
宁 夏	Ningxia	6	13	27	43	46	71	104	120	165	110
新 疆	Xinjiang	12	34	37	29	60	108	157	178	234	318

2-7 分地区国有经济石油加工及炼焦业固定资产投资

INVESTMENT IN FIXED ASSETS OF STATE-OWNED UNITS IN PETROLEUM PROCESSING AND COKING BY REGION

单位：亿元 (100 million yuan)

地 区	Region	1995	2000	2005	2006	2007	2008	2009	2010	2011	2012
北 京	Beijing	6.95	5.59	12.37	15.08	6.79	4.45	8.57	5.81	6.61	8.35
天 津	Tianjin	5.17	1.48	6.94	11.00	35.37	112.59	103.55	29.71	5.10	7.84
河 北	Hebei	4.66	7.14	11.03	6.20	21.35	22.48	16.62	8.24	6.30	2.78
山 西	Shanxi	1.06	2.90	5.08	8.99	21.61	40.12	16.80	20.21	6.71	3.18
内 蒙	Inner Mongolia	5.59	0.26	23.24	51.85	48.22	40.44	32.72	13.35	61.26	29.11
辽 宁	Liaoning	28.90	16.59	8.81	13.64	13.33	17.44	17.31	22.71	43.61	32.42
吉 林	Jilin	3.15	0.55	0.25		0.08		0.22	0.09	0.95	
黑龙江	Heilongjiang	16.74	4.26	7.09	19.44	14.31	27.39	26.24	27.15	21.41	41.18
上 海	Shanghai	10.05	5.33	0.97	2.67	19.94	5.53	7.25	10.96	4.19	5.02
江 苏	Jiangsu	6.80	12.24	1.55	3.16	0.80	1.27	1.26	16.89	1.61	27.59
浙 江	Zhejiang	1.36	0.24	0.44	0.37	1.01	0.13	0.10			0.11
安 徽	Anhui	14.39	1.42	9.79	14.32	15.52	11.24	11.78	2.28	46.55	33.64
福 建	Fujian	3.56		11.07	26.35	121.10	143.20	63.89	74.55	42.05	98.64
江 西	Jiangxi	1.87	1.76	9.13	4.27	5.74	8.60	6.04	0.71		
山 东	Shandong	13.21	5.68	16.68	14.14	45.55	48.47	57.40	20.41	17.05	9.93
河 南	Henan	1.48	1.42	0.19	7.54	14.48	8.23	4.45	1.84	0.83	1.54
湖 北	Hubei	6.80	3.33	3.24	7.86	11.78	7.45	9.50	68.02	117.23	95.94
湖 南	Hunan	2.02	11.62	10.15	0.71		0.44	0.31	0.90	1.26	0.44
广 东	Guangdong	11.70	6.48	36.52	65.65	92.63	107.04	33.05	28.53	46.20	48.38
广 西	Guangxi	0.09	0.10	0.22	1.21	2.14	1.85	2.54	36.83	44.36	15.63
海 南	Hainan			62.53	38.30	2.81		0.26	0.80		
重 庆	Chongqing		0.15	0.09	0.14	0.22	0.24	0.25	0.03		0.60
四 川	Sichuan	0.53	0.03	0.33	0.03	3.07	10.22	9.16	5.47	62.93	2.52
贵 州	Guizhou		0.07	0.13		1.36		1.06	1.31	2.38	4.42
云 南	Yunnan	0.05	0.06	0.66			3.03	10.20	9.22	8.56	2.41
西 藏	Tibet							0.03			0.20
陕 西	Shaanxi	3.31	1.70	16.92	18.18	25.71	50.18	50.71	58.24	53.86	51.45
甘 肃	Gansu	6.64	2.26	36.31	36.51	21.91	20.90	57.58	59.08	40.85	7.28
青 海	Qinghai							0.14	0.38	1.00	0.10
宁 夏	Ningxia	0.25	0.05	0.49						0.10	0.25
新 疆	Xinjiang	5.32	2.07	7.11	1.69	2.53	4.72	12.20	31.86	10.28	8.97

2-8 分地区国有经济煤气生产和供应业固定资产投资
INVESTMENT IN FIXED ASSETS OF STATE-OWNED UNITS IN GAS PRODUCTION AND SUPPLY BY REGION

单位：亿元 (100 million yuan)

地 区	Region	1995	2000	2005	2006	2007	2008	2009	2010	2011	2012
北 京	Beijing	4.04	12.50	11.03	10.57			2.08	4.73	7.24	1.90
天 津	Tianjin	1.10	3.90	2.63	2.50	5.72	6.58	10.93	13.88	15.29	17.81
河 北	Hebei	0.53	2.53	4.20	9.55	12.04	7.12	15.26	16.78	6.18	12.30
山 西	Shanxi	1.07	2.80	0.79	2.09	3.55	6.38	11.02	26.24	22.43	32.38
内 蒙	Inner Mongolia	0.14	0.74	1.44	2.64	2.46	5.87	8.79	4.49	9.25	6.18
辽 宁	Liaoning	1.55	1.83	4.15	2.18	3.87	6.16	6.90	34.57	64.71	111.10
吉 林	Jilin	0.91	0.76	0.50	1.49	2.59	7.22	1.92	3.47	7.03	5.77
黑龙江	Heilongjiang	2.61	1.22	0.71	2.43	2.01	4.18	8.42	4.41	9.51	7.17
上 海	Shanghai	8.43	6.88	4.18	5.43	4.65	2.05	8.31	5.39	1.07	4.72
江 苏	Jiangsu	0.86	1.41	1.32	1.94	1.07	12.73	14.92	43.47	9.85	5.60
浙 江	Zhejiang	1.38	1.16	29.35	12.21	4.72	5.10	5.15	6.48	16.96	28.96
安 徽	Anhui	0.88	0.61	3.27	3.00	3.55	6.90	12.15	11.82	9.90	6.76
福 建	Fujian	0.26	2.03	7.36	22.57	26.95	11.08	13.78	15.77	9.04	4.07
江 西	Jiangxi	0.78	0.64	1.14	1.89	1.91	1.85	6.08	12.08	7.95	14.60
山 东	Shandong	2.37	3.38	4.40	4.50	4.05	14.45	6.80	11.54	9.90	10.93
河 南	Henan	3.24	3.64	7.62	12.62	4.59	2.19	29.82	22.42	19.33	19.14
湖 北	Hubei	1.29	0.44	3.10	1.43	5.53	7.86	15.93	11.37	10.37	12.20
湖 南	Hunan	1.05	0.83	1.07	1.13	2.41	5.35	4.75	5.61	9.23	11.06
广 东	Guangdong	1.83	1.45	8.99	5.50	4.70	6.96	9.57	17.14	9.56	15.84
广 西	Guangxi	0.11	1.44	0.27	0.72	1.44	0.97	2.00	1.34	6.06	15.36
海 南	Hainan	0.01	1.58	0.14	0.20	1.80		1.45	2.66		0.63
重 庆	Chongqing		0.72	1.40	2.48	6.48	6.38	11.42	4.52	6.27	13.56
四 川	Sichuan	2.27	3.00	4.51	10.10	4.19	5.54	7.80	9.91	36.34	13.38
贵 州	Guizhou	0.20	0.49	0.36	0.20	0.40	0.32	0.78	1.17	5.61	0.54
云 南	Yunnan	0.41	0.19	3.16	1.00	6.05	3.12	3.92	5.86	3.50	6.30
西 藏	Tibet					0.10	0.24	0.79	0.40	0.72	1.99
陕 西	Shaanxi	0.78	2.37	3.21	3.68	6.02	5.50	11.71	20.72	25.17	33.93
甘 肃	Gansu	0.52	0.36	0.80	1.71	6.79	5.43	5.96	8.10	11.74	16.51
青 海	Qinghai			0.09	0.10	0.11			2.12	1.46	0.24
宁 夏	Ningxia	0.09	0.47	0.21	0.47	0.32	0.57	0.70	0.98	1.55	1.09
新 疆	Xinjiang	0.29	0.68	1.50	2.60	2.47	4.57	4.83	6.10	11.65	13.89

2-9 能源工业分行业投资

INVESTMENT IN ENERGY INDUSTRY

单位：亿元 (100 million yuan)

项 目 Item	1995	2000	2005	2006	2007	2008	2009	2010	2011	2012
能源工业 Energy Industry	2369	3991	10206	11826	13699	16346	19478	21627	23046	25500
煤炭采选业 Coal Mining and Processing	286	211	1163	1459	1805	2399	3057	3785	4907	5370
石油和天然气开采业 Petroleum and Natural Gas Extraction	504	789	1464	1822	2225	2675	2791	2928	3022	3077
电力、蒸汽、热水生产和供应业 Electricity Steam, Hot Water Producing and and Supply	1337	2744	6503	7274	7907	9024	11139	11915	11603	12948
石油加工及炼焦业 Petroleum Processing and Coking	194	173	801	939	1415	1828	1840	2035	2268	2500
煤气生产和供应业 Gas Production and Supply	49	74	275	331	347	420	651	964	1244	1605

2-10 能源工业分行业投资构成

INVESTMENT IN ENERGY INDUSTRY BY PROPORTIONS

单位：% (%)

项 目 Item	1995	2000	2005	2006	2007	2008	2009	2010	2011	2012
能源工业 Energy Industry	100.00	100.00	100.00	100.00	100.00	100.00	100.00	100.00	100.00	100.00
煤炭采选业 Coal Mining and Processing	12.05	5.30	11.40	12.34	13.17	14.68	15.69	17.50	21.29	21.06
石油和天然气开采业 Petroleum and Natural Gas Extraction	21.27	19.78	14.34	15.41	16.25	16.37	14.33	13.54	13.11	12.06
电力、蒸汽、热水生产和供应业 Electricity Steam, Hot Water Producing and and Supply	56.43	68.76	63.72	61.51	57.72	55.21	57.19	55.09	50.35	50.78
石油加工及炼焦业 Petroleum Processing and Coking	8.20	4.32	7.85	7.94	10.33	11.18	9.45	9.41	9.84	9.81
煤气生产和供应业 Gas Production and Supply	2.05	1.85	2.69	2.80	2.53	2.57	3.34	4.46	5.40	6.29

2-11 分地区能源工业投资

INVESTMENT IN ENERGY INDUSTRY BY REGION

单位：亿元 (100 million yuan)

地 区	Region	1995	2000	2005	2006	2007	2008	2009	2010	2011	2012
北 京	Beijing	58	58	117	104	172	138	158	134	141	192
天 津	Tianjin	59	100	178	270	375	586	756	546	431	447
河 北	Hebei	80	200	417	513	602	704	635	882	963	1051
山 西	Shanxi	73	157	603	682	863	1023	1206	1521	1919	2113
内 蒙	Inner Mongolia	74	40	790	941	1197	1550	1880	2093	1903	1827
辽 宁	Liaoning	154	190	321	417	599	675	886	1191	960	1059
吉 林	Jilin	44	80	160	260	352	584	572	774	616	739
黑龙江	Heilongjiang	163	225	335	431	555	738	847	1014	983	1113
上 海	Shanghai	81	115	139	137	219	198	326	199	145	160
江 苏	Jiangsu	90	223	560	443	316	406	487	479	598	840
浙 江	Zhejiang	70	215	478	443	458	366	434	430	529	623
安 徽	Anhui	78	81	294	370	516	528	453	527	481	624
福 建	Fujian	64	125	247	299	379	535	567	637	630	728
江 西	Jiangxi	25	60	133	155	155	179	300	281	331	298
山 东	Shandong	196	393	764	765	674	758	920	972	1133	1275
河 南	Henan	133	188	498	574	656	833	940	773	827	785
湖 北	Hubei	146	239	287	365	364	403	495	512	518	491
湖 南	Hunan	59	96	249	271	329	421	406	496	601	607
广 东	Guangdong	174	182	674	685	594	710	919	966	891	999
广 西	Guangxi	27	87	187	284	305	289	351	368	421	473
海 南	Hainan	24	15	83	58	27	36	56	61	101	124
重 庆	Chongqing		50	164	244	224	225	276	316	343	483
四 川	Sichuan	123	137	431	573	655	677	824	1050	1315	1427
贵 州	Guizhou	27	72	269	293	319	380	397	467	704	513
云 南	Yunnan	35	57	371	491	574	674	792	832	891	1086
西 藏	Tibet	9	10	15	13	18	30	39	53	64	90
陕 西	Shaanxi	42	106	301	384	577	705	924	1043	1235	1343
甘 肃	Gansu	34	65	142	173	243	328	530	667	638	851
青 海	Qinghai	22	30	86	118	112	125	157	141	232	295
宁 夏	Ningxia	12	19	104	119	159	195	297	351	414	422
新 疆	Xinjiang	107	180	375	490	649	704	795	988	1233	1491

2-12 分地区煤炭采选业投资

INVESTMENT IN COAL MINING AND PROCESSING BY REGION

单位：亿元 (100 million yuan)

地 区	Region	1995	2000	2005	2006	2007	2008	2009	2010	2011	2012
北 京	Beijing	0.62	0.21	0.43	0.43	0.66	0.71	1.92	2.62	2.70	
天 津	Tianjin		0.08		0.21					3.74	
河 北	Hebei	17.10	19.96	43.36	57.21	52.20	55.63	71.91	114.13	135.02	164.20
山 西	Shanxi	47.33	36.53	258.75	305.61	363.92	464.08	599.72	929.51	1240.24	1352.22
内 蒙	Inner Mongolia	35.28	2.82	109.54	227.59	328.42	452.96	520.40	528.36	588.66	674.38
辽 宁	Liaoning	6.09	7.96	25.05	22.01	23.83	32.80	31.92	69.90	62.36	72.29
吉 林	Jilin	3.00	0.89	9.02	34.61	28.93	52.29	57.52	59.86	88.11	97.65
黑龙江	Heilongjiang	14.29	11.46	40.71	47.50	55.46	95.43	139.38	201.12	171.66	207.86
上 海	Shanghai										
江 苏	Jiangsu	6.16	5.52	13.36	11.11	3.67	15.92	17.34	17.45	13.91	17.91
浙 江	Zhejiang	0.12		0.34	0.18			0.07			0.19
安 徽	Anhui	34.70	14.19	106.81	153.52	185.09	186.06	198.22	194.03	142.04	206.04
福 建	Fujian	1.48	1.35	4.54	5.28	5.65	12.94	24.32	18.90	43.66	62.19
江 西	Jiangxi	1.86	0.99	9.37	10.66	15.23	24.06	41.42	37.79	78.56	64.76
山 东	Shandong	25.26	40.35	148.63	88.29	70.70	77.38	99.65	97.25	93.62	79.40
河 南	Henan	23.18	18.71	102.88	136.92	203.25	275.85	315.70	231.93	296.11	247.61
湖 北	Hubei	0.58	0.78	3.93	3.70	3.84	8.20	14.77	19.32	45.60	45.92
湖 南	Hunan	3.38	1.22	18.42	22.86	40.87	63.57	101.55	146.27	182.15	222.98
广 东	Guangdong	0.99	0.17	0.02					0.46	0.49	
广 西	Guangxi	1.04	0.52	5.18	4.41	4.51	4.77	9.74	11.39	21.49	25.20
海 南	Hainan	0.01									
重 庆	Chongqing		1.11	23.70	33.68	34.78	49.40	62.12	69.86	89.83	92.03
四 川	Sichuan	6.64	2.84	28.74	46.93	58.20	64.40	94.48	139.38	252.46	261.05
贵 州	Guizhou	6.65	5.31	32.69	44.50	51.35	95.87	121.20	171.81	359.97	229.09
云 南	Yunnan	3.68	2.07	37.07	25.01	36.23	51.31	60.53	74.90	106.37	175.84
西 藏	Tibet	0.09									0.20
陕 西	Shaanxi	8.73	3.75	36.66	48.17	68.32	107.10	205.46	315.98	507.11	593.20
甘 肃	Gansu	4.07	4.98	13.01	15.41	22.90	30.62	54.51	77.04	111.89	138.49
青 海	Qinghai	0.24	0.01	2.56	4.93	6.51	11.83	7.61	9.41	14.39	23.80
宁 夏	Ningxia	5.37	2.82	33.03	38.69	69.32	79.73	102.00	110.69	119.79	143.83
新 疆	Xinjiang	3.36	2.35	16.02	31.60	41.05	49.18	103.46	135.33	135.33	171.89

2-13 分地区石油和天然气开采业投资
INVESTMENT IN PETROLEUM AND NATURAL GAS EXTRACTION BY REGION

单位：亿元 (100 million yuan)

地 区	Region	1995	2000	2005	2006	2007	2008	2009	2010	2011	2012
北 京	Beijing			0.03	0.03	4.62	18.16	13.16	0.12	0.14	
天 津	Tianjin	30.77	60.14	123.41	182.19	179.06	268.25	393.16	306.39	219.77	172.02
河 北	Hebei	3.06	3.35	24.89	37.97	74.19	69.60	9.77	33.51	36.79	26.81
山 西	Shanxi					0.44	1.90	16.49	21.62	65.68	88.31
内 蒙	Inner Mongolia		0.70	22.15	35.94	110.18	225.70	187.33	196.58	96.48	53.64
辽 宁	Liaoning	54.91	67.50	94.90	124.21	144.93	102.75	89.03	145.80	110.40	90.71
吉 林	Jilin	17.40	22.20	66.39	111.18	153.82	175.52	206.23	242.42	160.13	228.44
黑龙江	Heilongjiang	103.85	139.44	166.44	212.50	287.45	341.90	332.68	339.90	350.32	312.55
上 海	Shanghai	0.07	2.17	1.68	2.14	14.80	29.03	8.21	0.33	0.57	
江 苏	Jiangsu	6.28	10.74	12.57	14.97	11.85	19.20	25.34	27.35	15.01	28.20
浙 江	Zhejiang										
安 徽	Anhui			0.02	0.01	0.20	0.67	0.20	1.63	1.04	0.66
福 建	Fujian		0.10			0.11					
江 西	Jiangxi						2.42				
山 东	Shandong	79.97	132.95	117.68	139.88	120.81	185.66	206.65	219.15	289.60	283.62
河 南	Henan	26.10	43.95	55.37	55.33	68.40	72.75	75.88	71.46	59.03	59.54
湖 北	Hubei	3.77	13.20	12.85	17.87	29.94	30.76	30.53	3.64	4.45	0.56
湖 南	Hunan				0.04			0.59	0.44	2.11	
广 东	Guangdong	6.28	4.41	10.24	26.51	39.43	44.47	54.03	12.35	30.87	28.15
广 西	Guangxi	0.04		0.16	0.14	1.38	0.85	1.89	1.75	4.94	0.35
海 南	Hainan	3.62	5.00		0.75	0.73	0.27	4.40	0.27	11.43	3.01
重 庆	Chongqing		0.34	0.68	0.65	3.44	7.61	10.27	8.95	23.46	12.19
四 川	Sichuan	24.23	11.63	15.90	17.53	22.84	26.22	17.55	10.48		6.19
贵 州	Guizhou		0.10	0.52	0.54		0.04	0.42		1.08	
云 南	Yunnan		0.03	0.02			0.37	0.72	0.78	0.17	
西 藏	Tibet			0.02	0.03						
陕 西	Shaanxi	3.16	23.98	95.71	133.92	190.73	177.58	213.62	256.04	301.25	299.49
甘 肃	Gansu	4.29	6.57	6.11	8.86	15.19	22.40	17.56	11.72	20.98	75.24
青 海	Qinghai	6.00	16.92	30.73	31.74	29.38	37.68	33.36	39.44	34.51	39.92
宁 夏	Ningxia				1.47	1.64	4.00	4.10	1.58	0.95	0.86
新 疆	Xinjiang	85.85	129.38	262.06	308.45	360.56	366.39	323.37	387.93	431.36	440.50

2-14 分地区电力、蒸汽、热水生产和供应业投资
INVESTMENT IN ELECTRICITY, STEAM, HOT WATER PRODUCTION AND SUPPLY BY REGION

单位：亿元 (100 million yuan)

地 区	Region	1995	2000	2005	2006	2007	2008	2009	2010	2011	2012
北 京	Beijing	46	38	93	77	149	106	124	110	114	160
天 津	Tianjin	22	34	40	70	145	180	233	173	175	226
河 北	Hebei	54	166	283	343	379	437	406	543	598	558
山 西	Shanxi	22	105	246	294	385	421	451	418	463	501
内 蒙	Inner Mongolia	33	35	603	557	634	687	934	1152	865	786
辽 宁	Liaoning	50	89	116	173	288	376	550	637	498	502
吉 林	Jilin	20	55	77	104	155	326	283	424	309	345
黑龙江	Heilongjiang	26	67	103	142	175	232	295	351	278	427
上 海	Shanghai	58	89	120	116	163	133	267	148	105	111
江 苏	Jiangsu	69	187	510	383	257	317	383	308	433	619
浙 江	Zhejiang	60	204	436	410	435	344	406	391	473	541
安 徽	Anhui	27	65	166	188	299	287	202	276	240	325
福 建	Fujian	58	121	222	243	220	354	409	426	456	499
江 西	Jiangxi	21	56	106	131	117	118	195	191	182	164
山 东	Shandong	74	190	373	413	245	272	388	431	487	536
河 南	Henan	79	120	303	326	329	424	430	340	314	310
湖 北	Hubei	130	218	244	307	297	331	398	384	310	291
湖 南	Hunan	53	81	206	238	268	324	261	294	340	322
广 东	Guangdong	151	167	547	520	422	513	783	846	735	778
广 西	Guangxi	25	85	175	266	269	200	284	280	311	327
海 南	Hainan	14	7	17	19	21	35	44	54	80	80
重 庆	Chongqing		47	130	202	174	153	184	193	202	282
四 川	Sichuan	89	118	370	482	549	547	657	815	885	1046
贵 州	Guizhou	20	65	232	243	252	258	247	269	292	226
云 南	Yunnan	31	55	321	451	509	596	696	708	747	863
西 藏	Tibet	9	10	15	13	18	30	39	52	63	87
陕 西	Shaanxi	26	73	138	173	265	291	327	301	234	268
甘 肃	Gansu	18	50	85	110	173	246	391	501	437	579
青 海	Qinghai	16	13	52	73	71	74	114	84	173	225
宁 夏	Ningxia	6	15	69	76	72	80	170	207	224	209
新 疆	Xinjiang	12	42	55	63	100	170	251	333	476	649

2-15 分地区石油加工及炼焦业投资
INVESTMENT IN PETROLEUM PROCESSING AND COKING BY REGION

单位：亿元 (100 million yuan)

地 区	Region	1995	2000	2005	2006	2007	2008	2009	2010	2011	2012
北 京	Beijing	6.95	6.67	12.37	15.08	6.85	4.45	8.57	5.85	6.72	8.66
天 津	Tianjin	5.17	1.52	8.31	14.35	45.47	129.94	117.98	50.96	14.54	26.46
河 北	Hebei	5.09	7.65	55.33	45.01	74.12	123.72	121.44	155.33	137.03	215.20
山 西	Shanxi	2.12	11.89	94.03	74.49	92.32	101.48	102.55	96.42	98.43	101.78
内 蒙	Inner Mongolia	5.64	0.49	51.09	114.45	115.68	165.30	156.93	90.16	158.87	126.10
辽 宁	Liaoning	41.89	23.70	78.31	91.95	132.27	149.81	192.93	266.88	189.63	230.81
吉 林	Jilin	3.15	1.09	3.25	6.37	5.20	12.25	9.00	18.34	21.56	30.60
黑龙江	Heilongjiang	16.93	6.27	24.55	25.81	31.61	59.88	66.85	100.68	126.71	105.79
上 海	Shanghai	10.05	17.06	5.54	6.41	29.85	16.65	25.87	24.80	26.59	36.86
江 苏	Jiangsu	7.12	17.46	11.11	18.22	22.50	27.68	26.78	60.64	72.35	116.97
浙 江	Zhejiang	8.24	9.86	8.88	10.53	13.92	10.99	17.34	21.19	22.41	24.41
安 徽	Anhui	15.05	1.46	13.74	20.27	20.39	34.33	27.77	25.30	68.47	59.72
福 建	Fujian	3.59	1.05	11.82	26.71	124.04	152.84	111.85	168.43	111.31	146.29
江 西	Jiangxi	1.87	1.76	11.93	6.42	9.35	20.36	34.55	15.17	29.29	26.05
山 东	Shandong	14.04	26.00	104.50	93.86	213.16	185.24	182.99	178.97	201.64	287.25
河 南	Henan	1.53	1.76	18.84	25.28	37.56	44.65	59.17	74.80	96.29	77.10
湖 北	Hubei	9.86	4.97	9.70	21.68	21.40	16.32	19.62	83.37	129.38	116.05
湖 南	Hunan	2.02	12.47	15.01	3.85	9.21	16.00	20.80	34.63	33.06	18.98
广 东	Guangdong	11.85	6.96	71.62	96.31	108.51	131.84	63.63	55.38	75.50	116.72
广 西	Guangxi	0.09	0.14	2.59	9.72	25.41	77.28	48.01	63.15	67.69	55.95
海 南	Hainan	5.60	0.38	62.65	38.33	3.29	0.35	4.19	2.08	1.13	29.30
重 庆	Chongqing		0.15	3.09	1.19	1.64	2.32	3.34	8.75	7.43	65.53
四 川	Sichuan	0.67	0.14	7.15	7.96	10.50	21.10	28.94	37.81	101.76	43.39
贵 州	Guizhou		0.48	3.18	3.13	13.06	20.28	19.30	21.76	38.09	39.35
云 南	Yunnan	0.05	0.22	9.62	12.51	22.39	21.99	29.56	37.36	29.11	29.54
西 藏	Tibet							0.03			0.20
陕 西	Shaanxi	3.48	2.09	26.33	22.31	42.81	119.21	153.90	136.15	158.84	129.90
甘 肃	Gansu	6.65	2.78	36.65	37.14	23.50	22.59	60.02	66.86	48.57	31.04
青 海	Qinghai				7.20	4.16	0.44	1.79	5.58	6.97	1.35
宁 夏	Ningxia	0.25	0.84	2.37	2.21	15.46	27.66	17.23	21.64	60.99	56.96
新 疆	Xinjiang	5.43	5.25	37.73	80.53	139.74	110.56	106.89	106.63	128.10	146.13

2-16 分地区煤气生产和供应业投资
INVESTMENT IN GAS PRODUCTION AND SUPPLY BY REGION

单位：亿元 (100 million yuan)

地 区	Region	1995	2000	2005	2006	2007	2008	2009	2010	2011	2012
北 京	Beijing	4.04	12.50	11.12	10.89	10.64	7.88	9.72	15.10	16.98	23.86
天 津	Tianjin	1.10	3.90	6.21	2.70	5.92	7.23	11.74	15.70	18.06	22.84
河 北	Hebei	0.59	3.15	10.83	29.83	22.81	18.10	25.98	36.97	56.26	87.30
山 西	Shanxi	1.07	3.45	3.66	8.41	21.01	34.75	36.58	55.63	51.87	69.34
内 蒙	Inner Mongolia	0.14	0.78	4.17	5.92	8.15	19.12	81.38	126.19	194.54	186.29
辽 宁	Liaoning	1.55	2.25	6.64	5.76	10.51	14.00	21.83	71.63	99.51	163.59
吉 林	Jilin	0.91	1.07	4.69	3.90	9.95	18.03	15.98	29.56	37.29	37.06
黑龙江	Heilongjiang	2.61	1.36	1.13	2.96	5.89	9.25	13.96	21.18	55.52	59.69
上 海	Shanghai	12.98	6.88	11.60	11.84	10.78	19.57	25.57	24.95	12.37	11.89
江 苏	Jiangsu	1.88	2.19	12.46	15.07	21.27	26.15	34.46	65.18	64.24	57.61
浙 江	Zhejiang	1.77	1.59	33.32	22.34	9.01	10.71	10.23	17.07	33.32	57.34
安 徽	Anhui	0.94	0.82	8.18	8.54	11.56	20.55	25.25	30.26	29.07	32.45
福 建	Fujian	0.26	2.12	8.59	24.43	28.94	14.41	21.94	23.87	18.70	20.65
江 西	Jiangxi	0.79	0.69	5.53	7.43	13.51	14.48	28.62	37.47	40.81	43.28
山 东	Shandong	2.37	3.99	20.68	29.58	23.49	37.57	42.39	46.49	61.00	88.69
河 南	Henan	3.24	3.92	17.36	29.97	17.87	15.70	59.45	55.34	61.49	90.20
湖 北	Hubei	1.30	2.35	16.36	14.96	12.47	16.96	31.61	22.19	29.40	36.88
湖 南	Hunan	1.17	1.11	9.39	6.55	10.79	17.66	22.23	20.84	44.48	43.41
广 东	Guangdong	4.11	3.67	45.24	41.70	24.45	21.39	18.45	51.72	49.60	75.96
广 西	Guangxi	0.11	1.77	4.08	4.20	4.57	5.59	7.32	10.89	15.30	64.66
海 南	Hainan	0.76	2.08	2.70	0.54	2.25	0.15	3.67	4.26	8.62	11.19
重 庆	Chongqing		1.53	5.90	6.18	9.92	12.89	16.70	36.00	20.70	31.16
四 川	Sichuan	2.44	3.92	9.05	18.55	13.90	18.62	25.53	47.25	75.05	71.02
贵 州	Guizhou	0.20	0.98	1.20	1.16	2.70	5.49	8.62	4.81	13.14	18.45
云 南	Yunnan	0.41	0.20	3.33	1.87	6.62	4.19	5.45	10.44	9.16	17.65
西 藏	Tibet			0.01		0.11	0.34	0.84	0.64	0.77	2.04
陕 西	Shaanxi	0.78	2.83	3.90	6.27	10.47	9.92	24.14	33.87	33.93	52.37
甘 肃	Gansu	0.61	0.36	1.46	2.22	8.15	6.64	7.01	10.57	19.60	27.67
青 海	Qinghai		0.01	0.86	0.34	0.54	0.86	0.43	3.26	3.35	5.45
宁 夏	Ningxia	0.09	1.01	0.39	0.62	0.98	3.70	3.32	9.84	7.98	10.50
新 疆	Xinjiang	0.29	1.21	4.61	6.78	7.41	8.12	10.26	25.04	62.32	84.20

三、能源生产

Chapter 3　Energy Production

3-1 一次能源生产量和构成

PRIMARY ENERGY PRODUCTION AND COMPOSITION

年 份 Year	电热当量计算法 calorific value calculation						
	一次能源生产量 (万吨标准煤) Primary Energy Production (10^4 tce)	占能源生产总量的比重 (%) As percentage of primary energy production (%)					
		原 煤 Raw Coal	原 油 Crude Oil	天然气 Natural Gas	水电、核电、其他能发电 Hydro Power Nuclear Power Other Power	#水电 Hydro Power	核电 Nuclear Power
1980	62046	71.4	24.4	3.0	1.2	1.2	-
1981	61364	72.4	23.6	2.7	1.3	1.3	-
1982	64686	73.5	22.6	2.5	1.4	1.4	-
1983	68877	74.1	22.0	2.4	1.5	1.5	-
1984	75493	74.7	21.7	2.2	1.4	1.4	-
1985	83005	75.1	21.5	2.1	1.3	1.3	-
1986	85523	74.7	21.8	2.1	1.4	1.4	-
1987	88524	74.9	21.6	2.1	1.4	1.4	-
1988	92809	75.5	21.1	2.0	1.4	1.4	-
1989	98418	76.5	20.0	2.0	1.5	1.5	-
1990	100487	76.8	19.7	2.0	1.5	1.5	-
1991	101490	76.5	19.9	2.1	1.5	1.5	-
1992	103771	76.9	19.6	2.0	1.5	1.5	-
1993	107059	76.8	19.4	2.2	1.8	1.8	0.0
1994	114009	77.7	18.3	2.3	2.2	2.1	0.1
1995	123519	78.7	17.4	1.9	2.0	1.9	0.1
1996	127404	78.3	17.6	2.1	2.0	1.8	0.1
1997	127431	77.8	18.0	2.2	2.0	1.9	0.1
1998	123713	76.9	18.6	2.3	2.2	2.1	0.1
1999	126264	77.2	18.1	2.7	2.1	1.9	0.2
2000	128743	76.8	18.1	2.8	2.3	2.1	0.2
2001	136223	77.2	17.2	3.0	2.7	2.5	0.2
2002	142829	77.5	16.7	3.0	2.7	2.5	0.2
2003	164011	79.9	14.8	2.8	2.5	2.2	0.3
2004	187268	81.0	13.4	2.9	2.7	2.3	0.3
2005	205860	81.5	12.6	3.2	2.7	2.4	0.3
2006	220895	81.8	12.0	3.5	2.8	2.4	0.3
2007	234956	81.8	11.3	3.9	2.9	2.5	0.3
2008	247010	81.0	11.3	4.3	3.4	2.9	0.3
2009	259767	81.7	10.4	4.4	3.5	2.9	0.3
2010	279694	81.3	10.4	4.5	3.8	3.2	0.3
2011	300907	82.2	9.7	4.5	3.6	2.9	0.4
2012	310995	81.7	9.5	4.5	4.3	3.5	0.4

续表

Continued

年 份 Year	发电煤耗计算法 coal equivalent calculation						
	一次能源生产量 (万吨标准煤) Primary Energy Production (10^4 tce)	占能源生产总量的比重（%） As percentage of primary energy production (%)					
		原 煤 Raw Coal	原 油 Crude Oil	天然气 Natural Gas	水电、核电、其他能发电 Hydro Power Nuclear Power Other Power	#水电 Hydro Power	核电 Nuclear Power
1980	63735	69.4	23.8	3.0	3.8	3.8	-
1981	63227	70.2	22.9	2.7	4.2	4.2	-
1982	66778	71.3	21.8	2.4	4.5	4.5	-
1983	71270	71.6	21.3	2.3	4.8	4.8	-
1984	77855	72.4	21.0	2.1	4.5	4.5	-
1985	85546	72.8	20.9	2.0	4.3	4.3	-
1986	88124	72.4	21.2	2.1	4.3	4.3	-
1987	91266	72.6	21.0	2.0	4.4	4.4	-
1988	95801	73.1	20.4	2.0	4.5	4.5	-
1989	101639	74.1	19.3	2.0	4.6	4.6	-
1990	103922	74.2	19.0	2.0	4.8	4.8	-
1991	104844	74.1	19.2	2.0	4.7	4.7	-
1992	107256	74.3	18.9	2.0	4.8	4.8	-
1993	111059	74.0	18.7	2.0	5.3	5.2	0.1
1994	118729	74.6	17.6	1.9	5.9	5.4	0.5
1995	129034	75.3	16.6	1.9	6.2	5.8	0.4
1996	133032	75.0	16.9	2.0	6.1	5.7	0.4
1997	133460	74.3	17.2	2.1	6.5	6.0	0.4
1998	129834	73.3	17.7	2.2	6.8	6.4	0.4
1999	131935	73.9	17.3	2.5	6.3	5.9	0.4
2000	135048	73.2	17.2	2.7	6.9	6.4	0.5
2001	143875	73.0	16.3	2.8	7.9	7.4	0.5
2002	150656	73.5	15.8	2.9	7.8	7.2	0.6
2003	171906	76.2	14.1	2.7	7.0	6.0	0.9
2004	196648	77.1	12.8	2.8	7.3	6.4	0.9
2005	216219	77.6	12.0	3.0	7.4	6.5	0.9
2006	232167	77.8	11.3	3.4	7.5	6.6	0.8
2007	247279	77.7	10.8	3.7	7.8	6.7	0.9
2008	260552	76.8	10.5	4.1	8.6	7.5	0.9
2009	274619	77.3	9.9	4.1	8.7	7.3	0.8
2010	296916	76.6	9.8	4.2	9.4	7.8	0.8
2011	317987	77.8	9.1	4.3	8.8	7.0	0.9
2012	331848	76.5	8.9	4.3	10.3	8.2	0.9

3-2 分地区焦炭生产量

COKE PRODUCTION BY REGION

单位：万吨 (10 000 ton)

地 区	Region	1995	2000	2005	2006	2007	2008	2009	2010	2011	2012
北 京	Beijing	401	402	344	254	177	170	166	161		
天 津	Tianjin	175	171	361	376	339	267	308	238	234	229
河 北	Hebei	938	792	2613	3312	3821	3879	4800	5046	6290	6701
山 西	Shanxi	5298	4967	7981	9202	9897	8296	7682	8505	9010	8608
内 蒙	Inner Mongolia	395	394	1034	1060	1440	1413	1838	2034	2482	2569
辽 宁	Liaoning	820	789	1238	1503	1625	1736	1877	1876	2027	2021
吉 林	Jilin	136	154	270	286	365	318	424	411	485	524
黑龙江	Heilongjiang	190	129	474	563	683	784	968	957	1011	957
上 海	Shanghai	651	776	762	736	750	706	661	631	641	633
江 苏	Jiangsu	191	237	576	954	1073	1086	1213	1394	1855	2052
浙 江	Zhejiang	57	60	55	52	53	166	230	282	292	295
安 徽	Anhui	293	330	488	509	684	765	773	875	869	899
福 建	Fujian	39	45	91	91	91	100	118	143	151	190
江 西	Jiangxi	167	187	401	493	557	526	626	799	876	810
山 东	Shandong	465	362	1709	2154	2737	2942	3128	3429	3973	4225
河 南	Henan	489	355	1381	1558	1938	1984	2163	2572	2417	2361
湖 北	Hubei	398	411	678	688	696	918	838	947	994	922
湖 南	Hunan	215	207	446	474	523	451	559	582	677	640
广 东	Guangdong	54	54	125	125	94	136	191	195	194	178
广 西	Guangxi	64	61	223	250	256	310	360	392	411	420
海 南	Hainan										
重 庆	Chongqing		136	223	271	284	282	294	359	397	332
四 川	Sichuan	708	382	828	946	1049	1100	1167	1159	1281	1312
贵 州	Guizhou	426	134	716	901	825	752	781	713	685	839
云 南	Yunnan	370	221	1214	1234	1184	1376	1457	1607	1603	1573
西 藏	Tibet										
陕 西	Shaanxi	341	175	591	1111	1519	451	1325	1571	2172	2894
甘 肃	Gansu	95	126	222	275	249	241	245	244	263	338
青 海	Qinghai	1	2	2	34	84	144	141	130	168	240
宁 夏	Ningxia	43	30	117	83	128	119	278	424	438	577
新 疆	Xinjiang	92	95	249	273	431	611	899	1188	1377	1441

3-3 分地区原油生产量

CRUDE OIL PRODUCTION BY REGION

单位：万吨 (10 000 ton)

地 区	Region	1995	2000	2005	2006	2007	2008	2009	2010	2011	2012
北 京	Beijing										
天 津	Tianjin	620.8	764.0	1793.0	1943.1	1924.3	1993.9	2297.0	3332.7	3187.8	3098.3
河 北	Hebei	517.0	518.3	562.5	610.8	660.0	643.1	599.1	599.0	586.1	584.0
山 西	Shanxi										
内 蒙	Inner Mongolia										
辽 宁	Liaoning	1552.7	1401.1	1261.0	1226.5	1207.2	1199.3	1000.0	950.0	1000.0	1000.0
吉 林	Jilin	342.7	348.5	550.6	680.4	623.9	698.5	639.9	702.3	739.4	810.4
黑龙江	Heilongjiang	5601.5	5306.7	4516.0	4340.5	4169.8	4020.5	4000.7	4004.9	4006.0	4001.5
上 海	Shanghai		52.7	25.3	21.5	20.7	14.6	9.1	8.3	8.1	5.3
江 苏	Jiangsu	101.4	155.0	164.7	188.5	195.7	184.0	184.0	186.0	189.0	194.5
浙 江	Zhejiang										
安 徽	Anhui										
福 建	Fujian										
江 西	Jiangxi										
山 东	Shandong	3006.3	2675.7	2694.5	2755.1	2793.1	2829.6	2828.2	2786.0	2713.5	2774.7
河 南	Henan	602.0	562.2	507.2	492.1	485.1	476.3	474.5	497.9	485.5	476.6
湖 北	Hubei	85.0	75.1	78.1	79.7	85.5	83.9	80.9	86.5	79.0	78.9
湖 南	Hunan										
广 东	Guangdong	651.0	1393.2	1470.0	1337.8	1261.1	1387.7	1345.1	1287.1	1152.8	1209.3
广 西	Guangxi	3.6	3.3	3.4	3.4	2.9	2.9	2.9	2.7	2.3	2.3
海 南	Hainan	0.1		10.1	11.1	10.7	12.1	18.4	20.0	19.7	19.0
重 庆	Chongqing										
四 川	Sichuan	17.2	17.3	13.9	18.0	18.1	22.8	21.7	15.1	16.2	17.5
贵 州	Guizhou										
云 南	Yunnan	10.2		0.1							
西 藏	Tibet										
陕 西	Shaanxi	166.9	746.4	1778.2	1988.9	2265.9	2463.6	2695.9	3017.3	3225.4	3527.6
甘 肃	Gansu	267.8	55.3	78.9	81.7	82.9	74.9	49.2	58.2	62.6	69.9
青 海	Qinghai	121.7	200.0	221.5	223.0	220.7	220.4	186.4	186.1	195.0	205.0
宁 夏	Ningxia	39.0	139.0					3.1	3.1	3.6	2.3
新 疆	Xinjiang	1297.8	1848.2	2406.4	2474.7	2604.3	2715.1	2512.9	2558.2	2615.6	2670.7

3-4 分地区汽油生产量

GASOLINE PRODUCTION BY REGION

单位：万吨 (10 000 ton)

地 区	Region	1995	2000	2005	2006	2007	2008	2009	2010	2011	2012
北 京	Beijing	101.95	146.20	170.90	172.93	181.72	215.53	272.55	257.10	251.20	261.90
天 津	Tianjin	94.02	122.02	145.42	129.83	150.10	117.17	136.41	164.60	178.20	183.60
河 北	Hebei	135.11	159.04	223.60	212.85	230.15	272.49	275.24	270.00	292.80	293.60
山 西	Shanxi								3.20	2.80	
内 蒙	Inner Mongolia	23.43		44.99	60.57	45.93	41.97	49.65	42.10	34.30	15.30
辽 宁	Liaoning	398.22	683.88	965.60	1032.33	1005.40	1017.33	1043.57	1057.74	1017.43	1088.10
吉 林	Jilin	147.88	159.45	164.72	159.74	153.95	166.80	151.67	163.00	193.50	195.30
黑龙江	Heilongjiang	261.72	347.46	384.85	387.44	402.71	390.84	430.53	462.90	481.70	463.50
上 海	Shanghai	111.00	263.69	263.45	248.16	211.10	244.88	260.04	259.70	274.40	305.00
江 苏	Jiangsu	108.07	171.53	233.25	200.58	223.65	232.18	318.24	286.50	298.50	344.40
浙 江	Zhejiang	124.15	178.98	288.69	254.94	259.64	288.75	321.32	305.10	315.20	284.53
安 徽	Anhui	74.11	79.38	86.00	86.91	89.38	87.87	97.49	97.00	96.30	83.00
福 建	Fujian	81.49	102.22	95.19	102.63	98.55	83.36	122.38	149.60	137.10	170.30
江 西	Jiangxi	64.56	82.51	86.10	86.85	81.33	86.56	96.57	108.60	100.70	130.60
山 东	Shandong	214.88	280.15	474.54	500.33	558.22	799.70	962.20	1195.46	1286.30	1525.36
河 南	Henan	138.68	136.86	127.65	140.86	157.83	159.43	189.40	208.00	191.40	239.20
湖 北	Hubei	126.32	154.97	178.87	178.09	175.74	173.21	216.49	239.80	242.90	241.00
湖 南	Hunan	90.38	120.19	122.83	124.20	129.86	137.83	133.15	125.50	191.00	240.70
广 东	Guangdong	286.47	331.50	367.23	401.37	417.43	459.84	538.74	635.70	635.50	674.10
广 西	Guangxi	15.09	15.64	19.38	24.84	29.58	31.48	37.91	77.30	229.70	300.60
海 南	Hainan				65.68	238.66	244.05	264.31	263.20	295.20	302.70
重 庆	Chongqing						0.83				
四 川	Sichuan	5.92	8.42	23.20	32.47	45.53	51.61	69.40	57.80	76.20	65.20
贵 州	Guizhou										
云 南	Yunnan						0.02				
西 藏	Tibet										
陕 西	Shaanxi	49.68	180.13	387.83	410.32	465.86	465.09	526.21	572.50	610.80	737.70
甘 肃	Gansu	166.84	150.92	229.30	239.14	276.04	289.31	314.44	287.90	398.60	375.00
青 海	Qinghai	29.48	20.78	29.40	31.52	32.60	30.89	23.62	40.80	46.30	42.10
宁 夏	Ningxia	23.57	26.91	58.17	58.15	51.72	65.56	69.38	76.80	46.50	174.00
新 疆	Xinjiang	178.53	211.86	238.06	252.03	276.76	280.18	274.57	268.15	233.53	239.28

3-5 分地区煤油生产量

KEROSENE PRODUCTION BY REGION

单位：万吨 (10 000 ton)

地区	Region	1995	2000	2005	2006	2007	2008	2009	2010	2011	2012
北 京	Beijing	0.26		12.36	11.60	36.39	85.23	111.61	116.10	126.40	132.90
天 津	Tianjin	8.85	32.57	25.83	27.42	35.12	21.80	32.74	81.20	115.00	94.50
河 北	Hebei	4.83	12.69	11.94	13.15	11.14	12.21	7.05	4.30		0.30
山 西	Shanxi										
内 蒙	Inner Mongolia	0.02									
辽 宁	Liaoning	84.34	231.53	220.00	218.74	206.19	230.06	231.90	224.20	222.00	293.30
吉 林	Jilin	1.96	1.28				0.05				
黑龙江	Heilongjiang	22.27	23.27	19.28	20.57	23.54	24.96	28.46	31.50	34.70	42.30
上 海	Shanghai	35.84	48.38	144.25	112.27	121.19	136.98	149.71	149.30	150.10	165.10
江 苏	Jiangsu	50.64	67.21	99.41	99.45	141.03	108.93	156.87	165.60	201.30	231.60
浙 江	Zhejiang	32.31	107.28	130.97	127.29	153.78	129.41	146.08	154.60	162.90	156.20
安 徽	Anhui										
福 建	Fujian	3.49	8.64	5.81	6.31	5.55	6.41	32.28	94.70	106.80	103.20
江 西	Jiangxi	2.14	4.44	4.67	1.57	1.29	0.07				3.20
山 东	Shandong	24.89	44.96	34.65	31.71	35.07	37.88	68.03	86.70	92.20	114.90
河 南	Henan	21.10	17.04	20.07	21.18	32.45	31.19	49.33	56.90	47.70	72.10
湖 北	Hubei	13.64	16.38	8.85	7.84	12.62	15.72	23.52	46.20	51.20	50.90
湖 南	Hunan	7.49	8.57	10.99	7.97	8.44	4.05	3.84	4.80	12.50	28.30
广 东	Guangdong	72.28	147.68	156.29	164.21	204.81	188.59	298.61	344.00	366.10	399.10
广 西	Guangxi	0.55	0.05	0.01				2.90	3.30	18.40	35.10
海 南	Hainan				3.43	32.78	31.06	35.43	44.60	68.10	78.00
重 庆	Chongqing			0.02							
四 川	Sichuan	2.76	4.23	1.44	1.88	1.43	1.11	0.83	1.10	0.90	1.20
贵 州	Guizhou										
云 南	Yunnan										
西 藏	Tibet										
陕 西	Shaanxi	1.65	8.46		8.92	11.32	15.73	18.69	27.70	25.70	30.80
甘 肃	Gansu	38.64	55.88	49.61	48.57	48.53	49.58	50.69	32.30	31.70	39.40
青 海	Qinghai										
宁 夏	Ningxia										
新 疆	Xinjiang	15.80	31.75	32.14	34.79	30.60	38.65	30.86	45.60	46.10	59.00

3-6 分地区柴油生产量

DIESEL OIL PRODUCTION BY REGION

单位：万吨 (10 000 ton)

地 区	Region	1995	2000	2005	2006	2007	2008	2009	2010	2011	2012
北 京	Beijing	79.20	183.92	199.41	204.78	270.89	373.28	364.24	350.40	355.70	319.10
天 津	Tianjin	119.44	246.82	364.54	386.99	383.48	340.19	338.69	602.70	646.00	607.10
河 北	Hebei	165.81	271.19	403.42	412.08	425.82	513.58	482.34	486.90	538.30	547.00
山 西	Shanxi	0.16							0.20		
内 蒙	Inner Mongolia	20.46		41.01	53.96	53.73	42.80	51.13	79.30	93.60	76.40
辽 宁	Liaoning	677.68	1202.07	1899.60	1911.19	2048.93	2048.35	2101.38	2379.82	2284.75	2357.95
吉 林	Jilin	99.83	178.81	367.43	344.02	320.73	321.68	320.88	322.20	412.90	383.40
黑龙江	Heilongjiang	379.68	532.61	627.52	577.03	583.59	547.30	589.15	615.50	609.12	573.00
上 海	Shanghai	129.13	401.30	717.86	639.32	603.47	747.98	682.63	773.60	798.90	822.10
江 苏	Jiangsu	207.31	408.69	725.87	702.33	696.30	738.33	751.10	808.30	746.80	678.70
浙 江	Zhejiang	201.52	387.40	728.09	749.50	758.73	862.33	825.89	832.60	870.90	801.80
安 徽	Anhui	98.87	151.85	177.36	193.75	188.20	177.95	184.93	196.00	208.20	180.00
福 建	Fujian	85.15	161.49	150.34	155.89	135.51	112.86	273.50	388.00	253.20	327.70
江 西	Jiangxi	83.17	127.09	132.53	179.04	166.86	182.86	187.47	190.80	193.90	229.00
山 东	Shandong	328.63	540.04	939.01	1040.80	1107.53	1645.17	1938.55	2263.86	2463.50	2666.36
河 南	Henan	121.69	213.42	219.02	265.47	243.96	253.61	287.01	297.57	274.32	310.60
湖 北	Hubei	153.05	247.01	329.83	352.35	378.28	341.08	360.08	379.60	389.32	354.80
湖 南	Hunan	104.36	215.53	229.25	219.06	228.74	231.16	215.03	215.00	291.60	342.50
广 东	Guangdong	377.36	654.02	875.28	994.26	1033.53	1187.35	1287.36	1531.00	1551.70	1539.90
广 西	Guangxi	14.98	24.92	36.33	42.37	47.46	38.90	44.85	145.50	474.80	650.90
海 南	Hainan				94.70	359.06	344.87	341.38	346.00	319.20	294.00
重 庆	Chongqing							0.30	0.60		0.40
四 川	Sichuan	5.78	11.14	48.52	61.22	80.56	83.43	102.68	83.30	86.60	86.00
贵 州	Guizhou										
云 南	Yunnan						0.02				
西 藏	Tibet										
陕 西	Shaanxi	52.93	223.19	513.38	605.17	707.69	769.50	801.61	854.40	853.30	921.50
甘 肃	Gansu	188.59	276.23	535.67	585.65	597.39	594.76	641.83	619.90	736.00	685.00
青 海	Qinghai	20.99	22.63	44.31	47.51	49.58	46.59	37.27	56.70	73.00	67.50
宁 夏	Ningxia	24.92	33.44	76.57	77.64	69.15	85.60	79.94	92.30	53.30	182.00
新 疆	Xinjiang	231.88	364.79	697.27	759.46	819.96	826.75	835.78	976.10	1097.40	1059.10

3-7 分地区燃料油生产量

FUEL OIL PRODUCTION BY REGION

单位：万吨 (10 000 ton)

地 区	Region	1995	2000	2005	2006	2007	2008	2009	2010	2011	2012
北 京	Beijing	220.31	78.95	75.29	70.02	50.57	42.33	29.58	35.08	21.40	18.40
天 津	Tianjin	142.38	40.60	29.38	25.92	32.76	54.56	18.31	62.68	21.90	23.30
河 北	Hebei	44.26	30.17	25.37	28.56	64.85	166.51	34.57	116.94	17.40	25.00
山 西	Shanxi						0.18				
内 蒙	Inner Mongolia	18.85		13.56	2.97	26.40	64.57	48.10	30.78	11.20	7.20
辽 宁	Liaoning	610.43	413.40	466.15	497.38	526.10	580.50	504.84	602.36	572.80	454.20
吉 林	Jilin	85.11	95.59	34.76	43.43	33.92	41.52	38.20	36.83	40.00	31.90
黑龙江	Heilongjiang	181.28	120.56	44.69	44.12	48.44	51.28	47.37	55.38	40.40	46.50
上 海	Shanghai	290.40	139.03	119.67	112.99	109.65	51.50	15.15	29.57	29.30	17.30
江 苏	Jiangsu	162.04	136.29	159.43	181.38	290.59	283.71	154.89	187.61	232.40	284.00
浙 江	Zhejiang	78.33	123.40	109.76	192.42	208.57	174.37	113.32	134.66	157.80	115.50
安 徽	Anhui	48.48	10.68	8.30	8.07	13.41	13.64	16.57	12.44	7.90	6.00
福 建	Fujian	10.44	10.01	8.86	20.73	22.75	18.85	31.02	2.60	3.70	4.30
江 西	Jiangxi	43.27	54.27	39.53	20.00	15.76	18.55	22.07	20.89	7.80	4.30
山 东	Shandong	334.33	274.66	602.62	434.14	347.49	597.56	428.96	365.19	327.90	398.40
河 南	Henan	19.56	30.42	40.02	43.38	48.32	29.46	15.43	17.20	14.70	14.50
湖 北	Hubei	95.49	40.24	28.38	23.67	22.58	13.52	15.97	21.93	21.30	16.20
湖 南	Hunan	55.29	33.95	31.55	27.91	28.61	24.66	16.90	22.66	24.00	25.10
广 东	Guangdong	214.73	186.13	248.08	305.83	266.85	380.68	166.29	156.38	130.80	192.20
广 西	Guangxi	3.60	4.37	9.16	9.48	37.82	32.81	20.30	30.82	60.80	72.70
海 南	Hainan		9.45	4.36	9.09	23.04	26.31	23.83	27.04	36.70	33.70
重 庆	Chongqing			0.06			0.18				5.20
四 川	Sichuan	3.58	4.10				4.56	8.95	14.39	26.20	27.30
贵 州	Guizhou										
云 南	Yunnan	0.58				0.11	1.34	0.24			
西 藏	Tibet										
陕 西	Shaanxi	55.64	41.54	83.69	90.22	39.34	58.85	42.90	85.30	30.90	61.80
甘 肃	Gansu	101.21	91.65	39.57	21.51	26.42	21.19	8.78	20.57	15.50	19.80
青 海	Qinghai	19.72	6.39	2.11	2.33	4.19	3.43	2.69	3.34	4.20	4.10
宁 夏	Ningxia	10.24	10.54	3.23	3.05	2.85	2.97	2.74	3.10	1.70	9.90
新 疆	Xinjiang	111.22	67.26	33.61	49.42	54.65	34.76	28.74	19.33	10.10	10.30

3-8 分地区天然气生产量

NATURAL GAS PRODUCTION BY REGION

单位：亿立方米 (100 million cu.m)

地区	Region	1995	2000	2005	2006	2007	2008	2009	2010	2011	2012
北京	Beijing										
天津	Tianjin	7.57	9.10	8.79	10.50	13.34	14.01	14.30	17.20	18.40	18.70
河北	Hebei	3.49	5.14	6.92	6.55	7.14	8.74	10.87	12.70	12.20	13.40
山西	Shanxi	0.47	1.14	3.24	6.02		5.21				
内蒙	Inner Mongolia		4.55								
辽宁	Liaoning	21.12	14.70	11.72	11.94	8.72	8.71	8.10	8.00	7.20	7.20
吉林	Jilin	1.83	2.05	5.40	2.41	5.22	8.74	11.62	13.70	15.00	22.20
黑龙江	Heilongjiang	25.91	23.04	24.43	24.65	25.50	27.10	30.04	30.00	31.00	33.70
上海	Shanghai		2.60	6.04	5.64	5.07	4.29	4.03	3.30	3.00	2.90
江苏	Jiangsu	0.19	0.24	0.64	0.61	0.58	0.58	0.57	0.60	0.50	0.60
浙江	Zhejiang		0.04	0.03			0.31				
安徽	Anhui										
福建	Fujian										
江西	Jiangxi										
山东	Shandong	12.85	6.88	9.25	8.55	7.84	8.85	9.05	5.33	5.20	6.00
河南	Henan	11.38	14.95	17.62	18.68	15.76	11.22	29.58	6.72	5.00	5.00
湖北	Hubei	0.76	0.91	1.12	1.16	1.17	1.40	1.67	2.00	2.28	1.70
湖南	Hunan						3.19				
广东	Guangdong	1.03	34.60	44.75	48.95	52.48	60.78	58.43	78.40	83.30	83.50
广西	Guangxi						8.54				
海南	Hainan			1.66	2.05	2.03	2.32	1.86	1.80	2.00	1.80
重庆	Chongqing		1.94	3.27	6.47	5.00	9.54	0.60	1.20	0.46	0.40
四川	Sichuan	76.64	88.60	142.30	159.95	187.46	194.23	193.56	237.65	265.53	242.26
贵州	Guizhou		0.70	0.53				0.12	0.12		
云南	Yunnan	1.81	0.05	0.22	0.17	0.14	0.06	0.02	0.06	0.07	0.05
西藏	Tibet										
陕西	Shaanxi	0.22	21.10	75.46	80.47	110.10	144.20	189.52	223.50	272.20	311.30
甘肃	Gansu	1.13	0.20	0.84	1.53	0.63	1.43	0.29	0.20	0.20	0.20
青海	Qinghai	0.64	3.91	22.26	25.03	34.02	43.65	43.07	56.10	65.00	64.28
宁夏	Ningxia	0.62	0.15							3.02	3.33
新疆	Xinjiang	11.81	35.38	106.71	164.20	210.20	235.89	245.39	249.90	235.33	253.01

3-9 分地区发电量

POWER GENERATION BY REGION

单位：亿千瓦小时 (100 million kW•h)

地 区	Region	1995	2000	2005	2006	2007	2008	2009	2010	2011	2012
北 京	Beijing	132	145	213	215	228	243	243	269	263	291
天 津	Tianjin	134	211	369	359	393	382	416	589	621	590
河 北	Hebei	607	844	1339	1461	1646	1528	1742	1993	2327	2411
山 西	Shanxi	506	620	1312	1526	1761	1794	1874	2151	2344	2546
内 蒙	Inner Mongolia	279	439	1057	1413	1932	2184	2242	2489	2973	3172
辽 宁	Liaoning	540	646	904	1015	1115	1138	1163	1295	1370	1441
吉 林	Jilin	285	314	433	443	495	578	542	605	710	692
黑龙江	Heilongjiang	388	427	596	647	685	733	723	777	835	849
上 海	Shanghai	403	553	734	721	739	774	778	876	949	886
江 苏	Jiangsu	700	910	2120	2536	2675	2815	2928	3359	3763	4001
浙 江	Zhejiang	401	625	1456	1766	1915	1905	2246	2568	2777	2808
安 徽	Anhui	310	355	648	734	873	1125	1320	1444	1635	1771
福 建	Fujian	262	404	778	904	1038	1127	1171	1356	1580	1623
江 西	Jiangxi	176	203	373	440	502	576	533	664	730	728
山 东	Shandong	739	1005	1911	2315	2698	2648	2860	3043	3169	3212
河 南	Henan	548	695	1415	1601	1918	1978	2055	2192	2585	2643
湖 北	Hubei	453	559	1290	1307	1588	1828	1818	2043	2086	2238
湖 南	Hunan	333	354	644	755	860	927	1028	1226	1347	1398
广 东	Guangdong	821	1293	2279	2466	2732	2716	2758	3237	3802	3764
广 西	Guangxi	217	289	446	523	683	869	944	1032	1039	1186
海 南	Hainan	32	39	82	97	115	121	128	153	173	199
重 庆	Chongqing		168	254	291	375	457	474	504	582	598
四 川	Sichuan	576	500	1019	1227	1263	1383	1579	1795	1981	2151
贵 州	Guizhou	232	405	798	986	1166	1211	1380	1386	1379	1618
云 南	Yunnan	228	298	624	754	905	1079	1171	1365	1555	1759
西 藏	Tibet	5	7	13	15	15	18	18	21	27	26
陕 西	Shaanxi	237	272	549	585	707	853	909	1112	1222	1342
甘 肃	Gansu	238	254	506	530	619	698	697	792	1028	1103
青 海	Qinghai	60	134	216	282	308	310	378	468	463	584
宁 夏	Ningxia	108	137	313	388	453	471	480	587	939	1010
新 疆	Xinjiang	120	182	310	357	414	489	549	679	875	1237

3-10 分地区水力发电量

HYDRO POWER GENERATION BY REGION

单位：亿千瓦小时 (100 million kW•h)

地　区	Region	1995	2000	2005	2006	2007	2008	2009	2010	2011	2012
北　京	Beijing	3.18	8.64	4.71	4.94	4.93	0.36	0.37	4.40	4.48	4.38
天　津	Tianjin	0.21	0.14			0.14	0.14				
河　北	Hebei	12.63	4.70	5.61	14.42	5.68	10.95	5.71	5.55	7.25	4.70
山　西	Shanxi	7.11	13.04	20.32	23.87	47.32	23.36	21.66	36.63	34.63	43.79
内　蒙	Inner Mongolia	1.43	5.59	11.55	12.80	11.86	11.18	14.82	16.29	12.21	17.66
辽　宁	Liaoning	41.71	14.89	56.73	47.03	43.81	38.58	28.81	43.98	31.69	38.24
吉　林	Jilin	83.16	47.84	78.30	54.60	61.83	58.91	56.28	105.50	62.90	65.78
黑龙江	Heilongjiang	6.69	13.19	14.70	14.74	10.41	17.56	17.09	22.53	17.02	16.34
上　海	Shanghai										
江　苏	Jiangsu	0.35	0.13	2.66	3.05	2.95	6.65	2.23	2.98	2.02	11.22
浙　江	Zhejiang	78.25	65.23	135.11	139.76	118.15	143.49	152.67	230.85	161.72	187.01
安　徽	Anhui	11.39	4.58	12.52	15.72	19.67	28.14	16.39	18.85	17.90	19.60
福　建	Fujian	154.91	195.22	291.00	346.82	311.59	399.61	275.92	453.69	285.20	476.20
江　西	Jiangxi	55.13	53.50	67.88	95.40	85.06	167.26	85.07	117.85	79.82	111.66
山　东	Shandong	0.40	0.03	1.30	0.17	0.77	2.80	1.74	2.14	2.03	1.23
河　南	Henan	15.64	15.52	67.91	88.26	88.53	98.77	93.15	91.67	103.42	136.72
湖　北	Hubei	258.82	281.40	813.65	756.06	937.70	1272.47	1205.92	1263.83	1163.89	1415.34
湖　南	Hunan	157.97	191.15	241.28	290.69	312.56	407.00	409.43	502.53	459.03	602.70
广　东	Guangdong	131.10	106.11	207.74	267.99	241.03	388.31	269.34	348.86	331.03	367.31
广　西	Guangxi	138.30	168.87	195.82	243.69	323.52	522.97	516.77	475.26	415.49	541.56
海　南	Hainan	11.32	11.54	10.64	11.59	13.09	12.72	14.95	13.34	12.55	15.36
重　庆	Chongqing		38.22	67.32	56.43	83.75	171.61	165.74	169.25	184.27	244.75
四　川	Sichuan	259.79	315.11	653.35	784.65	814.13	980.86	1065.41	1213.42	1364.02	1562.46
贵　州	Guizhou	114.90	183.44	213.35	225.96	340.62	394.04	400.88	416.58	355.00	582.05
云　南	Yunnan	162.05	196.53	349.19	355.72	430.95	647.28	622.80	814.12	1007.43	1238.23
西　藏	Tibet	3.04	5.54	12.10	13.79	13.99	14.53	15.27	15.85	20.62	18.98
陕　西	Shaanxi	25.43	34.80	50.54	39.88	55.45	64.23	74.59	87.24	99.63	88.91
甘　肃	Gansu	96.18	102.54	165.57	170.45	189.08	188.72	250.21	262.32	252.00	294.67
青　海	Qinghai	42.57	107.69	160.58	209.58	207.76	207.10	276.32	371.11	370.87	455.50
宁　夏	Ningxia	9.30	8.18	16.41	16.38	17.47	16.08	17.36	18.02	16.75	19.06
新　疆	Xinjiang	22.82	30.83	42.33	53.42	58.84	73.93	79.55	97.08	114.58	139.66

3-11 分地区火力发电量

THERMAL POWER GENERATION BY REGION

单位：亿千瓦小时 (100 million kW•h)

地区	Region	1995	2000	2005	2006	2007	2008	2009	2010	2011	2012
北京	Beijing	128.18	136.62	209.80	207.05	223.15	242.99	241.04	261.80	255.50	283.20
天津	Tianjin	131.58	211.35	365.69	359.24	393.13	377.93	389.67	559.60	619.52	587.32
河北	Hebei	593.72	839.53	1332.17	1438.88	1633.04	1407.60	1707.18	1926.28	2214.67	2246.36
山西	Shanxi	498.85	607.27	1291.65	1502.50	1713.18	1764.93	1848.76	2104.00	2301.73	2456.14
内蒙	Inner Mongolia	277.11	432.09	1042.28	1395.93	1876.83	2071.98	2073.49	2226.55	2639.00	2845.29
辽宁	Liaoning	496.63	628.00	845.00	962.82	1065.26	1085.26	1117.15	1204.04	1260.40	1304.35
吉林	Jilin	201.45	265.48	354.16	385.76	422.74	398.63	458.61	463.29	591.97	577.62
黑龙江	Heilongjiang	381.30	413.54	581.13	629.64	670.32	696.62	685.91	720.35	771.57	765.88
上海	Shanghai	401.93	553.09	728.74	720.33	736.25	765.25	767.77	864.79	946.00	882.45
江苏	Jiangsu	698.42	909.57	2114.03	2512.58	2577.39	2631.34	2762.15	3166.32	3562.63	3779.05
浙江	Zhejiang	300.67	539.18	1094.64	1403.49	1570.01	1519.53	1840.32	2075.47	2323.10	2258.60
安徽	Anhui	297.94	350.87	636.37	718.67	853.76	1096.32	1300.24	1420.18	1609.86	1744.11
福建	Fujian	106.60	208.45	486.88	555.80	723.63	715.97	882.30	890.43	1272.58	1118.97
江西	Jiangxi	121.35	149.85	305.61	344.49	416.95	407.54	447.42	545.36	648.70	615.04
山东	Shandong	738.83	1005.14	1909.59	2309.22	2691.43	2598.25	2828.88	3003.60	3128.18	3141.53
河南	Henan	532.01	677.76	1346.77	1512.35	1829.73	1754.92	1952.61	2092.09	2467.24	2489.42
湖北	Hubei	193.71	277.73	476.15	548.41	644.40	525.63	606.07	752.72	913.63	813.88
湖南	Hunan	174.86	163.27	403.13	464.08	547.59	520.06	618.51	723.75	880.78	779.17
广东	Guangdong	583.62	1038.61	1764.53	1884.29	2187.24	1968.54	2157.62	2487.86	3017.97	2880.99
广西	Guangxi	78.99	120.21	250.23	279.67	355.89	301.26	409.51	543.73	623.02	639.83
海南	Hainan	20.21	27.51	72.46	85.08	101.61	107.90	112.49	137.39	157.24	180.96
重庆	Chongqing		129.68	185.81	234.87	290.69	284.88	307.59	333.76	393.50	338.80
四川	Sichuan	316.18	185.13	365.42	441.93	448.60	400.85	513.09	570.21	609.42	587.90
贵州	Guizhou	116.64	221.27	584.30	760.39	825.71	816.97	979.15	969.05	1024.00	1026.77
云南	Yunnan	66.37	101.32	274.89	397.91	473.55	388.44	548.05	546.25	536.03	493.42
西藏	Tibet	0.25	0.05	0.08	0.09	0.01	0.14	1.31	3.82	4.60	4.60
陕西	Shaanxi	211.34	237.48	495.85	544.82	651.28	786.58	834.37	1024.89	1122.04	1252.07
甘肃	Gansu	141.56	150.98	339.70	357.38	424.37	479.27	432.45	502.29	709.90	717.50
青海	Qinghai	17.85	26.10	55.63	72.04	99.90	103.23	101.62	97.15	91.80	114.70
宁夏	Ningxia	98.48	128.43	295.19	367.31	432.45	449.28	454.60	551.36	909.42	954.70
新疆	Xinjiang	97.27	149.29	265.48	299.01	349.20	404.25	447.82	550.90	731.02	1047.52

3-12 分地区城市天然气供应情况

BASIC STATISTICS ON SUPPLY OF NATURAL GAS IN CITIES BY REGION

地区	Region	供气总量(万立方米) Total Gas Supply (10^4 cu.m)							用气人口(万人) Population with Access(10^4 persons)						
		2000	2005	2008	2009	2010	2011	2012	2000	2005	2008	2009	2010	2011	2012
全国	**National Total**	**821476**	**2104951**	**3680393**	**4050996**	**4875808**	**6787997**	**7950377**	**2581**	**7104**	**12167**	**14544**	**17021**	**19028**	**21208**
北京	Beijing	95740	317397	601381	682839	719740	729608	924763	295	880	1068	1143	1292	1334	1367
天津	Tianjin	23474	68966	138630	149736	169453	169739	256241	304	412	588	570	574	598	637
河北	Hebei	4647	25374	59887	89065	106740	193461	214451	31	142	569	674	839	919	982
山西	Shanxi	5611	10802	89590	103239	141440	176342	213502	36	50	286	358	431	509	584
内蒙古	Inner Mongolia		9444	38134	46136	69531	127724	113040		50	166	179	258	287	347
辽宁	Liaoning	24923	36817	57736	60035	66173	76601	85701	410	567	711	751	797	852	957
吉林	Jilin	13162	17333	30249	33774	43462	51758	69697	77	167	189	216	290	359	387
黑龙江	Heilongjiang	4185	19555	27608	46770	72497	85070	88191	56	104	289	512	568	601	638
上海	Shanghai	25974	174962	298601	334399	450032	543314	631126	67	522	741	851	1093	1231	1321
江苏	Jiangsu		87634	299726	343544	472309	591493	691763		380	842	1030	1300	1558	1744
浙江	Zhejiang		10428	65640	86536	118884	148674	191322		119	353	459	553	644	704
安徽	Anhui	600	11564	68481	89259	112190	138832	171251	5	208	436	529	636	786	912
福建	Fujian			2274	10295	51101	66297	95325			34	211	274	287	295
江西	Jiangxi		1051	4103	6187	11263	27004	41910		38	90	114	157	259	322
山东	Shandong	84065	116691	257433	242908	326931	438016	518344	62	381	987	1231	1444	1628	1866
河南	Henan	55018	53337	101008	126721	158928	194720	241272	186	399	586	707	831	931	1095
湖北	Hubei	1	17422	94429	117703	152833	204472	240807		264	497	610	700	819	945
湖南	Hunan		5632	77079	95816	111757	139137	161274		62	236	331	422	444	562
广东	Guangdong	339	71597	82976	117125	170266	1183316	1174509	4	79	582	850	922	1028	1155
广西	Guangxi		84	4693	7050	10320	13606	16904		1	59	89	106	133	187
海南	Hainan		6360	14947	12760	14264	16374	17664		21	55	64	77	91	105
重庆	Chongqing	68049	164614	187936	205164	254021	268790	324965	329	509	696	730	861	862	934
四川	Sichuan	388394	598531	594963	511115	525686	564557	568317	556	967	1019	1079	1164	1284	1383
贵州	Guizhou	450	6199	1378	2336	3546	5484	9853	2	2	9	10	12	24	55
云南	Yunnan	1533	14500	743	73	119	212	1207	2	5	6	33	37	27	33
西藏	Tibet		808							15					
陕西	Shaanxi	17770	76285	123518	144275	164654	182495	221162	126	359	419	480	547	594	644
甘肃	Gansu	78	4100	53394	59505	72917	88100	112098	2	118	157	181	197	221	252
青海	Qinghai	2022	63606	118383	152572	61557	65738	111917	4	33	80	83	89	100	108
宁夏	Ningxia	56	68193	98881	69561	108485	122647	179132	1	34	69	85	108	128	141
新疆	Xinjiang	5385	45665	86592	104498	134711	174413	262670	27	220	350	382	445	490	548

3-13 分地区城市人工煤气供应情况

BASIC STATISTICS ON SUPPLY OF COAL GAS IN CITIES BY REGION

地 区 Region	供气总量(万立方米) Total Gas Supply (10^4 cu.m)							用气人口(万人) Population with Access(10^4 persons)						
	2000	2005	2008	2009	2010	2011	2012	2000	2005	2008	2009	2010	2011	2012
全 国 National Total	**1523615**	**2558343**	**3558287**	**3615507**	**2799380**	**847256**	**769686**	**3944**	**4369**	**3370**	**2971**	**2802**	**2676**	**2442**
北 京 Beijing	47310	20211						83	22					
天 津 Tianjin	9882	28803						73	97					
河 北 Hebei	45918	78435	85954	68793	89834	84634	89595	279	401	201	192	180	185	188
山 西 Shanxi	241869	82291	88168	82276	87203	93515	87787	295	395	309	282	238	244	237
内蒙古 Inner Mongolia	7485	6887	3602	3915	3069	2806	2786	78	93	66	63	52	49	46
辽 宁 Liaoning	81957	63614	61958	54441	55177	56625	59736	422	532	503	524	542	574	557
吉 林 Jilin	15508	13755	17348	17616	16727	17445	17086	150	169	162	167	165	168	189
黑龙江 Heilongjiang	30347	40199	42367	26349	7587	8040	8185	211	289	238	85	74	81	81
上 海 Shanghai	213147	199744	199141	162721	142167	118541	90438	450	662	446	351	358	275	198
江 苏 Jiangsu	362606	1290834	1554953	1728890	1931995	10310	4889	325	234	123	135	90	46	28
浙 江 Zhejiang	27796	27686	2186	1468	484	493	463	48	83	39	30	5	4	4
安 徽 Anhui	22996	8723	2268	1372				169	67	17	14			
福 建 Fujian	12727	1810	2474	2537	2673	2892	3080	21	11	14	14	15	16	19
江 西 Jiangxi	39463	31707	39968	37898	58208	49641	48497	125	131	134	146	150	95	80
山 东 Shandong	43041	47743	48322	29377	35730	34513	21316	335	357	210	156	159	140	88
河 南 Henan	81775	117592	112111	111136	109500	116309	85359	136	142	174	180	165	154	121
湖 北 Hubei	14588	9184	12281	12382	12042	9950	5100	180	22	50	49	41	35	12
湖 南 Hunan	60375	44064	103516	89819	3044	2334	2707	81	75	35	39	33	21	31
广 东 Guangdong	12097	29310	26068	15493	7037	5307	2509	150	163	139	25	18		
广 西 Guangxi	2817	4483	4965	4449	4517	4503	4423	15	25	46	42	43	45	46
海 南 Hainan														
重 庆 Chongqing	100							1						
四 川 Sichuan	111677	128252	158993	162826	159719	159719	159925	30	33	38	40	41	43	49
贵 州 Guizhou	8727	19209	26613	26886	26963	30515	34167	73	125	156	161	167	208	176
云 南 Yunnan	15407	20287	21737	33113	33818	35309	37653	100	177	227	235	233	267	265
西 藏 Tibet														
陕 西 Shaanxi	4447	4365						33	27					
甘 肃 Gansu	6691	3802	9429	9427	9438	1617	1658	70	24	23	22	20	15	19
青 海 Qinghai	24							3						
宁 夏 Ningxia	2838	3013	924	1024	697	240	137	10	9	13	13	6	5	4
新 疆 Xinjiang		232340	932940	931300	1752	1999	2190		5	6	6	9	6	7

3-14 分地区城市液化石油气供应情况

BASIC STATISTICS ON SUPPLY OF LPG IN CITIES BY REGION

地 区	Region	供气总量(吨) Total Gas Supply (ton)						
		2000	2005	2008	2009	2010	2011	2012
全 国	**National Total**	**10537147**	**12220141**	**13291072**	**13400303**	**12680054**	**11658326**	**11148032**
北 京	Beijing	176460	374358	324549	367323	323104	442535	418156
天 津	Tianjin	44203	61503	87404	58963	53368	58608	49105
河 北	Hebei	189612	327294	254206	284101	205007	224873	205388
山 西	Shanxi	34152	42004	53822	55884	63331	74789	90534
内蒙古	Inner Mongolia	59425	138348	72279	84206	74251	113190	98496
辽 宁	Liaoning	379194	402659	396282	398309	395058	504938	516426
吉 林	Jilin	169062	184659	208064	219848	214818	236297	220874
黑龙江	Heilongjiang	601427	228630	198672	195710	219784	211074	206057
上 海	Shanghai	490561	452613	489201	400176	398427	394278	392514
江 苏	Jiangsu	705010	1129147	931734	865663	766586	766635	735757
浙 江	Zhejiang	630895	1060572	937042	909487	877956	807562	776396
安 徽	Anhui	458621	613614	680514	594994	615770	567246	537160
福 建	Fujian	737609	378053	385945	341795	333758	324768	288978
江 西	Jiangxi	164698	174521	185460	179792	188847	194329	204258
山 东	Shandong	276543	572194	758261	872762	760332	541533	511489
河 南	Henan	162199	225864	250556	237895	241602	238178	234450
湖 北	Hubei	296179	311171	356448	343513	421507	426496	386152
湖 南	Hunan	199873	294718	279320	235885	252906	265876	201279
广 东	Guangdong	3108612	4101990	4478851	4704485	5055955	4049701	3872441
广 西	Guangxi	204904	315998	306091	296843	303804	297416	326110
海 南	Hainan	77856	66866	67883	61724	63959	76650	55344
重 庆	Chongqing	38769	95577	69252	70066	92807	92861	93315
四 川	Sichuan	66154	164266	184229	176579	191071	206628	180447
贵 州	Guizhou	28973	53779	58121	60227	63772	65375	66101
云 南	Yunnan	82954	70436	130602	155859	166108	162402	174936
西 藏	Tibet	16680	1500	813348	826148	5521	24650	25918
陕 西	Shaanxi	79038	121943	113582	111081	43381	34059	31516
甘 肃	Gansu	783739	71904	97642	185733	185523	151715	151392
青 海	Qinghai	11496	14339	8743	7628	7142	6633	6834
宁 夏	Ningxia	18231	22697	15868	15625	14984	14037	17086
新 疆	Xinjiang	244018	147314	97102	81999	79617	82993	73123

续表

Continued

地 区	Region	用气人口(万人) Population with Access(10^4 persons)						
		2000	2005	2008	2009	2010	2011	2012
全 国	**National Total**	**11107**	**18013**	**17632**	**16924**	**16503**	**16094**	**15683**
北 京	Beijing	253	341	371	349	394	407	417
天 津	Tianjin	89	123	51	38	42	17	12
河 北	Hebei	476	705	667	630	503	459	422
山 西	Shanxi	102	170	188	197	201	205	167
内蒙古	Inner Mongolia	192	295	337	356	354	355	347
辽 宁	Liaoning	569	713	694	694	652	669	665
吉 林	Jilin	350	493	489	491	461	460	443
黑龙江	Heilongjiang	546	612	538	538	507	430	427
上 海	Shanghai	421	711	701	719	852	839	862
江 苏	Jiangsu	883	1765	1328	1248	1115	1043	1007
浙 江	Zhejiang	555	1135	1327	1236	1244	1166	1161
安 徽	Anhui	379	541	555	525	491	393	353
福 建	Fujian	341	604	833	712	699	716	745
江 西	Jiangxi	220	412	453	454	453	454	456
山 东	Shandong	887	1836	1404	1253	1104	1017	922
河 南	Henan	430	574	570	547	564	560	575
湖 北	Hubei	908	1142	945	877	862	818	768
湖 南	Hunan	461	648	688	647	612	718	687
广 东	Guangdong	1485	3223	3394	3309	3275	3295	3287
广 西	Guangxi	374	551	598	596	634	649	632
海 南	Hainan	117	113	109	113	111	119	115
重 庆	Chongqing	35	72	103	110	114	108	110
四 川	Sichuan	81	152	133	134	131	126	133
贵 州	Guizhou	90	189	191	194	199	188	200
云 南	Yunnan	138	141	235	245	290	295	276
西 藏	Tibet	14	3	34	38	36	41	17
陕 西	Shaanxi	206	243	259	217	165	143	132
甘 肃	Gansu	102	142	166	187	185	179	169
青 海	Qinghai	30	37	20	19	19	18	19
宁 夏	Ningxia	70	90	80	93	83	77	65
新 疆	Xinjiang	306	240	167	161	151	131	95

3-15 分地区城市集中供热情况

BASIC STATISTICS ON HEATING SUPPLY IN CITIES BY REGION

地区	Region	蒸汽供应能力(吨/小时) Capacity of Steam Supply (tn/hr)							热水供应能力(兆瓦) Capacity of Hot Water Supply(10^6 W)						
		2000	2005	2008	2009	2010	2011	2012	2000	2005	2008	2009	2010	2011	2012
全 国	**National Total**	**74148**	**106723**	**94454**	**93193**	**105084**	**85274**	**86452**	**97417**	**197976**	**305695**	**286106**	**315717**	**338752**	**365278**
北 京	Beijing	3408	2297	200	200	450	450	450	4755	30115	31772	32674	35684	36805	38298
天 津	Tianjin	9106	3294	3469	3579	3167	3025	3463	5608	10563	16011	16158	18055	19325	21063
河 北	Hebei	6427	9290	10594	10979	11570	10357	9244	8388	13917	17787	22247	23177	24535	26129
山 西	Shanxi	3316	3133	2190	2215	2674	2802	2639	5347	8578	12677	12999	17405	18210	20706
内蒙古	Inner Mongolia	1200	844	998	214	662	1182	1135	5687	10887	19210	21364	25850	28560	29489
辽 宁	Liaoning	11569	12583	11612	12013	13186	11544	13038	19154	36051	46395	51183	55770	59855	62826
吉 林	Jilin	3425	4749	3288	2882	5208	3494	1537	10564	18925	23238	26147	29145	30988	36536
黑龙江	Heilongjiang	4513	5937	4248	4199	4411	4951	4789	13750	23952	27499	30420	32052	41000	38743
上 海	Shanghai														
江 苏	Jiangsu	2554	19744	6823	4330	6280			8	200	45033	55	6055		
浙 江	Zhejiang	1516	4569	4801	4795	5438	4923	5442		233	233		75	75	75
安 徽	Anhui	1915	2006	3346	3487	3530	3753	3846	214	135	165	176	182	182	182
福 建	Fujian								43	286					
江 西	Jiangxi														
山 东	Shandong	12498	22770	28106	27609	31086	25634	24678	9206	16744	21088	22661	27587	28922	33450
河 南	Henan	3261	4698	4982	5632	5590	5530	5856	1334	2118	3664	3905	4767	6763	6204
湖 北	Hubei	775	1404	1404	1404	1564	1816	1816		78	78	78	278	278	278
湖 南	Hunan	493	105												
广 东	Guangdong														
广 西	Guangxi														
海 南	Hainan														
重 庆	Chongqing														
四 川	Sichuan		160	60	60	60									
贵 州	Guizhou														
云 南	Yunnan														
西 藏	Tibet														
陕 西	Shaanxi	1923	2240	2196	3305	3731	3681	5795	551	1806	11971	12543	4215	5309	6682
甘 肃	Gansu	3949	4813	4504	4511	4525		384	3611	5791	8969	9225	10208	11137	12758
青 海	Qinghai								89	173	193	369	370	230	258
宁 夏	Ningxia	662	646	425	425	576	672	381	2963	5115	5160	5595	5945	6113	7927
新 疆	Xinjiang	1638	1441	1208	1354	1376	1460	1959	6145	12309		18307	18897	20465	23675

四、能源消费

Chapter 4　Energy Consumption

4-1 能源消费总量和构成

TOTAL ENERGY CONSUMPTION AND COMPOSITION

年 份 Year	电热当量计算法 calorific value calculation						
	能源消费总量 (万吨标准煤) Total Energy Consumption (10^4 tce)	占能源消费总量的比重 (%) As percentage of primary energy consumption (%)					
		煤 炭 Coal	石 油 Petroleum	天然气 Natural Gas	水电、核电、其他能发电 Hydro Power Nuclear Power Other Power	#水电 Hydro Power	核电 Nuclear Power
1980	58587	74.2	21.4	3.2	1.2	1.2	-
1981	57577	75.1	20.6	2.9	1.4	1.4	-
1982	59966	76.3	19.6	2.6	1.5	1.5	-
1983	63635	77.0	18.8	2.5	1.7	1.7	-
1984	68495	77.8	18.1	2.5	1.6	1.6	-
1985	74112	78.5	17.7	2.3	1.5	1.5	-
1986	77776	78.2	17.9	2.4	1.5	1.5	-
1987	83850	78.7	17.6	2.2	1.5	1.5	-
1988	89963	78.8	17.6	2.1	1.5	1.5	-
1989	93666	79.3	17.1	2.0	1.6	1.6	-
1990	95384	79.0	17.2	2.1	1.7	1.7	-
1991	100413	78.7	17.7	2.1	1.5	1.5	-
1992	105602	78.3	18.1	2.0	1.6	1.6	-
1993	111490	79.0	17.1	2.1	1.8	1.8	-
1994	118071	79.5	16.2	2.2	2.1	2.0	0.1
1995	123471	77.0	18.6	1.9	2.5	2.4	0.1
1996	129665	76.7	19.5	1.9	1.9	1.8	0.1
1997	130082	74.9	21.3	1.8	2.0	1.9	0.1
1998	130260	74.2	21.8	1.9	2.1	2.0	0.1
1999	135132	73.6	22.3	2.1	1.9	1.8	0.1
2000	139445	72.4	23.1	2.3	2.1	2.0	0.1
2001	142972	71.9	23.0	2.6	2.6	2.4	0.2
2002	151789	71.5	23.4	2.6	2.6	2.4	0.2
2003	176074	73.1	22.1	2.6	2.3	2.0	0.3
2004	204219	72.8	22.2	2.6	2.5	2.2	0.3
2005	225781	74.1	20.7	2.8	2.5	2.2	0.3
2006	247562	74.3	20.2	3.0	2.5	2.2	0.3
2007	268413	74.3	19.7	3.5	2.6	2.2	0.3
2008	277515	74.9	19.2	2.9	3.0	2.6	0.3
2009	292028	74.0	18.8	4.1	3.1	2.6	0.3
2010	307987	71.9	20.0	4.6	3.5	2.9	0.3
2011	331173	72.0	19.5	5.2	3.3	2.6	0.3
2012	341094	70.6	19.9	5.6	3.9	3.1	0.4

续表

Continued

年份 Year	发电煤耗计算法 coal equivalent calculation						
	能源消费总量(万吨标准煤) Total Energy Consumption (10^4 tce)	占能源消费总量的比重(%) As percentage of primary energy consumption (%)					
		煤炭 Coal	石油 Petroleum	天然气 Natural Gas	水电、核电、其他能发电 Hydro Power Nuclear Power Other Power	#水电 Hydro Power	核电 Nuclear Power
1980	60275	72.2	20.7	3.1	4.0	4.0	-
1981	59447	72.7	20.0	2.8	4.5	4.5	-
1982	62067	73.7	18.9	2.5	4.9	4.9	-
1983	66040	74.2	18.1	2.4	5.3	5.3	-
1984	70904	75.3	17.4	2.4	4.9	4.9	-
1985	76682	75.8	17.1	2.2	4.9	4.9	-
1986	80850	75.8	17.2	2.3	4.7	4.7	-
1987	86632	76.2	17.0	2.1	4.7	4.7	-
1988	92997	76.1	17.1	2.1	4.7	4.7	-
1989	96934	76.1	17.1	2.1	4.7	4.7	-
1990	98703	76.2	16.6	2.1	5.1	5.1	-
1991	103783	76.1	17.1	2.0	4.8	4.8	-
1992	109170	75.7	17.5	1.9	4.9	4.9	-
1993	115993	74.7	18.2	1.9	5.2	5.1	0.1
1994	122737	75.0	17.4	1.9	5.7	5.2	0.5
1995	131176	74.6	17.5	1.8	6.1	5.7	0.4
1996	135192	73.5	18.7	1.8	6.0	5.6	0.4
1997	135909	71.4	20.4	1.8	6.4	5.9	0.4
1998	136184	70.9	20.8	1.8	6.5	6.1	0.4
1999	140569	70.6	21.5	2.0	5.9	5.5	0.4
2000	145531	69.2	22.2	2.2	6.4	5.9	0.4
2001	150406	68.3	21.8	2.4	7.5	7.1	0.4
2002	159431	68.0	22.3	2.4	7.3	6.8	0.5
2003	183792	69.8	21.2	2.5	6.5	5.7	0.8
2004	213456	69.5	21.3	2.5	6.7	5.9	0.8
2005	235997	70.8	19.8	2.6	6.8	5.9	0.8
2006	258676	71.1	19.3	2.9	6.7	5.9	0.7
2007	280508	71.1	18.8	3.3	6.8	5.9	0.8
2008	291448	70.3	18.3	3.7	7.7	6.7	0.8
2009	306647	70.4	17.9	3.9	7.8	6.5	0.8
2010	324939	68.0	19.0	4.4	8.6	7.1	0.7
2011	348002	68.4	18.6	5.0	8.0	6.4	0.8
2012	361732	66.6	18.8	5.2	9.4	7.6	0.8

4-2 工业分行业终端能源消费量(实物量)-2012

行　业	Item	煤合计 (万吨) Coal Total (10^4 tn)
工业	**Industry**	**70123.24**
(一)采掘业	**Mining and Quarrying**	**8373.96**
煤炭开采和洗选业	Mining and Washing of Coal	7550.66
石油和天然气开采业	Extraction of Petroleum and Natural Gas	134.14
黑色金属矿采选业	Mining and Processing of Ferrous Metal Ores	190.44
有色金属矿采选业	Mining and Processing of Non-Ferrous Metal Ores	109.41
非金属矿采选业	Mining and Processing of Nonmetal Ores	354.51
开采辅助活动	Support Activities for Mining	32.89
其他采矿业	Mining of Other Ores	1.91
(二)制造业	**Manufacturing**	**59428.22**
农副食品加工业	Processing of Food from Agricultural Products	1336.77
食品制造业	Manufacture of Foods	843.03
酒、饮料和精制茶制造业	Manufacture of Liquor, Beverages and Refined Tea	678.24
烟草制品业	Manufacture of Tobacco	61.79
纺织业	Manufacture of Textile	1216.24
纺织服装、服饰业	Manufacture of Textile, Wearing Apparel and Accessories	193.66
皮革、毛皮、羽毛及其制品和制鞋业	Manufacture of Leather, Fur, Feather and Related Products and Footwear	78.10
木材加工和木、竹、藤、棕、草制品业	Processing of Timber,Manufacture of Wood,Bamboo,Rattan,Palm, and Straw Products	392.40
家具制造业	Manufacture of Furniture	26.08
造纸和纸制品业	Manufacture of Paper and Paper Products	1914.66
印刷和记录媒介复制业	Printing and Reproduction of Recording Media	32.08
文教、工美、体育和娱乐用品制造业	Manufacture of Articles for Culture, Education, Arts and Crafts, Sport and Entertainment Activities	26.70
石油加工、炼焦和核燃料加工业	Processing of Petroleum, Coking and Processing of Nuclear Fuel	1229.69
化学原料和化学制品制造业	Manufacture of Raw Chemical Materials and Chemical Products	11485.78
医药制造业	Manufacture of Medicines	639.27
化学纤维制造业	Manufacture of Chemical Fibers	315.75
橡胶和塑料制品业	Manufacture of Rubber and Plastics Products	613.40
非金属矿物制品业	Manufacture of Non-metallic Mineral Products	24164.53
黑色金属冶炼和压延加工业	Smelting and Pressing of Ferrous Metals	10920.39
有色金属冶炼和压延加工业	Smelting and Pressing of Non-ferrous Metals	1292.31
金属制品业	Manufacture of Metal Products	328.91
通用设备制造业	Manufacture of General Purpose Machinery	258.60
专用设备制造业	Manufacture of Special Purpose Machinery	385.04
汽车制造业	Manufacture of Automobiles	343.79
铁路、船舶、航空航天和其他运输设备制造	Manufacture of Railway, Ship, Aerospace and Other Transport Equipments	217.30
电气机械和器材制造业	Manufacture of Electrical Machinery and Apparatus	149.70
计算机、通信和其他电子设备制造业	Manufacture of Computers, Communication and Other Electronic Equipment	100.28
仪器仪表制造业	Manufacture of Measuring Instruments and Machinery	22.17
其他制造业	Other Manufacture	135.80
废弃资源综合利用业	Utilization of Waste Resources	14.42
金属制品、机械和设备修理业	Repair Service of Metal Products, Machinery and Equipment	11.35
(三)电力、煤气及水生产和供应业	**Electric Power, Gas and Water Production and Supply**	**2321.06**
电力、热力生产和供应业	Production and Supply of Electric Power and Heat Power	2217.99
燃气生产和供应业	Production and Supply of Gas	72.01
水的生产和供应业	Production and Supply of Water	31.06

FINAL ENERGY CONSUMPTION BY INDUSTRIAL SECTOR (PHYSICAL QUANTITY)-2012

原煤 (万吨) Raw Coal (10^4 tn)	洗精煤 (万吨) Cleaned Coal (10^4 tn)	其他洗煤 (万吨) Other Washed Coal (10^4 tn)	焦炭 (万吨) Coke (10^4 tn)	焦炉煤气 (亿立方米) Coke Oven Gas (10^8 cu.m)	高炉煤气 (亿立方米) Blast Furnace Gas (10^8 cu.m)	转炉煤气 (亿立方米) Converter Gas (10^8 cu.m)	其他煤气 (亿立方米) Other Gas (10^8 cu.m)	其他焦化产品 (万吨) Other Coking Products (10^4 tn)
60386.93	**2688.87**	**6657.64**	**39208.12**	**552.88**	**995.00**	**255.24**	**33.00**	**786.72**
7625.57	**184.08**	**556.57**	**250.86**	**6.67**	**4.61**	**1.19**	**1.36**	**3.12**
6840.88	161.51	545.36	65.41	2.77	4.61		1.08	1.33
134.14								
169.62	10.98	5.03	125.54	3.70		1.19	0.28	0.53
97.70	9.27	2.44	13.81					1.14
348.44	2.33	3.74	46.10	0.20				
32.89								0.12
1.91								
50529.75	**2501.32**	**6020.96**	**38956.59**	**540.04**	**990.39**	**254.05**	**28.50**	**779.48**
1258.01	7.44	67.56	11.52	0.04				0.05
828.07	6.89	8.07	1.90	0.20				
666.60	2.05	9.60	0.97	0.11				0.12
60.13	1.10	0.56		0.03				
1198.04	3.77	10.18	3.08	2.00				
191.59	0.70	1.36	2.69	0.01		0.02		0.07
77.59	0.24	0.26	0.80					
389.35	1.30	1.75	0.37					0.01
25.63	0.07	0.38	3.79					
1869.15	16.10	22.89	0.51	0.01				0.33
31.64	0.12	0.32	0.33	0.01				0.55
22.40	3.03	1.27	4.67					0.24
975.54	222.88	31.27	73.65	110.17	48.63			97.81
10676.86	433.02	160.95	2604.78	34.24	7.74	1.51	4.19	384.70
620.49	13.38	5.40	1.62	0.16				0.33
301.86	0.72	0.13	0.70					
586.21	12.94	14.25	4.12	0.39				0.52
18291.09	457.40	5381.10	756.74	30.06		2.19	8.45	84.51
9464.58	1180.23	197.97	33677.60	345.53	934.02	250.19	1.29	192.62
1133.31	74.87	69.06	543.35	9.43		0.04	14.57	12.68
317.32	7.55	4.04	104.25	4.06		0.06		0.33
247.05	7.89	1.53	858.92	0.26				0.55
345.99	38.12	0.93	45.41	2.45		0.04		0.62
339.21	1.45	3.13	185.01	0.26				0.22
195.78	1.67	19.85	12.33	0.10				0.44
145.26	3.42	1.02	17.90	0.06				0.77
98.70	1.36	0.22	2.40	0.03				0.32
21.49	0.06	0.61	4.17	0.13				0.23
129.82	1.49	0.59	0.50					1.46
9.65	0.08	4.69	20.04	0.30				
11.34		0.01	12.47					
2231.60	**3.46**	**80.11**	**0.67**	**6.17**			**3.14**	**4.12**
2128.92	3.39	79.79	0.49	1.68			1.27	4.12
71.69		0.32	0.14	4.49			1.87	
30.99	0.07		0.04					

续表 1

行　业	Item	油品合计 (万吨) Petroleum Products Total (10^4 tn)
工业	**Industry**	**15100.17**
(一)采掘业	**Mining and Quarrying**	**1230.60**
煤炭开采和洗选业	Mining and Washing of Coal	236.03
石油和天然气开采业	Extraction of Petroleum and Natural Gas	604.65
黑色金属矿采选业	Mining and Processing of Ferrous Metal Ores	119.52
有色金属矿采选业	Mining and Processing of Non-Ferrous Metal Ores	44.23
非金属矿采选业	Mining and Processing of Nonmetal Ores	71.33
开采辅助活动	Support Activities for Mining	154.74
其他采矿业	Mining of Other Ores	0.10
(二)制造业	**Manufacturing**	**13769.42**
农副食品加工业	Processing of Food from Agricultural Products	91.31
食品制造业	Manufacture of Foods	41.45
酒、饮料和精制茶制造业	Manufacture of Liquor, Beverages and Refined Tea	26.66
烟草制品业	Manufacture of Tobacco	5.26
纺织业	Manufacture of Textile	51.34
纺织服装、服饰业	Manufacture of Textile, Wearing Apparel and Accessories	41.69
皮革、毛皮、羽毛及其制品和制鞋业	Manufacture of Leather, Fur, Feather and Related Products and Footwear	21.07
木材加工和木、竹、藤、棕、草制品业	Processing of Timber,Manufacture of Wood,Bamboo,Rattan,Palm, and Straw Products	23.13
家具制造业	Manufacture of Furniture	14.16
造纸和纸制品业	Manufacture of Paper and Paper Products	38.05
印刷和记录媒介复制业	Printing and Reproduction of Recording Media	14.25
文教、工美、体育和娱乐用品制造业	Manufacture of Articles for Culture, Education, Arts and Crafts, Sport and Entertainment Activities	21.78
石油加工、炼焦和核燃料加工业	Processing of Petroleum, Coking and Processing of Nuclear Fuel	5623.54
化学原料和化学制品制造业	Manufacture of Raw Chemical Materials and Chemical Products	4541.55
医药制造业	Manufacture of Medicines	30.21
化学纤维制造业	Manufacture of Chemical Fibers	13.01
橡胶和塑料制品业	Manufacture of Rubber and Plastics Products	71.13
非金属矿物制品业	Manufacture of Non-metallic Mineral Products	1989.96
黑色金属冶炼和压延加工业	Smelting and Pressing of Ferrous Metals	159.49
有色金属冶炼和压延加工业	Smelting and Pressing of Non-ferrous Metals	378.85
金属制品业	Manufacture of Metal Products	80.46
通用设备制造业	Manufacture of General Purpose Machinery	95.32
专用设备制造业	Manufacture of Special Purpose Machinery	68.21
汽车制造业	Manufacture of Automobiles	96.70
铁路、船舶、航空航天和其他运输设备制造	Manufacture of Railway, Ship, Aerospace and Other Transport Equipments	70.57
电气机械和器材制造业	Manufacture of Electrical Machinery and Apparatus	80.64
计算机、通信和其他电子设备制造业	Manufacture of Computers, Communication and Other Electronic Equipment	42.13
仪器仪表制造业	Manufacture of Measuring Instruments and Machinery	12.20
其他制造业	Other Manufacture	11.45
废弃资源综合利用业	Utilization of Waste Resources	5.76
金属制品、机械和设备修理业	Repair Service of Metal Products, Machinery and Equipment	8.08
(三)电力、煤气及水生产和供应业	**Electric Power, Gas and Water Production and Supply**	**100.15**
电力、热力生产和供应业	Production and Supply of Electric Power and Heat Power	88.88
燃气生产和供应业	Production and Supply of Gas	6.05
水的生产和供应业	Production and Supply of Water	5.22

Continued 1

原油 (万吨) Crude Oil (10[4] tn)	汽油 (万吨) Gasoline (10[4] tn)	煤油 (万吨) Kerosene (10[4] tn)	柴油 (万吨) Diesel Oil (10[4] tn)	燃料油 (万吨) Fuel Oil (10[4] tn)	石脑油 (万吨) Naphtha (10[4] tn)	润滑油 (万吨) Lubricants (10[4] tn)	石蜡 (万吨) Paraffin Waxes (10[4] tn)	溶剂油 (万吨) White Spirit (10[4] tn)
555.49	**580.96**	**32.04**	**1682.32**	**631.24**	**2968.90**	**231.00**	**101.00**	**158.00**
464.01	**58.01**	**2.64**	**631.11**	**14.12**		**1.20**	**0.03**	
	16.33	2.16	214.98	0.89		0.91		
463.10	14.23		63.23	12.77		0.01		
0.01	6.32	0.03	112.80	0.04		0.26	0.03	
	8.04	0.41	35.30	0.05		0.01		
	5.32	0.04	65.77	0.16		0.01		
0.90	7.69		139.01	0.21				
	0.08		0.02					
91.36	**489.12**	**29.37**	**1007.14**	**614.49**	**2968.90**	**229.73**	**100.97**	**158.00**
0.07	31.08	0.12	50.78	4.67		0.01		1.35
	10.48	0.03	22.62	5.59			0.51	0.06
0.01	8.58	0.01	13.90	3.18		0.01		
	0.86		3.36	0.97				
	16.89	0.12	19.92	8.78		0.05	0.02	0.01
0.05	17.03	0.41	20.85	2.81		0.01		
0.10	7.94	0.21	8.69	3.35		0.02	0.06	0.24
0.17	7.47	0.08	14.32	0.17		0.01	0.80	
	5.28	0.05	7.68	0.32				
0.10	9.05	0.09	20.16	7.10		0.07	0.02	0.29
0.01	6.18	0.08	6.18	0.7		0.01		0.01
0.01	7.71	0.23	9.38	1.46		0.01	0.51	0.04
52.77	40.80	0.21	20.25	127.43	642.64	211.13	0.35	51.59
29.76	42.72	3.56	69.74	95.18	2323.36	4.45	97.90	102.78
0.02	11.38	0.27	13.63	3.33			0.05	0.19
	1.10		2.40	5.99	2.85	0.04		
0.04	24.71	0.14	29.28	10.93		0.22	0.23	0.34
7.78	33.16	4.69	260.67	231.15	0.05	4.58	0.35	0.13
0.01	13.89	0.22	89.40	7.82		0.87	0.04	
0.23	7.71	2.35	55.53	63.59		0.20		0.09
0.01	22.88	1.33	38.83	7.34		0.27		0.08
0.03	39.23	2.71	44.09	1.51		1.74	0.02	0.03
0.04	24.88	0.35	34.53	1.06		1.80		0.52
0.07	37.63	0.96	44.95	1.58		3.13	0.02	0.04
0.01	9.24	8.34	37.66	9.26		0.34		0.04
0.07	27.96	0.46	32.27	4.05		0.56	0.08	0.04
	13.92	0.31	19.68	3.15		0.03	0.01	0.12
	4.97	0.20	5.09	0.36		0.03		0.01
	1.84	0.02	3.77	0.29		0.11		
	0.64	0.01	3.58	1.11		0.01		
	1.91	1.81	3.95	0.26		0.02		
0.12	**33.83**	**0.03**	**44.07**	**2.63**		**0.07**		
0.12	27.69	0.03	40.04	2.44		0.06		
	2.64		2.33	0.19		0.01		
	3.50		1.70					

续表 2

行业	Item	石油沥青 (万吨) Bitumen Asphalt (10^4 tn)
工业	**Industry**	**45.10**
(一)采掘业	**Mining and Quarrying**	**0.38**
煤炭开采和洗选业	Mining and Washing of Coal	
石油和天然气开采业	Extraction of Petroleum and Natural Gas	
黑色金属矿采选业	Mining and Processing of Ferrous Metal Ores	
有色金属矿采选业	Mining and Processing of Non-Ferrous Metal Ores	0.38
非金属矿采选业	Mining and Processing of Nonmetal Ores	
开采辅助活动	Support Activities for Mining	
其他采矿业	Mining of Other Ores	
(二)制造业	**Manufacturing**	**42.01**
农副食品加工业	Processing of Food from Agricultural Products	
食品制造业	Manufacture of Foods	
酒、饮料和精制茶制造业	Manufacture of Liquor, Beverages and Refined Tea	
烟草制品业	Manufacture of Tobacco	
纺织业	Manufacture of Textile	
纺织服装、服饰业	Manufacture of Textile, Wearing Apparel and Accessories	
皮革、毛皮、羽毛及其制品和制鞋业	Manufacture of Leather, Fur, Feather and Related Products and Footwear	
木材加工和木、竹、藤、棕、草制品业	Processing of Timber,Manufacture of Wood,Bamboo,Rattan,Palm, and Straw Products	
家具制造业	Manufacture of Furniture	
造纸和纸制品业	Manufacture of Paper and Paper Products	
印刷和记录媒介复制业	Printing and Reproduction of Recording Media	
文教、工美、体育和娱乐用品制造业	Manufacture of Articles for Culture, Education, Arts and Crafts, Sport and Entertainment Activities	
石油加工、炼焦和核燃料加工业	Processing of Petroleum, Coking and Processing of Nuclear Fuel	1.84
化学原料和化学制品制造业	Manufacture of Raw Chemical Materials and Chemical Products	0.45
医药制造业	Manufacture of Medicines	
化学纤维制造业	Manufacture of Chemical Fibers	
橡胶和塑料制品业	Manufacture of Rubber and Plastics Products	0.03
非金属矿物制品业	Manufacture of Non-metallic Mineral Products	29.65
黑色金属冶炼和压延加工业	Smelting and Pressing of Ferrous Metals	0.01
有色金属冶炼和压延加工业	Smelting and Pressing of Non-ferrous Metals	9.72
金属制品业	Manufacture of Metal Products	
通用设备制造业	Manufacture of General Purpose Machinery	0.04
专用设备制造业	Manufacture of Special Purpose Machinery	
汽车制造业	Manufacture of Automobiles	
铁路、船舶、航空航天和其他运输设备制造	Manufacture of Railway, Ship, Aerospace and Other Transport Equipments	
电气机械和器材制造业	Manufacture of Electrical Machinery and Apparatus	
计算机、通信和其他电子设备制造业	Manufacture of Computers, Communication and Other Electronic Equipment	
仪器仪表制造业	Manufacture of Measuring Instruments and Machinery	
其他制造业	Other Manufacture	0.27
废弃资源综合利用业	Utilization of Waste Resources	
金属制品、机械和设备修理业	Repair Service of Metal Products, Machinery and Equipment	
(三)电力、煤气及水生产和供应业	**Electric Power, Gas and Water Production and Supply**	**2.71**
电力、热力生产和供应业	Production and Supply of Electric Power and Heat Power	2.71
燃气生产和供应业	Production and Supply of Gas	
水的生产和供应业	Production and Supply of Water	

石油焦 (万吨) Petroleum Coke (10^4 tn)	液化石油气 (万吨) LPG (10^4 tn)	炼厂干气 (万吨) Refinery Gas (10^4 tn)	其他石油制品 (万吨) Other Petroleum Products (10^4 tn)	天然气 (亿立方米) Natural Gas (10^8 cu.m)	液化天然气 (万吨) LNG (10^4 tn)	热力 (万百万千焦) Heat (10^{10} kJ)	电力 (亿千瓦小时) Electricity (10^8 kW•h)
1905.30	**463.24**	**1284.89**	**4460.69**	**501.41**	**1202.00**	**243391.33**	**33336.05**
0.02	**2.16**	**33.32**	**23.60**	**104.27**	**0.27**	**7770.40**	**2391.90**
	0.05		0.71	3.84	0.22	798.95	879.14
	0.20	33.32	17.79	98.15		2235.65	396.81
			0.03	0.03		83.03	438.42
0.02	0.01		0.01				327.82
	0.01		0.02	0.05	0.05	2825.42	224.23
	1.89		5.04	2.20		1827.35	28.56
							96.92
1889.76	**460.66**	**1251.55**	**4436.36**	**394.13**	**1185.17**	**228475.60**	**26822.46**
	2.88		0.35	0.98	4.59	4795.09	526.15
	2.10		0.06	4.88	8.50	4922.11	220.97
0.20	0.76		0.01	3.30	0.98	4333.94	155.76
	0.07			0.77	7.02	380.52	51.22
	3.39		2.16	1.93	1.61	23237.30	1448.70
	0.51		0.02	0.49	2.79	671.52	198.42
	0.32		0.14	0.08	0.63	321.43	151.03
	0.09		0.02	0.34	0.09	357.56	264.08
	0.83			0.62	0.45	75.77	45.83
	1.03		0.14	1.29	15.56	16065.24	579.00
	1.05		0.03	0.88	0.72	208.14	107.12
	2.20		0.23	0.72	6.75	57.73	64.11
252.51	150.32	1146.55	2925.15	29.11	435.32	31186.63	594.92
98.29	124.90	104.03	1444.43	192.27	390.42	76186.84	3936.15
	1.12		0.22	4.23	5.13	6349.44	257.25
	0.32		0.31	0.69	10.80	6665.53	329.53
	3.87		1.34	3.35	3.44	1981.70	1024.57
1303.54	86.41	0.89	26.91	57.27	82.96	1073.90	2951.26
15.85	23.21		8.17	31.35	11.59	27733.34	5220.52
219.00	6.54	0.04	13.85	14.49	83.78	11387.17	3819.08
	8.51		1.21	5.29	14.71	774.46	1037.58
	3.49		2.43	6.10	8.40	538.16	699.90
	3.99		1.04	5.88	4.84	1022.52	388.42
	5.63		2.69	11.47	17.55	4267.81	586.63
	4.94	0.03	0.71	5.00	41.48	593.32	232.15
0.10	12.80		2.25	4.21	12.77	1500.00	613.64
	4.33		0.58	6.11	5.56	1148.91	765.87
	0.51		1.03	0.50	0.27	296.05	81.14
0.27	4.20		0.68	0.07	4.39	313.94	437.98
	0.31	0.01	0.10	0.20		5.15	20.27
	0.03		0.10	0.28	2.07	24.38	13.23
15.52	**0.42**	**0.02**	**0.73**	**3.01**	**16.56**	**7145.33**	**4121.68**
15.52	0.03	0.02	0.22	0.65	1.00	6704.58	3670.45
	0.37		0.51	2.21	15.38	370.54	108.90
	0.02			0.15	0.18	70.21	342.33

4-3 工业分行业终端能源消费量(标准量)-2012

单位:万吨标准煤

行业	Sector	终端消费合计 Final Consumption Total (发电煤耗计算法) (coal equivalent calculation)	(电热当量计算法) (calorific value calculation)
工业	**Industry**	**235763.41**	**172264.62**
(一)采掘业	**Mining and Quarrying**	**16948.44**	**12392.32**
煤炭开采和洗选业	Mining and Washing of Coal	8437.83	6763.23
石油和天然气开采业	Extraction of Petroleum and Natural Gas	3557.08	2801.23
黑色金属矿采选业	Mining and Processing of Ferrous Metal Ores	1843.74	1008.63
有色金属矿采选业	Mining and Processing of Non-Ferrous Metal Ores	1180.74	556.30
非金属矿采选业	Mining and Processing of Nonmetal Ores	1195.32	768.20
开采辅助活动	Support Activities for Mining	428.54	374.14
其他采矿业	Mining of Other Ores	305.20	120.58
(二)制造业	**Manufacturing**	**203854.50**	**152762.84**
农副食品加工业	Processing of Food from Agricultural Products	2812.71	1810.49
食品制造业	Manufacture of Foods	1557.43	1136.53
酒、饮料和精制茶制造业	Manufacture of Liquor, Beverages and Refined Tea	1178.11	881.41
烟草制品业	Manufacture of Tobacco	247.11	149.55
纺织业	Manufacture of Textile	6292.19	3532.70
纺织服装、服饰业	Manufacture of Textile, Wearing Apparel and Accessories	854.90	476.95
皮革、毛皮、羽毛及其制品和制鞋业	Manufacture of Leather, Fur, Feather and Related Products and Footwear	573.85	286.17
木材加工和木、竹、藤、棕、草制品业	Processing of Timber,Manufacture of Wood,Bamboo,Rattan, Palm,and Straw Products	1147.90	644.88
家具制造业	Manufacture of Furniture	197.76	110.47
造纸和纸制品业	Manufacture of Paper and Paper Products	3764.92	2662.03
印刷和记录媒介复制业	Printing and Reproduction of Recording Media	400.03	195.98
文教、工美、体育和娱乐用品制造业	Manufacture of Articles for Culture, Education, Arts and Crafts, Sport and Entertainment Activities	280.46	158.34
石油加工、炼焦和核燃料加工业	Processing of Petroleum, Coking and Processing of Nuclear Fuel	13719.99	12586.78
化学原料和化学制品制造业	Manufacture of Raw Chemical Materials and Chemical Products	36380.08	28882.46
医药制造业	Manufacture of Medicines	1577.60	1087.59
化学纤维制造业	Manufacture of Chemical Fibers	1525.35	897.66
橡胶和塑料制品业	Manufacture of Rubber and Plastics Products	3864.62	1913.01
非金属矿物制品业	Manufacture of Non-metallic Mineral Products	29699.27	24077.68
黑色金属冶炼和压延加工业	Smelting and Pressing of Ferrous Metals	63162.14	53218.04
有色金属冶炼和压延加工业	Smelting and Pressing of Non-ferrous Metals	14700.32	7425.70
金属制品业	Manufacture of Metal Products	3849.16	1872.77
通用设备制造业	Manufacture of General Purpose Machinery	3463.50	2130.33
专用设备制造业	Manufacture of Special Purpose Machinery	1771.22	1031.36
汽车制造业	Manufacture of Automobiles	2724.27	1606.85
铁路、船舶、航空航天和其他运输设备制造业	Manufacture of Railway, Ship, Aerospace and Other Transport Equipments	1144.88	702.68
电气机械和器材制造业	Manufacture of Electrical Machinery and Apparatus	2298.59	1129.73
计算机、通信和其他电子设备制造业	Manufacture of Computers, Communication and Other Electronic Equipment	2663.25	1204.42
仪器仪表制造业	Manufacture of Measuring Instruments and Machinery	309.46	154.90
其他制造业	Other Manufacture	1505.43	671.16
废弃资源综合利用业	Utilization of Waste Resources	106.67	68.07
金属制品、机械和设备修理业	Repair Service of Metal Products, Machinery and Equipment	81.35	56.15
(三)电力、煤气及水生产和供应业	**Electric Power, Gas and Water Production and Supply**	**14960.47**	**7109.46**
电力、热力生产和供应业	Production and Supply of Electric Power and Heat Power	13356.48	6364.98
燃气生产和供应业	Production and Supply of Gas	497.09	289.65
水的生产和供应业	Production and Supply of Water	1106.90	454.83

FINAL ENERGY CONSUMPTION BY INDUSTRIAL SECTOR (STANDARD QUANTITY)-2012

(10 000 tce)

煤合计 Coal Total	原煤 Raw Coal	洗精煤 Cleaned Coal	其他洗煤 Other Washed Coal	焦炭 Coke	焦炉煤气 Coke Oven Gas	高炉煤气 Blast Furnace Gas	转炉煤气 Converter Gas	其他煤气 Other Gas
49175.52	**43020.93**	**2419.98**	**3496.59**	**38086.77**	**3159.16**	**1279.57**	**692.72**	**58.94**
5753.17	**5289.17**	**165.68**	**292.31**	**243.69**	**38.11**	**5.93**	**3.23**	**2.43**
5172.41	4738.86	145.36	286.42	63.54	15.83	5.93		1.93
92.14	92.14							
144.92	129.48	9.88	2.64	121.95	21.14		3.23	0.50
74.18	64.55	8.34	1.28	13.42				
245.61	241.55	2.10	1.97	44.78	1.14			
22.59	22.59							
1.32	1.32							
41876.22	**36234.41**	**2251.19**	**3162.21**	**37842.44**	**3085.79**	**1273.64**	**689.49**	**50.90**
833.93	789.46	6.69	35.48	11.19	0.23			
554.82	544.38	6.20	4.24	1.85	1.14			
456.92	450.04	1.84	5.04	0.94	0.63			
43.43	42.15	0.99	0.29		0.17			
842.18	830.86	3.39	5.35	2.99	11.43			
135.14	133.80	0.63	0.72	2.61	0.06		0.05	
55.90	55.54	0.22	0.14	0.78				
269.44	267.35	1.17	0.92	0.36				
18.12	17.86	0.06	0.20	3.68				
1302.01	1271.54	14.49	12.02	0.50	0.06			
22.42	22.14	0.11	0.17	0.32	0.06			
19.25	15.85	2.73	0.67	4.54				
868.93	651.92	200.59	16.42	71.54	629.51	62.54		
8543.57	7938.80	389.72	84.53	2530.28	195.65	9.95	4.10	7.48
443.66	428.78	12.04	2.84	1.57	0.91			
217.76	209.12	0.65	0.07	0.68				
425.38	406.25	11.65	7.48	4.00	2.23			
16121.33	12862.30	411.66	2826.15	735.10	171.76		5.94	15.09
8404.05	7190.74	1062.21	103.97	32714.42	1974.36	1201.15	679.02	2.30
926.00	813.20	67.38	36.27	527.81	53.88		0.11	26.02
232.19	223.27	6.80	2.12	101.27	23.20		0.16	
181.32	172.12	7.10	0.80	834.35	1.49			
274.69	239.90	34.31	0.49	44.11	14.00		0.11	
236.57	233.62	1.31	1.64	179.72	1.49			
142.21	130.28	1.50	10.43	11.98	0.57			
107.93	104.32	3.08	0.53	17.39	0.34			
69.37	68.03	1.23	0.12	2.34	0.17			
15.21	14.84	0.05	0.32	4.05	0.74			
93.89	89.87	1.34	0.31	0.49				
10.76	8.23	0.07	2.46	19.47	1.71			
7.85	7.85		0.01	12.11				
1546.13	**1497.36**	**3.11**	**42.07**	**0.65**	**35.26**			**5.61**
1474.97	1426.43	3.05	41.91	0.48	9.60			2.27
49.41	49.25		0.17	0.14	25.66			3.34
21.74	21.68	0.06		0.04				

续表 1

单位:万吨标准煤

行业	Sector	其他焦化产品 Other Coking Products
工业	**Industry**	**907.87**
(一)采掘业	**Mining and Quarrying**	**3.60**
煤炭开采和洗选业	Mining and Washing of Coal	1.53
石油和天然气开采业	Extraction of Petroleum and Natural Gas	
黑色金属矿采选业	Mining and Processing of Ferrous Metal Ores	0.61
有色金属矿采选业	Mining and Processing of Non-Ferrous Metal Ores	1.32
非金属矿采选业	Mining and Processing of Nonmetal Ores	
开采辅助活动	Support Activities for Mining	0.14
其他采矿业	Mining of Other Ores	
(二)制造业	**Manufacturing**	**899.52**
农副食品加工业	Processing of Food from Agricultural Products	0.06
食品制造业	Manufacture of Foods	
酒、饮料和精制茶制造业	Manufacture of Liquor, Beverages and Refined Tea	0.14
烟草制品业	Manufacture of Tobacco	
纺织业	Manufacture of Textile	
纺织服装、服饰业	Manufacture of Textile, Wearing Apparel and Accessories	0.08
皮革、毛皮、羽毛及其制品和制鞋业	Manufacture of Leather, Fur, Feather and Related Products and Footwear	
木材加工和木、竹、藤、棕、草制品业	Processing of Timber,Manufacture of Wood,Bamboo,Rattan,Palm, and Straw Products	0.01
家具制造业	Manufacture of Furniture	
造纸和纸制品业	Manufacture of Paper and Paper Products	0.38
印刷和记录媒介复制业	Printing and Reproduction of Recording Media	0.63
文教、工美、体育和娱乐用品制造业	Manufacture of Articles for Culture, Education, Arts and Crafts, Sport and Entertainment Activities	0.28
石油加工、炼焦和核燃料加工业	Processing of Petroleum, Coking and Processing of Nuclear Fuel	112.87
化学原料和化学制品制造业	Manufacture of Raw Chemical Materials and Chemical Products	443.94
医药制造业	Manufacture of Medicines	0.38
化学纤维制造业	Manufacture of Chemical Fibers	
橡胶和塑料制品业	Manufacture of Rubber and Plastics Products	0.60
非金属矿物制品业	Manufacture of Non-metallic Mineral Products	97.52
黑色金属冶炼和压延加工业	Smelting and Pressing of Ferrous Metals	222.28
有色金属冶炼和压延加工业	Smelting and Pressing of Non-ferrous Metals	14.63
金属制品业	Manufacture of Metal Products	0.38
通用设备制造业	Manufacture of General Purpose Machinery	0.63
专用设备制造业	Manufacture of Special Purpose Machinery	0.72
汽车制造业	Manufacture of Automobiles	0.25
铁路、船舶、航空航天和其他运输设备制造	Manufacture of Railway, Ship, Aerospace and Other Transport Equipments	0.51
电气机械和器材制造业	Manufacture of Electrical Machinery and Apparatus	0.89
计算机、通信和其他电子设备制造业	Manufacture of Computers, Communication and Other Electronic Equipment	0.37
仪器仪表制造业	Manufacture of Measuring Instruments and Machinery	0.27
其他制造业	Other Manufacture	1.68
废弃资源综合利用业	Utilization of Waste Resources	
金属制品、机械和设备修理业	Repair Service of Metal Products, Machinery and Equipment	
(三)电力、煤气及水生产和供应业	**Electric Power, Gas and Water Production and Supply**	**4.75**
电力、热力生产和供应业	Production and Supply of Electric Power and Heat Power	4.75
燃气生产和供应业	Production and Supply of Gas	
水的生产和供应业	Production and Supply of Water	

Continued 1

(10 000 tce)

油品合计 Petroleum Products Total	原油 Crude Oil	汽油 Gasoline	煤油 Kerosene	柴油 Diesel Oil	燃料油 Fuel Oil	石脑油 Naphtha	润滑油 Lubricants	石蜡 Paraffin Waxes
21003.78	**793.57**	**854.71**	**47.14**	**2451.28**	**901.79**	**4453.35**	**326.70**	**137.84**
1781.45	**662.88**	**85.24**	**3.88**	**919.56**	**20.17**		**1.70**	**0.04**
344.04		24.03	3.18	313.25	1.27		1.29	
869.28	661.58	20.94		92.13	18.24		0.01	
174.22	0.01	9.30	0.04	164.36	0.06		0.37	0.04
64.50		11.83	0.60	51.44	0.07		0.01	
104.01		7.83	0.06	95.83	0.23		0.01	
225.40	1.29	11.32		202.55	0.30			
0.15		0.12		0.03				
19082.70	**130.52**	**719.69**	**43.22**	**1467.50**	**877.86**	**4453.35**	**324.91**	**137.80**
134.07	0.10	45.73	0.18	73.99	6.67		0.01	
60.87		15.42	0.04	32.96	7.99			0.70
38.99	0.01	12.62	0.01	20.25	4.54		0.01	
7.67		1.27		4.90	1.39			
75.39		24.85	0.18	29.03	12.54		0.07	0.03
61.04	0.07	25.06	0.60	30.38	4.01		0.01	
30.78	0.14	11.68	0.31	12.66	4.79		0.03	0.08
33.75	0.24	10.99	0.12	20.87	0.24		0.01	1.09
20.91		7.77	0.07	11.19	0.46			
55.61	0.14	13.32	0.13	29.38	10.14		0.10	0.03
21.10	0.01	9.09	0.12	9.00	1.00		0.01	
32.30	0.01	11.34	0.34	13.67	2.09		0.01	0.70
7903.39	75.39	60.03	0.31	29.51	182.05	963.96	298.60	0.48
6526.42	42.52	62.86	5.24	101.62	135.97	3485.04	6.29	133.61
44.35	0.03	16.74	0.40	19.86	4.76			0.07
18.97		1.62		3.50	8.56	4.28	0.06	
104.48	0.06	36.36	0.21	42.66	15.61		0.31	0.31
2376.95	11.11	48.79	6.90	379.82	330.22	0.08	6.48	0.48
230.81	0.01	20.44	0.32	130.26	11.17		1.23	0.05
459.68	0.33	11.34	3.46	80.91	90.84		0.28	
119.40	0.01	33.67	1.96	56.58	10.49		0.38	
139.95	0.04	57.72	3.99	64.24	2.16		2.46	0.03
100.55	0.06	36.61	0.51	50.31	1.51		2.55	
142.38	0.10	55.37	1.41	65.50	2.26		4.43	0.03
103.98	0.01	13.60	12.27	54.87	13.23		0.48	
120.72	0.10	41.14	0.68	47.02	5.79		0.79	0.11
62.54		20.48	0.46	28.68	4.50		0.04	0.01
17.84		7.31	0.29	7.42	0.51		0.04	
17.54		2.71	0.03	5.49	0.41		0.16	
8.44		0.94	0.01	5.22	1.59		0.01	
11.81		2.81	2.66	5.76	0.37		0.03	
139.63	**0.17**	**49.78**	**0.04**	**64.21**	**3.76**		**0.10**	
123.09	0.17	40.74	0.04	58.34	3.49		0.08	
8.88		3.88		3.40	0.27		0.01	
7.66		5.15		2.48				

续表 2

单位：万吨标准煤

行业	Sector	溶剂油 White Spirit
工业	**Industry**	**231.82**
（一）采掘业	**Mining and Quarrying**	
煤炭开采和洗选业	Mining and Washing of Coal	
石油和天然气开采业	Extraction of Petroleum and Natural Gas	
黑色金属矿采选业	Mining and Processing of Ferrous Metal Ores	
有色金属矿采选业	Mining and Processing of Non-Ferrous Metal Ores	
非金属矿采选业	Mining and Processing of Nonmetal Ores	
开采辅助活动	Support Activities for Mining	
其他采矿业	Mining of Other Ores	
（二）制造业	**Manufacturing**	**231.82**
农副食品加工业	Processing of Food from Agricultural Products	1.98
食品制造业	Manufacture of Foods	0.09
酒、饮料和精制茶制造业	Manufacture of Liquor, Beverages and Refined Tea	
烟草制品业	Manufacture of Tobacco	
纺织业	Manufacture of Textile	0.01
纺织服装、服饰业	Manufacture of Textile, Wearing Apparel and Accessories	
皮革、毛皮、羽毛及其制品和制鞋业	Manufacture of Leather, Fur, Feather and Related Products and Footwear	0.35
木材加工和木、竹、藤、棕、草制品业	Processing of Timber,Manufacture of Wood,Bamboo,Rattan,Palm, and Straw Products	
家具制造业	Manufacture of Furniture	
造纸和纸制品业	Manufacture of Paper and Paper Products	0.43
印刷和记录媒介复制业	Printing and Reproduction of Recording Media	0.01
文教、工美、体育和娱乐用品制造业	Manufacture of Articles for Culture, Education, Arts and Crafts, Sport and Entertainment Activities	0.06
石油加工、炼焦和核燃料加工业	Processing of Petroleum, Coking and Processing of Nuclear Fuel	75.69
化学原料和化学制品制造业	Manufacture of Raw Chemical Materials and Chemical Products	150.80
医药制造业	Manufacture of Medicines	0.28
化学纤维制造业	Manufacture of Chemical Fibers	
橡胶和塑料制品业	Manufacture of Rubber and Plastics Products	0.50
非金属矿物制品业	Manufacture of Non-metallic Mineral Products	0.19
黑色金属冶炼和压延加工业	Smelting and Pressing of Ferrous Metals	
有色金属冶炼和压延加工业	Smelting and Pressing of Non-ferrous Metals	0.13
金属制品业	Manufacture of Metal Products	0.12
通用设备制造业	Manufacture of General Purpose Machinery	0.04
专用设备制造业	Manufacture of Special Purpose Machinery	0.76
汽车制造业	Manufacture of Automobiles	0.06
铁路、船舶、航空航天和其他运输设备制造	Manufacture of Railway, Ship, Aerospace and Other Transport Equipments	0.06
电气机械和器材制造业	Manufacture of Electrical Machinery and Apparatus	0.06
计算机、通信和其他电子设备制造业	Manufacture of Computers, Communication and Other Electronic Equipment	0.18
仪器仪表制造业	Manufacture of Measuring Instruments and Machinery	0.01
其他制造业	Other Manufacture	
废弃资源综合利用业	Utilization of Waste Resources	
金属制品、机械和设备修理业	Repair Service of Metal Products, Machinery and Equipment	
（三）电力、煤气及水生产和供应业	**Electric Power, Gas and Water Production and Supply**	
电力、热力生产和供应业	Production and Supply of Electric Power and Heat Power	
燃气生产和供应业	Production and Supply of Gas	
水的生产和供应业	Production and Supply of Water	

Continued 2

(10 000 tce)

石油沥青 Bitumen Asphalt	石油焦 Petroleum Coke	液化石油气 LPG	炼厂干气 Refinery Gas	其他石油制品 Other Petroleum Products	天然气 Natural Gas	液化天然气 LNG	热力 Heat	电力 Electricity
59.08	**2000.57**	**794.13**	**2019.07**	**5932.72**	**6518.34**	**2112.15**	**8299.64**	**40850.89**
0.50	**0.02**	**3.70**	**52.36**	**31.39**	**1355.47**	**0.47**	**264.97**	**2820.53**
		0.09		0.94	49.92	0.39	27.24	1080.47
		0.34	52.36	23.66	1275.90		76.24	487.68
				0.04	0.40		2.83	538.82
0.50	0.02	0.02		0.01				402.89
		0.02		0.03	0.65	0.09	96.35	275.58
		3.24		6.70	28.60		62.31	35.10
								119.11
55.03	**1984.25**	**789.71**	**1966.68**	**5900.36**	**5123.74**	**2082.58**	**7791.02**	**32964.81**
		4.94		0.47	12.80	8.07	163.51	646.64
		3.60		0.08	63.50	14.94	167.84	271.57
	0.21	1.30		0.01	42.85	1.72	147.79	191.43
		0.12			10.02	12.34	12.98	62.95
		5.81		2.87	25.03	2.83	792.39	1780.45
		0.87		0.03	6.31	4.90	22.90	243.86
		0.55		0.19	1.03	1.11	10.96	185.62
		0.15		0.03	4.42	0.16	12.19	324.55
		1.42			8.06	0.79	2.58	56.32
		1.77		0.19	16.72	27.34	547.82	711.59
		1.80		0.04	11.44	1.27	7.10	131.65
		3.77		0.31	9.36	11.86	1.97	78.79
2.41	265.14	257.69	1801.69	3890.45	378.43	764.94	1063.46	731.16
0.59	103.20	214.12	163.47	1921.09	2499.51	686.05	2597.97	4837.53
		1.92		0.29	55.02	9.01	216.52	316.16
		0.55		0.41	9.00	18.98	227.29	404.99
0.04		6.63		1.78	43.50	6.04	67.58	1259.20
38.84	1368.72	148.13	1.40	35.79	744.48	145.78	36.62	3627.10
0.01	16.64	39.79		10.87	407.56	20.37	945.71	6416.02
12.73	229.95	11.21	0.06	18.42	188.39	147.22	388.30	4693.65
		14.59		1.61	68.73	25.85	26.41	1275.18
0.05		5.98		3.23	79.30	14.76	18.35	860.17
		6.84		1.39	76.44	8.50	34.87	477.37
		9.65		3.58	149.11	30.84	145.53	720.97
		8.47	0.05	0.94	65.00	72.89	20.23	285.31
	0.11	21.94		2.99	54.71	22.44	51.15	754.16
		7.42		0.77	79.43	9.77	39.18	941.25
		0.87		1.37	6.50	0.47	10.10	99.72
0.35	0.28	7.20		0.90	0.86	7.71	10.71	538.28
		0.53	0.01	0.13	2.60		0.18	24.91
		0.05		0.13	3.64	3.64	0.83	16.26
3.55	**16.30**	**0.72**	**0.03**	**0.97**	**39.13**	**29.10**	**243.66**	**5065.54**
3.55	16.30	0.05	0.03	0.29	8.45	1.76	228.63	4510.98
		0.63		0.68	28.73	27.03	12.64	133.84
		0.03			1.95	0.32	2.39	420.72

4-4 分行业能源消费总量

单位：万吨标准煤

行业	Sector	1995
消 费 总 量	**Total Consumption**	**131175.50**
农、林、牧、渔、水利业	**Agriculture, Forestry, Animal Husbandry, Fishery and Water Conservancy**	**5505.20**
工业	**Industry**	**96191.30**
采掘业	**Mining and Quarrying**	**9941.00**
煤炭开采和洗选业	Mining and Washing of Coal	5499.80
石油和天然气开采业	Extraction of Petroleum and Natural Gas	2812.60
黑色金属矿采选业	Mining and Processing of Ferrous Metal Ores	268.20
有色金属矿采选业	Mining and Processing of Non-Ferrous Metal Ores	557.20
非金属矿采选业	Mining and Processing of Nonmetal Ores	553.40
开采辅助活动	Support Activities for Mining	
其他采矿业	Mining of Other Ores	249.80
制造业	**Manufacturing**	**78368.20**
农副食品加工业	Processing of Food from Agricultural Products	1972.50
食品制造业	Manufacture of Foods	1208.00
酒、饮料和精制茶制造业	Manufacture of Liquor, Beverages and Refined Tea	1000.30
烟草制品业	Manufacture of Tobacco	223.80
纺织业	Manufacture of Textile	3531.30
纺织服装、服饰业	Manufacture of Textile, Wearing Apparel and Accessories	329.20
皮革、毛皮、羽毛及其制品和制鞋业	Manufacture of Leather, Fur, Feather and Related Products and Footwear	289.90
木材加工和木、竹、藤、棕、草制品业	Processing of Timber,Manufacture of Wood,Bamboo,Rattan,Palm, and Straw Products	380.00
家具制造业	Manufacture of Furniture	105.80
造纸和纸制品业	Manufacture of Paper and Paper Products	2138.40
印刷和记录媒介复制业	Printing and Reproduction of Recording Media	203.40
文教、工美、体育和娱乐用品制造业	Manufacture of Articles for Culture, Education, Arts and Crafts, Sport and Entertainment Activities	62.00
石油加工、炼焦和核燃料加工业	Processing of Petroleum, Coking and Processing of Nuclear Fuel	5567.30
化学原料和化学制品制造业	Manufacture of Raw Chemical Materials and Chemical Products	15821.60
医药制造业	Manufacture of Medicines	1201.30
化学纤维制造业	Manufacture of Chemical Fibers	1278.00
橡胶和塑料制品业	Manufacture of Rubber and Plastics Products	1186.00
非金属矿物制品业	Manufacture of Non-metallic Mineral Products	13058.00
黑色金属冶炼和压延加工业	Smelting and Pressing of Ferrous Metals	18532.80
有色金属冶炼和压延加工业	Smelting and Pressing of Non-ferrous Metals	2841.70
金属制品业	Manufacture of Metal Products	993.90
通用设备制造业	Manufacture of General Purpose Machinery	1650.50
专用设备制造业	Manufacture of Special Purpose Machinery	1089.30
汽车制造业	Manufacture of Automobiles	1376.30
铁路、船舶、航空航天和其他运输设备制造	Manufacture of Railway, Ship, Aerospace and Other Transport Equipments	
电气机械和器材制造业	Manufacture of Electrical Machinery and Apparatus	629.20
计算机、通信和其他电子设备制造业	Manufacture of Computers, Communication and Other Electronic Equipment	321.40
仪器仪表制造业	Manufacture of Measuring Instruments and Machinery	142.60
其他制造业	Other Manufacture	1233.70
废弃资源综合利用业	Utilization of Waste Resources	
金属制品、机械和设备修理业	Repair Service of Metal Products, Machinery and Equipment	
电力、煤气及水生产和供应业	**Electric Power, Gas and Water Production and Supply**	**7882.70**
电力、热力生产和供应业	Production and Supply of Electric Power and Heat Power	7052.70
燃气生产和供应业	Production and Supply of Gas	341.30
水的生产和供应业	Production and Supply of Water	488.70
建筑业	**Construction**	**1334.50**
交通运输、仓储和邮政业	**Transport, Storage and Post**	**5862.90**
批发、零售业和住宿、餐饮业	**Wholesale, Retail Trade and Hotel ,Restaurants**	**2017.80**
其他行业	**Others**	**4519.00**
生活消费	**Residential Consumption**	**15744.80**

CONSUMPTION OF TOTAL ENERGY AND ITS MAIN VARIETIES BY SECTOR

(10 000 tce)

2000	2005	2006	2007	2008	2009	2010	2011	2012
145530.86	**235996.65**	**258676.30**	**280507.94**	**291448.29**	**306647.15**	**324939.15**	**348001.66**	**361732.01**
3913.77	**6071.06**	**6330.71**	**6228.40**	**6013.13**	**6251.18**	**6477.30**	**6758.56**	**6784.43**
103773.85	**168723.53**	**184945.45**	**200531.38**	**209302.15**	**219197.16**	**232018.82**	**246440.96**	**252462.78**
10968.06	**13914.67**	**14247.13**	**15240.74**	**17050.44**	**17585.17**	**18399.39**	**20024.66**	**21176.92**
5286.08	7522.45	7672.90	8269.88	9356.17	10206.55	10574.43	11566.47	12339.12
3963.58	3710.92	3586.79	3651.26	4210.04	3945.90	4057.55	3934.36	3807.89
374.66	971.13	1138.05	1330.32	1408.03	1250.90	1573.35	1920.70	1842.98
425.26	680.67	738.02	828.89	863.14	832.89	954.16	1146.53	1180.82
690.46	927.84	978.21	1035.12	1028.27	1095.77	1026.38	1173.91	1217.00
								483.92
228.02	101.68	133.17	125.27	184.79	253.16	213.52	282.70	305.20
80771.97	**137140.40**	**151274.67**	**164951.10**	**172106.52**	**180595.97**	**189414.85**	**200403.37**	**205667.69**
1717.36	2207.28	2360.77	2537.65	2731.34	2795.37	2644.27	2663.79	2750.55
1055.55	1281.74	1389.67	1448.62	1544.66	1563.34	1508.52	1517.97	1621.32
800.45	992.06	1081.60	1098.77	1161.85	1191.44	1130.42	1197.41	1180.09
303.98	257.08	255.38	249.03	232.60	233.80	228.89	272.31	247.42
3014.37	5281.32	6108.59	6528.30	6396.38	6251.01	6204.53	6269.05	6357.01
348.43	577.42	661.68	711.44	725.34	713.08	748.42	753.44	861.09
203.86	323.71	364.15	387.67	388.73	384.48	392.19	371.37	574.23
360.66	754.77	843.10	893.67	981.91	1049.09	1035.62	1097.31	1152.64
101.14	133.12	149.32	152.86	181.80	183.81	209.66	201.99	199.41
2269.30	3574.91	3791.56	3643.36	3998.65	4101.00	3961.92	3983.51	3846.14
204.55	280.70	303.62	327.08	349.81	357.48	390.97	389.60	400.03
122.75	198.37	202.85	210.09	219.76	214.62	210.84	232.76	280.46
7220.12	11923.57	12498.72	13445.30	13747.01	15328.29	16044.66	17057.01	18115.44
14326.13	23848.69	25995.36	28621.16	28961.13	28946.07	31353.93	34713.14	36995.54
941.62	1203.58	1255.98	1261.41	1360.49	1354.58	1427.68	1523.16	1608.63
1883.87	1382.82	1465.05	1575.02	1448.58	1436.85	1440.91	1530.40	1558.00
1384.37	2623.40	2851.86	2957.65	3188.20	3239.68	3558.68	3537.89	3897.14
13768.08	21310.46	22637.64	23111.66	25460.52	26882.28	27473.24	30014.96	29400.92
18962.27	39544.25	44729.92	50186.53	51862.92	56404.37	57533.71	58896.58	59668.10
4079.30	7403.80	8861.83	10867.61	11287.99	11401.37	12841.45	13991.13	14829.01
1210.42	2271.08	2632.41	2852.64	3023.79	3037.78	3627.75	3533.37	3854.34
1251.01	2149.71	2406.23	2649.23	2758.11	2985.24	3270.81	3823.13	3465.89
866.58	1314.71	1438.19	1579.44	1630.28	1671.52	1851.20	1887.05	1781.84
1502.38	2043.13	2247.85	2467.64	2732.58	3031.90	3748.85	3995.63	2760.67
								1149.54
648.35	1213.20	1353.04	1557.01	1791.10	1854.48	2121.53	2276.48	2329.07
692.89	1482.64	1754.05	1994.99	2197.44	2216.28	2525.15	2623.39	2666.75
156.70	197.45	232.82	260.90	284.98	291.92	346.47	318.39	311.26
1375.45	1330.45	1349.93	1323.74	1401.72	1413.73	1505.08	1641.89	1616.47
	34.98	51.49	50.64	56.84	61.11	77.49	89.29	107.36
								81.35
12033.83	**17668.45**	**19423.65**	**20339.53**	**20145.19**	**21016.02**	**24204.58**	**26012.93**	**25618.17**
10812.32	16326.50	18004.12	18892.27	18676.48	19574.86	22584.11	24372.14	23809.24
605.09	643.19	663.11	650.79	634.60	566.25	650.11	604.71	693.64
616.42	698.76	756.42	796.48	834.11	874.91	970.36	1036.08	1115.29
2178.53	**3403.31**	**3760.73**	**4127.52**	**3812.53**	**4562.02**	**5309.30**	**5872.16**	**6167.37**
11241.59	**18391.01**	**20284.23**	**21959.18**	**22917.25**	**23691.84**	**26068.47**	**28535.50**	**31524.71**
3047.63	**4847.75**	**5314.05**	**5689.38**	**5733.58**	**6412.26**	**6826.82**	**7795.38**	**8545.86**
5761.58	**9254.56**	**10275.98**	**11158.19**	**11771.34**	**12689.81**	**13680.50**	**15189.15**	**16580.77**
15613.91	**25305.43**	**27765.16**	**30813.90**	**31898.32**	**33842.88**	**34557.94**	**37409.94**	**39666.09**

4-5 分行业煤炭消费总量

单位：万吨

行　业	Sector	1995
消 费 总 量	**Total Consumption**	**137676.50**
农、林、牧、渔、水利业	**Agriculture, Forestry, Animal Husbandry, Fishery and Water Conservancy**	**1856.70**
工业	**Industry**	**117570.70**
采掘业	**Mining and Quarrying**	**9861.00**
煤炭开采和洗选业	Mining and Washing of Coal	8290.70
石油和天然气开采业	Extraction of Petroleum and Natural Gas	637.20
黑色金属矿采选业	Mining and Processing of Ferrous Metal Ores	94.90
有色金属矿采选业	Mining and Processing of Non-Ferrous Metal Ores	174.70
非金属矿采选业	Mining and Processing of Nonmetal Ores	434.40
开采辅助活动	Support Activities for Mining	
其他采矿业	Mining of Other Ores	229.10
制造业	**Manufacturing**	**63109.40**
农副食品加工业	Processing of Food from Agricultural Products	1753.90
食品制造业	Manufacture of Foods	1214.50
酒、饮料和精制茶制造业	Manufacture of Liquor, Beverages and Refined Tea	983.30
烟草制品业	Manufacture of Tobacco	190.70
纺织业	Manufacture of Textile	2536.90
纺织服装、服饰业	Manufacture of Textile, Wearing Apparel and Accessories	117.30
皮革、毛皮、羽毛及其制品和制鞋业	Manufacture of Leather, Fur, Feather and Related Products and Footwear	239.00
木材加工和木、竹、藤、棕、草制品业	Processing of Timber,Manufacture of Wood,Bamboo,Rattan,Palm, and Straw Products	363.00
家具制造业	Manufacture of Furniture	62.70
造纸和纸制品业	Manufacture of Paper and Paper Products	2132.20
印刷和记录媒介复制业	Printing and Reproduction of Recording Media	86.80
文教、工美、体育和娱乐用品制造业	Manufacture of Articles for Culture, Education, Arts and Crafts, Sport and Entertainment Activities	33.20
石油加工、炼焦和核燃料加工业	Processing of Petroleum, Coking and Processing of Nuclear Fuel	8025.10
化学原料和化学制品制造业	Manufacture of Raw Chemical Materials and Chemical Products	10803.50
医药制造业	Manufacture of Medicines	915.10
化学纤维制造业	Manufacture of Chemical Fibers	823.10
橡胶和塑料制品业	Manufacture of Rubber and Plastics Products	877.90
非金属矿物制品业	Manufacture of Non-metallic Mineral Products	13424.20
黑色金属冶炼和压延加工业	Smelting and Pressing of Ferrous Metals	12920.70
有色金属冶炼和压延加工业	Smelting and Pressing of Non-ferrous Metals	1348.60
金属制品业	Manufacture of Metal Products	462.10
通用设备制造业	Manufacture of General Purpose Machinery	821.10
专用设备制造业	Manufacture of Special Purpose Machinery	652.50
汽车制造业	Manufacture of Automobiles	860.20
铁路、船舶、航空航天和其他运输设备制造	Manufacture of Railway, Ship, Aerospace and Other Transport Equipments	
电气机械和器材制造业	Manufacture of Electrical Machinery and Apparatus	343.60
计算机、通信和其他电子设备制造业	Manufacture of Computers, Communication and Other Electronic Equipment	141.50
仪器仪表制造业	Manufacture of Measuring Instruments and Machinery	70.90
其他制造业	Other Manufacture	905.90
废弃资源综合利用业	Utilization of Waste Resources	
金属制品、机械和设备修理业	Repair Service of Metal Products, Machinery and Equipment	
电力、煤气及水生产和供应业	**Electric Power, Gas and Water Production and Supply**	**44600.30**
电力、热力生产和供应业	Production and Supply of Electric Power and Heat Power	43799.60
燃气生产和供应业	Production and Supply of Gas	763.10
水的生产和供应业	Production and Supply of Water	37.60
建筑业	**Construction**	**439.80**
交通运输、仓储和邮政业	**Transport, Storage and Post**	**1315.10**
批发、零售业和住宿、餐饮业	**Wholesale, Retail Trade and Hotel ,Restaurants**	**977.40**
其他行业	**Others**	**1986.70**
生活消费	**Residential Consumption**	**13530.10**

CONSUMPTION OF COAL AND ITS MAIN VARIETIES BY SECTOR

(10 000 ton)

2000	2005	2006	2007	2008	2009	2010	2011	2012
141091.70	**231851.07**	**255065.45**	**272745.88**	**281095.92**	**295833.08**	**312236.50**	**342950.24**	**352647.07**
933.38	**1513.80**	**1502.60**	**1519.57**	**1522.57**	**1582.11**	**1711.10**	**1756.63**	**1766.12**
127806.65	**215493.30**	**238510.23**	**256202.76**	**265574.20**	**279888.52**	**296031.63**	**326229.97**	**335714.65**
11512.86	**15833.26**	**16884.65**	**18971.74**	**19501.07**	**21728.00**	**24638.61**	**26141.48**	**27760.18**
9874.51	14535.96	15599.75	17626.33	18317.30	20245.30	23143.94	24629.90	26163.30
846.81	373.74	376.51	381.19	299.41	557.60	563.03	559.72	477.89
78.61	140.06	144.85	153.42	182.05	167.84	222.10	211.23	200.86
103.00	112.39	115.80	113.51	95.75	94.26	99.19	107.90	112.06
472.06	668.99	645.54	694.84	605.16	660.74	607.79	632.73	619.99
								184.17
137.87	2.10	2.19	2.44	1.39	2.26	2.56		1.91
57742.34	**92018.39**	**99084.39**	**102002.35**	**108176.80**	**112005.84**	**118821.50**	**128297.11**	**132542.86**
1581.25	1392.33	1450.96	1557.11	1641.55	1673.25	1699.66	1719.05	1753.25
747.35	974.49	1022.42	1054.17	1071.85	1047.01	1210.93	1187.05	1296.99
725.48	840.34	860.56	864.04	856.53	814.72	792.40	801.38	736.99
150.41	135.30	139.56	124.04	94.94	89.20	80.06	109.11	62.98
1638.22	2555.37	2796.32	2862.05	2529.12	2433.32	2618.04	2261.68	2065.59
139.67	237.14	258.88	265.91	229.35	219.34	233.77	211.90	228.41
81.46	105.20	110.56	107.29	85.60	85.72	75.11	68.97	79.50
264.74	437.06	459.40	455.35	440.00	441.63	432.64	433.54	421.05
49.51	32.75	34.06	33.20	33.46	29.74	33.79	33.89	34.09
2081.70	3439.45	3823.24	3819.31	3858.05	4006.28	4281.61	4466.51	4523.89
58.32	45.64	47.42	46.25	41.52	39.47	44.70	32.00	32.08
20.25	20.92	21.75	21.23	18.25	17.63	17.74	15.07	26.70
9078.34	19753.15	22944.00	25000.49	26437.72	27204.87	29780.84	34087.24	36450.25
8838.69	12915.21	13654.69	14187.95	15067.46	15014.41	14703.88	16177.17	17777.12
614.98	686.31	730.76	701.89	717.67	697.32	716.35	776.27	813.45
953.48	813.13	830.10	886.90	751.47	733.36	589.10	651.14	699.72
483.69	723.59	750.51	742.67	770.79	821.19	886.06	821.53	812.77
13804.64	20036.23	20708.53	20416.79	23049.05	23753.51	23508.83	25031.84	24814.00
12342.14	21294.47	22551.56	22846.70	24126.17	26553.24	28221.59	29971.15	30296.16
1512.84	2488.32	2711.14	2918.68	3301.39	3086.63	5714.93	6227.18	6411.06
271.78	337.56	340.66	333.35	342.56	334.90	316.00	281.42	360.08
411.51	411.63	438.93	419.01	436.37	425.42	432.85	399.21	268.85
375.74	553.91	580.71	571.95	548.01	576.83	627.83	559.55	430.70
825.31	865.59	891.77	887.33	835.57	845.85	853.95	798.64	577.98
								236.45
220.40	172.76	179.74	176.08	179.34	383.11	253.54	519.06	491.00
82.82	155.25	153.47	150.02	185.11	184.68	185.11	164.04	245.44
37.13	24.68	25.65	25.07	26.55	25.16	25.46	21.95	30.73
350.49	563.56	559.76	520.27	491.79	457.67	471.78	456.11	539.82
	7.08	7.30	7.26	9.54	10.36	12.95	13.45	14.42
								11.35
58551.45	**107641.65**	**122541.19**	**135228.67**	**137896.33**	**146154.67**	**152571.52**	**171791.38**	**175411.61**
57380.72	106286.71	121059.67	133651.89	136725.09	144877.42	151163.05	170744.15	174273.38
1120.30	1316.52	1441.37	1537.85	1136.08	1248.90	1341.79	1003.78	1074.57
50.44	38.42	40.15	38.93	35.16	28.35	66.68	43.46	63.66
536.82	**603.56**	**651.99**	**615.33**	**603.18**	**635.59**	**718.91**	**781.81**	**753.41**
882.24	**811.17**	**769.94**	**735.89**	**665.41**	**640.89**	**639.23**	**645.85**	**614.26**
1314.64	**1674.39**	**1791.46**	**1868.27**	**1791.39**	**1977.89**	**1969.87**	**2211.71**	**2362.00**
1161.01	**1715.88**	**1802.90**	**2043.43**	**1791.56**	**1986.14**	**2006.59**	**2112.21**	**2283.19**
8456.96	**10038.97**	**10036.34**	**9760.61**	**9147.61**	**9121.95**	**9159.17**	**9212.06**	**9153.44**

4-6 分行业焦炭消费总量

单位：万吨

行　业	Sector	1995
消 费 总 量	**Total Consumption**	**10725.28**
农、林、牧、渔、水利业	**Agriculture, Forestry, Animal Husbandry, Fishery and Water Conservancy**	**128.62**
工业	**Industry**	**10412.04**
采掘业	**Mining and Quarrying**	**151.42**
煤炭开采和洗选业	Mining and Washing of Coal	41.97
石油和天然气开采业	Extraction of Petroleum and Natural Gas	1.21
黑色金属矿采选业	Mining and Processing of Ferrous Metal Ores	56.76
有色金属矿采选业	Mining and Processing of Non-Ferrous Metal Ores	24.53
非金属矿采选业	Mining and Processing of Nonmetal Ores	26.14
开采辅助活动	Support Activities for Mining	
其他采矿业	Mining of Other Ores	0.81
制造业	**Manufacturing**	**10243.83**
农副食品加工业	Processing of Food from Agricultural Products	15.37
食品制造业	Manufacture of Foods	10.43
酒、饮料和精制茶制造业	Manufacture of Liquor, Beverages and Refined Tea	4.98
烟草制品业	Manufacture of Tobacco	1.59
纺织业	Manufacture of Textile	5.78
纺织服装、服饰业	Manufacture of Textile, Wearing Apparel and Accessories	1.12
皮革、毛皮、羽毛及其制品和制鞋业	Manufacture of Leather, Fur, Feather and Related Products and Footwear	0.80
木材加工和木、竹、藤、棕、草制品业	Processing of Timber,Manufacture of Wood,Bamboo,Rattan,Palm, and Straw Products	1.13
家具制造业	Manufacture of Furniture	1.29
造纸和纸制品业	Manufacture of Paper and Paper Products	3.84
印刷和记录媒介复制业	Printing and Reproduction of Recording Media	0.53
文教、工美、体育和娱乐用品制造业	Manufacture of Articles for Culture, Education, Arts and Crafts, Sport and Entertainment Activities	1.52
石油加工、炼焦和核燃料加工业	Processing of Petroleum, Coking and Processing of Nuclear Fuel	31.56
化学原料和化学制品制造业	Manufacture of Raw Chemical Materials and Chemical Products	1298.71
医药制造业	Manufacture of Medicines	2.64
化学纤维制造业	Manufacture of Chemical Fibers	23.53
橡胶和塑料制品业	Manufacture of Rubber and Plastics Products	3.08
非金属矿物制品业	Manufacture of Non-metallic Mineral Products	276.66
黑色金属冶炼和压延加工业	Smelting and Pressing of Ferrous Metals	7810.76
有色金属冶炼和压延加工业	Smelting and Pressing of Non-ferrous Metals	195.09
金属制品业	Manufacture of Metal Products	123.24
通用设备制造业	Manufacture of General Purpose Machinery	237.13
专用设备制造业	Manufacture of Special Purpose Machinery	101.25
汽车制造业	Manufacture of Automobiles	41.42
铁路、船舶、航空航天和其他运输设备制造	Manufacture of Railway, Ship, Aerospace and Other Transport Equipments	
电气机械和器材制造业	Manufacture of Electrical Machinery and Apparatus	15.59
计算机、通信和其他电子设备制造业	Manufacture of Computers, Communication and Other Electronic Equipment	1.05
仪器仪表制造业	Manufacture of Measuring Instruments and Machinery	3.42
其他制造业	Other Manufacture	30.32
废弃资源综合利用业	Utilization of Waste Resources	
金属制品、机械和设备修理业	Repair Service of Metal Products, Machinery and Equipment	
电力、煤气及水生产和供应业	**Electric Power, Gas and Water Production and Supply**	**16.79**
电力、热力生产和供应业	Production and Supply of Electric Power and Heat Power	3.80
燃气生产和供应业	Production and Supply of Gas	12.88
水的生产和供应业	Production and Supply of Water	0.11
建筑业	**Construction**	**10.76**
交通运输、仓储和邮政业	**Transport, Storage and Post**	**10.10**
批发、零售业和住宿、餐饮业	**Wholesale, Retail Trade and Hotel ,Restaurants**	**25.71**
其他行业	**Others**	**6.44**
生活消费	**Residential Consumption**	**131.61**

CONSUMPTION OF COKE AND ITS MAIN VARIETIES BY SECTOR

(10 000 ton)

2000	2005	2006	2007	2008	2009	2010	2011	2012
10840.76	**25105.84**	**27892.77**	**29168.12**	**29900.23**	**31849.97**	**33687.80**	**38163.27**	**39373.04**
70.93	**63.47**	**55.73**	**57.23**	**53.14**	**44.59**	**46.82**	**54.06**	**57.48**
10554.55	**24860.92**	**27653.55**	**28932.22**	**29756.70**	**31743.32**	**33583.69**	**38052.08**	**39262.62**
160.58	**174.51**	**196.09**	**219.64**	**181.87**	**139.04**	**179.97**	**237.03**	**250.86**
53.06	61.34	65.63	75.84	55.80	28.26	25.05	30.15	65.41
5.76	0.29	0.31	0.35	0.01		0.16		
52.38	83.71	97.89	107.91	102.92	83.82	125.73	185.35	125.54
22.12	16.32	17.83	19.66	12.17	14.89	15.75	13.92	13.81
26.95	12.86	14.42	15.90	10.97	12.07	13.28	7.61	46.10
0.31								
10357.19	**24621.38**	**27421.25**	**28673.29**	**29538.48**	**31572.03**	**33381.02**	**37791.36**	**39003.74**
16.15	8.52	8.10	8.92	13.20	10.56	9.50	13.72	11.52
14.67	5.36	5.60	6.18	7.92	7.13	3.01	2.54	1.90
3.14	1.03	1.08	1.18	1.05	0.94	0.68	0.80	0.97
1.26	0.01	0.01	0.01	0.83				
4.19	2.99	3.27	3.57	5.28	4.10	5.10	3.92	3.08
1.68	1.33	1.49	1.64	3.23	1.40	3.76	5.20	2.69
1.76	0.31	0.34	0.38	0.22	0.31	0.22	0.91	0.80
1.47	1.81	1.98	2.19	2.59	2.46	1.78	0.61	0.37
1.05	1.03	1.08	1.19	1.06	1.01	1.51	1.74	3.79
1.57	4.35	4.34	4.79	5.66	4.35	2.19	1.92	0.51
0.29	0.15	0.17	0.19	0.32	0.56	0.27	0.30	0.33
1.68	3.57	3.73	5.78	5.30	5.06	3.82	3.59	4.67
64.96	76.76	92.34	98.97	103.48	97.16	93.45	83.93	73.65
1104.86	1724.26	2024.28	2250.47	2248.82	2105.35	1743.01	2271.62	2604.78
0.68	1.13	1.27	1.43	1.55	1.24	0.87	0.74	1.62
27.49	51.22	57.20	62.48	18.48	5.54	3.88	2.33	0.70
8.91	4.39	4.75	5.24	6.88	6.32	6.97	6.22	4.12
312.35	208.27	237.52	261.84	305.49	384.65	385.72	553.50	756.74
8084.98	21429.43	23731.54	24577.44	25477.78	27191.81	29448.47	32906.33	33704.06
218.09	372.51	423.12	477.96	498.07	676.48	591.98	583.44	564.04
126.05	78.33	87.47	96.43	90.83	98.22	75.56	65.12	104.25
208.23	455.52	519.49	572.67	473.50	663.64	657.06	982.11	858.92
73.93	68.89	76.59	84.44	91.58	100.74	125.61	78.19	45.41
32.28	93.91	107.10	118.06	139.70	163.67	168.87	175.99	185.01
								12.33
10.92	16.75	17.51	18.95	25.78	23.21	26.63	24.83	17.90
0.31	0.69	0.73	0.80	0.87	1.74	2.61	2.09	2.40
4.19	2.75	3.07	3.38	3.77	8.32	5.73	4.39	4.17
30.07	3.79	3.78	4.16	2.18	1.81	2.13	2.54	0.50
	2.33	2.33	2.57	3.04	4.25	10.63	12.75	20.04
								12.47
36.78	**65.03**	**36.21**	**39.29**	**36.35**	**32.24**	**22.70**	**23.69**	**8.02**
	6.13	6.70	7.45	7.13	8.13	4.01	7.63	0.49
36.78	58.84	29.44	31.76	29.15	24.02	18.55	15.76	7.49
	0.07	0.07	0.08	0.07	0.09	0.14	0.30	0.04
18.98	**18.38**	**18.50**	**17.48**	**10.70**	**5.68**	**5.81**	**4.81**	**6.31**
11.24	**1.07**	**0.85**	**0.55**	**0.29**	**0.14**	**0.12**	**0.09**	**0.09**
35.71	**64.08**	**65.39**	**71.00**	**7.54**	**3.94**	**5.10**	**9.24**	**6.66**
12.15	**7.59**	**8.30**	**8.23**	**6.93**	**3.47**	**2.77**	**1.94**	**1.94**
137.20	**90.33**	**90.45**	**81.40**	**64.93**	**48.84**	**43.49**	**41.08**	**37.93**

4-7 分行业原油消费总量

单位：万吨

行 业	Sector	1995
消费总量	**Total Consumption**	**14886.39**
农、林、牧、渔、水利业	**Agriculture, Forestry, Animal Husbandry, Fishery and Water Conservancy**	**10.11**
工业	**Industry**	**14716.30**
采掘业	**Mining and Quarrying**	**1686.21**
煤炭开采和洗选业	Mining and Washing of Coal	
石油和天然气开采业	Extraction of Petroleum and Natural Gas	1686.16
黑色金属矿采选业	Mining and Processing of Ferrous Metal Ores	
有色金属矿采选业	Mining and Processing of Non-Ferrous Metal Ores	0.05
非金属矿采选业	Mining and Processing of Nonmetal Ores	
开采辅助活动	Support Activities for Mining	
其他采矿业	Mining of Other Ores	
制造业	**Manufacturing**	**12963.62**
农副食品加工业	Processing of Food from Agricultural Products	0.53
食品制造业	Manufacture of Foods	0.72
酒、饮料和精制茶制造业	Manufacture of Liquor, Beverages and Refined Tea	0.72
烟草制品业	Manufacture of Tobacco	
纺织业	Manufacture of Textile	1.29
纺织服装、服饰业	Manufacture of Textile, Wearing Apparel and Accessories	0.04
皮革、毛皮、羽毛及其制品和制鞋业	Manufacture of Leather, Fur, Feather and Related Products and Footwear	0.04
木材加工和木、竹、藤、棕、草制品业	Processing of Timber,Manufacture of Wood,Bamboo,Rattan,Palm, and Straw Products	
家具制造业	Manufacture of Furniture	
造纸和纸制品业	Manufacture of Paper and Paper Products	0.26
印刷和记录媒介复制业	Printing and Reproduction of Recording Media	0.10
文教、工美、体育和娱乐用品制造业	Manufacture of Articles for Culture, Education, Arts and Crafts, Sport and Entertainment Activities	
石油加工、炼焦和核燃料加工业	Processing of Petroleum, Coking and Processing of Nuclear Fuel	11338.36
化学原料和化学制品制造业	Manufacture of Raw Chemical Materials and Chemical Products	1078.84
医药制造业	Manufacture of Medicines	0.12
化学纤维制造业	Manufacture of Chemical Fibers	478.22
橡胶和塑料制品业	Manufacture of Rubber and Plastics Products	1.24
非金属矿物制品业	Manufacture of Non-metallic Mineral Products	56.32
黑色金属冶炼和压延加工业	Smelting and Pressing of Ferrous Metals	3.17
有色金属冶炼和压延加工业	Smelting and Pressing of Non-ferrous Metals	0.35
金属制品业	Manufacture of Metal Products	0.17
通用设备制造业	Manufacture of General Purpose Machinery	0.28
专用设备制造业	Manufacture of Special Purpose Machinery	0.20
汽车制造业	Manufacture of Automobiles	0.57
铁路、船舶、航空航天和其他运输设备制造	Manufacture of Railway, Ship, Aerospace and Other Transport Equipments	
电气机械和器材制造业	Manufacture of Electrical Machinery and Apparatus	0.85
计算机、通信和其他电子设备制造业	Manufacture of Computers, Communication and Other Electronic Equipment	
仪器仪表制造业	Manufacture of Measuring Instruments and Machinery	
其他制造业	Other Manufacture	1.23
废弃资源综合利用业	Utilization of Waste Resources	
金属制品、机械和设备修理业	Repair Service of Metal Products, Machinery and Equipment	
电力、煤气及水生产和供应业	**Electric Power, Gas and Water Production and Supply**	**66.47**
电力、热力生产和供应业	Production and Supply of Electric Power and Heat Power	66.47
燃气生产和供应业	Production and Supply of Gas	
水的生产和供应业	Production and Supply of Water	
建筑业	**Construction**	**2.71**
交通运输、仓储和邮政业	**Transport, Storage and Post**	**156.77**
批发、零售业和住宿、餐饮业	**Wholesale, Retail Trade and Hotel ,Restaurants**	**0.50**
其他行业	**Others**	
生活消费	**Residential Consumption**	

CONSUMPTION OF CRUDE OIL AND ITS MAIN VARIETIES BY SECTOR

(10 000 ton)

2000	2005	2006	2007	2008	2009	2010	2011	2012
21232.01	**30086.24**	**32245.20**	**34031.60**	**35498.24**	**38128.59**	**42874.55**	**43965.84**	**46678.92**
21052.08	**29959.37**	**32081.54**	**33867.94**	**35332.58**	**37975.17**	**42716.55**	**43860.44**	**46559.52**
3196.35	**1386.75**	**1171.41**	**1203.93**	**1294.56**	**1078.98**	**1020.29**	**1000.63**	**1074.08**
2.32								
3194.03	1386.75	1171.41	1203.93	1294.56	1078.98	1020.29	1000.57	1050.41
							0.06	0.01
								23.66
17779.14	**28563.58**	**30898.48**	**32655.33**	**34027.78**	**36891.89**	**41692.62**	**42857.70**	**45482.98**
0.42	0.07	0.06	0.06	0.08	0.10	0.11	0.14	0.07
0.48	0.10	0.09	0.09	0.11		0.01		
0.52	0.50	0.49	0.49	0.60	0.20			0.01
0.05	0.20	0.19	0.19	0.23	0.20	0.02		
0.16	0.24	0.23	0.25	0.31	0.33	0.03	0.05	0.05
	0.04	0.04	0.04	0.05	0.03	0.05	0.09	0.10
	0.12	0.11	0.14	0.17	0.28	0.22	0.13	0.17
	0.03	0.03	0.03	0.05		0.01		
0.48	0.51	0.50	0.52	0.60	0.36	0.12	0.04	0.10
						0.01	0.03	0.01
0.10	0.09	0.08	0.08	0.10	0.04	0.06	0.03	0.01
15305.82	26021.27	28726.34	30309.24	31204.73	34047.74	38624.99	39157.70	42413.38
1809.79	2513.08	2141.34	2315.05	2785.45	2821.81	3062.50	3696.04	3060.77
			0.10	0.10	0.03	0.02		0.02
594.71	10.62	11.89	11.97	14.51	10.01			
0.45	0.90	0.89	0.83	0.92	0.42	0.12	0.12	0.04
53.54	14.17	14.57	14.66	17.78	8.89	2.45	2.03	7.78
10.25	0.13	0.13	0.10	0.15	0.04	0.33	0.18	0.01
0.80	0.31	0.31	0.31	0.38	0.61	0.71	0.62	0.23
0.03	0.06	0.06	0.06	0.11	0.18	0.12	0.14	0.01
0.11	0.15	0.15	0.19	0.23	0.06	0.09	0.05	0.03
0.27	0.11	0.11	0.13	0.16	0.05	0.06	0.02	0.04
0.06	0.15	0.15	0.11	0.14	0.10	0.17	0.16	0.07
								0.01
0.50	0.26	0.26	0.24	0.29	0.12	0.15	0.10	0.07
	0.40	0.40	0.40	0.49	0.25	0.27	0.02	
	0.05	0.05	0.04	0.04	0.01		0.01	
0.60	0.01	0.01	0.01	0.01	0.02			
76.59	**9.04**	**11.65**	**8.67**	**10.23**	**4.30**	**3.64**	**2.11**	**2.46**
76.59	8.78	11.40	8.42	9.93	4.09	3.64	2.11	2.46
	0.26	0.25	0.25	0.31	0.21			
3.30								
175.05	**126.87**	**163.66**	**163.66**	**165.66**	**153.42**	**158.00**	**105.40**	**119.40**
0.18								
1.40								

4-8 分行业汽油消费总量

单位：万吨

行业	Sector	1995
消费总量	**Total Consumption**	**2909.59**
农、林、牧、渔、水利业	**Agriculture, Forestry, Animal Husbandry, Fishery and Water Conservancy**	**179.66**
工业	**Industry**	**812.43**
采掘业	**Mining and Quarrying**	**135.90**
煤炭开采和洗选业	Mining and Washing of Coal	37.87
石油和天然气开采业	Extraction of Petroleum and Natural Gas	58.99
黑色金属矿采选业	Mining and Processing of Ferrous Metal Ores	4.74
有色金属矿采选业	Mining and Processing of Non-Ferrous Metal Ores	8.18
非金属矿采选业	Mining and Processing of Nonmetal Ores	8.74
开采辅助活动	Support Activities for Mining	
其他采矿业	Mining of Other Ores	17.38
制造业	**Manufacturing**	**637.21**
农副食品加工业	Processing of Food from Agricultural Products	37.56
食品制造业	Manufacture of Foods	16.33
酒、饮料和精制茶制造业	Manufacture of Liquor, Beverages and Refined Tea	14.91
烟草制品业	Manufacture of Tobacco	3.17
纺织业	Manufacture of Textile	42.72
纺织服装、服饰业	Manufacture of Textile, Wearing Apparel and Accessories	11.39
皮革、毛皮、羽毛及其制品和制鞋业	Manufacture of Leather, Fur, Feather and Related Products and Footwear	5.38
木材加工和木、竹、藤、棕、草制品业	Processing of Timber,Manufacture of Wood,Bamboo,Rattan,Palm, and Straw Products	4.68
家具制造业	Manufacture of Furniture	3.71
造纸和纸制品业	Manufacture of Paper and Paper Products	14.59
印刷和记录媒介复制业	Printing and Reproduction of Recording Media	6.17
文教、工美、体育和娱乐用品制造业	Manufacture of Articles for Culture, Education, Arts and Crafts, Sport and Entertainment Activities	2.66
石油加工、炼焦和核燃料加工业	Processing of Petroleum, Coking and Processing of Nuclear Fuel	29.23
化学原料和化学制品制造业	Manufacture of Raw Chemical Materials and Chemical Products	62.64
医药制造业	Manufacture of Medicines	8.98
化学纤维制造业	Manufacture of Chemical Fibers	4.56
橡胶和塑料制品业	Manufacture of Rubber and Plastics Products	31.88
非金属矿物制品业	Manufacture of Non-metallic Mineral Products	82.14
黑色金属冶炼和压延加工业	Smelting and Pressing of Ferrous Metals	42.55
有色金属冶炼和压延加工业	Smelting and Pressing of Non-ferrous Metals	12.71
金属制品业	Manufacture of Metal Products	18.19
通用设备制造业	Manufacture of General Purpose Machinery	58.65
专用设备制造业	Manufacture of Special Purpose Machinery	26.69
汽车制造业	Manufacture of Automobiles	37.48
铁路、船舶、航空航天和其他运输设备制造	Manufacture of Railway, Ship, Aerospace and Other Transport Equipments	
电气机械和器材制造业	Manufacture of Electrical Machinery and Apparatus	24.07
计算机、通信和其他电子设备制造业	Manufacture of Computers, Communication and Other Electronic Equipment	9.15
仪器仪表制造业	Manufacture of Measuring Instruments and Machinery	4.69
其他制造业	Other Manufacture	20.33
废弃资源综合利用业	Utilization of Waste Resources	
金属制品、机械和设备修理业	Repair Service of Metal Products, Machinery and Equipment	
电力、煤气及水生产和供应业	**Electric Power, Gas and Water Production and Supply**	**39.32**
电力、热力生产和供应业	Production and Supply of Electric Power and Heat Power	33.85
燃气生产和供应业	Production and Supply of Gas	3.21
水的生产和供应业	Production and Supply of Water	2.26
建筑业	**Construction**	**103.62**
交通运输、仓储和邮政业	**Transport, Storage and Post**	**982.30**
批发、零售业和住宿、餐饮业	**Wholesale, Retail Trade and Hotel ,Restaurants**	**197.23**
其他行业	**Others**	**570.65**
生活消费	**Residential Consumption**	**63.70**

CONSUMPTION OF GASOLINE AND ITS MAIN VARIETIES BY SECTOR

(10 000 ton)

2000	2005	2006	2007	2008	2009	2010	2011	2012
3504.56	**4854.91**	**5242.55**	**5519.09**	**6145.52**	**6172.69**	**6886.21**	**7395.95**	**8140.90**
89.16	**159.59**	**167.75**	**172.78**	**160.44**	**168.06**	**169.07**	**185.98**	**192.86**
681.98	**441.71**	**498.50**	**524.50**	**586.11**	**671.07**	**689.46**	**604.81**	**581.06**
120.78	**51.89**	**59.43**	**62.91**	**65.73**	**65.46**	**66.32**	**68.41**	**58.02**
36.32	14.61	17.04	18.32	22.36	21.21	20.11	22.52	16.33
45.38	25.71	29.46	30.99	27.84	25.04	24.20	22.46	14.24
6.81	4.60	5.11	5.38	5.96	6.46	7.70	8.13	6.32
5.87	3.30	3.73	3.93	4.39	7.64	7.59	9.22	8.04
9.07	3.65	4.06	4.27	5.14	5.08	6.40	6.06	5.32
								7.69
17.34	0.02	0.02	0.02	0.04	0.03	0.32	0.02	0.08
528.75	**364.25**	**411.39**	**436.66**	**492.78**	**571.16**	**590.92**	**504.66**	**489.14**
34.04	13.24	14.96	15.74	17.58	32.98	38.93	32.70	31.08
13.62	7.36	8.32	8.75	9.87	14.16	15.74	11.83	10.48
11.35	6.93	7.71	7.39	9.14	10.39	9.55	8.77	8.58
34.04	0.75	0.83	0.87	0.88	0.75	0.72	0.85	0.86
39.68	16.74	18.99	19.98	22.48	26.25	26.96	21.20	16.89
7.94	9.28	10.32	10.86	12.58	17.18	17.83	13.59	17.03
5.68	4.30	4.78	5.03	6.05	9.22	8.40	6.85	7.94
3.68	4.72	5.26	5.53	7.89	7.94	9.29	7.99	7.47
3.97	2.74	3.04	3.20	4.03	7.84	8.23	5.70	5.28
13.62	8.05	9.11	9.58	11.96	12.83	11.32	8.81	9.05
6.81	6.64	7.39	7.11	8.18	8.77	8.33	6.02	6.18
2.55	3.70	4.12	3.70	4.23	4.43	4.08	3.14	7.71
16.63	20.87	23.20	24.40	20.05	39.81	36.18	41.44	40.82
51.05	42.14	48.28	45.00	51.75	49.80	48.20	45.15	42.72
10.22	7.34	8.16	10.26	11.33	12.07	12.16	10.39	11.38
4.31	1.10	1.34	1.88	2.04	1.61	1.55	1.33	1.10
23.42	21.09	23.80	25.13	30.87	29.30	34.02	23.84	24.71
51.74	24.03	26.72	31.56	38.03	36.95	37.47	33.72	33.16
34.04	21.17	25.23	26.55	24.72	15.52	13.40	11.13	13.89
12.49	6.14	6.90	7.25	7.00	10.14	10.35	9.05	7.71
20.42	17.14	19.38	23.75	29.38	31.13	32.95	22.94	22.88
23.82	26.21	29.63	33.88	40.51	50.48	54.03	48.15	39.23
34.12	15.84	17.73	20.76	21.60	28.30	29.51	25.24	24.88
22.70	34.92	39.61	41.27	46.46	42.74	49.21	48.09	37.63
								9.24
18.15	20.62	23.25	23.20	26.68	35.60	36.48	29.24	27.96
9.07	10.55	11.90	13.39	16.13	19.25	20.31	15.28	13.92
3.40	3.45	3.83	4.66	5.15	6.85	7.26	5.59	4.97
16.20	6.87	7.26	5.62	5.84	8.18	7.73	6.02	1.84
	0.31	0.35	0.34	0.38	0.69	0.73	0.61	0.64
								1.91
32.44	**25.56**	**27.67**	**24.93**	**27.60**	**34.45**	**32.22**	**31.74**	**33.90**
28.17	20.25	21.77	19.06	21.99	26.53	24.64	25.23	27.76
1.95	2.36	2.66	2.62	2.10	2.88	3.20	2.98	2.64
2.32	2.95	3.25	3.25	3.51	5.04	4.38	3.53	3.50
115.55	**172.14**	**180.75**	**178.83**	**196.19**	**235.43**	**274.70**	**282.77**	**286.87**
1527.78	**2430.05**	**2592.36**	**2613.19**	**3090.43**	**2881.59**	**3204.93**	**3373.52**	**3753.03**
69.84	**129.39**	**123.34**	**131.73**	**135.28**	**147.52**	**168.18**	**177.14**	**200.06**
792.67	**998.20**	**1064.11**	**1119.67**	**1121.93**	**1069.93**	**1166.22**	**1313.17**	**1460.51**
227.58	**523.83**	**615.74**	**778.40**	**855.14**	**999.08**	**1213.65**	**1458.56**	**1666.52**

4-9 分行业煤油消费总量

单位：万吨

行 业	Sector	1995
消 费 总 量	**Total Consumption**	**512.11**
农、林、牧、渔、水利业	**Agriculture, Forestry, Animal Husbandry, Fishery and Water Conservancy**	**3.57**
工业	**Industry**	**44.94**
采掘业	**Mining and Quarrying**	**2.92**
煤炭开采和洗选业	Mining and Washing of Coal	1.59
石油和天然气开采业	Extraction of Petroleum and Natural Gas	0.59
黑色金属矿采选业	Mining and Processing of Ferrous Metal Ores	0.08
有色金属矿采选业	Mining and Processing of Non-Ferrous Metal Ores	0.40
非金属矿采选业	Mining and Processing of Nonmetal Ores	0.20
开采辅助活动	Support Activities for Mining	
其他采矿业	Mining of Other Ores	0.06
制造业	**Manufacturing**	**40.41**
农副食品加工业	Processing of Food from Agricultural Products	0.26
食品制造业	Manufacture of Foods	0.33
酒、饮料和精制茶制造业	Manufacture of Liquor, Beverages and Refined Tea	0.23
烟草制品业	Manufacture of Tobacco	2.07
纺织业	Manufacture of Textile	2.91
纺织服装、服饰业	Manufacture of Textile, Wearing Apparel and Accessories	0.11
皮革、毛皮、羽毛及其制品和制鞋业	Manufacture of Leather, Fur, Feather and Related Products and Footwear	0.42
木材加工和木、竹、藤、棕、草制品业	Processing of Timber,Manufacture of Wood,Bamboo,Rattan,Palm, and Straw Products	1.17
家具制造业	Manufacture of Furniture	0.01
造纸和纸制品业	Manufacture of Paper and Paper Products	1.78
印刷和记录媒介复制业	Printing and Reproduction of Recording Media	3.41
文教、工美、体育和娱乐用品制造业	Manufacture of Articles for Culture, Education, Arts and Crafts, Sport and Entertainment Activities	0.10
石油加工、炼焦和核燃料加工业	Processing of Petroleum, Coking and Processing of Nuclear Fuel	1.02
化学原料和化学制品制造业	Manufacture of Raw Chemical Materials and Chemical Products	8.10
医药制造业	Manufacture of Medicines	0.15
化学纤维制造业	Manufacture of Chemical Fibers	0.18
橡胶和塑料制品业	Manufacture of Rubber and Plastics Products	0.55
非金属矿物制品业	Manufacture of Non-metallic Mineral Products	2.59
黑色金属冶炼和压延加工业	Smelting and Pressing of Ferrous Metals	0.41
有色金属冶炼和压延加工业	Smelting and Pressing of Non-ferrous Metals	0.57
金属制品业	Manufacture of Metal Products	3.37
通用设备制造业	Manufacture of General Purpose Machinery	3.05
专用设备制造业	Manufacture of Special Purpose Machinery	0.91
汽车制造业	Manufacture of Automobiles	4.87
铁路、船舶、航空航天和其他运输设备制造	Manufacture of Railway, Ship, Aerospace and Other Transport Equipments	
电气机械和器材制造业	Manufacture of Electrical Machinery and Apparatus	0.50
计算机、通信和其他电子设备制造业	Manufacture of Computers, Communication and Other Electronic Equipment	0.23
仪器仪表制造业	Manufacture of Measuring Instruments and Machinery	0.12
其他制造业	Other Manufacture	0.99
废弃资源综合利用业	Utilization of Waste Resources	
金属制品、机械和设备修理业	Repair Service of Metal Products, Machinery and Equipment	
电力、煤气及水生产和供应业	**Electric Power, Gas and Water Production and Supply**	**1.61**
电力、热力生产和供应业	Production and Supply of Electric Power and Heat Power	1.30
燃气生产和供应业	Production and Supply of Gas	0.11
水的生产和供应业	Production and Supply of Water	0.20
建筑业	**Construction**	**3.51**
交通运输、仓储和邮政业	**Transport, Storage and Post**	**250.01**
批发、零售业和住宿、餐饮业	**Wholesale, Retail Trade and Hotel ,Restaurants**	**8.51**
其他行业	**Others**	**137.32**
生活消费	**Residential Consumption**	**64.25**

CONSUMPTION OF KEROSENE AND ITS MAIN VARIETIES BY SECTOR

(10 000 ton)

2000	2005	2006	2007	2008	2009	2010	2011	2012
871.61	**1076.84**	**1124.74**	**1243.72**	**1294.01**	**1439.41**	**1744.07**	**1816.72**	**1956.60**
1.50	**1.60**	**1.54**	**0.94**	**1.26**	**0.76**	**0.90**	**1.47**	**1.19**
83.95	**57.50**	**48.19**	**45.24**	**49.08**	**32.04**	**40.20**	**34.21**	**32.04**
7.44	**6.40**	**5.72**	**5.30**	**5.38**	**4.64**	**4.41**	**3.22**	**2.64**
5.37	3.26	2.93	2.71	2.87	2.90	2.53	2.30	2.16
0.42	0.17	0.16	0.15	0.13	0.05			
0.04	1.42	1.27	1.16	1.03	0.45	0.35	0.16	0.03
1.26	0.74	0.66	0.62	0.77	0.87	0.67	0.64	0.41
0.34	0.80	0.70	0.66	0.58	0.37	0.24	0.12	0.04
0.01	0.01	0.01				0.62		
76.05	**50.74**	**42.18**	**39.64**	**43.46**	**27.28**	**35.75**	**30.96**	**29.37**
0.25	0.40	0.35	0.33	0.42	0.22	0.51	0.29	0.12
0.08	0.33	0.29	0.27	0.26	0.11	0.20	0.09	0.03
0.08	0.54	0.48	0.45	0.49	0.29	0.13	0.04	0.01
0.08	0.03	0.03	0.03					
3.78	2.05	1.84	1.72	1.38	0.43	0.50	0.31	0.12
0.42	0.70	0.61	0.57	0.49	0.28	0.25	0.52	0.41
0.17	0.37	0.32	0.30	0.24	0.29	0.24	0.23	0.21
0.08	1.09	0.97	0.91	0.46	0.20	0.17	0.05	0.08
0.04	0.24	0.21	0.20	0.18	0.13	0.08	0.02	0.05
3.61	0.91	0.81	0.76	0.91	0.41	0.22	0.13	0.09
5.71	0.74	0.66	0.62	0.53	0.23	0.10	0.10	0.08
1.26	0.35	0.31	0.29	0.17	0.12	0.11	0.04	0.23
18.06	2.06	1.85	1.73	2.08	1.24	5.64	2.46	0.21
8.73	6.09	4.58	4.20	3.87	3.69	5.02	2.94	3.56
0.15	0.52	0.46	0.43	0.43	0.07	0.34	0.25	0.27
0.42	0.50	0.44	0.41	0.29	0.11	0.01	0.02	
0.49	1.01	0.88	0.74	1.19	0.31	0.37	0.22	0.14
2.43	3.06	2.75	2.58	2.32	1.23	1.16	3.48	4.69
5.37	1.92	1.71	1.61	2.25	1.39	0.47	0.31	0.22
0.59	2.32	2.07	1.94	2.18	1.65	1.78	1.80	2.35
1.68	2.64	2.35	2.21	2.65	1.64	1.40	1.07	1.33
3.27	5.80	5.18	4.82	6.32	3.88	4.47	3.75	2.71
1.34	1.69	1.49	1.38	0.98	0.53	0.64	0.56	0.35
6.30	11.08	7.76	7.57	9.05	7.16	10.18	11.44	0.96
								8.34
0.25	1.60	1.40	1.31	1.58	0.50	0.66	0.34	0.46
0.18	0.82	0.80	0.75	0.86	0.22	0.36	0.16	0.31
0.15	1.13	0.99	0.93	1.39	0.69	0.61	0.16	0.20
11.08	0.70	0.59	0.55	0.44	0.23	0.10	0.18	0.02
	0.04	0.03	0.03	0.05	0.03	0.03		0.01
								1.81
0.46	**0.36**	**0.29**	**0.31**	**0.25**	**0.12**	**0.04**	**0.03**	**0.03**
0.42	0.32	0.24	0.25	0.23	0.12	0.03	0.02	0.03
0.01	0.02	0.02	0.03	0.01		0.01	0.01	
0.03	0.03	0.03	0.03	0.01				
4.00				**9.67**	**10.39**	**8.77**	**10.79**	**7.89**
535.90	**952.42**	**1010.54**	**1129.98**	**1174.59**	**1314.25**	**1601.08**	**1646.35**	**1787.09**
14.00	**3.67**	**3.77**	**4.90**	**20.82**	**29.15**	**34.98**	**32.18**	**28.64**
160.09	**36.19**	**37.97**	**43.17**	**25.90**	**33.67**	**38.73**	**68.24**	**74.17**
72.17	**25.46**	**22.73**	**19.48**	**12.68**	**19.15**	**19.41**	**23.48**	**25.58**

4-10 分行业柴油消费总量

单位：万吨

行　　业	Sector	1995
消 费 总 量	**Total Consumption**	**4321.44**
农、林、牧、渔、水利业	**Agriculture, Forestry, Animal Husbandry, Fishery and Water Conservancy**	**1001.39**
工业	**Industry**	**1189.87**
采掘业	**Mining and Quarrying**	**229.63**
煤炭开采和洗选业	Mining and Washing of Coal	31.68
石油和天然气开采业	Extraction of Petroleum and Natural Gas	147.95
黑色金属矿采选业	Mining and Processing of Ferrous Metal Ores	5.41
有色金属矿采选业	Mining and Processing of Non-Ferrous Metal Ores	12.62
非金属矿采选业	Mining and Processing of Nonmetal Ores	20.96
开采辅助活动	Support Activities for Mining	
其他采矿业	Mining of Other Ores	11.01
制造业	**Manufacturing**	**722.25**
农副食品加工业	Processing of Food from Agricultural Products	33.65
食品制造业	Manufacture of Foods	18.15
酒、饮料和精制茶制造业	Manufacture of Liquor, Beverages and Refined Tea	8.04
烟草制品业	Manufacture of Tobacco	1.16
纺织业	Manufacture of Textile	36.39
纺织服装、服饰业	Manufacture of Textile, Wearing Apparel and Accessories	8.64
皮革、毛皮、羽毛及其制品和制鞋业	Manufacture of Leather, Fur, Feather and Related Products and Footwear	5.76
木材加工和木、竹、藤、棕、草制品业	Processing of Timber,Manufacture of Wood,Bamboo,Rattan,Palm, and Straw Products	6.10
家具制造业	Manufacture of Furniture	1.42
造纸和纸制品业	Manufacture of Paper and Paper Products	27.59
印刷和记录媒介复制业	Printing and Reproduction of Recording Media	2.66
文教、工美、体育和娱乐用品制造业	Manufacture of Articles for Culture, Education, Arts and Crafts, Sport and Entertainment Activities	2.73
石油加工、炼焦和核燃料加工业	Processing of Petroleum, Coking and Processing of Nuclear Fuel	48.89
化学原料和化学制品制造业	Manufacture of Raw Chemical Materials and Chemical Products	94.41
医药制造业	Manufacture of Medicines	3.86
化学纤维制造业	Manufacture of Chemical Fibers	5.45
橡胶和塑料制品业	Manufacture of Rubber and Plastics Products	25.06
非金属矿物制品业	Manufacture of Non-metallic Mineral Products	149.29
黑色金属冶炼和压延加工业	Smelting and Pressing of Ferrous Metals	73.20
有色金属冶炼和压延加工业	Smelting and Pressing of Non-ferrous Metals	21.66
金属制品业	Manufacture of Metal Products	23.40
通用设备制造业	Manufacture of General Purpose Machinery	31.18
专用设备制造业	Manufacture of Special Purpose Machinery	14.53
汽车制造业	Manufacture of Automobiles	31.60
铁路、船舶、航空航天和其他运输设备制造	Manufacture of Railway, Ship, Aerospace and Other Transport Equipments	
电气机械和器材制造业	Manufacture of Electrical Machinery and Apparatus	17.14
计算机、通信和其他电子设备制造业	Manufacture of Computers, Communication and Other Electronic Equipment	10.73
仪器仪表制造业	Manufacture of Measuring Instruments and Machinery	3.94
其他制造业	Other Manufacture	15.62
废弃资源综合利用业	Utilization of Waste Resources	
金属制品、机械和设备修理业	Repair Service of Metal Products, Machinery and Equipment	
电力、煤气及水生产和供应业	**Electric Power, Gas and Water Production and Supply**	**237.99**
电力、热力生产和供应业	Production and Supply of Electric Power and Heat Power	234.44
燃气生产和供应业	Production and Supply of Gas	2.12
水的生产和供应业	Production and Supply of Water	1.43
建筑业	**Construction**	**118.19**
交通运输、仓储和邮政业	**Transport, Storage and Post**	**1246.56**
批发、零售业和住宿、餐饮业	**Wholesale, Retail Trade and Hotel ,Restaurants**	**103.59**
其他行业	**Others**	**645.70**
生活消费	**Residential Consumption**	**16.14**

CONSUMPTION OF DIESEL OIL AND ITS MAIN VARIETIES BY SECTOR

(10 000 ton)

2000	2005	2006	2007	2008	2009	2010	2011	2012
6806.23	**10972.16**	**11835.43**	**12496.67**	**13532.58**	**13756.64**	**14633.80**	**15635.11**	**16966.05**
697.10	**1286.35**	**1365.53**	**1218.97**	**1098.87**	**1134.15**	**1206.73**	**1271.91**	**1335.50**
1696.46	**1991.27**	**1961.58**	**1972.78**	**2517.02**	**2348.80**	**2163.79**	**1824.25**	**1747.70**
289.49	**360.52**	**363.07**	**380.58**	**525.91**	**498.62**	**500.35**	**614.87**	**631.77**
54.46	64.50	62.82	66.32	93.48	108.69	141.23	212.42	215.21
166.62	187.29	190.59	198.44	272.77	230.37	185.98	192.24	63.41
12.54	33.29	33.57	35.45	54.66	51.92	62.36	113.38	112.98
13.71	13.45	13.57	14.33	19.64	18.85	20.82	36.06	35.36
29.39	61.00	61.52	64.97	83.47	87.64	89.42	60.55	65.78
								139.01
12.77	0.99	1.00	1.06	1.90	1.14	0.54	0.22	0.02
1138.97	**1222.51**	**1240.33**	**1302.84**	**1688.64**	**1596.84**	**1501.33**	**1120.39**	**1037.70**
39.71	54.93	54.77	57.81	59.28	51.88	56.78	49.52	50.83
17.88	21.37	20.61	21.77	30.17	30.22	30.47	26.00	22.62
10.75	14.26	14.52	15.33	20.57	15.73	15.91	15.26	13.90
4.29	5.61	5.66	5.98	6.66	4.71	4.50	4.13	3.36
46.31	42.93	42.69	44.82	51.24	44.11	44.63	34.66	20.20
14.69	29.37	30.82	31.46	38.06	33.62	34.34	26.02	20.85
15.55	14.70	15.18	15.57	20.49	16.05	13.70	8.53	8.69
6.97	11.11	11.60	13.08	16.80	15.23	18.06	14.43	14.32
2.58	8.30	8.37	8.84	13.81	12.62	14.53	9.20	7.68
24.18	25.13	25.76	26.10	36.32	30.92	28.43	22.37	20.71
7.70	6.93	6.97	7.33	17.19	13.74	13.57	7.41	6.18
12.20	12.36	12.26	12.65	18.49	15.90	16.39	6.59	9.38
74.18	51.50	50.89	53.35	59.26	72.24	26.53	25.44	20.87
123.40	137.37	141.31	149.46	194.22	201.25	162.69	79.89	97.63
7.18	8.60	8.67	9.15	15.03	17.15	17.15	13.82	13.63
10.41	7.44	7.75	8.96	13.62	9.59	7.95	7.92	2.41
50.55	48.85	48.59	50.60	60.52	54.39	66.87	38.06	29.28
319.33	253.14	258.91	272.31	329.57	317.08	289.94	248.73	260.67
73.95	92.01	92.78	97.96	124.97	112.33	99.88	84.14	89.92
44.09	52.98	53.90	56.46	75.37	64.93	63.98	60.76	55.94
39.86	52.36	53.25	55.91	74.89	73.24	66.29	44.98	38.83
33.28	56.70	57.33	60.25	71.25	68.25	74.65	63.44	44.09
13.62	27.06	26.66	28.08	41.04	42.81	47.63	38.07	34.53
51.30	68.40	68.88	72.37	118.85	105.66	110.55	99.63	45.01
								37.66
25.83	49.03	48.90	51.00	69.40	68.65	71.92	40.44	32.41
37.82	48.57	50.82	52.76	76.22	69.75	71.22	29.98	19.71
10.40	8.83	9.40	9.58	13.49	12.56	14.22	6.65	5.09
20.98	11.52	11.87	12.61	18.13	18.15	14.35	10.07	3.77
	1.15	1.20	1.28	3.74	4.08	4.20	4.25	3.58
								3.95
268.00	**408.23**	**358.18**	**289.36**	**302.46**	**253.34**	**162.11**	**88.99**	**78.23**
258.02	396.17	345.37	275.74	284.23	238.93	154.89	84.89	74.17
7.18	9.67	10.27	10.89	14.55	10.21	2.61	2.11	2.33
2.80	2.39	2.54	2.73	3.68	4.20	4.61	1.99	1.73
205.86	**386.64**	**428.66**	**433.82**	**370.79**	**415.29**	**490.20**	**518.63**	**518.01**
3293.81	**5890.41**	**6547.32**	**7184.37**	**7649.31**	**7891.96**	**8518.56**	**9485.20**	**10727.03**
95.94	**116.03**	**129.77**	**133.94**	**152.72**	**181.74**	**196.60**	**212.31**	**229.00**
638.70	**895.06**	**932.96**	**1007.48**	**1151.80**	**1131.80**	**1287.19**	**1428.07**	**1444.72**
178.36	**406.40**	**469.59**	**545.32**	**592.08**	**652.91**	**770.73**	**894.74**	**964.09**

4-11 分行业燃料油消费总量

单位：万吨

行　　业	Sector	1995
消 费 总 量	**Total Consumption**	**3693.67**
农、林、牧、渔、水利业	**Agriculture, Forestry, Animal Husbandry, Fishery and Water Conservancy**	**8.37**
工业	**Industry**	**3406.16**
采掘业	**Mining and Quarrying**	**246.45**
煤炭开采和洗选业	Mining and Washing of Coal	1.16
石油和天然气开采业	Extraction of Petroleum and Natural Gas	226.71
黑色金属矿采选业	Mining and Processing of Ferrous Metal Ores	2.33
有色金属矿采选业	Mining and Processing of Non-Ferrous Metal Ores	9.46
非金属矿采选业	Mining and Processing of Nonmetal Ores	6.79
开采辅助活动	Support Activities for Mining	
其他采矿业	Mining of Other Ores	
制造业	**Manufacturing**	**2186.73**
农副食品加工业	Processing of Food from Agricultural Products	20.68
食品制造业	Manufacture of Foods	5.40
酒、饮料和精制茶制造业	Manufacture of Liquor, Beverages and Refined Tea	7.13
烟草制品业	Manufacture of Tobacco	1.34
纺织业	Manufacture of Textile	34.95
纺织服装、服饰业	Manufacture of Textile, Wearing Apparel and Accessories	2.07
皮革、毛皮、羽毛及其制品和制鞋业	Manufacture of Leather, Fur, Feather and Related Products and Footwear	1.49
木材加工和木、竹、藤、棕、草制品业	Processing of Timber,Manufacture of Wood,Bamboo,Rattan,Palm, and Straw Products	1.59
家具制造业	Manufacture of Furniture	0.83
造纸和纸制品业	Manufacture of Paper and Paper Products	16.62
印刷和记录媒介复制业	Printing and Reproduction of Recording Media	0.23
文教、工美、体育和娱乐用品制造业	Manufacture of Articles for Culture, Education, Arts and Crafts, Sport and Entertainment Activities	0.06
石油加工、炼焦和核燃料加工业	Processing of Petroleum, Coking and Processing of Nuclear Fuel	611.91
化学原料和化学制品制造业	Manufacture of Raw Chemical Materials and Chemical Products	388.63
医药制造业	Manufacture of Medicines	38.86
化学纤维制造业	Manufacture of Chemical Fibers	90.23
橡胶和塑料制品业	Manufacture of Rubber and Plastics Products	336.06
非金属矿物制品业	Manufacture of Non-metallic Mineral Products	324.83
黑色金属冶炼和压延加工业	Smelting and Pressing of Ferrous Metals	464.93
有色金属冶炼和压延加工业	Smelting and Pressing of Non-ferrous Metals	62.13
金属制品业	Manufacture of Metal Products	13.24
通用设备制造业	Manufacture of General Purpose Machinery	9.99
专用设备制造业	Manufacture of Special Purpose Machinery	22.57
汽车制造业	Manufacture of Automobiles	15.93
铁路、船舶、航空航天和其他运输设备制造	Manufacture of Railway, Ship, Aerospace and Other Transport Equipments	
电气机械和器材制造业	Manufacture of Electrical Machinery and Apparatus	10.20
计算机、通信和其他电子设备制造业	Manufacture of Computers, Communication and Other Electronic Equipment	7.96
仪器仪表制造业	Manufacture of Measuring Instruments and Machinery	1.24
其他制造业	Other Manufacture	17.27
废弃资源综合利用业	Utilization of Waste Resources	
金属制品、机械和设备修理业	Repair Service of Metal Products, Machinery and Equipment	
电力、煤气及水生产和供应业	**Electric Power, Gas and Water Production and Supply**	**972.98**
电力、热力生产和供应业	Production and Supply of Electric Power and Heat Power	927.73
燃气生产和供应业	Production and Supply of Gas	45.25
水的生产和供应业	Production and Supply of Water	
建筑业	**Construction**	**14.24**
交通运输、仓储和邮政业	**Transport, Storage and Post**	**227.45**
批发、零售业和住宿、餐饮业	**Wholesale, Retail Trade and Hotel ,Restaurants**	**6.62**
其他行业	**Others**	**30.83**
生活消费	**Residential Consumption**	

CONSUMPTION OF FUEL OIL AND ITS MAIN VARIETIES BY SECTOR

(10 000 ton)

2000	2005	2006	2007	2008	2009	2010	2011	2012
3872.75	**4242.06**	**4368.33**	**4157.49**	**3237.15**	**2827.80**	**3758.02**	**3662.80**	**3683.29**
0.40	**0.66**	**0.69**	**1.00**	**1.50**	**1.05**	**1.14**	**1.31**	**1.98**
2975.05	**2924.77**	**2836.11**	**2329.19**	**2039.47**	**1521.53**	**2377.32**	**2260.15**	**2241.69**
209.96	**37.07**	**39.04**	**35.84**	**49.12**	**35.06**	**37.33**	**30.09**	**16.44**
5.77	4.95	5.26	4.93	6.44	4.83	2.32	1.12	0.92
202.77	30.68	32.27	29.49	41.43	29.61	34.75	28.71	13.27
	0.61	0.65	0.61	0.65	0.32	0.07	0.08	0.04
0.22	0.24	0.25	0.24	0.20	0.04	0.01	0.02	0.05
1.20	0.59	0.62	0.58	0.41	0.26	0.18	0.16	0.16
								2.00
1928.46	**1732.73**	**1821.68**	**1689.89**	**1604.91**	**1268.49**	**2220.15**	**2186.41**	**2202.55**
13.32	11.68	10.56	9.62	10.86	12.68	9.79	6.40	4.67
9.04	17.06	15.43	14.05	15.43	13.76	13.76	6.38	5.59
8.08	12.29	13.45	12.75	11.35	11.06	8.26	5.75	3.18
3.00	1.38	1.44	1.35	1.06	0.90	1.06	1.02	0.97
66.61	41.96	42.43	39.65	36.01	23.98	22.45	14.76	8.80
12.44	6.52	6.89	6.53	6.98	6.63	5.31	7.41	2.81
3.50	11.21	12.27	11.64	11.12	8.43	5.87	3.85	3.35
2.82	2.47	2.23	2.09	1.99	0.50	0.25	0.17	0.17
0.67	0.27	0.28	0.27	0.29	0.26	0.58	0.64	0.32
19.72	26.98	28.77	27.29	23.91	19.58	19.58	13.38	7.18
2.30	1.69	1.80	1.68	1.80	1.44	2.05	1.51	0.70
1.04	2.41	2.64	2.50	2.67	2.14	1.73	1.39	1.46
510.63	377.03	384.84	348.99	320.27	263.66	1033.02	1191.77	1308.09
372.50	303.28	352.37	328.72	286.71	219.98	514.56	452.00	501.52
5.53	5.65	5.57	5.00	6.00	5.40	6.69	4.91	3.35
89.86	31.65	33.46	31.37	32.43	18.80	15.24	9.52	6.46
326.80	513.94	560.82	526.74	530.98	423.02	362.73	318.19	10.95
314.36	497.27	543.05	510.09	515.13	411.12	353.57	312.08	231.15
332.01	176.66	151.36	138.48	98.40	59.20	23.90	9.13	7.88
55.43	84.51	88.89	83.48	98.41	77.89	97.12	79.03	63.77
12.93	16.74	16.59	14.45	15.44	14.67	12.47	12.42	7.34
7.05	8.75	7.50	6.98	9.33	11.50	7.75	4.61	1.51
11.56	6.72	6.24	5.86	7.27	5.75	3.75	2.55	1.06
14.22	10.98	10.97	10.28	14.23	12.75	12.50	17.95	1.58
								9.26
12.67	13.13	13.72	12.67	12.04	9.63	7.81	4.11	4.05
12.57	26.79	29.45	27.33	30.44	27.34	13.67	3.29	3.19
0.15	0.19	0.20	0.18	0.20	0.18	0.40	0.43	0.36
11.24	2.64	2.39	2.24	2.53	2.28	2.38	1.75	0.29
	0.86	0.74	0.70	0.65	0.57	1.80	1.16	1.28
								0.26
836.63	**1154.97**	**975.39**	**603.47**	**385.44**	**217.98**	**119.84**	**43.65**	**22.70**
812.31	1140.04	961.43	597.96	382.83	216.65	119.43	43.40	22.51
24.31	14.92	13.95	5.49	2.05	0.83	0.23	0.22	0.19
0.01	0.01	0.01	0.01	0.56	0.50	0.18	0.03	
16.71	**14.18**	**16.34**	**30.74**	**37.70**	**34.18**	**30.76**	**30.60**	**27.05**
850.00	**1261.02**	**1480.61**	**1759.95**	**1142.77**	**1250.64**	**1326.65**	**1345.16**	**1383.94**
11.59	**27.52**	**21.44**	**24.78**	**6.25**	**8.11**	**8.62**	**9.34**	**8.69**
19.00	**13.91**	**13.14**	**11.83**	**9.46**	**12.30**	**13.53**	**16.23**	**19.94**

4-12 分行业天然气消费总量

单位：亿立方米

行　业	Sector	1995
消 费 总 量	**Total Consumption**	**177.41**
农、林、牧、渔、水利业	**Agriculture, Forestry, Animal Husbandry, Fishery and Water Conservancy**	**0.02**
工业	**Industry**	**154.39**
采掘业	**Mining and Quarrying**	**51.87**
煤炭开采和洗选业	Mining and Washing of Coal	
石油和天然气开采业	Extraction of Petroleum and Natural Gas	50.58
黑色金属矿采选业	Mining and Processing of Ferrous Metal Ores	
有色金属矿采选业	Mining and Processing of Non-Ferrous Metal Ores	0.59
非金属矿采选业	Mining and Processing of Nonmetal Ores	0.70
开采辅助活动	Support Activities for Mining	
其他采矿业	Mining of Other Ores	
制造业	**Manufacturing**	**100.80**
农副食品加工业	Processing of Food from Agricultural Products	1.00
食品制造业	Manufacture of Foods	0.03
酒、饮料和精制茶制造业	Manufacture of Liquor, Beverages and Refined Tea	0.02
烟草制品业	Manufacture of Tobacco	
纺织业	Manufacture of Textile	3.97
纺织服装、服饰业	Manufacture of Textile, Wearing Apparel and Accessories	
皮革、毛皮、羽毛及其制品和制鞋业	Manufacture of Leather, Fur, Feather and Related Products and Footwear	
木材加工和木、竹、藤、棕、草制品业	Processing of Timber,Manufacture of Wood,Bamboo,Rattan,Palm, and Straw Products	
家具制造业	Manufacture of Furniture	
造纸和纸制品业	Manufacture of Paper and Paper Products	0.06
印刷和记录媒介复制业	Printing and Reproduction of Recording Media	
文教、工美、体育和娱乐用品制造业	Manufacture of Articles for Culture, Education, Arts and Crafts, Sport and Entertainment Activities	
石油加工、炼焦和核燃料加工业	Processing of Petroleum, Coking and Processing of Nuclear Fuel	15.14
化学原料和化学制品制造业	Manufacture of Raw Chemical Materials and Chemical Products	63.36
医药制造业	Manufacture of Medicines	0.30
化学纤维制造业	Manufacture of Chemical Fibers	4.32
橡胶和塑料制品业	Manufacture of Rubber and Plastics Products	
非金属矿物制品业	Manufacture of Non-metallic Mineral Products	2.27
黑色金属冶炼和压延加工业	Smelting and Pressing of Ferrous Metals	3.69
有色金属冶炼和压延加工业	Smelting and Pressing of Non-ferrous Metals	0.50
金属制品业	Manufacture of Metal Products	0.45
通用设备制造业	Manufacture of General Purpose Machinery	0.14
专用设备制造业	Manufacture of Special Purpose Machinery	2.25
汽车制造业	Manufacture of Automobiles	0.66
铁路、船舶、航空航天和其他运输设备制造	Manufacture of Railway, Ship, Aerospace and Other Transport Equipments	
电气机械和器材制造业	Manufacture of Electrical Machinery and Apparatus	0.74
计算机、通信和其他电子设备制造业	Manufacture of Computers, Communication and Other Electronic Equipment	1.01
仪器仪表制造业	Manufacture of Measuring Instruments and Machinery	0.01
其他制造业	Other Manufacture	0.88
废弃资源综合利用业	Utilization of Waste Resources	
金属制品、机械和设备修理业	Repair Service of Metal Products, Machinery and Equipment	
电力、煤气及水生产和供应业	**Electric Power, Gas and Water Production and Supply**	**1.72**
电力、热力生产和供应业	Production and Supply of Electric Power and Heat Power	1.14
燃气生产和供应业	Production and Supply of Gas	0.58
水的生产和供应业	Production and Supply of Water	
建筑业	**Construction**	**0.28**
交通运输、仓储和邮政业	**Transport, Storage and Post**	**1.57**
批发、零售业和住宿、餐饮业	**Wholesale, Retail Trade and Hotel ,Restaurants**	**0.55**
其他行业	**Others**	**1.19**
生活消费	**Residential Consumption**	**19.41**

注：2010年起包括液化天然气数据。

CONSUMPTION OF NATURAL GAS AND ITS MAIN VARIETIES BY SECTOR

(100 million cu.m)

2000	2005	2006	2007	2008	2009	2010	2011	2012
245.03	**467.63**	**561.41**	**705.23**	**812.94**	**895.20**	**1069.41**	**1305.30**	**1463.00**
						0.50	**0.56**	**0.64**
199.00	**328.79**	**383.97**	**479.67**	**531.60**	**577.90**	**680.92**	**839.95**	**946.75**
72.12	**83.26**	**81.72**	**90.97**	**109.67**	**122.93**	**134.14**	**131.93**	**139.50**
0.10	4.32	4.22	4.98	5.14	4.70	3.80	5.10	7.48
71.98	78.88	77.44	85.89	104.41	117.40	129.55	126.04	122.94
	0.02	0.02	0.03	0.04	0.03	0.03	0.05	0.03
	0.02	0.02	0.02	0.04	0.04	0.09	0.10	
0.04	0.02	0.02	0.04	0.05	0.76	0.66	0.65	0.54
								8.51
					0.01	0.01		
118.75	**219.37**	**263.12**	**309.08**	**337.92**	**321.14**	**357.70**	**483.07**	**572.72**
0.15	0.27	0.27	0.33	0.54	0.65	0.88	1.13	1.62
0.07	1.28	1.28	1.39	2.10	2.31	2.76	4.21	6.10
0.03	0.50	0.58	0.68	0.95	1.43	1.70	2.41	3.43
0.08	0.26	0.26	0.30	0.38	0.52	0.62	0.81	1.74
1.09	0.56	0.56	0.69	1.49	1.35	1.66	1.96	2.15
	0.09	0.09	0.09	0.20	0.24	0.32	0.47	0.87
	0.03	0.03	0.04	0.06	0.07	0.04	0.09	0.17
	0.11	0.13	0.15	0.22	0.34	0.30	0.44	0.35
	0.04	0.04	0.05	0.39	0.44	0.36	0.55	0.68
0.29	0.50	0.59	0.69	1.11	1.06	1.49	2.27	4.14
0.08	0.19	0.23	0.27	0.46	0.52	0.77	0.84	0.98
					0.11	0.32	0.25	1.65
13.24	18.26	21.03	25.00	26.03	26.72	40.04	68.33	98.89
88.73	141.44	177.42	207.05	200.03	176.84	187.28	233.48	250.34
0.59	0.97	1.14	1.34	1.81	2.35	2.92	3.70	5.01
0.07	0.29	0.35	0.41	0.48	0.29	0.44	0.51	2.20
0.10	0.89	0.99	1.17	1.62	2.05	2.60	3.28	3.82
2.46	23.81	23.78	28.91	43.75	44.62	42.72	63.76	68.72
1.68	9.76	11.22	13.15	17.06	18.81	20.42	28.56	33.12
0.49	3.87	4.56	5.35	6.08	6.73	9.06	13.94	26.05
0.59	0.69	0.81	0.95	2.06	2.47	3.63	4.87	7.32
0.20	1.81	2.35	3.00	5.50	6.06	6.66	8.33	7.26
1.29	2.70	2.97	3.48	5.08	4.67	5.95	7.24	6.55
1.68	4.92	5.65	6.62	11.62	12.18	12.97	18.55	14.01
								10.73
0.79	1.23	1.42	1.66	2.33	3.03	4.63	5.42	5.97
3.35	4.77	5.24	6.16	6.26	4.88	6.27	6.44	6.88
0.02	0.08	0.10	0.12	0.25	0.36	0.54	0.51	0.54
1.69	0.04	0.05	0.05	0.05	0.06	0.34	0.63	0.67
						0.01	0.10	0.20
								0.57
8.14	**26.16**	**39.13**	**79.62**	**84.01**	**133.82**	**189.07**	**224.95**	**234.52**
6.44	18.78	29.49	70.74	73.92	127.91	180.80	215.90	225.02
1.68	7.33	9.58	8.80	9.99	5.79	8.07	8.87	9.32
0.02	0.06	0.06	0.08	0.10	0.12	0.19	0.18	0.18
0.82	**1.49**	**1.66**	**2.09**	**0.99**	**0.97**	**1.16**	**1.28**	**1.26**
8.81	**38.01**	**47.24**	**46.88**	**71.55**	**91.07**	**106.70**	**138.35**	**154.51**
3.44	**10.79**	**13.16**	**17.11**	**17.75**	**23.96**	**27.24**	**33.64**	**38.69**
0.64	**9.12**	**12.77**	**16.09**	**20.92**	**23.64**	**26.00**	**27.14**	**32.88**
32.32	**79.43**	**102.62**	**143.39**	**170.12**	**177.67**	**226.90**	**264.38**	**288.27**

a) Include the data of LNG since 2010.

4-13 分行业电力消费总量

单位：亿千瓦小时

行　业	Sector	1995
消 费 总 量	**Total Consumption**	**10023.40**
农、林、牧、渔、水利业	**Agriculture, Forestry, Animal Husbandry, Fishery and Water Conservancy**	**582.42**
工业	**Industry**	**7659.81**
采掘业	**Mining and Quarrying**	**837.66**
煤炭开采和洗选业	Mining and Washing of Coal	392.38
石油和天然气开采业	Extraction of Petroleum and Natural Gas	258.85
黑色金属矿采选业	Mining and Processing of Ferrous Metal Ores	34.28
有色金属矿采选业	Mining and Processing of Non-Ferrous Metal Ores	83.00
非金属矿采选业	Mining and Processing of Nonmetal Ores	52.76
开采辅助活动	Support Activities for Mining	
其他采矿业	Mining of Other Ores	16.39
制造业	**Manufacturing**	**5156.10**
农副食品加工业	Processing of Food from Agricultural Products	181.00
食品制造业	Manufacture of Foods	72.15
酒、饮料和精制茶制造业	Manufacture of Liquor, Beverages and Refined Tea	52.62
烟草制品业	Manufacture of Tobacco	17.16
纺织业	Manufacture of Textile	335.22
纺织服装、服饰业	Manufacture of Textile, Wearing Apparel and Accessories	41.22
皮革、毛皮、羽毛及其制品和制鞋业	Manufacture of Leather, Fur, Feather and Related Products and Footwear	42.88
木材加工和木、竹、藤、棕、草制品业	Processing of Timber,Manufacture of Wood,Bamboo,Rattan,Palm, and Straw Products	25.88
家具制造业	Manufacture of Furniture	13.16
造纸和纸制品业	Manufacture of Paper and Paper Products	169.06
印刷和记录媒介复制业	Printing and Reproduction of Recording Media	31.19
文教、工美、体育和娱乐用品制造业	Manufacture of Articles for Culture, Education, Arts and Crafts, Sport and Entertainment Activities	7.09
石油加工、炼焦和核燃料加工业	Processing of Petroleum, Coking and Processing of Nuclear Fuel	156.06
化学原料和化学制品制造业	Manufacture of Raw Chemical Materials and Chemical Products	1028.05
医药制造业	Manufacture of Medicines	107.46
化学纤维制造业	Manufacture of Chemical Fibers	92.78
橡胶和塑料制品业	Manufacture of Rubber and Plastics Products	125.16
非金属矿物制品业	Manufacture of Non-metallic Mineral Products	599.61
黑色金属冶炼和压延加工业	Smelting and Pressing of Ferrous Metals	905.36
有色金属冶炼和压延加工业	Smelting and Pressing of Non-ferrous Metals	425.61
金属制品业	Manufacture of Metal Products	113.51
通用设备制造业	Manufacture of General Purpose Machinery	136.30
专用设备制造业	Manufacture of Special Purpose Machinery	97.67
汽车制造业	Manufacture of Automobiles	154.63
铁路、船舶、航空航天和其他运输设备制造	Manufacture of Railway, Ship, Aerospace and Other Transport Equipments	
电气机械和器材制造业	Manufacture of Electrical Machinery and Apparatus	64.96
计算机、通信和其他电子设备制造业	Manufacture of Computers, Communication and Other Electronic Equipment	38.64
仪器仪表制造业	Manufacture of Measuring Instruments and Machinery	17.12
其他制造业	Other Manufacture	104.55
废弃资源综合利用业	Utilization of Waste Resources	
金属制品、机械和设备修理业	Repair Service of Metal Products, Machinery and Equipment	
电力、煤气及水生产和供应业	**Electric Power, Gas and Water Production and Supply**	**1666.05**
电力、热力生产和供应业	Production and Supply of Electric Power and Heat Power	1539.76
燃气生产和供应业	Production and Supply of Gas	10.83
水的生产和供应业	Production and Supply of Water	115.46
建筑业	**Construction**	**159.62**
交通运输、仓储和邮政业	**Transport, Storage and Post**	**182.30**
批发、零售业和住宿、餐饮业	**Wholesale, Retail Trade and Hotel ,Restaurants**	**199.47**
其他行业	**Others**	**234.20**
生活消费	**Residential Consumption**	**1005.58**

CONSUMPTION OF ELECTRICITY AND ITS MAIN VARIETIES BY SECTOR

(100 million kW • h)

2000	2005	2006	2007	2008	2009	2010	2011	2012
13472.38	**24940.32**	**28587.97**	**32711.81**	**34541.35**	**37032.14**	**41934.49**	**47000.88**	**49762.64**
532.96	**776.33**	**827.04**	**878.96**	**887.05**	**939.90**	**976.49**	**1012.90**	**1012.57**
10004.62	**18521.69**	**21267.74**	**24290.81**	**25388.63**	**26854.49**	**30871.77**	**34691.55**	**36232.21**
993.71	**1480.34**	**1479.27**	**1589.79**	**1701.27**	**1761.77**	**1940.39**	**2245.23**	**2391.90**
417.16	589.53	580.45	600.28	639.93	691.13	751.67	818.57	879.14
321.64	385.35	316.32	310.70	318.43	333.34	347.90	374.81	396.81
63.46	205.63	248.85	304.56	320.08	289.73	361.33	436.58	438.42
80.79	157.66	173.77	203.62	222.46	215.72	258.71	311.97	327.82
84.83	114.14	122.76	135.13	146.00	155.26	155.26	214.27	224.23
								28.56
25.84	28.04	37.14	35.49	54.37	76.59	65.52	89.03	96.92
6731.44	**13126.01**	**15387.40**	**17832.78**	**18588.88**	**19685.98**	**22870.00**	**25526.84**	**26822.46**
161.24	253.35	296.02	334.95	362.28	389.32	424.36	471.04	526.15
98.83	114.81	134.15	151.79	166.44	166.54	184.69	198.18	220.97
58.98	76.55	89.45	101.20	110.97	117.03	132.34	145.57	155.76
32.85	35.86	34.41	36.57	38.62	41.70	45.88	51.84	51.22
370.42	823.57	1032.21	1124.38	1126.38	1147.50	1276.74	1378.82	1448.70
49.07	87.60	108.80	124.50	130.07	132.54	151.58	163.70	198.42
27.12	54.85	64.39	73.68	76.99	78.45	89.72	88.37	151.03
32.24	105.57	127.34	148.80	175.40	191.53	212.21	236.15	264.08
12.48	24.28	28.49	29.63	34.90	35.59	44.49	45.83	45.83
237.41	407.73	447.76	435.69	471.79	482.73	535.44	580.38	579.00
31.21	60.71	66.54	74.18	77.26	83.01	95.45	102.50	107.12
20.81	42.54	43.44	46.01	47.72	48.09	48.09	61.79	64.11
245.60	313.49	357.36	409.63	423.80	475.07	565.34	607.06	594.92
1153.74	2129.77	2439.33	2779.33	2761.34	2907.12	3144.92	3528.32	3936.15
88.36	153.21	159.60	170.71	182.90	188.99	222.58	240.88	257.25
194.79	233.20	244.80	276.92	264.28	269.93	298.86	322.36	329.53
219.56	531.71	592.40	644.13	706.94	740.57	862.99	891.32	1024.57
763.74	1419.51	1675.48	1855.92	1959.68	2126.16	2448.48	2917.93	2951.26
1121.08	2550.47	3039.00	3661.70	3693.10	4020.52	4611.60	5248.27	5220.52
697.58	1473.10	1829.51	2398.44	2511.23	2576.15	3129.09	3501.80	3819.08
196.30	507.25	605.77	677.09	728.52	744.40	960.72	959.48	1037.58
160.77	344.77	389.30	447.78	490.99	502.04	621.03	714.18	699.90
94.49	182.90	207.23	229.16	251.28	256.94	317.83	361.84	388.42
203.42	300.72	345.42	417.69	471.93	565.40	790.29	861.41	586.63
								232.15
90.68	245.80	282.33	341.54	402.25	423.49	508.19	584.42	613.64
125.88	327.89	401.97	479.75	530.93	558.96	670.76	737.83	765.87
25.37	42.52	51.81	61.16	66.35	68.54	85.83	83.70	81.14
217.42	275.62	281.77	289.36	313.06	335.49	376.40	424.25	437.98
	6.66	11.30	11.07	11.47	12.15	14.10	17.62	20.27
								13.23
2279.47	**3915.34**	**4401.07**	**4868.24**	**5098.48**	**5406.74**	**6061.38**	**6919.48**	**7017.84**
2094.11	3698.28	4165.41	4602.94	4804.88	5079.98	5687.51	6512.12	6566.61
34.41	29.86	31.40	44.87	55.08	70.23	82.87	90.21	108.90
150.94	187.20	204.26	220.43	238.52	256.53	291.00	317.15	342.33
159.77	**233.93**	**271.05**	**309.00**	**367.34**	**421.90**	**483.24**	**571.82**	**608.40**
281.20	**430.34**	**467.37**	**531.91**	**571.82**	**617.01**	**734.53**	**848.42**	**915.37**
418.68	**752.31**	**847.25**	**929.82**	**1017.44**	**1136.77**	**1292.00**	**1503.08**	**1691.49**
623.20	**1340.91**	**1555.94**	**1708.60**	**1912.97**	**2189.92**	**2451.83**	**2753.05**	**3083.64**
1451.95	**2884.81**	**3351.58**	**4062.71**	**4396.10**	**4872.16**	**5124.63**	**5620.06**	**6218.96**

4-14 分地区能源消费总量

TOTAL ENERGY CONSUMPTION BY REGION

单位：万吨标准煤 (10 000 tce)

地 区	Region	1990	1995	2000	2005	2006	2007	2008	2009	2010	2011	2012
北 京	Beijing	2709	3518	4144	5522	5904	6285	6327	6570	6954	6995	7178
天 津	Tianjin	2071	2569	2794	4085	4500	4943	5364	5874	6818	7598	8208
河 北	Hebei	6124	8990	11196	19836	21794	23585	24322	25419	27531	29498	30250
山 西	Shanxi	4710	8413	6728	12750	14098	15601	15675	15576	16808	18315	19336
内蒙古	Inner Mongolia	2424	2632	3549	9666	11221	12777	14100	15344	16820	18737	19786
辽 宁	Liaoning	7856	9671	10656	13611	14987	16544	17801	19112	20947	22712	23526
吉 林	Jilin	3523	4109	3766	5315	5908	6557	7221	7698	8297	9103	9443
黑龙江	Heilongjiang	5285	5935	6166	8050	8731	9377	9979	10467	11234	12119	12758
上 海	Shanghai	3175	4466	5499	8225	8876	9670	10207	10367	11201	11270	11362
江 苏	Jiangsu	5509	8047	8612	17167	19041	20948	22232	23709	25774	27589	28850
浙 江	Zhejiang	2580	4580	6560	12032	13219	14524	15107	15567	16865	17827	18076
安 徽	Anhui	2761	4194	4879	6506	7069	7739	8325	8896	9707	10570	11358
福 建	Fujian	1451	2280	3463	6142	6828	7587	8254	8916	9809	10653	11185
江 西	Jiangxi	1732	2392	2505	4286	4660	5053	5383	5813	6355	6928	7233
山 东	Shandong	6830	8780	11362	24162	26759	29177	30570	32420	34808	37132	38899
河 南	Henan	5206	6473	7919	14625	16232	17838	18976	19751	21438	23062	23647
湖 北	Hubei	3997	5655	6269	10082	11049	12143	12845	13708	15138	16579	17675
湖 南	Hunan	3821	5426	4071	9709	10581	11629	12355	13331	14880	16161	16744
广 东	Guangdong	4065	7345	9448	17921	19971	22217	23476	24654	26908	28480	29144
广 西	Guangxi	1309	2384	2669	4869	5390	5997	6497	7075	7919	8591	9155
海 南	Hainan	121	303	480	822	920	1057	1135	1233	1359	1601	1688
重 庆	Chongqing			2428	4943	5368	5947	6472	7030	7856	8792	9278
四 川	Sichuan	6353	9525	6518	11816	12986	14214	15145	16322	17892	19696	20575
贵 州	Guizhou	2133	3183	4279	5641	6172	6800	7084	7566	8175	9068	9878
云 南	Yunnan	1954	2641	3468	6024	6621	7133	7511	8032	8674	9540	10434
陕 西	Shaanxi	2239	3134	2731	5571	6129	6775	7417	8044	8882	9761	10626
甘 肃	Gansu	2172	2738	3012	4368	4743	5109	5346	5482	5923	6496	7007
青 海	Qinghai	507	688	897	1670	1903	2095	2279	2348	2568	3189	3524
宁 夏	Ningxia	707	759	1179	2536	2830	3077	3229	3388	3681	4316	4562
新 疆	Xinjiang	2063	2830	3328	5506	6047	6576	7069	7526	8290	9927	11831

注：1.1996年以前重庆包括在四川省内。
2.由于折算系数的不同，故各地区相加数与全国数不等，以下同。
a) Prior to 1996, the consumption for Chongqing was included in Sichuan.
b) As the conversion factors, the sum of the data by region is not equal to the total . The same as in the following tables.

4-15 分地区煤炭消费量

COAL CONSUMPTION BY REGION

单位：万吨 (10 000 ton)

地区	Region	1990	1995	2000	2005	2006	2007	2008	2009	2010	2011	2012
北京	Beijing	2413	2692	2720	3069	3056	2985	2748	2665	2635	2366	2270
天津	Tianjin	1788	2428	2473	3801	3809	3927	3973	4120	4807	5262	5298
河北	Hebei	7875	10983	12115	20542	21360	24681	24419	26516	27465	30792	31359
山西	Shanxi	7659	15015	14262	25872	28605	29645	28373	27762	29865	33479	34551
内蒙古	Inner Mongolia	3953	4420	5908	13954	22242	18607	22242	24047	27004	34684	36620
辽宁	Liaoning	8252	9363	9582	12710	13837	14712	15347	16033	16908	18054	18219
吉林	Jilin	4015	4816	4213	6447	6937	7312	8367	8589	9583	11035	11083
黑龙江	Heilongjiang	6517	6188	5815	8524	9030	9857	11204	11050	12219	13200	13965
上海	Shanghai	2742	3944	4496	5306	5142	5223	5464	5305	5876	6142	5703
江苏	Jiangsu	6223	8936	8770	17159	18692	20237	20737	21003	23100	27364	27762
浙江	Zhejiang	2486	4231	5385	9681	11334	13024	13041	13276	13950	14776	14374
安徽	Anhui	3428	4965	5909	8323	8793	9766	11377	12666	13376	14123	14704
福建	Fujian	1307	1677	2160	4717	5342	6117	6596	7109	7026	8714	8485
江西	Jiangxi	2266	3039	2469	4243	4592	5171	5267	5356	6246	6988	6802
山东	Shandong	7256	9759	8698	26056	29838	32719	34390	34795	37328	38921	40233
河南	Henan	6099	7960	8725	18468	20999	23180	23868	24445	26050	28374	25240
湖北	Hubei	3343	5404	6051	8873	9910	10792	10196	11100	13470	15805	15799
湖南	Hunan	3956	5591	3335	8739	9401	10277	10169	10751	11323	13006	12084
广东	Guangdong	2991	4941	5890	9853	10948	12430	13298	13647	15984	18439	17634
广西	Guangxi	1562	2330	2228	3619	3980	4671	4676	5199	6207	7033	7264
海南	Hainan	68	168	192	326	332	426	472	537	647	815	931
重庆	Chongqing			2942	4196	4690	5110	5273	5782	6397	7189	6750
四川	Sichuan	6646	8909	4862	8513	9160	10191	10727	12147	11520	11454	11872
贵州	Guizhou	2709	3946	5146	7921	8995	9573	9732	10912	10908	12085	13328
云南	Yunnan	2194	2765	3062	6682	7482	7620	7916	8886	9349	9664	9850
陕西	Shaanxi	2728	3779	2766	6049	7598	8082	8941	9497	11639	13318	15774
甘肃	Gansu	1858	2547	2480	3751	3959	4469	4683	4479	5390	6303	6558
青海	Qinghai	471	462	522	949	1082	1291	1316	1310	1271	1508	1859
宁夏	Ningxia	885	1079	1042	3277	3519	4089	4287	4781	5765	7947	8055
新疆	Xinjiang	1835	2448	2702	3854	4436	4944	5709	7418	8106	9745	12028

4-16 分地区焦炭消费量

COKE CONSUMPTION BY REGION

单位：万吨 (10 000 ton)

地　区	Region	1990	1995	2000	2005	2006	2007	2008	2009	2010	2011	2012
北　京	Beijing	231.43	500.71	449.08	397.40	348.62	358.19	232.87	211.97	220.45	33.28	32.27
天　津	Tianjin	137.06	149.45	143.68	329.75	541.10	667.75	719.23	868.65	663.91	709.48	882.72
河　北	Hebei	559.47	1135.79	1227.85	4583.15	5460.55	5127.33	6007.69	6208.83	7319.00	8399.88	8402.28
山　西	Shanxi	835.68	1287.03	1283.72	2139.90	2432.14	2556.37	2358.76	2438.39	2589.22	2558.55	2938.55
内蒙古	Inner Mongolia	234.93	339.33	286.47	814.03	1380.64	1213.12	1380.64	1554.12	1416.87	1559.21	1411.86
辽　宁	Liaoning	889.23	987.59	878.12	1706.90	1959.93	2298.83	2440.82	2795.19	3162.88	3386.36	3442.08
吉　林	Jilin	144.01	176.22	170.55	306.92	369.92	407.64	541.82	593.10	640.61	757.71	670.10
黑龙江	Heilongjiang	102.34	107.24	72.83	101.16	210.70	226.92	227.30	321.90	271.33	272.75	331.09
上　海	Shanghai	452.82	716.47	719.99	630.51	655.46	729.70	714.44	677.68	717.08	714.15	673.17
江　苏	Jiangsu	228.42	362.02	383.69	1593.12	1944.49	2018.89	1888.95	2221.20	2663.47	3151.47	3170.10
浙　江	Zhejiang	85.46	127.76	117.46	163.59	317.76	326.40	485.98	504.51	443.09	470.00	451.42
安　徽	Anhui	260.36	440.72	533.27	538.39	652.22	809.70	851.22	856.28	910.17	948.12	996.44
福　建	Fujian	53.84	78.54	100.16	280.93	299.59	356.02	368.04	653.08	684.54	728.65	650.00
江　西	Jiangxi	157.25	187.87	205.94	452.86	527.26	597.65	581.40	710.41	772.61	872.32	878.66
山　东	Shandong	317.53	356.92	424.83	1992.57	2413.63	2593.44	2611.90	2922.57	3067.58	3314.77	3506.05
河　南	Henan	231.86	393.19	426.75	994.37	1192.23	1437.05	1488.98	1441.74	1743.44	2052.63	2221.93
湖　北	Hubei	381.79	491.15	556.83	685.47	752.13	820.00	952.27	910.76	1120.83	1172.72	1113.85
湖　南	Hunan	248.75	293.03	299.74	356.58	423.12	915.89	998.90	1011.92	1089.19	851.65	1072.13
广　东	Guangdong	104.80	131.88	146.57	300.16	410.78	460.97	449.60	466.43	485.97	552.13	545.50
广　西	Guangxi	111.38	184.16	158.61	433.04	451.26	520.42	580.03	627.88	682.07	740.25	805.10
海　南	Hainan	3.21	1.61	3.47	19.11	18.65	22.99	14.88	17.76	0.05	0.02	0.05
重　庆	Chongqing			180.74	388.00	329.15	323.38	342.44	334.10	299.47	377.79	503.77
四　川	Sichuan	506.54	754.07	447.25	894.54	1003.67	1144.05	1119.10	1121.99	1353.64	1438.85	1562.85
贵　州	Guizhou	133.01	201.71	238.86	254.26	338.14	445.97	450.97	367.79	380.44	402.88	382.26
云　南	Yunnan	253.19	370.85	360.00	1223.36	1252.01	1377.39	1331.43	1276.33	1231.21	1218.44	1338.87
陕　西	Shaanxi	98.43	304.04	134.27	251.10	288.23	407.00	387.95	655.00	731.25	793.68	895.44
甘　肃	Gansu	88.75	133.65	179.28	424.41	469.36	561.56	544.17	540.33	541.60	601.28	654.07
青　海	Qinghai	2.57	22.73	15.59	47.02	93.23	116.24	150.16	185.56	160.13	156.03	196.33
宁　夏	Ningxia	20.88	20.92	28.91	69.72	126.16	65.08	237.98	251.00	228.90	357.44	377.55
新　疆	Xinjiang	58.90	73.81	74.06	179.18	230.60	284.75	456.12	528.24	648.21	880.23	1011.07

4-17 分地区原油消费量

CRUDE OIL CONSUMPTION BY REGION

单位：万吨 (10 000 ton)

地　区	Region	1990	1995	2000	2005	2006	2007	2008	2009	2010	2011	2012
北　京	Beijing	680.98	654.66	754.71	799.60	796.12	950.91	1116.76	1162.93	1116.29	1105.08	1075.77
天　津	Tianjin	404.92	488.38	709.76	863.14	900.49	950.14	790.33	844.64	1566.79	1754.02	1544.62
河　北	Hebei	312.97	498.50	747.37	1003.29	1046.69	1124.77	1357.63	1379.12	1396.65	1564.68	1547.61
山　西	Shanxi											
内蒙古	Inner Mongolia	0.61	87.30	126.26	131.83	189.25	142.82	189.25	191.76	140.74	118.66	87.02
辽　宁	Liaoning	2387.08	2516.42	3938.74	5410.89	5555.04	5893.46	5945.19	5873.05	6558.91	6705.53	7000.91
吉　林	Jilin	470.15	493.30	702.63	967.67	913.44	934.17	915.24	851.89	939.97	1064.58	977.05
黑龙江	Heilongjiang	997.15	1204.34	1601.27	1785.01	1850.06	1886.02	1735.97	2065.13	2106.53	2200.93	2166.48
上　海	Shanghai	828.27	976.04	1309.70	1967.00	1832.84	1719.57	1951.55	1937.18	2126.50	2134.69	2210.55
江　苏	Jiangsu	823.47	1010.80	1376.65	2264.76	2302.70	2454.00	2313.13	2661.44	2998.55	2981.07	2947.99
浙　江	Zhejiang	243.68	575.02	1112.48	2113.04	2114.73	2248.73	2287.35	2505.80	2835.41	2939.77	2732.59
安　徽	Anhui	257.34	277.04	345.06	414.49	445.40	451.08	426.34	454.13	477.57	484.13	421.38
福　建	Fujian		225.02	358.43	348.40	375.03	352.33	310.96	706.01	1141.74	963.00	1104.55
江　西	Jiangxi	155.10	230.56	331.18	368.02	417.99	396.47	411.00	451.68	469.92	432.77	508.22
山　东	Shandong	1170.34	1347.92	1771.22	3300.36	3878.27	4075.67	4626.97	5142.90	5593.40	5826.37	6271.50
河　南	Henan	222.79	401.96	610.58	668.82	696.57	713.83	704.22	785.82	835.07	874.63	1010.02
湖　北	Hubei	508.55	511.36	669.77	822.13	851.10	913.00	884.26	946.60	1033.86	1026.23	947.74
湖　南	Hunan	322.11	348.87	541.05	660.86	574.49	671.67	614.11	565.77	587.60	766.03	926.00
广　东	Guangdong	912.94	1226.95	1956.41	2388.37	2805.71	2940.10	3046.21	3709.44	4455.31	4403.37	4511.51
广　西	Guangxi	5.88	42.44	61.41	97.71	118.21	152.98	133.30	163.03	396.02	1064.06	1473.00
海　南	Hainan		0.01	14.69	11.46	230.10	816.28	796.83	835.68	859.17	915.19	930.81
重　庆	Chongqing				2.86	3.17	0.13	0.02	0.01			
四　川	Sichuan	16.68	30.60	38.89	140.81	174.94	239.95	285.49	315.68	351.76	361.75	351.47
贵　州	Guizhou											
云　南	Yunnan		32.16		0.07	0.07	0.11	0.06	0.07	0.06	0.02	0.02
陕　西	Shaanxi	60.99	153.94	521.61	1242.42	1488.94	1608.85	1764.73	1870.10	2104.61	2095.67	2267.96
甘　肃	Gansu	473.83	673.37	880.88	1229.26	1323.38	1432.87	1394.36	1440.79	1400.18	1635.77	1544.21
青　海	Qinghai	31.64	83.96	62.17	95.05	104.29	110.15	109.20	82.03	127.98	156.25	145.44
宁　夏	Ningxia	11.62	67.86	92.62	167.05	174.42	156.78	183.75	182.65	175.77	91.71	424.12
新　疆	Xinjiang	483.73	727.61	1071.29	1628.77	1813.64	1873.37	1940.53	1997.90	2308.44	2598.46	2594.85

4-18 分地区汽油消费量
GASOLINE CONSUMPTION BY REGION

单位：万吨　　　　(10 000 ton)

地 区	Region	1990	1995	2000	2005	2006	2007	2008	2009	2010	2011	2012
北 京	Beijing	56.56	75.41	106.60	235.23	278.16	324.72	340.92	363.61	371.53	389.79	415.90
天 津	Tianjin	37.12	74.85	112.43	122.95	128.09	139.55	148.76	181.03	205.12	222.57	253.75
河 北	Hebei	96.55	132.24	136.44	221.91	263.78	249.04	211.11	212.06	238.75	305.74	318.33
山 西	Shanxi	70.95	97.51	88.84	145.89	169.69	194.92	236.63	262.41	228.35	216.88	224.61
内蒙古	Inner Mongolia	33.50	49.62	64.81	192.41	260.88	236.12	260.88	279.51	325.68	310.24	302.53
辽 宁	Liaoning	103.06	119.75	149.47	357.17	393.53	439.12	410.49	464.05	593.17	706.61	780.84
吉 林	Jilin	55.58	82.71	90.67	110.60	110.82	112.46	130.30	138.44	166.61	181.51	182.60
黑龙江	Heilongjiang	93.33	184.44	244.04	312.19	345.32	376.01	278.97	319.40	363.79	466.56	465.99
上 海	Shanghai	49.96	78.84	133.25	224.04	261.73	303.66	340.50	388.52	415.37	472.87	517.35
江 苏	Jiangsu	90.94	164.07	187.30	420.13	449.51	488.27	561.80	585.66	749.84	827.38	935.00
浙 江	Zhejiang	58.33	123.96	196.19	368.53	402.30	444.09	475.36	508.62	586.70	647.76	706.16
安 徽	Anhui	44.10	58.38	68.54	86.41	97.80	114.91	127.37	140.40	157.40	217.64	250.64
福 建	Fujian	39.50	69.47	105.11	199.81	208.05	264.17	250.48	263.64	333.20	374.01	397.62
江 西	Jiangxi	42.31	42.06	58.46	64.49	65.99	70.61	75.68	77.21	155.23	182.76	198.42
山 东	Shandong	123.82	192.85	188.52	443.68	477.72	529.49	588.59	640.91	802.40	806.41	811.58
河 南	Henan	86.93	142.55	120.86	234.54	249.69	210.90	191.75	196.36	297.49	358.53	426.92
湖 北	Hubei	110.45	152.36	169.17	344.01	421.49	554.91	624.23	559.50	457.80	497.81	566.71
湖 南	Hunan	55.24	104.37	115.40	205.38	236.24	271.66	231.80	246.11	262.36	295.05	388.93
广 东	Guangdong	141.59	281.73	301.16	706.22	771.39	837.73	886.90	957.20	1086.12	1207.59	1259.50
广 西	Guangxi	33.19	41.32	65.87	139.59	173.91	190.70	202.00	216.28	247.68	259.48	285.41
海 南	Hainan	11.98	20.88	30.93	21.27	27.12	32.06	38.85	47.62	52.63	60.50	65.05
重 庆	Chongqing			65.66	77.53	86.22	86.46	96.59	90.54	102.63	144.97	144.63
四 川	Sichuan	78.24	124.38	143.65	224.44	269.32	330.44	375.92	462.92	541.82	642.08	700.00
贵 州	Guizhou	46.07	52.00	46.46	71.91	81.00	105.81	123.42	129.99	143.36	145.23	158.30
云 南	Yunnan	53.71	64.92	90.79	122.95	128.12	158.11	178.86	193.27	232.49	250.34	287.51
陕 西	Shaanxi	46.49	82.39	103.51	196.70	178.16	286.77	219.13	248.49	255.23	279.60	287.01
甘 肃	Gansu	36.98	55.57	98.41	86.90	88.03	87.66	50.18	50.14	56.57	58.77	65.80
青 海	Qinghai	12.49	17.98	16.31	12.92	15.26	18.36	21.38	23.17	26.19	28.97	29.91
宁 夏	Ningxia	9.88	10.71	10.50	24.49	19.07	19.06	20.66	20.95	22.68	20.80	23.36
新 疆	Xinjiang	69.32	101.89	101.93	106.73	117.82	124.51	123.66	121.87	131.17	138.84	154.63

4-19 分地区煤油消费量

KEROSENE CONSUMPTION BY REGION

单位：万吨 (10 000 ton)

地　区	Region	1990	1995	2000	2005	2006	2007	2008	2009	2010	2011	2012
北　京	Beijing	43.17	65.84	117.60	189.36	233.86	277.10	318.39	341.93	392.63	419.88	443.33
天　津	Tianjin	1.96	3.79	18.82	15.12	16.36	19.38	18.13	20.73	21.40	24.53	29.41
河　北	Hebei	3.69	3.50	3.23	3.21	5.88	6.22	7.37	6.25	7.34	8.94	7.79
山　西	Shanxi	2.33	2.65	6.36	8.45	10.43	11.90	14.67	16.28	14.64	15.18	18.00
内蒙古	Inner Mongolia	1.48	0.40	1.55	0.40	7.24	6.44	7.24	8.28	9.35	10.10	23.19
辽　宁	Liaoning	6.13	11.56	18.55	26.40	34.89	38.15	24.99	20.62	23.34	27.35	35.58
吉　林	Jilin	1.28	2.55	3.28	1.04	1.09	0.89	1.18	1.15	1.21	1.25	0.81
黑龙江	Heilongjiang	2.46	5.17	8.74	7.28	10.25	3.85	0.51	0.31	24.06	26.47	65.94
上　海	Shanghai	20.53	37.56	55.71	223.00	262.01	295.48	321.47	353.11	399.07	400.50	402.74
江　苏	Jiangsu	12.65	8.61	38.94	21.55	18.41	20.79	21.45	21.18	35.69	44.73	53.14
浙　江	Zhejiang	6.59	7.29	11.25	40.98	46.47	49.48	54.91	62.90	70.42	74.75	80.07
安　徽	Anhui	8.55	5.36	2.56	10.52	10.60	11.34	11.02	13.23	8.41	9.09	10.77
福　建	Fujian	3.23	4.63	7.60	32.77	36.99	49.09	51.95	50.96	56.50	64.39	74.36
江　西	Jiangxi	5.31	3.19	2.81	7.14	7.95	7.80	8.01	7.65	8.50	9.05	9.51
山　东	Shandong	11.38	23.51	48.25	21.99	23.88	32.02	30.73	35.41	38.61	39.66	77.08
河　南	Henan	7.77	16.42	14.34	13.91	16.03	17.03	16.50	25.63	30.64	49.64	53.39
湖　北	Hubei	12.15	14.93	18.29	16.08	34.61	35.98	49.70	47.43	40.41	46.75	53.26
湖　南	Hunan	7.54	9.77	8.08	20.48	22.83	24.50	25.41	30.44	30.25	32.03	35.22
广　东	Guangdong	31.62	56.04	89.51	153.72	157.40	171.14	183.07	192.12	202.38	216.93	243.57
广　西	Guangxi	6.14	5.60	3.79	6.80		0.27	16.05	0.09	2.73	0.28	0.08
海　南	Hainan	1.27	11.01	28.13	62.83	66.27	75.24	80.16	90.03	87.43	90.15	82.83
重　庆	Chongqing			8.34	12.30	23.01	27.01	30.44	34.06	41.78	52.78	54.28
四　川	Sichuan	20.55	24.17	36.04	93.56	105.83	128.62	126.61	155.07	173.31	206.24	205.44
贵　州	Guizhou	4.90	7.49	9.37	2.64	9.63	3.57	2.95	2.95	8.94	10.84	13.27
云　南	Yunnan	5.84	9.15	19.24	28.71	35.06	36.18	38.19	37.24	47.44	51.12	56.06
陕　西	Shaanxi	8.11	17.26	19.49	34.81	34.80	1.78	15.65	8.48	8.94	9.67	10.11
甘　肃	Gansu	3.10	3.17	3.73	4.61	4.68	5.48	5.51	5.45	4.98	3.72	5.23
青　海	Qinghai	1.00	0.07	0.06	0.01		2.06	0.40	0.16	0.17	0.19	
宁　夏	Ningxia	0.33	0.42	0.04	2.01	2.25	2.81	3.72	4.23	5.16	6.58	7.32
新　疆	Xinjiang	4.62	16.10	21.31	26.12	30.88	33.28	38.15	31.40	33.33	37.32	45.34

4-20 分地区柴油消费量

DIESEL OIL CONSUMPTION BY REGION

单位：万吨 (10 000 ton)

地　区	Region	1990	1995	2000	2005	2006	2007	2008	2009	2010	2011	2012
北　京	Beijing	47.99	51.29	81.17	140.86	177.49	192.02	227.22	240.18	237.42	241.12	215.82
天　津	Tianjin	73.78	65.59	197.60	220.78	235.38	255.83	289.76	303.57	333.54	360.66	378.17
河　北	Hebei	136.67	189.91	181.28	444.44	484.39	532.74	531.73	521.67	691.94	796.12	821.36
山　西	Shanxi	50.31	63.22	80.67	266.42	316.79	375.21	472.75	506.67	474.38	488.64	498.08
内蒙古	Inner Mongolia	34.55	44.05	68.73	379.96	686.16	579.46	686.16	738.95	863.56	922.86	877.10
辽　宁	Liaoning	138.48	143.49	197.22	464.40	587.76	660.52	778.42	810.45	963.90	1104.53	1225.48
吉　林	Jilin	51.39	67.14	73.74	249.42	269.24	300.83	312.57	328.12	363.30	417.47	424.40
黑龙江	Heilongjiang	147.00	225.79	409.71	473.05	477.83	497.81	440.54	512.63	598.38	598.02	604.78
上　海	Shanghai	99.59	122.67	176.44	312.73	344.56	379.83	427.05	483.19	509.04	532.96	568.99
江　苏	Jiangsu	179.46	223.50	345.02	515.12	587.17	607.99	646.21	655.87	727.96	759.40	803.54
浙　江	Zhejiang	130.78	283.72	434.22	803.11	842.43	871.40	898.63	897.23	958.33	958.44	938.90
安　徽	Anhui	78.27	108.06	142.12	210.07	239.90	259.16	309.63	329.14	365.75	492.96	578.31
福　建	Fujian	62.27	156.91	213.50	368.96	391.12	476.03	433.08	413.09	510.57	531.36	516.39
江　西	Jiangxi	45.43	57.83	104.78	302.07	313.59	295.27	288.47	293.17	368.75	392.54	416.65
山　东	Shandong	226.65	309.78	343.87	1056.86	1101.08	1187.79	1257.74	1334.11	1448.12	1664.29	1814.34
河　南	Henan	137.34	134.81	155.02	329.47	346.01	460.51	543.45	526.18	561.22	663.34	738.19
湖　北	Hubei	165.66	209.11	261.30	420.49	514.62	625.42	613.49	790.67	648.96	698.07	732.07
湖　南	Hunan	88.57	104.92	140.18	335.55	364.08	395.04	375.51	432.38	502.98	561.72	501.62
广　东	Guangdong	276.71	597.66	766.23	1306.66	1367.60	1438.21	1518.92	1567.91	1668.56	1500.55	1542.53
广　西	Guangxi	55.45	72.43	147.44	295.46	308.91	337.25	355.54	413.61	442.37	476.91	519.46
海　南	Hainan	9.92	38.99	46.20	63.12	75.40	85.19	93.80	106.24	139.98	146.18	155.67
重　庆	Chongqing			61.44	180.18	186.55	234.11	257.65	273.55	338.51	397.70	409.91
四　川	Sichuan	72.52	101.97	161.61	287.43	354.61	394.23	473.94	538.46	525.10	576.52	643.40
贵　州	Guizhou	27.46	29.82	57.81	132.17	171.88	184.04	226.46	234.69	264.66	304.97	336.03
云　南	Yunnan	34.61	46.89	55.46	283.90	331.66	382.15	411.95	437.70	562.04	609.84	650.89
陕　西	Shaanxi	46.29	72.52	94.76	283.62	311.69	279.89	443.55	493.29	531.50	573.75	586.50
甘　肃	Gansu	38.56	73.04	91.82	114.98	117.61	113.94	168.61	185.62	210.64	222.68	258.03
青　海	Qinghai	9.40	12.83	19.29	62.22	61.66	73.07	78.38	87.11	89.89	102.37	106.16
宁　夏	Ningxia	9.03	9.75	11.22	68.02	82.11	88.28	96.51	98.57	105.82	104.04	111.32
新　疆	Xinjiang	88.75	119.35	155.28	302.76	341.01	378.39	335.44	331.70	363.72	390.52	433.35

4-21 分地区燃料油消费量

FUEL OIL CONSUMPTION BY REGION

单位：万吨 (10 000 ton)

地 区	Region	1990	1995	2000	2005	2006	2007	2008	2009	2010	2011	2012
北 京	Beijing	228.49	196.20	89.62	65.88	48.05	42.85	25.62	42.40	66.69	74.64	78.16
天 津	Tianjin	227.88	155.73	79.51	112.69	107.12	89.63	92.49	94.65	143.69	149.96	122.33
河 北	Hebei	46.18	54.66	49.39	60.78	59.33	48.31	65.82	59.76	38.53	47.29	24.53
山 西	Shanxi	12.61	13.15	12.42	8.95	10.10	14.39	12.09	12.06	12.25	12.60	1.20
内蒙古	Inner Mongolia	25.54	15.91	30.99	25.34	13.75	7.20	13.75	19.66	15.15	24.61	16.91
辽 宁	Liaoning	642.38	499.65	296.73	189.88	230.73	224.22	379.66	299.94	356.43	391.40	422.00
吉 林	Jilin	101.07	75.76	50.96	42.43	34.28	30.62	39.84	38.44	39.96	37.81	34.11
黑龙江	Heilongjiang	235.48	187.51	135.38	39.89	44.34	47.19	69.86	88.18	88.90	88.92	99.53
上 海	Shanghai	434.28	364.71	494.20	767.95	805.29	848.61	788.73	742.79	744.28	675.04	640.15
江 苏	Jiangsu	189.98	161.95	202.44	257.72	201.06	236.59	218.00	217.10	157.71	151.19	158.35
浙 江	Zhejiang	102.20	106.47	182.52	303.66	240.95	227.29	219.86	289.53	330.48	370.29	328.67
安 徽	Anhui	42.37	47.02	46.91	23.88	21.62	13.24	15.60	14.26	11.73	11.31	11.08
福 建	Fujian	15.53	31.80	53.23	161.62	173.48	124.94	142.32	165.83	182.75	189.66	186.30
江 西	Jiangxi	23.38	26.70	34.20	31.08	26.50	20.95	26.98	22.04	23.67	26.80	29.85
山 东	Shandong	248.43	309.90	344.25	354.43	346.31	386.24	355.43	404.87	1286.77	1466.60	1695.20
河 南	Henan	38.95	52.89	57.55	78.46	70.37	62.78	46.08	25.93	18.34	41.83	13.16
湖 北	Hubei	132.31	125.26	106.69	88.87	125.99	123.54	106.97	108.88	92.01	97.34	104.29
湖 南	Hunan	53.08	56.39	46.38	48.09	42.04	40.20	41.41	68.39	75.22	68.98	61.23
广 东	Guangdong	365.54	647.19	941.95	1600.05	1573.72	1316.44	1077.76	894.99	646.93	505.28	434.91
广 西	Guangxi	8.08	13.57	7.67	32.96	24.07	20.85	9.92	7.38	34.64	50.45	49.72
海 南	Hainan	0.51	4.19	9.39	5.24	11.28	20.18	29.55	26.82	30.49	35.29	39.06
重 庆	Chongqing			2.68	3.61	2.66	7.84	8.14	7.59	8.61	9.37	9.89
四 川	Sichuan	6.92	11.41	13.32	8.08	9.50	7.17	12.60	13.34	62.82	70.45	75.21
贵 州	Guizhou	4.77	5.34	7.51	10.39	12.01	21.19	23.16	13.47	14.43	16.04	4.68
云 南	Yunnan	1.80	2.80	11.17	3.91	4.72	5.04	5.20	5.16	5.62	2.59	2.61
陕 西	Shaanxi	22.40	28.19	80.05	4.43	0.99	1.13	5.93	0.03	0.14	0.16	0.09
甘 肃	Gansu	62.59	76.48	58.00	16.03	14.05	14.33	12.73	13.39	14.63	9.42	9.25
青 海	Qinghai	10.72	14.96	6.93	0.02	0.06	0.22	0.13	0.16	0.12	0.10	0.17
宁 夏	Ningxia	23.70	27.67	33.13	1.80	0.98	0.53	1.98	0.52	39.76	36.66	20.62
新 疆	Xinjiang	89.95	117.03	56.59	17.32	19.31	22.26	27.34	22.37	14.95	2.40	8.06

4-22 分地区天然气消费量

NATURAL GAS CONSUMPTION BY REGION

单位：亿立方米 (100 million cu.m)

地区	Region	1990	1995	2000	2005	2006	2007	2008	2009	2010	2011	2012
北京	Beijing	0.83	1.16	10.90	32.04	40.65	46.64	60.65	69.40	74.79	73.56	92.07
天津	Tianjin	2.45	3.93	5.40	9.04	11.22	14.27	16.84	18.12	23.10	26.02	32.58
河北	Hebei	6.07	6.89	7.72	9.14	11.01	12.05	17.17	23.11	29.74	35.09	45.13
山西	Shanxi	0.60	0.47	1.14	3.24	6.02	6.91	6.60	13.76	28.93	31.93	37.39
内蒙古	Inner Mongolia			0.01	6.35	30.53	26.51	30.53	44.29	45.32	40.84	37.84
辽宁	Liaoning	20.42	21.12	20.15	14.81	13.10	14.24	16.21	16.44	19.06	39.07	63.72
吉林	Jilin	0.98	1.83	2.98	7.65	7.48	9.63	13.83	16.66	22.01	19.38	22.79
黑龙江	Heilongjiang	22.47	25.91	23.04	24.43	24.53	30.70	31.47	30.00	29.90	31.00	33.68
上海	Shanghai			2.54	18.72	22.60	27.96	30.00	33.52	45.08	55.43	64.38
江苏	Jiangsu	0.38	0.19	0.24	13.62	31.30	44.58	63.13	63.43	72.14	93.74	113.14
浙江	Zhejiang				2.25	11.89	18.09	17.70	19.30	32.62	43.88	48.08
安徽	Anhui				0.85	1.95	4.03	7.17	9.77	12.54	20.14	24.90
福建	Fujian				0.51	0.57	0.48	1.53	8.49	29.10	37.89	37.49
江西	Jiangxi				0.11	0.68	1.04	2.50	2.58	5.27	6.34	10.04
山东	Shandong	14.44	12.85	4.53	17.14	22.60	22.36	34.50	40.24	47.75	52.86	67.23
河南	Henan	10.73	9.37	11.23	23.71	30.53	33.14	38.23	41.50	47.21	54.96	73.92
湖北	Hubei	0.58	0.76	0.91	11.11	9.64	9.91	15.60	16.52	19.64	24.92	29.28
湖南	Hunan				4.85	5.05	7.64	8.23	10.23	11.88	15.34	18.79
广东	Guangdong		1.02	1.43	2.49	14.46	45.69	53.58	112.86	95.71	114.46	116.48
广西	Guangxi				1.12	1.22	1.34	1.01	1.21	1.82	2.53	3.18
海南	Hainan			5.28	20.97	23.97	23.49	26.78	24.94	29.72	48.86	47.49
重庆	Chongqing			33.26	35.50	40.05	43.53	48.75	49.47	56.59	61.80	70.98
四川	Sichuan	57.51	68.92	58.67	89.52	106.08	112.15	108.94	126.99	175.39	156.08	153.00
贵州	Guizhou	4.74	5.08	5.72	5.05	4.98	5.14	4.74	4.18	4.19	4.76	5.26
云南	Yunnan	4.53	4.71	5.17	6.12	5.45	5.49	5.28	4.52	3.64	4.20	4.30
陕西	Shaanxi	0.07	0.38	6.67	18.76	28.43	41.34	51.60	50.01	59.19	62.49	65.97
甘肃	Gansu	0.26	0.62	0.85	9.62	11.97	12.97	12.01	12.43	14.42	15.85	20.28
青海	Qinghai	0.39	0.64	3.91	11.02	13.27	14.30	22.90	24.56	23.72	32.05	40.11
宁夏	Ningxia	0.07	0.15	0.12	6.63	7.94	8.99	11.00	11.98	15.48	18.58	20.48
新疆	Xinjiang	5.02	11.48	23.44	56.04	65.04	69.81	69.84	67.93	80.15	95.02	101.95

注：1.2010年起包括液化天然气数据。

a) Include the data of LNG since 2010.

4-23 分地区电力消费量

ELECTRICITY CONSUMPTION BY REGION

单位：亿千瓦小时 (100 million kW • h)

地　区	Region	1990	1995	2000	2005	2006	2007	2008	2009	2010	2011	2012
北　京	Beijing	174	262	384	567	619	675	708	759	831	854	912
天　津	Tianjin	124	179	237	396	446	511	535	577	675	727	767
河　北	Hebei	354	603	809	1502	1735	2014	2095	2344	2692	2985	3078
山　西	Shanxi	255	399	506	946	1098	1349	1313	1268	1460	1650	1766
内蒙古	Inner Mongolia	122	187	256	668	1221	1160	1221	1288	1537	1834	2017
辽　宁	Liaoning	462	623	797	1111	1228	1360	1412	1488	1715	1862	1900
吉　林	Jilin	191	268	301	378	412	463	496	515	577	631	787
黑龙江	Heilongjiang	296	409	397	569	597	643	697	689	763	817	828
上　海	Shanghai	265	403	559	922	990	1072	1138	1153	1296	1340	1353
江　苏	Jiangsu	412	685	972	2193	2570	2952	3118	3314	3864	4282	4581
浙　江	Zhejiang	230	440	743	1642	1909	2189	2323	2471	2821	3117	3211
安　徽	Anhui	186	289	339	582	662	769	859	952	1078	1221	1361
福　建	Fujian	137	261	403	757	867	1000	1150	1216	1315	1520	1580
江　西	Jiangxi	128	181	209	414	453	516	547	609	701	835	868
山　东	Shandong	449	741	1000	1977	2272	2596	2727	2941	3298	3635	3795
河　南	Henan	338	571	718	1387	1534	1864	2093	2275	2464	2823	2926
湖　北	Hubei	281	415	503	867	895	1009	1076	1183	1418	1573	1643
湖　南	Hunan	227	375	406	787	913	1020	1129	1232	1353	1545	1582
广　东	Guangdong	359	788	1335	2795	3004	3394	3507	3610	4060	4399	4619
广　西	Guangxi	126	221	322	510	579	681	761	856	993	1112	1154
海　南	Hainan	14	32	42	82	98	113	123	134	158	185	210
重　庆	Chongqing			308	349	405	449	486	532	625	717	723
四　川	Sichuan	350	583	462	943	1059	1178	1213	1362	1549	1963	2010
贵　州	Guizhou	103	204	335	487	582	669	679	750	836	944	1047
云　南	Yunnan	125	224	317	557	646	746	829	891	1004	1204	1314
陕　西	Shaanxi	170	240	314	516	581	654	708	740	859	982	1067
甘　肃	Gansu	178	241	295	489	536	615	678	706	804	923	995
青　海	Qinghai	42	69	116	208	246	287	313	337	465	561	602
宁　夏	Ningxia	55	92	115	307	378	440	440	470	547	725	742
新　疆	Xinjiang	70	120	183	310	356	417	479	548	662	839	1152

五、全国能源平衡表

Chapter 5　Energy Balance Table of China

5-1 中国能源平衡表(实物量) -2012

项目	Item	煤合计 (万吨) Coal Total (10^4 tn)	原煤 (万吨) Raw Coal (10^4 tn)
一.可供本地区消费的能源量	**Total Primary Energy Supply**	**380033.22**	**380829.33**
1.一次能源生产量	Indigenous Production	364500.00	364500.00
水电	Hydro Power		
核电	Nuclear Power		
风电	Wind Power		
2.进口量	Import	28841.12	28834.30
3.境内轮船和飞机在境外的加油量	Domestic Airplanes&Ships Refueling in Abroad		
4.出口量(-)	Export (-)	927.48	913.75
5.境外轮船和飞机在境内的加油量(-)	Oversea Airplanes&Ships Refueling in China		
6.库存增(-)、减(+)量	Stock Change	-12380.42	-11591.22
二.加工转换投入(-)产出(+)量	**Input(-) & Output(+) of Transformation**	**-265591.42**	**-279711.17**
1.火力发电	Thermal Power	-178530.99	-175847.53
2.供　　热	Heating Supply	-20251.24	-19480.03
3.洗 选 煤	Coal Washing	-11253.98	-76002.22
4.炼　　焦	Coking	-54068.45	-7431.45
5.炼油及煤制油	Petroleum Refineries	-378.03	-195.19
#油品再投入量(-)	Petroleum Products Input (-)		
6.制　　气	Gas Works	-798.60	-565.56
#焦炭再投入量(-)	Coke Input (-)		
7.天然气液化	Natural Gas Liquefaction		
8.煤制品加工	Briquettes	-310.13	-189.19
9.回收能	Recovery of Energy		
三.损 失 量	**Loss**		
四.终端消费量	**Total Final Consumption**	**87055.66**	**75513.37**
1.农、林、牧、渔、水利业	Agriculture, Forestry, Animal Husbandry, Fishery and Water Conservancy	1766.12	1730.01
2.工业	Industry	70123.24	60386.93
#用作原料、材料	Non-Energy Use	4388.36	3963.88
3.建筑业	Construction	753.40	741.72
4.交通运输、仓储和邮政业	Transport, Storage and Post	614.26	586.70
5.批发、零售业和住宿、餐饮业	Wholesale, Retail Trade and Hotel, Restaurants	2362.00	2313.53
6.其他	Others	2283.19	2145.50
7.生活消费	Residential Consumption	9153.44	7608.98
城 镇	Urban	1532.04	1086.05
乡 村	Rural	7621.40	6522.93
五.平衡差额	**Statistical Difference**	**27386.15**	**25604.78**
六.消费量合计	**Total Energy Consumption**	**352647.07**	**355224.55**

ENERGY BANLANCE OF CHINA (PHYSICAL QUANTITY) -2012

洗精煤 (万吨) Cleaned Coal (10^4 tn)	其他洗煤 (万吨) Other Washed Coal (10^4 tn)	型煤 (万吨) Briquettes (10^4 tn)	煤矸石 (万吨) Gangue (10^4 tn)	焦炭 (万吨) Coke (10^4 tn)	焦炉煤气 (亿立方米) Coke Oven Gas (10^8 cu.m)	高炉煤气 (亿立方米) Blast Furnace Gas (10^8 cu.m)	转炉煤气 (亿立方米) Converter Gas (10^8 cu.m)	其他煤气 (亿立方米) Other Gas (10^8 cu.m)
-870.50	**79.30**	**-4.91**		**122.99**				
		6.82		7.60				
		13.73		102.00				
-870.50	79.30	2.00		217.39				
4476.74	**8585.96**	**1057.06**	**7.65**	**40976.94**	**607.85**	**991.09**	**262.77**	**139.50**
-58.34	-2625.12		-2694.22		-132.80	-961.23	-95.95	
-42.71	-728.50		-687.82		-73.18	-474.93	-52.52	
51569.45	13178.80		3389.69					
-46584.77	-52.23			40843.96	796.11			
-173.85	-8.99							
-233.04				187.49	17.72			139.50
				-54.50				
	-1178.00	1057.06						
						2427.25	411.24	
2708.40	**7788.35**	**1045.54**		**39318.53**	**592.34**	**995.00**	**255.24**	**142.07**
	36.11			57.48				
2688.87	6657.64	389.81		39208.12	552.88	995.00	255.24	33.00
138.21	286.28			1568.58	5.53			
6.05	5.63			6.31				
13.48	14.08			0.09				
	16.43	32.04		6.66	0.62			7.76
	125.66	12.03		1.94	2.75			
	932.80	611.66		37.93	36.09			101.31
	261.38	184.60		17.83	36.09			101.06
	671.41	427.06		20.10				0.25
897.85	**876.91**	**6.61**	**7.65**	**1781.40**	**15.51**	**-3.91**	**7.53**	**-2.57**
49801.10	**12381.19**	**1045.54**	**3382.04**	**39373.04**	**798.32**	**2431.16**	**403.71**	**142.07**

续表 1

项　目	Item	其他焦化产品(万吨) Other Coking Products (10^4 tn)	油品合计(万吨) Petroleum Products Total (10^4 tn)
一.可供本地区消费的能源量	**Total Primary Energy Supply**		**47864.68**
1.一次能源生产量	Indigenous Production		20747.80
水电	Hydro Power		
核电	Nuclear Power		
风电	Wind Power		
2.进口量	Import		32404.20
3.境内轮船和飞机在境外的加油量	Domestic Airplanes&Ships Refueling in Abroad		684.61
4.出口量(-)	Export (-)		3083.38
5.境外轮船和飞机在境内的加油量(-)	Oversea Airplanes&Ships Refueling in China		800.91
6.库存增(-)、减(+)量	Stock Change		-2087.64
二.加工转换投入(-)产出(+)量	**Input(-) & Output(+) of Transformation**	**815.27**	**-2514.57**
1.火力发电	Thermal Power		-292.39
2.供　热	Heating Supply		-493.52
3.洗 选 煤	Coal Washing		
4.炼　焦	Coking	837.88	
5.炼油及煤制油	Petroleum Refineries	-49.06	3772.33
#油品再投入量(-)	Petroleum Products Input (-)		-5500.99
6.制　气	Gas Works	40.50	
#焦炭再投入量(-)	Coke Input (-)	-14.05	
7.天然气液化	Natural Gas Liquefaction		
8.煤制品加工	Briquettes		
9.回收能	Recovery of Energy		
三.损 失 量	**Loss**		**182.04**
四.终端消费量	**Total Final Consumption**	**786.72**	**44953.85**
1.农、林、牧、渔、水利业	Agriculture, Forestry, Animal Husbandry, Fishery and Water Conservancy		1537.91
2.工业	Industry	786.72	15100.17
#用作原料、材料	Non-Energy Use		7146.35
3.建筑业	Construction		2699.13
4.交通运输、仓储和邮政业	Transport, Storage and Post		17714.90
5.批发、零售业和住宿、餐饮业	Wholesale, Retail Trade and Hotel, Restaurants		542.39
6.其他	Others		3067.79
7.生活消费	Residential Consumption		4291.57
城 镇	Urban		3063.29
乡 村	Rural		1228.28
五.平衡差额	**Statistical Difference**	**28.55**	**214.21**
六.消费量合计	**Total Energy Consumption**	**849.83**	**47650.46**

Continued 1

原油 (万吨) Crude Oil (10^4 tn)	汽油 (万吨) Gasoline (10^4 tn)	煤油 (万吨) Kerosene (10^4 tn)	柴油 (万吨) Diesel Oil (10^4 tn)	燃料油 (万吨) Fuel Oil (10^4 tn)	石脑油 (万吨) Naphtha (10^4 tn)	润滑油 (万吨) Lubricants (10^4 tn)	石蜡 (万吨) Paraffin Waxes (10^4 tn)	溶剂油 (万吨) White Spirit (10^4 tn)
46684.74	**-811.55**	**-204.90**	**-96.88**	**1437.75**	**227.19**	**19.52**	**-42.01**	**1.96**
20747.80								
27102.71	0.45	620.84	90.93	2683.18	308.94	30.32	4.94	2.32
		256.49	8.94	419.18				
243.21	291.68	745.06	185.42	1161.69	21.55	10.80	46.95	0.51
		340.82	20.27	439.82				
-922.56	-520.32	3.65	8.94	-63.10	-60.20			0.15
-45945.73	**8975.97**	**2183.95**	**16998.43**	**642.78**	**2745.88**	**222.44**	**146.75**	**161.38**
-10.86	-0.04		-35.63	-43.09				
-1.36	-0.04		-2.38	-187.34				
-45933.51	8976.07	2183.95	17063.81	2253.23	2966.08	222.44	146.75	161.38
	-0.02		-27.37	-1380.02	-220.20			
177.70								
555.49	**8140.80**	**1956.60**	**16900.67**	**2072.84**	**2968.90**	**231.00**	**101.00**	**158.00**
	192.86	1.19	1335.49	1.97				
555.49	580.96	32.04	1682.32	631.24	2968.90	231.00	101.00	158.00
73.88	18.65				2835.33	214.62	98.89	152.18
	286.87	7.89	518.01	27.05				
	3753.03	1787.09	10727.03	1383.94				
	200.06	28.64	229.00	8.69				
	1460.51	74.17	1444.72	19.94				
	1666.52	25.58	964.09					
	1141.00	3.14	678.91					
	525.52	22.44	285.18					
5.82	**23.62**	**22.45**	**0.88**	**7.69**	**4.17**	**10.96**	**3.74**	**5.34**
46678.92	**8140.90**	**1956.60**	**16966.05**	**3683.29**	**3189.10**	**231.00**	**101.00**	**158.00**

续表 2

项　目	Item	石油沥青(万吨) Bitumen Asphalt (10^4 tn)	石油焦(万吨) Petroleum Coke (10^4 tn)
一.可供本地区消费的能源量	**Total Primary Energy Supply**	**263.56**	**444.19**
1.一次能源生产量	Indigenous Production		
水电	Hydro Power		
核电	Nuclear Power		
风电	Wind Power		
2.进口量	Import	273.13	703.38
3.境内轮船和飞机在境外的加油量	Domestic Airplanes&Ships Refueling in Abroad		
4.出口量(-)	Export (-)	9.57	229.19
5.境外轮船和飞机在境内的加油量(-)	Oversea Airplanes&Ships Refueling in China		
6.库存增(-)、减(+)量	Stock Change		-30.00
二.加工转换投入(-)产出(+)量	**Input(-) & Output(+) of Transformation**	**1618.70**	**1493.58**
1.火力发电	Thermal Power		-130.63
2.供　热	Heating Supply		-143.25
3.洗 选 煤	Coal Washing		
4.炼　焦	Coking		
5.炼油及煤制油	Petroleum Refineries	1618.70	1767.46
#油品再投入量(-)	Petroleum Products Input (-)		
6.制　气	Gas Works		
#焦炭再投入量(-)	Coke Input (-)		
7.天然气液化	Natural Gas Liquefaction		
8.煤制品加工	Briquettes		
9.回收能	Recovery of Energy		
三.损 失 量	**Loss**		
四.终端消费量	**Total Final Consumption**	**1835.60**	**1905.30**
1.农、林、牧、渔、水利业	Agriculture, Forestry, Animal Husbandry, Fishery and Water Conservancy		
2.工业	Industry	45.10	1905.30
#用作原料、材料	Non-Energy Use		1450.56
3.建筑业	Construction	1790.50	
4.交通运输、仓储和邮政业	Transport, Storage and Post		
5.批发、零售业和住宿、餐饮业	Wholesale, Retail Trade and Hotel, Restaurants		
6.其他	Others		
7.生活消费	Residential Consumption		
城 镇	Urban		
乡 村	Rural		
五.平衡差额	**Statistical Difference**	**46.66**	**32.47**
六.消费量合计	**Total Energy Consumption**	**1835.60**	**2179.18**

Continued 2

液化石油气（万吨） LPG (10^4 tn)	炼厂干气（万吨） Refinery Gas (10^4 tn)	其他石油制品（万吨） Other Petroleum Products (10^4 tn)	天然气（亿立方米） Natural Gas (10^4 tn)	液化天然气（万吨） LNG (10^4 tn)	热力（万百万千焦） Heat (10^{10} kJ)	电力（亿千瓦小时） Electricity (10^8 kW•h)	其他能源（万吨标煤） Other Energy (10^4 tce)
227.28		**-286.17**	**1260.68**	**1467.63**		**10839.60**	
			1071.53			10947.39	
						8721.07	
						973.94	
						959.78	
358.51		224.55	218.05	1467.63		68.74	
128.23		9.52	28.90			176.53	
-3.00		-501.20					
2110.90	**1295.08**	**4835.32**	**-261.35**	**-68.70**	**341338.52**	**38928.14**	**-0.18**
	-67.47	-4.67	-204.41	-178.95	-37392.50	38928.14	-522.81
-0.07	-139.33	-19.75	-33.12	-8.67	334684.73		-247.72
2268.69	1567.39	8509.89	-2.17				-1.65
-157.72	-65.51	-3650.15					
			-2.75				
			-18.90	118.92			
					44046.29		772.00
4.34			**16.83**	**28.14**	**3642.08**	**2896.16**	
2320.07	**1284.89**	**4522.69**	**982.67**	**1368.00**	**337687.26**	**46866.48**	
6.40			0.64		113.44	1012.57	
463.24	1284.89	4460.69	501.41	1202.00	243391.34	33336.05	
50.54	16.70	2235.00	125.35	300.50			
6.80		62.00	1.26		687.75	608.40	
63.81			119.52	166.00	2265.44	915.37	
75.99			38.69		4759.13	1691.49	
68.45			32.88		8862.66	3083.64	
1635.38			288.27		77607.50	6218.96	
1240.24			287.49		77607.50	3559.34	
395.14			0.78			2659.62	
13.77	**10.19**	**26.46**	**-0.17**	**2.79**	**9.18**	**5.10**	**-0.18**
2482.20	**1557.20**	**8197.26**	**1244.44**	**1583.76**	**378721.84**	**49762.64**	**772.18**

5-2 中国能源平衡表(标准量) -2012

单位：万吨标准煤

项　目	Item	能源合计（发电煤耗计算法）(coal equivalent calculation)	Energy Total（电热当量计算法）(calorific value calculation)
一.可供本地区消费的能源量	**Total Primary Energy Supply**	**378689.66**	**358042.30**
1.一次能源生产量	Indigenous Production	331847.62	310994.93
水电	Hydro Power	27330.16	10718.20
核电	Nuclear Power	3052.14	1196.97
风电	Wind Power	3007.77	1179.57
2.进口量	Import	65608.62	65477.68
3.境内轮船和飞机在境外的加油量	Domestic Airplanes&Ships Refueling in Abroad	989.27	989.27
4.出口量(-)	Export (-)	6215.30	5879.04
5.境外轮船和飞机在境内的加油量(-)	Oversea Airplanes&Ships Refueling in China	1159.35	1159.35
6.库存增(-)、减(+)量	Stock Change	-12381.19	-12381.19
二.加工转换投入(-)产出(+)量	**Input(-) & Output(+) of Transformation**	**-7407.81**	**-81558.46**
1.火力发电	Thermal Power	0.00	-74150.65
2.供　热	Heating Supply	-4367.92	-4367.92
3.洗 选 煤	Coal Washing	-4470.38	-4470.38
4.炼　焦	Coking	-2577.69	-2577.69
5.炼油及煤制油	Petroleum Refineries	5348.20	5348.20
#油品再投入量(-)	Petroleum Products Input (-)	-7569.73	-7569.73
6.制　气	Gas Works	-67.86	-67.86
#焦炭再投入量(-)	Coke Input (-)	-69.16	-69.16
7.天然气液化	Natural Gas Liquefaction	-36.73	-36.73
8.煤制品加工	Briquettes	-108.06	-108.06
9.回收能	Recovery of Energy	6511.52	6511.52
三.损 失 量	**Loss**	**9729.75**	**4213.12**
四.终端消费量	**Total Final Consumption**	**344594.44**	**255322.77**
1.农、林、牧、渔、水利业	Agriculture, Forestry, Animal Husbandry, Fishery and Water Conservancy	6784.43	4855.68
2.工业	Industry	235763.40	172264.61
#用作原料、材料	Non-Energy Use	16496.86	16496.86
3.建筑业	Construction	6167.36	5008.48
4.交通运输、仓储和邮政业	Transport, Storage and Post	31086.53	29342.92
5.批发、零售业和住宿、餐饮业	Wholesale, Retail Trade and Hotel, Restaurants	8545.86	5323.89
6.其他	Others	16580.77	10707.03
7.生活消费	Residential Consumption	39666.09	27820.16
城 镇	Urban	23800.89	17021.03
乡 村	Rural	15865.19	10799.13
五.平衡差额	**Statistical Difference**	**16957.67**	**16947.96**
六.消费量合计	**Total Energy Consumption**	**361731.99**	**341094.34**

ENERGY BALANCE OF CHINA (STANDARD QUANTITY) -2012

(10 000 tce)

煤合计 Coal Total	原煤 Raw Coal	洗精煤 Cleaned Coal	其他洗煤 Other Washed Coal	型煤 Briquettes	煤矸石 Gangue	焦炭 Coke	焦炉煤气 Coke Oven Gas	高炉煤气 Blast Furnace Gas	转炉煤气 Converter Gas
257387.57	**258132.35**	**-783.45**	**41.65**	**-2.98**		**119.47**			
253970.40	253970.40								
13847.44	13843.30			4.14		7.38			
786.53	778.19			8.34		99.08			
-9643.73	-8903.15	-783.45	41.65	1.21		211.17			
-181093.12	**-190273.38**	**4029.07**	**4509.34**	**641.85**	**1.53**	**39805.00**	**3473.25**	**1274.54**	**713.16**
-114051.00	-112619.78	-52.51	-1378.71		-538.84		-758.82	-1236.14	-260.41
-13109.29	-12688.24	-38.44	-382.61		-137.56		-418.15	-610.76	-142.54
-5148.32	-58482.33	46412.51	6921.50		677.94				
-47769.39	-5815.67	-41926.29	-27.43			39675.82	4548.97		
-295.68	-134.49	-156.47	-4.72						
-611.367628	-401.63	-209.74				182.12	101.25		
						-52.94			
-108.06	-131.22		-618.69	641.85					
								3121.44	1116.11
61512.97	**54350.13**	**2437.56**	**4090.44**	**634.85**		**38194.02**	**3384.65**	**1279.57**	**692.72**
1297.91	1278.94		18.97			55.84			
49175.52	43022.26	2419.98	3496.59	236.69		38086.77	3159.16	1279.57	692.72
3127.65	2852.91	124.39	150.35			1523.72	31.59		
547.92	539.52	5.45	2.96			6.13			
426.62	407.10	12.13	7.39			0.09			
1743.04	1714.96		8.63	19.45		6.47	3.57		
1660.96	1587.66		65.99	7.30		1.88	15.71		
6660.99	5799.69		489.90	371.40		36.85	206.22		
1059.86	810.49		137.28	112.09		17.32	206.22		
5601.14	4989.20		352.63	259.31		19.52			
14781.47	**13508.85**	**808.06**	**460.55**	**4.01**	**1.53**	**1730.45**	**88.60**	**-5.03**	**20.44**

续表 1

单位：万吨标准煤

项　目	Item	其他煤气 Other Gas	其他焦化产品 Other Coking Products
一.可供本地区消费的能源量	**Total Primary Energy Supply**		
1.一次能源生产量	Indigenous Production		
水电	Hydro Power		
核电	Nuclear Power		
风电	Wind Power		
2.进口量	Import		
3.境内轮船和飞机在境外的加油量	Domestic Airplanes&Ships Refueling in Abroad		
4.出口量(−)	Export (-)		
5.境外轮船和飞机在境内的加油量(−)	Oversea Airplanes&Ships Refueling in China		
6.库存增(−)、减(+)量	Stock Change		
二.加工转换投入(−)产出(+)量	**Input(-) & Output(+) of Transformation**	**249.15**	**940.82**
1.火力发电	Thermal Power		
2.供　热	Heating Supply		
3.洗 选 煤	Coal Washing		
4.炼　焦	Coking		966.91
5.炼油及煤制油	Petroleum Refineries		-56.62
#油品再投入量(−)	Petroleum Products Input (-)		
6.制　气	Gas Works	249.15	46.74
#焦炭再投入量(−)	Coke Input (-)		-16.21
7.天然气液化	Natural Gas Liquefaction		
8.煤制品加工	Briquettes		
9.回收能	Recovery of Energy		
三.损 失 量	**Loss**		
四.终端消费量	**Total Final Consumption**	**253.74**	**907.87**
1.农、林、牧、渔、水利业	Agriculture, Forestry, Animal Husbandry, Fishery and Water Conservancy		
2.工业	Industry	58.94	907.87
#用作原料、材料	Non-Energy Use		
3.建筑业	Construction		
4.交通运输、仓储和邮政业	Transport, Storage and Post		
5.批发、零售业和住宿、餐饮业	Wholesale, Retail Trade and Hotel, Restaurants	13.86	
6.其他	Others		
7.生活消费	Residential Consumption	180.95	
城 镇	Urban	180.50	
乡 村	Rural	0.45	
五.平衡差额	**Statistical Difference**	**-4.60**	**32.94**
六.消费量合计	**Total Energy Consumption**		

Continued 1

(10 000 tce)

油品合计 Petroleum Products Total	原油 Crude Oil	汽油 Gasoline	煤油 Kerosene	柴油 Diesel Oil	燃料油 Fuel Oil	石脑油 Naphtha	润滑油 Lubricants	石蜡 Paraffin Waxes
68245.63	**66693.82**	**-1194.11**	**-301.49**	**-141.16**	**2053.96**	**340.79**	**27.61**	**-57.34**
29640.31	29640.31							
46124.81	38718.93	0.66	913.50	132.49	3833.19	463.41	42.88	6.74
989.27			377.40	13.03	598.84			
4400.77	347.45	429.18	1096.28	270.18	1659.59	32.33	15.27	64.08
1159.35			501.48	29.54	628.33			
-2948.63	-1317.97	-765.60	5.37	13.03	-90.14	-90.30		
-2886.66	**-65638.07**	**13207.24**	**3213.46**	**24768.41**	**918.28**	**4118.82**	**314.60**	**200.28**
-378.44	-15.51	-0.06		-51.92	-61.56			
-668.85	-1.94	-0.06		-3.47	-267.63			
5730.36	-65620.61	13207.39	3213.46	24863.68	3218.96	4449.12	314.60	200.28
-7569.73		-0.03		-39.88	-1971.50	-330.3		
261.30	**253.86**							
64804.58	**793.57**	**11978.38**	**2878.95**	**24625.96**	**2961.25**	**4453.35**	**326.70**	**137.84**
2245.25		283.77	1.75	1945.95	2.81			
21003.93	793.57	854.82	47.14	2451.31	901.79	4453.35	326.70	137.84
9656.29	105.55	27.44				4253.00	303.54	134.97
3666.83		422.11	11.61	754.79	38.65			
25868.58		5522.20	2629.52	15630.36	1977.10			
812.88		294.37	42.14	333.67	12.42			
4509.06		2148.99	109.14	2105.10	28.49			
6698.07		2452.12	37.64	1404.78				
4798.87		1678.87	4.62	989.24				
1899.20		773.25	33.02	415.54				
293.08	**8.31**	**34.75**	**33.03**	**1.29**	**10.98**	**6.26**	**15.50**	**5.10**

续表 2

单位：万吨标准煤

项　　目	Item	溶剂油 White spirit	石油沥青 Bitumen Asphalt
一.可供本地区消费的能源量	**Total Primary Energy Supply**	**2.88**	**345.26**
1.一次能源生产量	Indigenous Production		
水电	Hydro Power		
核电	Nuclear Power		
风电	Wind Power		
2.进口量	Import	3.40	357.80
3.境内轮船和飞机在境外的加油量	Domestic Airplanes&Ships Refueling in Abroad		
4.出口量(−)	Export (-)	0.75	12.54
5.境外轮船和飞机在境内的加油量(−)	Oversea Airplanes&Ships Refueling in China		
6.库存增(−)、减(+)量	Stock Change	0.22	
二.加工转换投入(−)产出(+)量	**Input(-) & Output(+) of Transformation**	**236.78**	**2120.50**
1.火力发电	Thermal Power		
2.供　　热	Heating Supply		
3.洗 选 煤	Coal Washing		
4.炼　　焦	Coking		
5.炼油及煤制油	Petroleum Refineries	236.78	2120.50
#油品再投入量(−)	Petroleum Products Input (-)		
6.制　　气	Gas Works		
#焦炭再投入量(−)	Coke Input (-)		
7.天然气液化	Natural Gas Liquefaction		
8.煤制品加工	Briquettes		
9.回收能	Recovery of Energy		
三.损 失 量	**Loss**		
四.终端消费量	**Total Final Consumption**	**231.82**	**2404.64**
1.农、林、牧、渔、水利业	Agriculture, Forestry, Animal Husbandry, Fishery and Water Conservancy		
2.工业	Industry	231.82	59.08
#用作原料、材料	Non-Energy Use	223.28	
3.建筑业	Construction		2345.56
4.交通运输、仓储和邮政业	Transport, Storage and Post		
5.批发、零售业和住宿、餐饮业	Wholesale, Retail Trade and Hotel, Restaurants		
6.其他	Others		
7.生活消费	Residential Consumption		
城 镇	Urban		
乡 村	Rural		
五.平衡差额	**Statistical Difference**	**7.83**	**61.12**
六.消费量合计	**Total Energy Consumption**		

Continued 2

(10 000 tce)

石油焦 Petroleum Coke	液化石油气 LPG	炼厂干气 Refinery Gas	其他石油制品 Other Petroleum Products	天然气 Natural Gas	液化天然气 LNG	热力 Heat	电力 Electricity	其他能源 Other Energy
466.40	**389.63**		**-380.61**	**16388.84**	**2578.92**		**13321.87**	
				13929.89			13454.34	
							10718.20	
							1196.97	
							1179.57	
738.55	614.59		298.65	2834.65	2578.92		84.48	
240.65	219.82		12.66	375.70			216.96	
-31.50	-5.14		-666.60					
1568.26	**3618.72**	**2035.09**	**6430.98**	**-3397.55**	**-120.72**	**11639.64**	**47842.68**	**-0.18**
-137.16		-106.02	-6.21	-2657.33	-314.45	-1275.08	47842.68	-522.81
-150.41	-0.12	-218.94	-26.27	-430.56	-15.23	11412.75		-247.72
1855.83	3889.22	2463.00	11318.15	-28.21				-1.65
	-270.38	-102.94	-4854.70					
				-35.75				
				-245.70	208.97			
						1501.98		772.00
	7.44			**218.79**	**49.45**	**124.19**	**3559.38**	
2000.57	**3977.30**	**2019.08**	**6015.18**	**12774.74**	**2403.85**	**11515.14**	**57598.90**	
	10.97			8.37		3.87	1244.45	
2000.57	794.13	2019.08	5932.72	6518.33	2112.15	8299.64	40970.01	
1523.09	86.64	26.25	2972.55	1629.58	528.04			
	11.65		82.46	16.42		23.45	747.72	
	109.39			1553.70	291.70	77.25	1124.99	
	130.27			502.95		162.29	2078.84	
	117.34			427.40		302.22	3789.79	
	2803.54			3747.57		2646.42	7643.10	
	2126.14			3737.42		2646.42	4374.43	
	677.39			10.15			3268.67	
34.09	**23.60**	**16.01**	**35.19**	**-2.24**	**4.90**	**0.31**	**6.27**	**-0.18**

5-3　综合能源平衡表

单位：万吨标准煤

项　目	Item	1980	1985
可供消费的能源总量	**Total Energy Available for Consumption**	**61557**	**77603**
一次能源生产量	Primary Energy Output	63735	85546
回收能	Recovery of Energy		
进口量	Imports	261	340
出口量(−)	Exports (-)	3058	5774
年初年末库存差额	Stock Changes in the Year	619	-2509
能源消费总量	**Total Energy Consumption**	**60275**	**76682**
在总量中:	Consumption by Sector		
1.农、林、牧、渔、水利业	Agriculture, Forestry, Animal Husbandry, Fishery and Water Conservancy	4692	4045
2.工业	Industry	38986	51068
3.建筑业	Construction	957	1302
4.交通运输、仓储和邮政业	Transport, Storage and Post	2902	3713
5.批发、零售业和住宿、餐饮业	Wholesale, Retail Trade and Hotel, Restaurants	518	766
6.其他	Others	1205	2470
7.生活消费	Residential Consumption	11015	13318
在总量中:	Consumption by Usage		
(一) 终端消费	(I)Final Consumption	57508	73586
#工业	Industry	38293	48021
(二) 加工转换损失量	(II)Losses in Processing and	1358	1491
#炼焦	Coking	644	572
炼油	Petroleum Refining	113	110
(三) 损失量	(III)Other Losses	1409	1605
平衡差额	**Balance**	**1282**	**921**

注：1.村办工业包括在工业中(下同)。
2.电力按等价热值折算，因此加工转换损失量中不包括发电损失量。
3.进口量包括境内轮船和飞机在境外的加油量；出口量包括境外轮船和飞机在境内的加油量。

OVERALL ENERGY BALANCE SHEET

(10 000 tce)

1990	1995	2000	2005	2007	2008	2009	2010	2011	2012
96138	**129535**	**142605**	**232225**	**274800**	**287011**	**311277**	**339687**	**362842**	**378690**
103922	129034	135048	216219	247279	260552	274619	296916	317986	331848
	2312	1760	2939	6166	6511	7627	5143		
1310	5456	14334	26952	35062	36764	47313	55737	62262	66598
5875	6776	9633	11448	9995	9955	8440	8846	8447	7375
-3219	-491	1097	-2436	-3711	-6860	-9841	-9262	-8959	-12381
98703	**131176**	**145531**	**235997**	**280508**	**291448**	**306647**	**324939**	**348002**	**361732**
4852	5505	3914	6071	6228	6013	6251	6477	6759	6784
67578	96191	103774	168724	200531	209302	219197	232019	246441	252463
1213	1335	2179	3403	4128	3813	4562	5309	5872	6167
4541	5863	11242	18391	21959	22917	23692	26068	28536	31525
1247	2018	3048	4848	5689	5734	6412	6827	7795	8546
3473	4519	5762	9255	11158	11771	12690	13681	15189	16581
15799	15745	15614	25305	30814	31898	33843	34558	37410	39666
94289	124252	139008	225690	268610	278546	292299	305098	333127	344594
63239	89473	97597	158767	189032	196832	205322	212631	231963	235763
2264	3634	2461	3823	4241	5166	6283	10985	5691	7408
905		525	702	854	819	1010	1480	1679	2578
326		781	1305	1325	1380	1784	2054	2064	2222
2150	3289	4062	6483	7657	7736	8065	8857	9183	9730
-2565	**-1641**	**-2926**	**-3772**	**-5708**	**-4437**	**4630**	**14748**	**14840**	**16958**

a) Data on industry include the data of village-run industry.(The sane as in the following tables).

b) Electric power is converted on the basic of equal caloric value. Therefore, losses in processing and transformation exclude losses in power generation.

c) Data on imports include the petroleum consumed by the domestic airplanes and ships in refueling abroad. Data on exports include the petroleum consumed by the oversea airplanes and ships in refueling in China.

5-4 煤炭平衡表

单位：万吨

项　目	Item	1980	1985
可供量	**Total Energy Available for Consumption**	**62601.0**	**82776.6**
生产量	Output	62015.0	87228.4
进口量	Imports	199.0	230.7
出口量(−)	Exports (-)	632.0	777.0
年初年末库存差额	Stock Changes in the Year	1019.0	-3905.5
消费量	**Total Energy Consumption**	**61009.5**	**81603.0**
在消费量中:	Consumption by Sector		
1.农、林、牧、渔、水利业	Agriculture, Forestry, Animal Husbandry, Fishery and Water Conservancy	1550.3	2208.6
2.工业	Industry	43848.4	58613.3
3.建筑业	Construction	556.0	531.9
4.交通运输、仓储和邮政业	Transport, Storage and Post	1934.4	2307.1
5.批发、零售业和住宿、餐饮业	Wholesale, Retail Trade and Hotel, Restaurants	455.2	738.2
6.其他	Others	1091.2	1579.5
7.生活消费	Residential Consumption	11574.0	15624.4
在消费量中:	Consumption by Usage		
(一) 终端消费	(I)Final Consumption	38804.2	52704.4
#工　业	Industry	21643.1	29715.0
(二) 中间消费	(2)Intermediate Consumption		
(用于加工转换)	(Consumed in Transformation)	22205.3	28898.6
#发　电	Power Generation	12648.4	16440.7
供　热	Heating		1462.3
炼　焦	Coking	6682.2	7303.8
炼油及煤制油	Petroleum Refineries		
制　气	Gas Production	131.0	190.6
洗选损耗	Losses in Coal Washing and Dressing	2743.7	3501.2
平衡差额	**Balance**	**1591.5**	**1173.6**

注：生产量为原煤产量。

COAL BALANCE SHEET

(10 000 ton)

1990	1995	2000	2005	2007	2008	2009	2010	2011	2012
102221.0	**133461.7**	**136794.5**	**226941.0**	**265543.5**	**275061.1**	**301283.8**	**329772.0**	**360561.5**	**380033.2**
107988.3	136073.1	138418.5	234951.8	269164.3	280200.0	297300.0	323500.0	351600.0	364500.0
200.3	163.5	217.9	2617.1	5101.6	4034.1	12584.0	16309.5	18209.8	28841.1
1729.0	2861.7	5506.5	7172.4	5318.7	4543.4	2239.6	1910.4	1465.8	927.5
-4238.5	86.8	3664.7	-3455.4	-3403.6	-4629.6	-6360.6	-8127.2	-7782.5	-12380.4
105523.0	**137676.5**	**141091.7**	**231851.1**	**272745.9**	**281095.9**	**295833.1**	**312236.5**	**342950.2**	**352647.1**
2095.2	1856.7	933.4	1513.8	1519.6	1522.6	1582.1	1711.1	1756.6	1766.1
81090.9	117570.7	127806.7	215493.3	256202.8	265574.2	279888.5	296031.6	326230.0	335714.7
437.6	439.8	536.8	603.6	615.3	603.2	635.6	718.9	781.8	753.4
2160.9	1315.1	882.2	811.2	735.9	665.4	640.9	639.2	645.9	614.3
1058.3	977.4	1314.6	1674.4	1868.3	1791.4	1977.9	1969.9	2211.7	2362.0
1980.4	1986.7	1161.0	1715.9	2043.4	1791.6	1986.1	2006.6	2112.2	2283.2
16699.7	13530.1	8457.0	10039.0	9760.6	9147.6	9121.9	9159.2	9212.0	9153.4
60205.9	66156.1	55913.1	75382.7	79676.6	81089.2	83700.5	84350.9	86416.3	87055.7
35773.8	46050.3	42628.0	59024.9	63133.5	65567.5	67755.9	68146.1	69696.0	70123.2
45317.1	71520.4	85178.6	156468.4	193069.3	200006.7	212132.6	227885.6	256534.0	265591.4
27204.3	44440.2	55811.2	103263.5	130548.8	135351.7	143967.3	154542.5	175578.5	178531.0
2995.5	5887.3	8794.1	13542.0	15394.2	15029.2	15359.7	15253.1	16834.2	20251.2
10697.6	18396.4	16496.4	33167.1	39659.0	41461.7	43691.7	47150.4	52959.9	54068.4
							213.4	345.7	378.0
360.4	763.7	960.0	1277.0	1491.8	1227.2	1150.7	1040.1	870.5	798.6
4059.3	2032.8	3116.9	4982.1	5754.6	6757.8	7765.5	9484.6	9723.4	11254.0
-3302.0	**-4214.8**	**-4297.2**	**-4910.0**	**-7202.4**	**-6034.9**	**5450.7**	**17535.5**	**17611.3**	**27386.1**

a) Data on output refer to the output of raw coal.

5-5 焦炭平衡表

单位：万吨

项　　目	Item	1980	1985
可供量	**Total Energy Available for Consumption**	**4315.3**	**4689.7**
生产量	Output	4343.0	4802.1
进口量	Imports		2.1
出口量(-)	Exports (-)	27.1	36.9
年初年末库存差额	Stock Changes in the Year	-0.6	-77.6
消费量	**Total Energy Consumption**	**4303.0**	**4689.7**
在消费量中:	Consumption by Sector		
1.农、林、牧、渔、水利业	Agriculture, Forestry, Animal Husbandry, Fishery and Water Conservancy	10.6	20.8
2.工业	Industry	4266.7	4627.7
3.建筑业	Construction	11.9	7.8
4.交通运输、仓储和邮政业	Transport, Storage and Post	8.2	5.7
5.批发、零售业和住宿、餐饮业	Wholesale, Retail Trade and Hotel, Restaurants	0.9	2.7
6.其他	Others	4.7	2.0
7.生活消费	Residential Consumption		23.0
在消费量中:	Consumption by Usage		
(一) 终端消费	(1)Final Consumption	4294.7	4677.9
#工　业	Industry	4258.4	4615.9
(二) 中间消费	(2)Intermediate Consumption		
(用于加工转换)	(Consumed in Transformation)	8.3	11.8
制　气	Gas Production	8.3	11.8
(三) 损失量	(3) Losses in Coal Washing and Dressing		
平衡差额	**Balance**	**12.3**	

COKE BALANCE SHEET

(10 000 ton)

1990	1995	2000	2005	2007	2008	2009	2010	2011	2012
7085.8	**12207.1**	**10892.3**	**25184.4**	**29090.1**	**29994.0**	**31961.3**	**34507.1**	**39585.9**	**41154.4**
7328.3	13424.5	12184.0	26611.7	31305.3	32313.9	34244.1	36457.8	40933.0	41031.4
	0.1		0.5			15.9	11.0	11.6	7.6
129.0	886.1	1519.7	1276.4	1529.9	1221.3	54.5	335.0	329.7	102.0
-113.5	-331.4	228.0	-151.4	-685.3	-1098.6	-2244.1	-1626.7	-1029.0	217.4
6914.7	**10725.3**	**10840.8**	**25105.8**	**29168.1**	**29900.2**	**31850.0**	**33687.8**	**38163.3**	**39373.0**
60.1	128.6	70.9	63.5	57.2	53.1	44.6	46.8	54.1	57.5
6808.8	10412.0	10554.6	24860.9	28932.2	29756.7	31743.3	33583.7	38052.1	39262.6
5.2	10.8	19.0	18.4	17.5	10.7	5.7	5.8	4.8	6.3
4.1	10.1	11.2	1.1	0.6	0.3	0.1	0.1	0.1	0.1
7.7	25.7	35.7	64.1	71.0	7.5	3.9	5.1	9.2	6.7
1.9	6.4	12.2	7.6	8.2	6.9	3.5	2.8	1.9	1.9
26.9	131.6	137.2	90.3	81.4	64.9	48.8	43.5	41.1	37.9
6846.3	10648.0	10697.9	24877.9	28900.1	29712.6	31689.7	33559.6	38054.3	39318.5
6740.4	10334.7	10411.7	24633.0	28664.2	29569.1	31583.0	33455.5	37943.1	39208.1
68.4	77.3	142.9	227.9	268.0	187.6	160.3	128.2	109.0	54.5
68.4	77.3	142.9	227.9	268.0	187.6	160.3	128.2	109.0	54.5
171.1	**1481.8**	**51.6**	**78.6**	**-78.1**	**93.8**	**111.4**	**819.3**	**1422.6**	**1781.4**

5-6 石油平衡表

单位: 万吨

项　　目	Item	1980	1985
可供量	**Total Energy Available for Consumption**	**8794.5**	**9193.7**
生产量	Output	10594.6	12489.5
进口量	Imports	82.7	90.0
出口量(–)	Exports (-)	1806.2	3630.4
年初年末库存差额	Stock Changes in the Year	-76.6	244.6
消费量	**Total Energy Consumption**	**8757.4**	**9168.8**
在消费量中:	Consumption by Sector		
1.农、林、牧、渔、水利业	Agriculture, Forestry, Animal Husbandry, Fishery and Water Conservancy	814..9	758.7
2.工业	Industry	6203.2	6171.4
3.建筑业	Construction	175.2	292.2
4.交通运输、仓储和邮政业	Transport, Storage and Post	911.5	1176.4
5.批发、零售业和住宿、餐饮业	Wholesale, Retail Trade and Hotel, Restaurants	29.0	38.1
6.其他	Others	481.7	506.1
7.生活消费	Residential Consumption	141.9	225.9
在消费量中:	Consumption by Usage	8838.9	
(一) 终端消费	(I)Final Consumption	6311.0	7063.3
#工　业	Industry	3780.3	4462.0
(二) 中间消费	(II)Intermediate Consumption		
(用于加工转换)	(Consumed in Transformation)	2183.6	1858.5
发　电	Power Generation	2065.4	1425.5
供　热	Heating		285.6
制　气	Gas Production	36.7	34.5
炼油损失量	Losses in Petroleum Refining	81.5	112.9
(三)损失量	(III) Other Losses	262.8	247.0
平衡差额	**Balance**	**37.1**	**24.9**

注: 1.生产量为原油产量。

2.进口量包括境内轮船和飞机在境外的加油量; 出口量包括境外轮船和飞机在境内的加油量。

PETROLEUM BALANCE SHEET

(10 000 ton)

1990	1995	2000	2005	2007	2008	2009	2010	2011	2012
11435.0	**16072.7**	**22631.8**	**32539.1**	**36648.9**	**37318.8**	**38462.8**	**44178.4**	**45659.2**	**47864.7**
13830.6	15005.0	16300.0	18135.3	18631.8	19044.0	18949.0	20301.4	20287.6	20747.8
755.6	3673.2	9748.5	17163.2	21139.4	23015.5	25642.4	29437.2	31593.6	33088.8
3110.4	2454.5	2172.1	2888.1	2664.3	2945.7	3916.6	4079.0	4117.0	3884.3
-40.8	-151.0	-1244.6	128.8	-458.0	-1795.0	-2211.9	-1481.2	-2105.0	-2087.6
11485.6	**16064.9**	**22495.9**	**32537.7**	**36658.7**	**37302.9**	**38384.5**	**43245.2**	**45378.5**	**47650.5**
1033.6	1203.2	788.5	1451.7	1399.9	1265.8	1308.1	1382.5	1466.3	1537.9
7321.6	9349.3	11248.5	14245.1	14905.1	15603.1	15692.9	18148.8	18005.0	17673.0
327.3	242.8	840.6	1502.2	1823.1	1517.5	1942.3	2345.1	2521.8	2699.1
1683.2	2863.6	6399.0	10709.5	12906.7	13279.4	13548.5	14870.3	16021.0	17838.6
77.6	333.9	247.0	375.6	426.9	366.4	429.7	481.0	500.0	542.4
757.8	1390.3	1635.9	1969.2	2215.9	2353.8	2296.3	2556.7	2880.5	3067.8
284.5	682.0	1336.5	2284.4	2981.1	2916.9	3166.8	3460.8	3983.9	4291.6
9304.7	13676.3	19950.1	29191.6	33857.6	34702.9	35689.9	40303.7	42727.3	44953.9
5180.4	7095.5	8860.0	11027.5	12269.2	13170.8	13153.7	15367.8	15463.9	15100.2
1630.4	2230.0	2352.9	3190.7	2601.2	2397.6	2505.9	2747.1	2469.5	2514.6
1234.4	1358.5	1178.2	1602.0	884.0	618.1	501.2	459.1	319.8	292.4
356.3	399.9	427.0	407.6	430.1	413.8	383.3	593.1	525.7	493.5
39.7	51.6	25.9	14.4	5.0	2.0	0.3			
295.8	420.1	721.9	1166.7	1282.1	1363.7	1621.1	1604.8	1624.1	1728.7
254.7	158.6	192.9	155.4	200.0	202.4	188.7	194.4	181.7	182.0
-50.6	**7.8**	**135.8**	**1.4**	**-9.9**	**15.9**	**78.3**	**933.3**	**280.7**	**214.2**

a) Data on output refer to the output of crude oil.

b) Data on imports include the petroleum consumed by the domestic airplanes and ships in refueling abroad.
Data on exports include the petroleum consumed by the oversea airplanes and ships in refueling in China.

5-7 原油平衡表

单位：万吨

项 目	Item	1980	1985
可供量	**Total Energy Available for Consumption**	**9222.9**	**9516.5**
生产量	Output	10594.6	12489.5
进口量	Imports	36.6	
出口量(−)	Exports (-)	1330.9	3003.0
年初年末库存差额	Stock Changes in the Year	-77.4	30.0
消费量	**Total Energy Consumption**	**9205.0**	**9509.5**
在消费量中:	Consumption by Sector		
1.农、林、牧、渔、水利业	Agriculture, Forestry, Animal Husbandry, Fishery and Water Conservancy	8.0	0.8
2.工业	Industry	9112.0	9389.9
3.建筑业	Construction	28.8	74.0
4.交通运输、仓储和邮政业	Transport, Storage and Post	50.1	44.3
5.批发、零售业和住宿、餐饮业	Wholesale, Retail Trade and Hotel, Restaurants		0.1
6.其他	Others	6.1	0.4
7.生活消费	Residential Consumption		
在消费量中:	Consumption by Usage		
(一) 终端消费	(I)Final Consumption	499.6	350.4
#工 业	Industry	429.7	254.9
(二) 中间消费	(II)Intermediate Consumption		
(用于加工转换)	(Consumed in Transformation)	8443.0	8929.7
发 电	Power Generation	574.0	279.5
供 热	Heating		61.3
炼 油	Petroleum Refineries	7869.0	8588.9
(三) 油田原油损失量	(III)Losses in Oil Field for Crude Oil	262.4	229.4
平衡差额	**Balance**	**17.9**	**7.0**

CRUDE OIL BALANC SHEET

(10 000 ton)

1990	1995	2000	2005	2007	2008	2009	2010	2011	2012
11770.6	**14794.9**	**21383.0**	**30089.2**	**34035.1**	**35498.6**	**38130.5**	**42876.6**	**43961.0**	**46684.7**
13830.6	15004.4	16300.0	18135.3	18631.8	19044.0	18949.0	20301.4	20287.6	20747.8
292.3	1709.0	7026.5	12681.7	16316.0	17888.5	20365.3	23768.2	25377.8	27102.7
2399.0	1822.7	1030.6	806.7	388.4	423.8	507.3	303.0	251.4	243.2
46.7	-95.8	-912.9	78.8	-524.4	-1010.1	-676.5	-890.0	-1453.0	-922.6
11762.2	**14886.4**	**21232.0**	**30086.2**	**34031.6**	**35498.2**	**38128.6**	**42874.6**	**43965.8**	**46678.9**
0.2	10.1								
11653.8	14716.3	21052.1	29959.4	33867.9	35332.6	37975.2	42716.6	43860.4	46559.5
55.2	2.7	3.3							
52.1	156.8	175.1	126.9	163.7	165.7	153.4	158.0	105.4	119.4
0.3	0.5	0.2							
0.6	1390.3	1.4							
402.1	309.9	636.8	870.4	984.1	1192.8	826.2	806.1	522.7	555.5
333.4	274.7	612.3	870.4	984.1	1192.8	826.2	806.1	522.7	555.5
11106.9	14419.4	20404.3	29062.1	32849.1	34105.1	37115.8	41876.4	43266.1	45945.7
124.6	61.6	85.0	21.3	15.9	8.9	4.4	3.7	11.3	10.9
21.1	4.4	14.0	0.3	0.6	1.0	2.0	3.3	4.6	1.4
10961.2	14353.4	20305.3	29040.5	32832.6	34095.3	37109.4	41869.4	43250.2	45933.5
253.2	157.1	190.9	153.8	198.4	200.4	186.7	192.0	177.0	177.7
8.4	**-91.5**	**151.0**	**2.9**	**3.5**	**0.4**	**1.9**	**2.1**	**-4.8**	**5.8**

5-8 燃料油平衡表

单位：万吨

项目	Item	1980	1985
可供量	**Total Energy Available for Consumption**	**3096.1**	**2848.0**
生产量	Output	3142.0	2835.8
进口量	Imports	39.0	70.0
出口量(−)	Exports (-)	45.4	64.9
年初年末库存差额	Stock Changes in the Year	-39.5	7.1
消费量	**Total Energy Consumption**	**3073.7**	**2837.4**
在消费量中:	Consumption by Sector		
1.农、林、牧、渔、水利业	Agriculture, Forestry, Animal Husbandry, Fishery and Water Conservancy	2.3	3.1
2.工业	Industry	2937.4	2662.2
3.建筑业	Construction	15.0	18.9
4.交通运输、仓储和邮政业	Transport, Storage and Post	109.0	144.1
5.批发、零售业和住宿、餐饮业	Wholesale, Retail Trade and Hotel, Restaurants	2.9	3.1
6.其他	Others	7.1	6.0
7.生活消费	Residential Consumption		
在消费量中:	Consumption by Usage		
(一) 终端消费	(I)Final Consumption	1617.9	1538.8
#工　业	Industry	1481.6	1363.5
(二) 中间消费	(II)Intermediate Consumption		
(用于加工转换)	(Consumed in Transformation)	1455.8	1296.1
发　电	Power Generation	1419.1	1042.3
供　热	Heating		219.3
炼油再投入量	Petroleum Production		
制　气	Gas Production	36.7	34.5
(三)损失量	(III)Other Losses		2.5
平衡差额	**Balance**	**22.4**	**10.6**

FUEL OIL BALANCE SHEET

(10 000 ton)

1990	1995	2000	2005	2007	2008	2009	2010	2011	2012
3320.7	**3717.3**	**3836.7**	**4237.3**	**4158.4**	**3242.4**	**2829.3**	**3815.4**	**3687.6**	**3691.0**
3267.9	2960.8	2053.7	1767.4	1967.2	1737.4	1353.4	2537.0	2301.8	2253.2
167.3	859.1	1704.3	2883.9	2807.6	2533.2	2723.9	2695.2	3097.4	3102.4
97.2	68.6	57.9	427.6	631.4	1036.4	1222.4	1419.7	1685.6	1601.5
-17.3	-34.0	136.6	13.5	14.9	8.3	-25.5	3.0	-26.0	-63.1
3367.8	**3693.7**	**3872.8**	**4242.1**	**4157.5**	**3237.1**	**2827.8**	**3758.0**	**3662.8**	**3683.3**
2.9	8.4	0.4	0.7	1.0	1.5	1.1	1.1	1.3	2.0
3091.7	3406.2	2975.1	2924.8	2329.2	2039.5	1521.5	2377.3	2260.2	2241.7
47.3	14.2	16.7	14.2	30.7	37.7	34.2	30.8	30.6	27.1
208.2	227.5	850.0	1261.0	1760.0	1142.8	1250.6	1326.7	1345.2	1383.9
1.6	6.6	11.6	27.5	24.8	6.3	8.1	8.6	9.3	8.7
16.1	30.8	19.0	13.9	11.8	9.5	12.3	13.5	16.2	19.9
2042.6	2262.8	2741.4	2949.9	3455.5	2757.8	2533.7	2403.2	2230.2	2072.8
1766.5	1975.3	1843.7	1632.6	1627.2	1560.1	1227.5	1022.5	827.6	631.2
1325.2	1430.9	1131.3	1292.2	702.0	479.3	294.1	1354.8	1432.6	1610.5
977.3	1071.5	814.2	1106.1	565.6	347.5	193.0	123.9	60.9	43.1
308.3	307.8	291.2	171.7	131.5	129.8	100.7	201.3	183.8	187.3
							1029.6	1188.0	1380.0
39.6	51.6	25.9	14.4	5.0	2.0	0.3			
-47.1	**23.6**	**-36.1**	**-4.8**	**0.9**	**5.3**	**1.5**	**57.4**	**24.8**	**7.7**

5-9 汽油平衡表

单位：万吨

项　　目	Item	1980	1985
可供量	**Total Energy Available for Consumption**	**999.4**	**1399.6**
生产量	Output	1079.0	1471.9
进口量	Imports		0.3
出口量(-)	Exports (-)	117.8	129.9
年初年末库存差额	Stock Changes in the Year	38.2	57.3
消费量	**Total Energy Consumption**	**998.6**	**1396.3**
在消费量中:	Consumption by Sector		
1.农、林、牧、渔、水利业	Agriculture, Forestry, Animal Husbandry, Fishery and Water Conservancy	53.3	122.3
2.工业	Industry	273.2	451.3
3.建筑业	Construction	54.1	73.0
4.交通运输、仓储和邮政业	Transport, Storage and Post	404.9	477.4
5.批发、零售业和住宿、餐饮业	Wholesale, Retail Trade and Hotel, Restaurants	19.4	23.4
6.其他	Others	193.7	238.3
7.生活消费	Residential Consumption		10.6
平衡差额	**Balance**	**0.8**	**3.3**

5-10 煤油平衡表

单位：万吨

项　　目	Item	1980	1985
可供量	**Total Energy Available for Consumption**	**359.0**	**383.2**
生产量	Output	398.5	405.3
进口量	Imports		15.2
出口量(-)	Exports (-)	46.8	46.0
年初年末库存差额	Stock Changes in the Year	2.3	8.7
消费量	**Total Energy Consumption**	**365.9**	**385.5**
在消费量中:	Consumption by Sector		
1.农、林、牧、渔、水利业	Agriculture, Forestry, Animal Husbandry, Fishery and Water Conservancy	2.3	3.3
2.工业	Industry	15.7	20.1
3.建筑业	Construction	0.8	1.3
4.交通运输、仓储和邮政业	Transport, Storage and Post	31.4	56.2
5.批发、零售业和住宿、餐饮业	Wholesale, Retail Trade and Hotel, Restaurants	0.2	0.1
6.其他	Others	216.7	182.9
7.生活消费	Residential Consumption	98.8	121.6
平衡差额	**Balance**	**-6.9**	**-2.3**

GASOLINE BALANCE SHEET

(10 000 ton)

1990	1995	2000	2005	2007	2008	2009	2010	2011	2012
1884.1	**2902.0**	**3504.5**	**4854.7**	**5519.3**	**6147.6**	**6181.8**	**6914.3**	**7397.9**	**8164.5**
2173.4	3051.6	4134.7	5433.0	5917.9	6347.2	7320.7	7360.5	7917.9	8976.1
16.9	15.9			22.7	198.7	4.4		2.9	0.5
233.8	193.1	467.7	559.7	464.3	203.4	491.9	517.0	406.0	291.7
-72.4	27.6	-162.5	-18.6	42.9	-194.9	-651.4	70.8	-117.0	-520.3
1899.5	**2909.6**	**3504.6**	**4854.9**	**5519.1**	**6145.5**	**6172.7**	**6886.2**	**7396.0**	**8140.9**
145.9	179.7	89.2	159.6	172.8	160.4	168.1	169.1	186.0	192.9
589.3	812.4	682.0	441.7	524.5	586.1	671.1	689.5	604.8	581.1
89.5	103.6	115.6	172.1	178.8	196.2	235.4	274.7	282.8	286.9
620.1	982.3	1527.8	2430.1	2613.2	3090.4	2881.6	3204.9	3373.5	3753.0
46.0	197.2	69.8	129.4	131.7	135.3	147.5	168.2	177.1	200.1
390.7	570.7	792.7	998.2	1119.7	1121.9	1069.9	1166.2	1313.2	1460.5
18.0	63.7	227.6	523.8	778.4	855.1	999.1	1213.7	1458.6	1666.5
-15.4	**-7.6**	**-0.1**	**-0.2**	**0.2**	**2.1**	**9.1**	**28.1**	**1.9**	**23.6**

KEROSENE BALANCE SHEET

(10 000 ton)

1990	1995	2000	2005	2007	2008	2009	2010	2011	2012
350.9	**486.4**	**880.9**	**1070.0**	**1239.2**	**1290.4**	**1448.2**	**1767.6**	**1831.7**	**1979.1**
392.5	445.8	872.3	1006.5	1153.3	1158.9	1480.3	1924.4	1932.4	2184.0
26.1	115.7	322.5	476.1	725.0	836.8	795.1	726.1	875.1	877.3
55.5	62.4	256.3	447.6	637.1	706.5	826.1	870.5	966.8	1085.9
-12.2	-12.7	-57.6	35.0	-2.0	1.3	-1.1	-12.3	-9.0	3.7
350.9	**512.1**	**871.6**	**1076.8**	**1243.7**	**1294.0**	**1439.4**	**1744.1**	**1816.7**	**1956.6**
3.1	3.6	1.5	1.6	0.9	1.3	0.8	0.9	1.5	1.2
20.6	44.9	84.0	57.5	45.2	49.1	32.0	40.2	34.2	32.0
1.3	3.5	4.0			9.7	10.4	8.8	10.8	7.9
93.4	250.0	535.9	952.4	1130.0	1174.6	1314.3	1601.1	1646.4	1787.1
0.6	8.5	14.0	3.7	4.9	20.8	29.1	35.0	32.2	28.6
127.3	137.3	160.1	36.2	43.2	25.9	33.7	38.7	68.2	74.2
104.6	64.3	72.2	25.5	19.5	12.7	19.2	19.4	23.5	25.6
	-25.7	**9.3**	**-6.8**	**-4.5**	**-3.6**	**8.8**	**23.6**	**15.0**	**22.4**

5-11 柴油平衡表

单位：万吨

项　目	Item	1980	1985
可供量	**Total Energy Available for Consumption**	**1663.2**	**1944.1**
生产量	Output	1827.8	2023.2
进口量	Imports	2.1	4.5
出口量(−)	Exports (-)	166.5	225.6
年初年末库存差额	Stock Changes in the Year	-0.2	142.0
消费量	**Total Energy Consumption**	**1663.2**	**1939.4**
在消费量中:	Consumption by Sector		
1.农、林、牧、渔、水利业	Agriculture, Forestry, Animal Husbandry, Fishery and Water Conservancy	749.0	629.2
2.工业	Industry	457.4	644.1
3.建筑业	Construction	76.5	125.0
4.交通运输、仓储和邮政业	Transport, Storage and Post	316.1	454.4
5.批发、零售业和住宿、餐饮业	Wholesale, Retail Trade and Hotel, Restaurants	6.5	10.9
6.其他	Others	57.7	74.0
7.生活消费	Residential Consumption		
在消费量中:	Consumption by Usage		
(一) 终端消费	(I)Final Consumption	1590.9	1827.4
#工　业	Industry	385.1	532.1
(二) 中间消费	(II)Intermediate Consumption		
(用于加工转换)	(Consumed in Transformation)	72.3	108.6
发　电	Power Generation	72.3	103.6
供　热	Heating		5.0
(三) 损失量	(III)Other Losses		3.4
平衡差额	**Balance**		**4.7**

5-12 液化石油气平衡表

单位：万吨

项　目	Item	1980	1985
可供量	**Total Energy Available for Consumption**	**122.5**	**157.3**
生产量	Output	122.5	159.7
进口量	Imports		
出口量(−)	Exports (-)		1.9
年初年末库存差额	Stock Changes in the Year		-0.5
消费量	**Total Energy Consumption**	**119.6**	**155.7**
在消费量中:	Consumption by Sector		
1.农、林、牧、渔、水利业	Agriculture, Forestry, Animal Husbandry, Fishery and Water Conservancy		
2.工业	Industry	76.1	59.9
3.建筑业	Construction		
4.交通运输、仓储和邮政业	Transport, Storage and Post		
5.批发、零售业和住宿、餐饮业	Wholesale, Retail Trade and Hotel, Restaurants		0.5
6.其他	Others	0.4	4.5
7.生活消费	Residential Consumption	43.1	90.8
平衡差额	**Balance**	**2.9**	**1.6**

DIESEL OIL BALANCE SHEET

(10 000 ton)

1990	1995	2000	2005	2007	2008	2009	2010	2011	2012
2689.4	**4404.2**	**6806.5**	**10972.6**	**12494.2**	**13543.1**	**13768.1**	**14701.9**	**15626.2**	**16966.9**
2609.0	3972.6	7079.6	11090.2	12359.1	13409.2	14288.6	14924.4	15689.7	17063.8
233.8	645.3	51.9	61.0	173.7	633.1	192.5	190.2	243.3	99.9
169.8	169.5	77.5	170.9	93.3	89.1	478.7	490.2	228.8	205.7
16.4	-44.2	-247.6	-7.7	54.7	-410.0	-234.3	77.5	-78.0	8.9
2691.7	**4321.4**	**6806.2**	**10972.2**	**12496.7**	**13532.6**	**13756.6**	**14633.8**	**15635.1**	**16966.0**
881.5	1001.4	697.1	1286.3	1219.0	1098.9	1134.1	1206.7	1271.9	1335.5
728.1	1189.9	1696.5	1991.3	1972.8	2517.0	2348.8	2163.8	1824.3	1747.7
133.0	118.2	205.9	386.6	433.8	370.8	415.3	490.2	518.6	518.0
709.4	1246.6	3293.8	5890.4	7184.4	7649.3	7892.0	8518.6	9485.2	10727.0
22.5	103.6	95.9	116.0	133.9	152.7	181.7	196.6	212.3	229.0
217.0	645.7	638.7	895.1	1007.5	1151.8	1131.8	1287.2	1428.1	1444.7
	16.1	178.4	406.4	545.3	592.1	652.9	770.7	894.7	964.1
2564.8	4070.0	6578.6	10605.4	12265.3	13347.5	13604.8	14516.2	15593.5	16900.7
601.2	938.5	1468.8	1624.5	1741.4	2331.9	2197.0	2046.2	1782.7	1682.3
126.9	251.4	227.7	366.7	231.4	185.1	151.8	117.6	41.6	65.4
124.5	204.9	227.7	366.7	231.4	185.1	151.8	113.9	39.2	35.6
2.4	46.6						3.8	2.4	2.4
-2.3	**82.7**	**0.3**	**0.4**	**-2.4**	**10.6**	**11.4**	**68.1**	**-8.9**	**0.9**

LPG BALANCE SHEET

(10 000 ton)

1990	1995	2000	2005	2007	2008	2009	2010	2011	2012
258.5	**774.3**	**1396.2**	**2052.2**	**2320.2**	**2114.3**	**2157.7**	**2333.8**	**2484.2**	**2496.0**
261.6	540.8	916.6	1432.7	1944.7	1914.8	1831.7	2102.3	2250.8	2268.7
	232.6	481.7	617.0	405.4	259.2	408.0	327.0	349.6	358.5
1.1	7.1	1.6	2.7	33.8	67.9	84.9	93.0	119.1	128.2
-2.0	8.0	-0.6	5.2	3.8	8.1	2.9	-2.5	3.0	-3.0
254.2	**750.6**	**1389.7**	**2046.5**	**2327.9**	**2118.9**	**2153.1**	**2240.3**	**2470.2**	**2482.2**
	0.1	0.4	3.5	6.2	3.7	4.1	4.7	5.6	6.4
82.0	192.5	426.1	534.4	455.6	499.4	478.5	586.8	661.0	621.0
1.0	0.5	8.9	6.3	7.2	6.2	6.5	7.2	7.2	6.8
	0.5	16.5	48.7	55.5	56.7	56.6	61.0	65.4	68.1
6.6	17.4	55.5	99.0	131.6	51.4	63.2	72.6	69.0	76.0
6.1	5.7	24.0	25.8	33.8	44.7	48.6	51.0	54.8	68.5
158.5	534.0	858.3	1328.7	1637.9	1457.0	1495.7	1457.0	1607.2	1635.4
4.3	**23.7**	**6.5**	**5.7**	**-7.6**	**-4.7**	**4.6**	**93.5**	**14.0**	**13.8**

5-13 天然气平衡表

单位：亿立方米

项目	Item	1980	1985
可供量	**Total Energy Available for Consumption**	**142.7**	**129.3**
生产量	Output	142.7	129.3
进口量	Imports		
出口量(−)	Exports (-)		
年初年末库存差额	Stock Changes in the Year		
消费量	**Total Energy Consumption**	**140.6**	**129.3**
在消费量中:	Consumption by Sector		
1.农、林、牧、渔、水利业	Agriculture, Forestry, Animal Husbandry, Fishery and Water Conservancy		
2.工业	Industry	131.4	109.6
3.建筑业	Construction	6.0	14.1
4.交通运输、仓储和邮政业	Transport, Storage and Post	0.7	0.8
5.批发、零售业和住宿、餐饮业	Wholesale, Retail Trade and Hotel, Restaurants		
6.其他	Others	0.5	0.5
7.生活消费	Residential Consumption	2.0	4.3
平衡差额	**Balance**	**2.1**	

注：从2010年起包括液化天然气数据。

5-14 电力平衡表

单位：亿千瓦小时

项目	Item	1980	1985
可供量	**Total Energy Available for Consumption**	**3006.3**	**4117.6**
生产量	Output	3006.3	4106.9
水　电	Hydropower	582.1	923.7
火　电	Thermal Power	2424.2	3183.2
核　电	Nuclear Power		
风　电	Wind Power		
进口量	Imports		11.1
出口量(−)	Exports (-)		0.4
消费量	**Total Energy Consumption**	**3006.3**	**4117.6**
在消费量中:	Consumption by Sector		
1.农、林、牧、渔、水利业	Agriculture, Forestry, Animal Husbandry, Fishery and Water Conservancy	270	317.4
2.工业	Industry	2471.9	3283.4
3.建筑业	Construction	47.1	71.2
4.交通运输、仓储和邮政业	Transport, Storage and Post	26.5	63.4
5.批发、零售业和住宿、餐饮业	Wholesale, Retail Trade and Hotel, Restaurants	16.8	38.0
6.其他	Others	68.8	121.7
7.生活消费	Residential Consumption	105.2	222.5
在消费量中:	Consumption by Usage		
(一) 终端消费	(I)Final Consumption	2763.4	3813.3
#工　业	Industry	2229.0	2979.1
(二) 输配电损失量	(II)Losses in Transmission	242.9	304.3

NATURAL GAS BALANCE SHEET

(100 million cu.m)

1990	1995	2000	2005	2007	2008	2009	2010	2011	2012
153.0	**179.5**	**240.6**	**463.5**	**706.6**	**816.6**	**896.9**	**1072.9**	**1306.5**	**1463.2**
153.0	179.5	272.0	493.2	692.4	803.0	852.7	948.5	1026.9	1071.5
				40.2	46.0	76.3	164.7	311.5	420.6
		31.4	29.7	26.0	32.5	32.1	40.3	31.9	28.9
152.5	**177.4**	**245.0**	**467.6**	**705.2**	**812.9**	**895.2**	**1069.4**	**1305.3**	**1463.0**
							0.5	0.6	0.6
120.2	154.4	199.0	328.8	479.7	531.6	577.9	680.9	840.0	946.7
10.6	0.3	0.8	1.5	2.1	1.0	1.0	1.2	1.3	1.3
1.9	1.6	8.8	38.0	46.9	71.6	91.1	106.7	138.3	154.5
	0.6	3.4	10.8	17.1	17.8	24.0	27.2	33.6	38.7
1.2	1.2	0.6	9.1	16.1	20.9	23.6	26.0	27.1	32.9
18.6	19.4	32.3	79.4	143.4	170.1	177.7	226.9	264.4	288.3
0.5	**2.1**	**-4.4**	**-4.1**	**1.4**	**3.7**	**1.7**	**3.5**	**1.2**	**0.2**

a) Include the data of LNG since 2010.

ELECTRICITY BALANCE SHEET

(100 million kW•h)

1990	1995	2000	2005	2007	2008	2009	2010	2011	2012
6230.4	**10023.4**	**13472.7**	**24940.8**	**32712.4**	**34540.8**	**37032.7**	**41936.5**	**47002.7**	**49767.7**
6212.0	10077.3	13556.0	25002.6	32815.5	34668.8	37146.5	42071.6	47130.2	49875.5
1267.2	1905.8	2224.1	3970.2	4852.6	5851.9	6156.4	7221.7	6989.5	8721.1
4944.8	8043.2	11141.9	20473.4	27229.3	27900.8	29827.8	33319.3	38337.0	38928.1
	128.3	167.4	530.9	621.3	683.9	701.3	738.8	863.5	973.9
							446.2	703.3	959.8
19.3	6.4	15.5	50.1	42.5	38.4	60.1	55.5	65.6	68.7
0.9	60.3	98.8	111.9	145.7	166.4	173.9	190.6	193.1	176.5
6230.4	**10023.4**	**13472.4**	**24940.3**	**32711.8**	**34541.4**	**37032.2**	**41934.5**	**47000.9**	**49762.6**
426.8	582.4	533.0	776.3	879.0	887.1	939.9	976.5	1012.9	1012.6
4873.3	7659.8	10004.6	18521.7	24290.8	25388.6	26854.5	30871.8	34691.6	36232.2
65.0	159.6	159.8	233.9	309.0	367.3	421.9	483.2	571.8	608.4
105.9	182.3	281.2	430.3	531.9	571.8	617.0	734.5	848.4	915.4
76.2	199.5	418.7	752.3	929.8	1017.4	1136.8	1292.0	1503.1	1691.5
202.4	234.2	623.2	1340.9	1708.6	1913.0	2189.9	2451.8	2753.1	3083.6
480.8	1005.6	1452.0	2884.8	4062.7	4396.1	4872.2	5124.6	5620.1	6219.0
5795.8	9278.9	12535.7	23233.8	30650.1	32403.5	34773.9	39366.3	44300.2	46866.5
4438.7	6915.3	9067.9	16815.2	22229.1	23250.8	24596.3	28303.5	31990.9	33336.1
434.6	744.5	936.7	1706.5	2061.7	2137.9	2258.2	2568.2	2700.7	2896.2

六、地区能源平衡表

Chapter 6　Energy Balance Table by Region

6-1 北京能源平衡表(实物量)-2012

项　　目	Item	煤合计 (万吨) Coal Total (10^4 tn)	原煤 (万吨) Raw Coal (10^4 tn)
一.可供本地区消费的能源量	**Total Primary Energy Supply**	**2269.88**	**2264.79**
1.一次能源生产量	Indigenous Production	493.09	493.09
2.外省(区、市)调入量	Moving In from Other Provinces	2277.16	2271.61
3.进口量	Import		
4.境内轮船和飞机在境外的加油量	Domestic Airplanes&Ships Refueling in Abroad		
5.本省(区、市)调出量(-)	Sending Out to Other Provinces(-)	356.55	356.55
6.出口量(-)	Export(-)	180.60	180.60
7.境外轮船和飞机在境内的加油量(-)	Oversea Airplanes&Ships Refueling in China(-)		
8.库存增(-)、减(+)量	Stock Change	36.78	37.24
二.加工转换投入(-)产出(+)量	**Input(-) & Output(+) of Transformation**	**-1256.35**	**-1256.90**
1.火力发电	Thermal Power	-651.05	-649.56
2.供　热	Heating Supply	-606.34	-586.16
3.洗 选 煤	Coal Washing	-4.86	-17.44
4.炼　焦	Coking		
5.炼油及煤制油	Petroleum Refineries		
#油品再投入量(-)	Petroleum Products Input (-)		
6.制　气	Gas Works	-1.60	-1.60
#焦炭再投入量(-)	Coke Input (-)		
7.天然气液化	Natural Gas Liquefaction		
8.煤制品加工	Briquettes	7.51	-2.14
9.回收能	Recovery of Energy		
三.损 失 量	**Loss**		
四.终端消费量	**Total Final Consumption**	**1013.55**	**1007.89**
1.农、林、牧、渔、水利业	Agriculture, Forestry, Animal Husbandry, Fishery and Water Conservancy	44.60	44.60
2.工业	Industry	396.73	395.97
#用作原料、材料	Non-Energy Use	0.09	0.09
3.建筑业	Construction	11.85	11.49
4.交通运输、仓储和邮政业	Transport, Storage and Post	15.86	15.47
5.批发、零售业和住宿、餐饮业	Wholesale, Retail Trade and Hotel, Restaurants	39.30	39.19
6.其他	Others	232.97	228.94
7.生活消费	Residential Consumption	272.23	272.23
城 镇	Urban	62.23	62.23
乡 村	Rural	210.00	210.00
五.平衡差额	**Statistical Difference**	**-0.01**	
六.消费量合计	**Total Energy Consumption**	**2269.89**	**2264.79**

ENERGY BALANCE OF BEIJING (PHYSICAL QUANTITY) -2012

洗精煤 (万吨) Cleaned Coal (10^4 tn)	其他洗煤 (万吨) Other Washed Coal (10^4 tn)	型煤 (万吨) Briquettes (10^4 tn)	煤矸石 (万吨) Gangue (10^4 tn)	焦炭 (万吨) Coke (10^4 tn)	焦炉煤气 (亿立方米) Coke Oven Gas (10^8 cu.m)	高炉煤气 (亿立方米) Blast Furnace Gas (10^8 cu.m)	转炉煤气 (亿立方米) Converter Gas (10^8 cu.m)	其他煤气 (亿立方米) Other Gas (10^8 cu.m)
1.77		**3.32**		**32.26**	**3.58**	**1.39**		
0.90		4.65		31.28	3.58	1.39		
				5.71				
0.87		-1.33		6.69				
-1.70		**2.25**						**0.64**
		-1.48						
		-20.18						
12.57								
								0.64
-14.27		23.91						
0.06		**5.59**		**32.27**	**3.58**	**1.39**		**0.64**
0.06		0.70		32.26	3.58	1.39		0.64
		0.36						
		0.39						
		0.11						
		4.03						
0.01		**-0.02**		**-0.01**				
14.34		**27.25**		**32.27**	**3.58**	**1.39**		**0.64**

续表 1

项　　目	Item	其他焦化产品(万吨) Other Coking Products (10^4 tn)	油品合计(万吨) Petroleum Products Total (10^4 tn)
一.可供本地区消费的能源量	**Total Primary Energy Supply**		**1534.58**
1.一次能源生产量	Indigenous Production		
2.外省(区、市)调入量	Moving In from Other Provinces		1320.34
3.进口量	Import		910.40
4.境内轮船和飞机在境外的加油量	Domestic Airplanes&Ships Refueling in Abroad		84.92
5.本省(区、市)调出量(−)	Sending Out to Other Provinces(-)		669.37
6.出口量(−)	Export(-)		
7.境外轮船和飞机在境内的加油量(−)	Oversea Airplanes&Ships Refueling in China(-)		107.00
8.库存增(−)、减(+)量	Stock Change		-4.71
二.加工转换投入(−)产出(+)量	**Input(-) & Output(+) of Transformation**		**-38.93**
1.火力发电	Thermal Power		-6.99
2.供　　热	Heating Supply		-34.17
3.洗 选 煤	Coal Washing		
4.炼　　焦	Coking		
5.炼油及煤制油	Petroleum Refineries		245.91
#油品再投入量(−)	Petroleum Products Input (-)		-243.69
6.制　　气	Gas Works		
#焦炭再投入量(−)	Coke Input (-)		
7.天然气液化	Natural Gas Liquefaction		
8.煤制品加工	Briquettes		
9.回收能	Recovery of Energy		
三.损 失 量	**Loss**		**4.64**
四.终端消费量	**Total Final Consumption**		**1489.84**
1.农、林、牧、渔、水利业	Agriculture, Forestry, Animal Husbandry, Fishery and Water Conservancy		9.03
2.工业	Industry		439.90
#用作原料、材料	Non-Energy Use		277.92
3.建筑业	Construction		37.12
4.交通运输、仓储和邮政业	Transport, Storage and Post		605.78
5.批发、零售业和住宿、餐饮业	Wholesale, Retail Trade and Hotel, Restaurants		49.55
6.其他	Others		68.53
7.生活消费	Residential Consumption		279.93
城 镇	Urban		263.56
乡 村	Rural		16.36
五.平衡差额	**Statistical Difference**		**1.17**
六.消费量合计	**Total Energy Consumption**		**1533.42**

Continued 1

原油 (万吨) Crude Oil (10^4 tn)	汽油 (万吨) Gasoline (10^4 tn)	煤油 (万吨) Kerosene (10^4 tn)	柴油 (万吨) Diesel Oil (10^4 tn)	燃料油 (万吨) Fuel Oil (10^4 tn)	石脑油 (万吨) Naphtha (10^4 tn)	润滑油 (万吨) Lubricants (10^4 tn)	石蜡 (万吨) Paraffin Waxes (10^4 tn)	溶剂油 (万吨) White Spirit (10^4 tn)
1075.77	**154.04**	**310.44**	**-102.98**	**54.15**	**61.26**	**25.11**	**-9.42**	**0.10**
329.58	249.45	324.01	180.95	80.55	59.72	25.10	0.17	0.10
747.87		162.53						
		84.92						
	91.39	153.76	279.39	28.41			9.59	
		107.00						
-1.68	-4.02	-0.26	-4.54	2.01	1.54	0.01		
-1075.01	**261.86**	**132.92**	**318.59**	**-45.10**	**-0.08**		**9.60**	
			-0.10	-0.13				
			-0.38	-1.86				
-1075.01	261.86	132.92	319.08	24.01	114.82		9.60	
				-67.12	-114.90			
0.76								
	415.90	**443.33**	**215.34**	**9.05**	**61.18**	**25.22**	**0.18**	**0.10**
	5.05		3.81			0.10		
	19.38	0.13	44.73	6.79	61.18	25.12	0.18	0.10
	0.20	0.04	0.24	3.50	61.18	25.12	0.18	0.10
	9.61		26.80	0.00				
	44.03	442.79	117.34	1.28				
	27.77	0.00	7.03	0.06				
	49.78	0.41	15.08	0.93				
	260.27		0.56					
	252.35							
	7.92		0.56					
		0.02	**0.27**			**-0.11**		
1075.77	**415.90**	**443.33**	**215.82**	**78.16**	**176.08**	**25.22**	**0.18**	**0.10**

续表 2

项　　目	Item	石油沥青(万吨) Bitumen Asphalt (10^4 tn)	石油焦(万吨) Petroleum Coke (10^4 tn)
一.可供本地区消费的能源量	**Total Primary Energy Supply**	**10.57**	**-25.68**
1.一次能源生产量	Indigenous Production		
2.外省(区、市)调入量	Moving In from Other Provinces	20.15	
3.进口量	Import		
4.境内轮船和飞机在境外的加油量	Domestic Airplanes&Ships Refueling in Abroad		
5.本省(区、市)调出量(-)	Sending Out to Other Provinces(-)	9.01	26.91
6.出口量(-)	Export(-)		
7.境外轮船和飞机在境内的加油量(-)	Oversea Airplanes&Ships Refueling in China(-)		
8.库存增(-)、减(+)量	Stock Change	-0.57	1.23
二.加工转换投入(-)产出(+)量	**Input(-) & Output(+) of Transformation**	**8.95**	**25.81**
1.火力发电	Thermal Power		-5.69
2.供　　热	Heating Supply		-20.15
3.洗 选 煤	Coal Washing		
4.炼　　焦	Coking		
5.炼油及煤制油	Petroleum Refineries	8.95	51.65
#油品再投入量(-)	Petroleum Products Input (-)		
6.制　　气	Gas Works		
#焦炭再投入量(-)	Coke Input (-)		
7.天然气液化	Natural Gas Liquefaction		
8.煤制品加工	Briquettes		
9.回收能	Recovery of Energy		
三.损 失 量	**Loss**		
四.终端消费量	**Total Final Consumption**	**19.52**	
1.农、林、牧、渔、水利业	Agriculture, Forestry, Animal Husbandry, Fishery and Water Conservancy		
2.工业	Industry	19.52	
#用作原料、材料	Non-Energy Use	19.52	
3.建筑业	Construction		
4.交通运输、仓储和邮政业	Transport, Storage and Post		
5.批发、零售业和住宿、餐饮业	Wholesale, Retail Trade and Hotel, Restaurants		
6.其他	Others		
7.生活消费	Residential Consumption		
城 镇	Urban		
乡 村	Rural		
五.平衡差额	**Statistical Difference**		**0.13**
六.消费量合计	**Total Energy Consumption**	**19.52**	**25.84**

Continued 2

液化石油气 (万吨) LPG (10^4 tn)	炼厂干气 (万吨) Refinery Gas (10^4 tn)	其他石油制品 (万吨) Other Petroleum Products (10^4 tn)	天然气 (亿立方米) Natural Gas (10^8 cu.m)	液化天然气 (万吨) LNG (10^4 tn)	热力 (万百万千焦) Heat (10^{10} kJ)	电力 (亿千瓦小时) Electricity (10^8 kW•h)	其他能源 (万吨标煤) Other Energy (10^4 tce)
10.60		**-29.38**	**92.07**		**1433.55**	**627.21**	**33.73**
						5.08	22.00
13.58		36.98	92.07		1433.55	624.58	11.73
3.05		67.86				2.45	
0.07		1.50					
32.32	**75.02**	**216.17**	**-34.78**		**15632.37**	**284.73**	**-11.34**
0.00	-0.48	-0.60	-21.22			284.73	-19.67
-0.04	-4.55	-7.19	-13.56		15632.37		
34.99	80.05	283.00					
-2.63		-59.03					
							8.33
3.88			**4.68**			**51.02**	
39.12	**74.09**	**186.80**	**52.61**		**17065.92**	**860.92**	**22.39**
0.07			0.01			18.14	
1.88	74.09	186.80	10.40		4890.54	246.12	3.47
0.23	3.21	164.39					
0.71			0.49		125.62	25.89	0.16
0.34			3.54		663.38	69.11	0.03
14.70			5.29		1344.17	88.89	1.44
2.33			21.35		6641.20	250.94	10.28
19.10			11.54		3401.00	161.83	7.00
11.21			11.27		3401.00	137.09	
7.89			0.27			24.74	7.00
-0.08	**0.93**						
45.67	**79.12**	**253.62**	**92.07**		**17065.92**	**911.94**	**42.06**

6-2 天津能源平衡表(实物量)-2012

项　　目	Item	煤合计(万吨) Coal Total (10^4 tn)	原煤(万吨) Raw Coal (10^4 tn)
一.可供本地区消费的能源量	**Total Primary Energy Supply**	**5298.26**	**4855.70**
1.一次能源生产量	Indigenous Production		
2.外省(区、市)调入量	Moving In from Other Provinces	5259.34	4815.12
3.进口量	Import		
4.境内轮船和飞机在境外的加油量	Domestic Airplanes&Ships Refueling in Abroad		
5.本省(区、市)调出量(-)	Sending Out to Other Provinces(-)		
6.出口量(-)	Export(-)		
7.境外轮船和飞机在境内的加油量(-)	Oversea Airplanes&Ships Refueling in China(-)		
8.库存增(-)、减(+)量	Stock Change	38.92	40.58
二.加工转换投入(-)产出(+)量	**Input(-) & Output(+) of Transformation**	**-4071.15**	**-3762.66**
1.火力发电	Thermal Power	-2746.38	-2746.38
2.供　热	Heating Supply	-1016.28	-1016.28
3.洗 选 煤	Coal Washing		
4.炼　焦	Coking	-308.49	
5.炼油及煤制油	Petroleum Refineries		
#油品再投入量(-)	Petroleum Products Input (-)		
6.制　气	Gas Works		
#焦炭再投入量(-)	Coke Input (-)		
7.天然气液化	Natural Gas Liquefaction		
8.煤制品加工	Briquettes		
9.回收能	Recovery of Energy		
三.损 失 量	**Loss**	**18.83**	**18.83**
四.终端消费量	**Total Final Consumption**	**1208.14**	**1074.06**
1.农、林、牧、渔、水利业	Agriculture, Forestry, Animal Husbandry, Fishery and Water Conservancy	17.49	17.49
2.工业	Industry	970.08	836.00
#用作原料、材料	Non-Energy Use	107.31	107.24
3.建筑业	Construction	15.41	15.41
4.交通运输、仓储和邮政业	Transport, Storage and Post	29.86	29.86
5.批发、零售业和住宿、餐饮业	Wholesale, Retail Trade and Hotel, Restaurants	32.50	32.50
6.其他	Others	75.20	75.20
7.生活消费	Residential Consumption	67.60	67.60
城 镇	Urban	8.02	8.02
乡 村	Rural	59.58	59.58
五.平衡差额	**Statistical Difference**	**0.14**	**0.15**
六.消费量合计	**Total Energy Consumption**	**5298.12**	**4855.55**

ENERGY BALANCE OF TIANJIN (PHYSICAL QUANTITY) -2012

洗精煤 (万吨) Cleaned Coal (10^4 tn)	其他洗煤 (万吨) Other Washed Coal (10^4 tn)	型煤 (万吨) Briquettes (10^4 tn)	煤矸石 (万吨) Gangue (10^4 tn)	焦炭 (万吨) Coke (10^4 tn)	焦炉煤气 (亿立方米) Coke Oven Gas (10^8 cu.m)	高炉煤气 (亿立方米) Blast Furnace Gas (10^8 cu.m)	转炉煤气 (亿立方米) Converter Gas (10^8 cu.m)	其他煤气 (亿立方米) Other Gas (10^8 cu.m)
419.97	**20.88**	**1.71**	**64.08**	**653.76**	**0.99**	**3.52**		
421.92	20.56	1.74	64.01	642.92	1.61	6.19	0.37	
				0.24	0.62	2.67	0.37	
-1.95	0.32	-0.03	0.07	11.08				
-308.49				**228.96**	**3.89**	**111.82**	**4.80**	
					-1.10	-11.69	-2.33	
-308.49				228.96	4.99			
						123.51	7.13	
111.49	**20.88**	**1.71**	**64.08**	**882.72**	**4.88**	**115.34**	**4.79**	
111.49	20.88	1.71	64.08	882.72	4.88	115.34	4.79	
		0.07	37.81	1.37				
-0.01							**0.01**	
419.98	**20.88**	**1.71**	**64.08**	**882.72**	**5.98**	**127.03**	**7.12**	

续表 1

项　　目	Item	其他焦化产品（万吨）Other Coking Products (10^4 tn)	油品合计（万吨）Petroleum Products Total (10^4 tn)
一.可供本地区消费的能源量	**Total Primary Energy Supply**	**190.14**	**1618.79**
1.一次能源生产量	Indigenous Production		3098.31
2.外省(区、市)调入量	Moving In from Other Provinces	189.74	4075.37
3.进口量	Import		1126.65
4.境内轮船和飞机在境外的加油量	Domestic Airplanes&Ships Refueling in Abroad		17.85
5.本省(区、市)调出量(−)	Sending Out to Other Provinces(-)		6556.66
6.出口量(−)	Export(-)		19.28
7.境外轮船和飞机在境内的加油量(−)	Oversea Airplanes&Ships Refueling in China(-)		100.91
8.库存增(−)、减(+)量	Stock Change	0.40	-22.54
二.加工转换投入(−)产出(+)量	**Input(-) & Output(+) of Transformation**	**15.20**	**-132.15**
1.火力发电	Thermal Power		-25.58
2.供　　热	Heating Supply		-35.58
3.洗 选 煤	Coal Washing		
4.炼　　焦	Coking	15.20	
5.炼油及煤制油	Petroleum Refineries		250.45
#油品再投入量(−)	Petroleum Products Input (-)		-321.44
6.制　　气	Gas Works		
#焦炭再投入量(−)	Coke Input (-)		
7.天然气液化	Natural Gas Liquefaction		
8.煤制品加工	Briquettes		
9.回收能	Recovery of Energy		
三.损 失 量	**Loss**		**0.85**
四.终端消费量	**Total Final Consumption**	**205.34**	**1485.78**
1.农、林、牧、渔、水利业	Agriculture, Forestry, Animal Husbandry, Fishery and Water Conservancy		34.30
2.工业	Industry	205.34	791.85
#用作原料、材料	Non-Energy Use		416.78
3.建筑业	Construction		103.47
4.交通运输、仓储和邮政业	Transport, Storage and Post		296.98
5.批发、零售业和住宿、餐饮业	Wholesale, Retail Trade and Hotel, Restaurants		43.23
6.其他	Others		57.33
7.生活消费	Residential Consumption		158.62
城 镇	Urban		145.27
乡 村	Rural		13.35
五.平衡差额	**Statistical Difference**		**0.01**
六.消费量合计	**Total Energy Consumption**	**205.34**	**1618.78**

Continued 1

原油（万吨） Crude Oil (10⁴ tn)	汽油（万吨） Gasoline (10⁴ tn)	煤油（万吨） Kerosene (10⁴ tn)	柴油（万吨） Diesel Oil (10⁴ tn)	燃料油（万吨） Fuel Oil (10⁴ tn)	石脑油（万吨） Naphtha (10⁴ tn)	润滑油（万吨） Lubricants (10⁴ tn)	石蜡（万吨） Paraffin Waxes (10⁴ tn)	溶剂油（万吨） White Spirit (10⁴ tn)
1544.62	**69.96**	**-65.09**	**-228.95**	**111.19**	**80.13**		**0.14**	**0.45**
3098.31								
37.75	1399.34	15.82	2302.97	113.11	82.82		0.14	
1052.50		3.40	1.33	69.42				
		0.32		17.53				
2579.34	1332.50	80.04	2540.70	8.58				
19.28								
		3.93	1.64	95.34				
-45.32	3.12	-0.66	9.09	15.05	-2.69			0.45
-1532.64	**183.64**	**94.50**	**607.13**	**-28.46**	**143.55**	**22.92**		**15.95**
-8.12								
-1524.52	183.64	94.50	607.13	11.14	248.84	22.92		15.95
				-39.60	-105.29			
0.85								
11.13	**253.75**	**29.41**	**378.17**	**82.73**	**223.68**	**22.92**	**0.13**	**16.40**
	7.80		25.97			0.53		
11.13	11.88	0.55	48.73	2.92	223.68	22.39	0.13	16.40
0.11			0.33		209.88			
	13.60		85.69	3.58				
	65.04	27.71	129.30	74.90				
	9.73	1.01	26.29	0.20				
	12.47	0.14	43.46	1.13				
	133.23		18.73					
	126.80		17.10					
	6.43		1.63					
	-0.15		**0.01**				**0.01**	
1544.62	**253.75**	**29.41**	**378.17**	**122.33**	**328.97**	**22.92**	**0.13**	**16.40**

续表 2

项　　目	Item	石油沥青（万吨） Bitumen Asphalt (10^4 tn)	石油焦（万吨） Petroleum Coke (10^4 tn)
一.可供本地区消费的能源量	**Total Primary Energy Supply**	**0.10**	**4.03**
1.一次能源生产量	Indigenous Production		
2.外省(区、市)调入量	Moving In from Other Provinces	0.06	6.48
3.进口量	Import		
4.境内轮船和飞机在境外的加油量	Domestic Airplanes&Ships Refueling in Abroad		
5.本省(区、市)调出量(−)	Sending Out to Other Provinces(-)		
6.出口量(−)	Export(-)		
7.境外轮船和飞机在境内的加油量(−)	Oversea Airplanes&Ships Refueling in China(-)		
8.库存增(−)、减(+)量	Stock Change	0.04	-2.45
二.加工转换投入(−)产出(+)量	**Input(-) & Output(+) of Transformation**		**70.88**
1.火力发电	Thermal Power		-17.43
2.供　热	Heating Supply		-35.52
3.洗 选 煤	Coal Washing		
4.炼　焦	Coking		
5.炼油及煤制油	Petroleum Refineries		123.83
#油品再投入量(−)	Petroleum Products Input (-)		
6.制　气	Gas Works		
#焦炭再投入量(−)	Coke Input (-)		
7.天然气液化	Natural Gas Liquefaction		
8.煤制品加工	Briquettes		
9.回收能	Recovery of Energy		
三.损 失 量	**Loss**		
四.终端消费量	**Total Final Consumption**	**0.10**	**74.37**
1.农、林、牧、渔、水利业	Agriculture, Forestry, Animal Husbandry, Fishery and Water Conservancy		
2.工业	Industry	0.10	74.37
#用作原料、材料	Non-Energy Use		
3.建筑业	Construction		
4.交通运输、仓储和邮政业	Transport, Storage and Post		
5.批发、零售业和住宿、餐饮业	Wholesale, Retail Trade and Hotel, Restaurants		
6.其他	Others		
7.生活消费	Residential Consumption		
城 镇	Urban		
乡 村	Rural		
五.平衡差额	**Statistical Difference**		**0.54**
六.消费量合计	**Total Energy Consumption**	**0.10**	**127.32**

Continued 2

液化石油气 (万吨) LPG (10^4 tn)	炼厂干气 (万吨) Refinery Gas (10^4 tn)	其他石油制品 (万吨) Other Petroleum Products (10^4 tn)	天然气 (亿立方米) Natural Gas (10^8 cu.m)	液化天然气 (万吨) LNG (10^4 tn)	热力 (万百万千焦) Heat (10^10 kJ)	电力 (亿千瓦小时) Electricity (10^8 kW•h)	其他能源 (万吨标煤) Other Energy (10^4 tce)
-14.35		**116.56**	**32:31**	**1.68**		**150.23**	**58.82**
			18.73			4.86	18.00
1.88		115.00	26.97	1.68		146.12	40.77
15.50			13.39			0.75	
-0.73		1.56					0.05
70.54	**55.56**	**164.28**	**-3.43**	**2.15**	**19260.00**	**616.90**	**-12.65**
	-0.03		-0.61			616.90	-12.65
	-0.06		-0.31		18958.00		
72.02	55.65	339.35	-2.17				
-1.48		-175.07					
			-0.34	2.15			
					302.00		
			0.70		**48.00**	**47.39**	
56.14	**55.55**	**281.30**	**28.22**	**3.83**	**19212.29**	**719.74**	**46.17**
						13.62	
43.22	55.55	280.80	16.25	1.28	9697.15	503.22	46.17
21.35		185.11	0.61	0.06			
0.10		0.50	0.03	0.40	75.83	14.01	
0.03			0.21	2.15	146.31	24.84	
6.00			5.83		502.00	32.44	
0.13			1.20		1056.00	57.92	
6.66			4.70		7735.00	73.69	
1.37			4.70		7735.00	55.56	
5.29						18.13	
0.05	**0.01**	**-0.46**	**-0.04**		**-0.29**		
57.62	**55.64**	**456.37**	**32.05**	**3.83**	**19260.29**	**767.13**	**58.82**

6-3 河北能源平衡表(实物量)-2012

项 目	Item	煤合计 (万吨) Coal Total (10^4 tn)	原煤 (万吨) Raw Coal (10^4 tn)
一.可供本地区消费的能源量	**Total Primary Energy Supply**	**31358.99**	**30248.89**
1.一次能源生产量	Indigenous Production	11771.56	11771.56
2.外省(区、市)调入量	Moving In from Other Provinces	25524.33	21137.74
3.进口量	Import	2188.10	513.99
4.境内轮船和飞机在境外的加油量	Domestic Airplanes&Ships Refueling in Abroad		
5.本省(区、市)调出量(-)	Sending Out to Other Provinces(-)	8019.90	3211.82
6.出口量(-)	Export(-)	269.07	10.76
7.境外轮船和飞机在境内的加油量(-)	Oversea Airplanes&Ships Refueling in China(-)		
8.库存增(-)、减(+)量	Stock Change	163.97	48.18
二.加工转换投入(-)产出(+)量	**Input(-) & Output(+) of Transformation**	**-21806.07**	**-22386.33**
1.火力发电	Thermal Power	-9666.18	-9577.14
2.供　　热	Heating Supply	-1469.47	-1419.16
3.洗 选 煤	Coal Washing	-2168.40	-11101.42
4.炼　　焦	Coking	-8518.08	-62.35
5.炼油及煤制油	Petroleum Refineries	-2.89	-2.89
#油品再投入量(-)	Petroleum Products Input (-)		
6.制　　气	Gas Works		
#焦炭再投入量(-)	Coke Input (-)		
7.天然气液化	Natural Gas Liquefaction		
8.煤制品加工	Briquettes	18.95	-223.37
9.回收能	Recovery of Energy		
三.损 失 量	**Loss**		
四.终端消费量	**Total Final Consumption**	**9552.93**	**7862.57**
1.农、林、牧、渔、水利业	Agriculture, Forestry, Animal Husbandry, Fishery and Water Conservancy	152.64	152.41
2.工业	Industry	7422.92	6305.84
#用作原料、材料	Non-Energy Use	309.04	304.93
3.建筑业	Construction	37.80	36.86
4.交通运输、仓储和邮政业	Transport, Storage and Post	44.28	43.74
5.批发、零售业和住宿、餐饮业	Wholesale, Retail Trade and Hotel, Restaurants	143.43	140.05
6.其他	Others	357.33	354.95
7.生活消费	Residential Consumption	1394.52	828.72
城 镇	Urban	585.63	361.88
乡 村	Rural	808.89	466.84
五.平衡差额	**Statistical Difference**	**-0.01**	**-0.01**
六.消费量合计	**Total Energy Consumption**	**31359.00**	**30248.89**

ENERGY BALANCE OF HEBEI (PHYSICAL QUANTITY) -2012

洗精煤 (万吨) Cleaned Coal (10^4 tn)	其他洗煤 (万吨) Other Washed Coal (10^4 tn)	型煤 (万吨) Briquettes (10^4 tn)	煤矸石 (万吨) Gangue (10^4 tn)	焦炭 (万吨) Coke (10^4 tn)	焦炉煤气 (亿立方米) Coke Oven Gas (10^8 cu.m)	高炉煤气 (亿立方米) Blast Furnace Gas (10^8 cu.m)	转炉煤气 (亿立方米) Converter Gas (10^8 cu.m)	其他煤气 (亿立方米) Other Gas (10^8 cu.m)
2387.57	**-1273.70**	**-3.77**	**-826.77**	**2054.67**				
4232.60	153.99			3196.62				
1673.71		0.39		8.67				
3379.65	1428.43		826.77	1102.78				
257.36		0.94		10.12				
118.27	0.74	-3.22		-37.72				
-1596.39	**1931.74**	**244.90**	**853.83**	**6311.96**	**104.08**	**415.04**	**45.73**	**10.00**
	-89.04		-170.44		-17.46	-322.33	-18.11	
	-50.31		-56.68		-12.97	-210.71	-18.77	
6859.34	2073.68		1080.95					
-8455.73				6347.61	134.51			
								10.00
				-35.65				
	-2.59	244.90						
						948.08	82.61	
791.18	**658.05**	**241.13**	**27.06**	**8366.63**	**104.08**	**415.04**	**45.73**	**10.00**
0.23								
790.95	161.63	164.50	27.06	8365.43	88.35	415.04	45.73	10.00
3.71	0.10	0.30		87.72	0.13			
		0.95		0.05	0.05			
		0.54			0.01			
		3.38		0.30	0.63			
		2.39		0.85	1.72			
	496.42	69.38			13.32			
	196.72	27.03			13.32			
	299.70	42.35						
9246.91	**799.99**	**241.13**	**254.18**	**8402.28**	**134.51**	**948.08**	**82.61**	**10.00**

续表 1

项　目	Item	其他焦化产品(万吨) Other Coking Products (10^4 tn)	油品合计(万吨) Petroleum Products Total (10^4 tn)
一.可供本地区消费的能源量	**Total Primary Energy Supply**	**-283.04**	**1619.67**
1.一次能源生产量	Indigenous Production		584.02
2.外省(区、市)调入量	Moving In from Other Provinces		1540.58
3.进口量	Import	0.81	1253.05
4.境内轮船和飞机在境外的加油量	Domestic Airplanes&Ships Refueling in Abroad		
5.本省(区、市)调出量(-)	Sending Out to Other Provinces(-)	233.42	1636.56
6.出口量(-)	Export(-)	49.31	112.39
7.境外轮船和飞机在境内的加油量(-)	Oversea Airplanes&Ships Refueling in China(-)		
8.库存增(-)、减(+)量	Stock Change	-1.12	-9.03
二.加工转换投入(-)产出(+)量	**Input(-) & Output(+) of Transformation**	**388.07**	**-69.22**
1.火力发电	Thermal Power	-13.43	-4.21
2.供　热	Heating Supply		-5.04
3.洗 选 煤	Coal Washing		
4.炼　焦	Coking	401.50	
5.炼油及煤制油	Petroleum Refineries		11.26
#油品再投入量(-)	Petroleum Products Input (-)		-71.23
6.制　气	Gas Works		
#焦炭再投入量(-)	Coke Input (-)		
7.天然气液化	Natural Gas Liquefaction		
8.煤制品加工	Briquettes		
9.回收能	Recovery of Energy		
三.损 失 量	**Loss**		**13.31**
四.终端消费量	**Total Final Consumption**	**105.03**	**1537.14**
1.农、林、牧、渔、水利业	Agriculture, Forestry, Animal Husbandry, Fishery and Water Conservancy		191.27
2.工业	Industry	105.03	287.23
#用作原料、材料	Non-Energy Use	32.41	22.24
3.建筑业	Construction		204.21
4.交通运输、仓储和邮政业	Transport, Storage and Post		535.00
5.批发、零售业和住宿、餐饮业	Wholesale, Retail Trade and Hotel, Restaurants		30.34
6.其他	Others		93.38
7.生活消费	Residential Consumption		195.72
城 镇	Urban		144.00
乡 村	Rural		51.72
五.平衡差额	**Statistical Difference**		
六.消费量合计	**Total Energy Consumption**	**118.46**	**1619.67**

Continued 1

原油 (万吨) Crude Oil (10^4 tn)	汽油 (万吨) Gasoline (10^4 tn)	煤油 (万吨) Kerosene (10^4 tn)	柴油 (万吨) Diesel Oil (10^4 tn)	燃料油 (万吨) Fuel Oil (10^4 tn)	石脑油 (万吨) Naphtha (10^4 tn)	润滑油 (万吨) Lubricants (10^4 tn)	石蜡 (万吨) Paraffin Waxes (10^4 tn)	溶剂油 (万吨) White Spirit (10^4 tn)
1547.61	**-12.81**	**7.47**	**274.35**	**-73.08**	**-54.34**	**-4.22**	**0.02**	**-2.47**
584.02								
817.97	130.64	13.43	507.07	57.80		1.08	0.02	
1223.52		1.38	0.59	24.34				
999.15	142.06	5.80	218.77	130.79	54.34	5.19		2.47
85.28		2.19	0.48	23.82				
6.53	-1.39	0.65	-14.06	-0.60		-0.11		
-1518.70	**331.14**	**0.32**	**545.56**	**96.90**	**86.66**	**5.44**		**2.52**
			-1.32	-0.03				
			-0.13	-0.68				
-1518.70	331.14	0.32	547.01	97.61	86.66	5.44		2.52
13.31								
15.60	**318.33**	**7.79**	**819.91**	**23.82**	**32.32**	**1.22**	**0.02**	**0.05**
	43.25	0.50	145.43	0.84				
15.60	44.10	0.42	120.25	9.32	32.32	1.22	0.02	0.05
0.09	0.04	0.29	0.01				0.01	
	7.76	0.92	22.05	2.71				
	103.27	4.04	417.20	10.28				
	9.37	0.33	15.35	0.33				
	47.22	0.54	44.68	0.35				
	63.36	1.04	54.96					
	45.86		26.33					
	17.50	1.04	28.63					
1547.61	**318.33**	**7.79**	**821.36**	**24.53**	**32.32**	**1.22**	**0.02**	**0.05**

续表 2

项　　目	Item	石油沥青(万吨) Bitumen Asphalt (10^4 tn)	石油焦(万吨) Petroleum Coke (10^4 tn)
一.可供本地区消费的能源量	**Total Primary Energy Supply**	**-14.39**	**-44.89**
1.一次能源生产量	Indigenous Production		
2.外省(区、市)调入量	Moving In from Other Provinces		
3.进口量	Import		
4.境内轮船和飞机在境外的加油量	Domestic Airplanes&Ships Refueling in Abroad		
5.本省(区、市)调出量(-)	Sending Out to Other Provinces(-)	14.39	45.01
6.出口量(-)	Export(-)		
7.境外轮船和飞机在境内的加油量(-)	Oversea Airplanes&Ships Refueling in China(-)		
8.库存增(-)、减(+)量	Stock Change		0.12
二.加工转换投入(-)产出(+)量	**Input(-) & Output(+) of Transformation**	**63.72**	**49.38**
1.火力发电	Thermal Power		
2.供　　热	Heating Supply		
3.洗 选 煤	Coal Washing		
4.炼　　焦	Coking		
5.炼油及煤制油	Petroleum Refineries	63.72	49.38
#油品再投入量(-)	Petroleum Products Input (-)		
6.制　　气	Gas Works		
#焦炭再投入量(-)	Coke Input (-)		
7.天然气液化	Natural Gas Liquefaction		
8.煤制品加工	Briquettes		
9.回收能	Recovery of Energy		
三.损 失 量	**Loss**		
四.终端消费量	**Total Final Consumption**	**49.33**	**4.49**
1.农、林、牧、渔、水利业	Agriculture, Forestry, Animal Husbandry, Fishery and Water Conservancy		
2.工业	Industry	0.33	4.49
#用作原料、材料	Non-Energy Use	0.05	
3.建筑业	Construction	49.01	
4.交通运输、仓储和邮政业	Transport, Storage and Post		
5.批发、零售业和住宿、餐饮业	Wholesale, Retail Trade and Hotel, Restaurants		
6.其他	Others		
7.生活消费	Residential Consumption		
城 镇	Urban		
乡 村	Rural		
五.平衡差额	**Statistical Difference**		
六.消费量合计	**Total Energy Consumption**	**49.33**	**4.49**

Continued 2

液化石油气 (万吨) LPG (10^4 tn)	炼厂干气 (万吨) Refinery Gas (10^4 tn)	其他石油制品 (万吨) Other Petroleum Products (10^4 tn)	天然气 (亿立方米) Natural Gas (10^8 cu.m)	液化天然气 (万吨) LNG (10^4 tn)	热力 (万百万千焦) Heat (10^{10} kJ)	电力 (亿千瓦小时) Electricity (10^8 kW•h)	其他能源 (万吨标煤) Other Energy (10^4 tce)
-11.01		**7.43**	**45.00**	**0.96**		**850.86**	
			13.36			143.91	
		12.57	31.87	0.99		706.95	
		3.22					
11.00		7.59	0.22	0.01			
		0.62					
-0.01		-0.16	-0.01	-0.02			
96.57	**26.74**	**144.53**	**-1.02**		**30297.29**	**2226.96**	**34.04**
	-0.60	-2.26	-0.27		-2824.90	2226.96	-121.97
	-4.23		-0.75		29576.07		-11.77
96.57	37.17	212.42					
	-5.60	-65.63					
					3546.12		167.78
						190.17	
85.56	**26.74**	**151.95**	**43.98**	**0.96**	**30297.29**	**2887.65**	**34.04**
1.25						96.97	
2.00	26.74	30.37	24.86	0.96	22816.68	2173.74	34.04
0.04		21.71	3.58	0.19			
0.19		121.58	0.10		64.34	31.51	
0.22			3.95		95.75	70.58	
4.95			1.05		419.77	72.30	
0.59			1.52		1605.05	109.01	
76.36			12.50		5295.70	333.54	
71.81			12.50		5295.70	128.68	
4.55						204.86	
85.56	**37.17**	**219.84**	**45.00**	**0.96**	**33122.19**	**3077.82**	**167.78**

6-4 山西能源平衡表(实物量)-2012

项 目	Item	煤合计(万吨) Coal Total (10^4 tn)	原煤(万吨) Raw Coal (10^4 tn)
一.可供本地区消费的能源量	**Total Primary Energy Supply**	**34551.17**	**46049.50**
1.一次能源生产量	Indigenous Production	91333.00	91333.00
2.外省(区、市)调入量	Moving In from Other Provinces	3070.02	3070.02
3.进口量	Import		
4.境内轮船和飞机在境外的加油量	Domestic Airplanes&Ships Refueling in Abroad		
5.本省(区、市)调出量(-)	Sending Out to Other Provinces(-)	57841.99	46675.80
6.出口量(-)	Export(-)	179.00	179.00
7.境外轮船和飞机在境内的加油量(-)	Oversea Airplanes&Ships Refueling in China(-)		
8.库存增(-)、减(+)量	Stock Change	-1830.86	-1498.72
二.加工转换投入(-)产出(+)量	**Input(-) & Output(+) of Transformation**	**-28096.54**	**-40817.73**
1.火力发电	Thermal Power	-11547.23	-10836.33
2.供　热	Heating Supply	-999.34	-906.04
3.洗 选 煤	Coal Washing	-3650.15	-28952.95
4.炼　焦	Coking	-11799.94	-67.32
5.炼油及煤制油	Petroleum Refineries		
#油品再投入量(-)	Petroleum Products Input (-)		
6.制　气	Gas Works	-60.19	-55.09
#焦炭再投入量(-)	Coke Input (-)		
7.天然气液化	Natural Gas Liquefaction		
8.煤制品加工	Briquettes	-39.69	
9.回收能	Recovery of Energy		
三.损 失 量	**Loss**		
四.终端消费量	**Total Final Consumption**	**6454.63**	**5231.77**
1.农、林、牧、渔、水利业	Agriculture, Forestry, Animal Husbandry, Fishery and Water Conservancy	193.50	193.50
2.工业	Industry	4374.73	3837.99
#用作原料、材料	Non-Energy Use	643.85	586.04
3.建筑业	Construction	73.53	72.03
4.交通运输、仓储和邮政业	Transport, Storage and Post	63.73	63.73
5.批发、零售业和住宿、餐饮业	Wholesale, Retail Trade and Hotel, Restaurants	254.66	251.06
6.其他	Others	249.09	249.09
7.生活消费	Residential Consumption	1245.39	564.37
城 镇	Urban	487.91	212.48
乡 村	Rural	757.48	351.89
五.平衡差额	**Statistical Difference**		
六.消费量合计	**Total Energy Consumption**	**34551.17**	**46049.50**

ENERGY BALANCE OF SHANXI (PHYSICAL QUANTITY) -2012

洗精煤 (万吨) Cleaned Coal (10^4 tn)	其他洗煤 (万吨) Other Washed Coal (10^4 tn)	型煤 (万吨) Briquettes (10^4 tn)	煤矸石 (万吨) Gangue (10^4 tn)	焦炭 (万吨) Coke (10^4 tn)	焦炉煤气 (亿立方米) Coke Oven Gas (10^8 cu.m)	高炉煤气 (亿立方米) Blast Furnace Gas (10^8 cu.m)	转炉煤气 (亿立方米) Converter Gas (10^8 cu.m)	其他煤气 (亿立方米) Other Gas (10^8 cu.m)
-7581.53	**-3915.81**	**-0.99**		**-5674.11**				
7270.42	3895.77			5827.84				
-311.11	-20.04	-0.99		153.73				
7832.54	**4705.12**	**183.53**	**84.00**	**8612.66**	**145.37**			**15.60**
-16.23	-694.67		-2049.50		-20.31	-44.80	-1.27	
	-93.30		-75.25		-1.75	-26.27		
19604.71	5698.09		2208.75					
-11732.62				8612.66	167.43			
-5.04		-0.06						15.60
-18.28	-205.00	183.59						
						71.07	1.27	
251.01	**789.31**	**182.54**	**84.00**	**2938.55**	**145.37**			**15.60**
251.01	172.60	113.13	84.00	2934.42	130.37			15.60
57.81				52.35				
		1.50		0.16				
		3.60		1.49				
	616.71	64.31		2.48	15.00			
	248.12	27.31		1.13	13.20			
	368.59	37.00		1.35	1.80			
12023.18	**1782.28**	**182.60**	**2208.75**	**2938.55**	**167.43**	**71.07**	**1.27**	**15.60**

续表 1

项　　目	Item	其他焦化产品(万吨) Other Coking Products (10^4 tn)	油品合计(万吨) Petroleum Products Total (10^4 tn)
一.可供本地区消费的能源量	**Total Primary Energy Supply**	**-180.38**	**772.60**
1.一次能源生产量	Indigenous Production		
2.外省(区、市)调入量	Moving In from Other Provinces		767.78
3.进口量	Import		0.19
4.境内轮船和飞机在境外的加油量	Domestic Airplanes&Ships Refueling in Abroad		
5.本省(区、市)调出量(-)	Sending Out to Other Provinces(-)	178.93	
6.出口量(-)	Export(-)		
7.境外轮船和飞机在境内的加油量(-)	Oversea Airplanes&Ships Refueling in China(-)		0.12
8.库存增(-)、减(+)量	Stock Change	-1.45	4.75
二.加工转换投入(-)产出(+)量	**Input(-) & Output(+) of Transformation**	**333.28**	
1.火力发电	Thermal Power		
2.供　　热	Heating Supply		
3.洗 选 煤	Coal Washing		
4.炼　　焦	Coking	333.28	
5.炼油及煤制油	Petroleum Refineries		
#油品再投入量(-)	Petroleum Products Input (-)		
6.制　　气	Gas Works		
#焦炭再投入量(-)	Coke Input (-)		
7.天然气液化	Natural Gas Liquefaction		
8.煤制品加工	Briquettes		
9.回收能	Recovery of Energy		
三.损 失 量	**Loss**		**1.10**
四.终端消费量	**Total Final Consumption**	**152.90**	**771.50**
1.农、林、牧、渔、水利业	Agriculture, Forestry, Animal Husbandry, Fishery and Water Conservancy		73.00
2.工业	Industry	152.90	99.27
#用作原料、材料	Non-Energy Use		
3.建筑业	Construction		28.08
4.交通运输、仓储和邮政业	Transport, Storage and Post		473.63
5.批发、零售业和住宿、餐饮业	Wholesale, Retail Trade and Hotel, Restaurants		11.27
6.其他	Others		25.04
7.生活消费	Residential Consumption		61.21
城 镇	Urban		30.89
乡 村	Rural		30.32
五.平衡差额	**Statistical Difference**		
六.消费量合计	**Total Energy Consumption**	**152.90**	**772.60**

Continued 1

原油 (万吨) Crude Oil (10^4 tn)	汽油 (万吨) Gasoline (10^4 tn)	煤油 (万吨) Kerosene (10^4 tn)	柴油 (万吨) Diesel Oil (10^4 tn)	燃料油 (万吨) Fuel Oil (10^4 tn)	石脑油 (万吨) Naphtha (10^4 tn)	润滑油 (万吨) Lubricants (10^4 tn)	石蜡 (万吨) Paraffin Waxes (10^4 tn)	溶剂油 (万吨) White Spirit (10^4 tn)
	224.61	**18.00**	**498.08**	**1.20**				
	221.53	17.01	498.53					
				0.19				
	3.08	0.99	-0.45	1.01				
	0.50		**0.60**					
	224.11	**18.00**	**497.48**	**1.20**				
	34.80		38.20					
	17.73	0.95	70.64	1.20				
	10.83	0.25	16.92					
	109.93	16.40	347.30					
	3.28	0.40	5.45					
	13.24		11.47					
	34.30		7.50					
	16.20		1.50					
	18.10		6.00					
	224.61	**18.00**	**498.08**	**1.20**				

续表 2

项　　目	Item	石油沥青（万吨） Bitumen Asphalt (10^4 tn)	石油焦（万吨） Petroleum Coke (10^4 tn)
一.可供本地区消费的能源量	**Total Primary Energy Supply**		
1.一次能源生产量	Indigenous Production		
2.外省(区、市)调入量	Moving In from Other Provinces		
3.进口量	Import		
4.境内轮船和飞机在境外的加油量	Domestic Airplanes&Ships Refueling in Abroad		
5.本省(区、市)调出量(-)	Sending Out to Other Provinces(-)		
6.出口量(-)	Export(-)		
7.境外轮船和飞机在境内的加油量(-)	Oversea Airplanes&Ships Refueling in China(-)		
8.库存增(-)、减(+)量	Stock Change		
二.加工转换投入(-)产出(+)量	**Input(-) & Output(+) of Transformation**		
1.火力发电	Thermal Power		
2.供　热	Heating Supply		
3.洗 选 煤	Coal Washing		
4.炼　焦	Coking		
5.炼油及煤制油	Petroleum Refineries		
#油品再投入量(-)	Petroleum Products Input (-)		
6.制　气	Gas Works		
#焦炭再投入量(-)	Coke Input (-)		
7.天然气液化	Natural Gas Liquefaction		
8.煤制品加工	Briquettes		
9.回收能	Recovery of Energy		
三.损 失 量	**Loss**		
四.终端消费量	**Total Final Consumption**		
1.农、林、牧、渔、水利业	Agriculture, Forestry, Animal Husbandry, Fishery and Water Conservancy		
2.工业	Industry		
#用作原料、材料	Non-Energy Use		
3.建筑业	Construction		
4.交通运输、仓储和邮政业	Transport, Storage and Post		
5.批发、零售业和住宿、餐饮业	Wholesale, Retail Trade and Hotel, Restaurants		
6.其他	Others		
7.生活消费	Residential Consumption		
城 镇	Urban		
乡 村	Rural		
五.平衡差额	**Statistical Difference**		
六.消费量合计	**Total Energy Consumption**		

Continued 2

液化石油气（万吨）LPG (10^4 tn)	炼厂干气（万吨）Refinery Gas (10^4 tn)	其他石油制品（万吨）Other Petroleum Products (10^4 tn)	天然气（亿立方米）Natural Gas (10^8 cu.m)	液化天然气（万吨）LNG (10^4 tn)	热力（万百万千焦）Heat (10^{10} kJ)	电力（亿千瓦小时）Electricity (10^8 kW•h)	其他能源（万吨标煤）Other Energy (10^4 tce)
22.49		**8.22**	**37.39**			**-677.17**	**95.61**
			33.60			92.01	95.61
22.31		8.40	19.42			30.46	
			15.63			799.64	
-0.12							
0.30		-0.18					
			-5.21		**16014.55**	**2442.95**	**-93.98**
			-5.21			2442.95	-85.54
					16014.55		-8.44
						93.39	
22.49		**8.22**	**32.18**		**16014.55**	**1672.39**	**1.63**
			0.01			37.39	
0.53		8.22	17.53		6707.58	1340.66	1.63
0.08			0.09			22.02	
			6.55			51.92	
2.14			3.74		1935.55	27.24	
0.33			1.55		1258.00	58.36	
19.41			2.71		6113.42	134.80	
13.19			2.71		6113.42	81.76	
6.22						53.04	
22.49		**8.22**	**37.39**		**16014.55**	**1765.78**	**95.61**

6-5 内蒙古能源平衡表(实物量)-2012

项目	Item	煤合计(万吨) Coal Total (10^4 tn)	原煤(万吨) Raw Coal (10^4 tn)
一.可供本地区消费的能源量	**Total Primary Energy Supply**	**36621.48**	**41422.48**
1.一次能源生产量	Indigenous Production	104190.90	104190.90
2.外省(区、市)调入量	Moving In from Other Provinces	1094.13	927.43
3.进口量	Import	2211.34	2211.34
4.境内轮船和飞机在境外的加油量	Domestic Airplanes&Ships Refueling in Abroad		
5.本省(区、市)调出量(-)	Sending Out to Other Provinces(-)	71130.03	66134.00
6.出口量(-)	Export(-)	182.70	182.70
7.境外轮船和飞机在境内的加油量(-)	Oversea Airplanes&Ships Refueling in China(-)		
8.库存增(-)、减(+)量	Stock Change	437.84	409.51
二.加工转换投入(-)产出(+)量	**Input(-) & Output(+) of Transformation**	**-29308.91**	**-34670.17**
1.火力发电	Thermal Power	-20261.65	-20226.39
2.供热	Heating Supply	-2252.21	-2236.48
3.洗选煤	Coal Washing	-2604.15	-11726.47
4.炼焦	Coking	-3831.50	-304.27
5.炼油及煤制油	Petroleum Refineries	-350.68	-167.84
#油品再投入量(-)	Petroleum Products Input (-)		
6.制气	Gas Works	-8.72	-8.72
#焦炭再投入量(-)	Coke Input (-)		
7.天然气液化	Natural Gas Liquefaction		
8.煤制品加工	Briquettes		
9.回收能	Recovery of Energy		
三.损失量	**Loss**		
四.终端消费量	**Total Final Consumption**	**7311.58**	**6751.33**
1.农、林、牧、渔、水利业	Agriculture, Forestry, Animal Husbandry, Fishery and Water Conservancy	385.34	385.34
2.工业	Industry	2943.17	2865.13
#用作原料、材料	Non-Energy Use		
3.建筑业	Construction	164.62	164.62
4.交通运输、仓储和邮政业	Transport, Storage and Post	481.97	481.97
5.批发、零售业和住宿、餐饮业	Wholesale, Retail Trade and Hotel, Restaurants	1165.10	1165.10
6.其他	Others	436.43	371.11
7.生活消费	Residential Consumption	1734.95	1318.06
城镇	Urban	1217.31	881.01
乡村	Rural	517.64	437.05
五.平衡差额	**Statistical Difference**	**0.99**	**0.98**
六.消费量合计	**Total Energy Consumption**	**36620.49**	**41421.50**

ENERGY BALANCE OF INNER MONGOLIA (PHYSICAL QUANTITY) -2012

洗精煤 (万吨) Cleaned Coal (10^4 tn)	其他洗煤 (万吨) Other Washed Coal (10^4 tn)	型煤 (万吨) Briquettes (10^4 tn)	煤矸石 (万吨) Gangue (10^4 tn)	焦炭 (万吨) Coke (10^4 tn)	焦炉煤气 (亿立方米) Coke Oven Gas (10^8 cu.m)	高炉煤气 (亿立方米) Blast Furnace Gas (10^8 cu.m)	转炉煤气 (亿立方米) Converter Gas (10^8 cu.m)	其他煤气 (亿立方米) Other Gas (10^8 cu.m)
-1334.97	**-3632.81**	**166.78**		**-1186.39**				
		166.70						
1346.37	3649.66			1195.39				
11.40	16.85	0.08		9.00				
1362.40	**3998.86**		**7.01**	**2598.25**	**37.36**	**96.33**	**3.92**	**1.97**
-1.06	-34.20		-611.56		-6.14	-50.72		
	-15.73		-27.01		-2.14	-14.09	-5.18	
5058.50	4063.82		645.58					
-3521.19	-6.04			2598.25	45.64			
-173.85	-8.99							
								1.97
						161.14	9.10	
27.42	**366.05**	**166.78**	**7.01**	**1411.86**	**37.36**	**96.33**	**3.92**	**1.97**
27.42	15.49	35.13	7.01	1411.86	37.06	96.33	3.92	1.97
	65.32							
	285.24	131.65			0.30			
	233.30	103.00			0.30			
	51.94	28.65						
3723.52	**431.01**	**166.78**	**645.58**	**1411.86**	**45.64**	**161.14**	**9.10**	**1.97**

续表 1

项　　目	Item	其他焦化产品(万吨) Other Coking Products (10^4 tn)	油品合计(万吨) Petroleum Products Total (10^4 tn)
一.可供本地区消费的能源量	**Total Primary Energy Supply**	**10.42**	**1277.79**
1.一次能源生产量	Indigenous Production		197.84
2.外省(区、市)调入量	Moving In from Other Provinces	10.08	1234.65
3.进口量	Import		0.01
4.境内轮船和飞机在境外的加油量	Domestic Airplanes&Ships Refueling in Abroad		
5.本省(区、市)调出量(-)	Sending Out to Other Provinces(-)		160.28
6.出口量(-)	Export(-)		
7.境外轮船和飞机在境内的加油量(-)	Oversea Airplanes&Ships Refueling in China(-)		
8.库存增(-)、减(+)量	Stock Change	0.34	5.58
二.加工转换投入(-)产出(+)量	**Input(-) & Output(+) of Transformation**	**150.09**	**88.19**
1.火力发电	Thermal Power		-0.77
2.供　　热	Heating Supply		-0.05
3.洗 选 煤	Coal Washing		
4.炼　　焦	Coking	150.09	
5.炼油及煤制油	Petroleum Refineries		89.01
#油品再投入量(-)	Petroleum Products Input (-)		
6.制　　气	Gas Works		
#焦炭再投入量(-)	Coke Input (-)		
7.天然气液化	Natural Gas Liquefaction		
8.煤制品加工	Briquettes		
9.回收能	Recovery of Energy		
三.损 失 量	**Loss**		
四.终端消费量	**Total Final Consumption**	**160.50**	**1365.97**
1.农、林、牧、渔、水利业	Agriculture, Forestry, Animal Husbandry, Fishery and Water Conservancy		95.00
2.工业	Industry	160.50	175.95
#用作原料、材料	Non-Energy Use		
3.建筑业	Construction		141.44
4.交通运输、仓储和邮政业	Transport, Storage and Post		763.65
5.批发、零售业和住宿、餐饮业	Wholesale, Retail Trade and Hotel, Restaurants		113.66
6.其他	Others		39.67
7.生活消费	Residential Consumption		36.61
城 镇	Urban		24.71
乡 村	Rural		11.90
五.平衡差额	**Statistical Difference**		**0.01**
六.消费量合计	**Total Energy Consumption**	**160.50**	**1277.78**

Continued 1

原油 (万吨) Crude Oil (10^4 tn)	汽油 (万吨) Gasoline (10^4 tn)	煤油 (万吨) Kerosene (10^4 tn)	柴油 (万吨) Diesel Oil (10^4 tn)	燃料油 (万吨) Fuel Oil (10^4 tn)	石脑油 (万吨) Naphtha (10^4 tn)	润滑油 (万吨) Lubricants (10^4 tn)	石蜡 (万吨) Paraffin Waxes (10^4 tn)	溶剂油 (万吨) White Spirit (10^4 tn)
87.02	**287.22**	**23.19**	**811.05**	**9.67**	**-31.52**	**0.01**	**-10.27**	**-8.00**
197.84								
	285.55	23.18	806.89	9.58				
						0.01		
110.49					31.52		10.27	8.00
-0.33	1.67	0.01	4.16	0.09				
-79.83	**15.31**		**65.29**	**7.23**	**31.52**		**10.30**	**8.00**
-0.05			-0.71	-0.01				
			-0.05					
-79.78	15.31		66.05	7.24	31.52		10.30	8.00
7.19	**302.53**	**23.19**	**876.34**	**16.90**		**0.01**	**0.03**	
	24.70		66.92					
7.19	11.45	0.21	126.44	7.97		0.01	0.03	
	15.78		27.58					
	162.52	22.98	568.44	8.93				
	49.97		62.69					
	23.83		15.12					
	14.29		9.15					
	12.01		2.91					
	2.28		6.24					
87.02	**302.53**	**23.19**	**877.10**	**16.90**		**0.01**	**0.03**	

续表 2

项目	Item	石油沥青(万吨) Bitumen Asphalt (10^4 tn)	石油焦(万吨) Petroleum Coke (10^4 tn)
一.可供本地区消费的能源量	**Total Primary Energy Supply**	**64.32**	**20.98**
1.一次能源生产量	Indigenous Production		
2.外省(区、市)调入量	Moving In from Other Provinces	64.32	20.98
3.进口量	Import		
4.境内轮船和飞机在境外的加油量	Domestic Airplanes&Ships Refueling in Abroad		
5.本省(区、市)调出量(−)	Sending Out to Other Provinces(-)		
6.出口量(−)	Export(-)		
7.境外轮船和飞机在境内的加油量(−)	Oversea Airplanes&Ships Refueling in China(-)		
8.库存增(−)、减(+)量	Stock Change		
二.加工转换投入(−)产出(+)量	**Input(-) & Output(+) of Transformation**	**16.38**	
1.火力发电	Thermal Power		
2.供　　热	Heating Supply		
3.洗 选 煤	Coal Washing		
4.炼　　焦	Coking		
5.炼油及煤制油	Petroleum Refineries	16.38	
#油品再投入量(−)	Petroleum Products Input (-)		
6.制　　气	Gas Works		
#焦炭再投入量(−)	Coke Input (-)		
7.天然气液化	Natural Gas Liquefaction		
8.煤制品加工	Briquettes		
9.回收能	Recovery of Energy		
三.损 失 量	**Loss**		
四.终端消费量	**Total Final Consumption**	**80.70**	**20.98**
1.农、林、牧、渔、水利业	Agriculture, Forestry, Animal Husbandry, Fishery and Water Conservancy		
2.工业	Industry	0.70	20.98
#用作原料、材料	Non-Energy Use		
3.建筑业	Construction	80.00	
4.交通运输、仓储和邮政业	Transport, Storage and Post		
5.批发、零售业和住宿、餐饮业	Wholesale, Retail Trade and Hotel, Restaurants		
6.其他	Others		
7.生活消费	Residential Consumption		
城 镇	Urban		
乡 村	Rural		
五.平衡差额	**Statistical Difference**		
六.消费量合计	**Total Energy Consumption**	**80.70**	**20.98**

Continued 2

液化石油气（万吨） LPG (10^4 tn)	炼厂干气（万吨） Refinery Gas (10^4 tn)	其他石油制品（万吨） Other Petroleum Products (10^4 tn)	天然气（亿立方米） Natural Gas (10^8 cu.m)	液化天然气（万吨） LNG (10^4 tn)	热力（万百万千焦） Heat (10^{10} kJ)	电力（亿千瓦小时） Electricity (10^8 kW•h)	其他能源（万吨标煤） Other Energy (10^4 tce)
6.76		**17.36**	**45.20**	**-53.30**		**-1012.68**	
			259.17			314.79	
6.77		17.38				9.93	
			213.97	53.30		1337.40	
-0.01		-0.02					
12.96		**1.03**	**-8.37**	**53.54**	**26842.66**	**3026.64**	**24.04**
			-0.13		-1182.85	3026.64	-45.49
			-0.08		26978.95		-5.73
12.96		1.03					
			-8.16	53.54			
					1046.56		75.26
19.72		**18.39**	**36.82**	**0.24**	**26842.66**	**2016.78**	**24.04**
3.38					218.65	32.91	
0.67		0.31	26.87	0.24	5178.54	1783.91	24.04
		18.08			430.05	10.88	
0.78			3.18		1393.97	19.60	
1.00			3.35		1938.80	34.35	
0.72			1.49		1984.86	33.60	
13.17			1.93		15697.79	101.53	
9.79			1.93		15697.79	72.11	
3.38						29.42	
						-2.81	
19.72		**18.39**	**37.80**	**0.24**	**28025.51**	**2016.78**	**75.26**

6-6 辽宁能源平衡表(实物量)-2012

项　　目	Item	煤合计(万吨) Coal Total (10^4 tn)	原煤(万吨) Raw Coal (10^4 tn)
一.可供本地区消费的能源量	**Total Primary Energy Supply**	**18218.86**	**16474.02**
1.一次能源生产量	Indigenous Production	6597.76	6597.76
2.外省(区、市)调入量	Moving In from Other Provinces	11757.29	9422.23
3.进口量	Import	869.89	650.12
4.境内轮船和飞机在境外的加油量	Domestic Airplanes&Ships Refueling in Abroad		
5.本省(区、市)调出量(-)	Sending Out to Other Provinces(-)	1240.02	407.88
6.出口量(-)	Export(-)	5.99	2.39
7.境外轮船和飞机在境内的加油量(-)	Oversea Airplanes&Ships Refueling in China(-)		
8.库存增(-)、减(+)量	Stock Change	239.93	214.18
二.加工转换投入(-)产出(+)量	**Input(-) & Output(+) of Transformation**	**-13692.29**	**-12721.39**
1.火力发电	Thermal Power	-6924.88	-6272.59
2.供　　热	Heating Supply	-2651.24	-2587.14
3.洗 选 煤	Coal Washing	-1300.47	-3836.91
4.炼　　焦	Coking	-2787.14	
5.炼油及煤制油	Petroleum Refineries		
#油品再投入量(-)	Petroleum Products Input (-)		
6.制　　气	Gas Works	-24.66	-24.66
#焦炭再投入量(-)	Coke Input (-)		
7.天然气液化	Natural Gas Liquefaction		
8.煤制品加工	Briquettes	-3.90	-0.09
9.回收能	Recovery of Energy		
三.损 失 量	**Loss**		
四.终端消费量	**Total Final Consumption**	**4526.57**	**3752.63**
1.农、林、牧、渔、水利业	Agriculture, Forestry, Animal Husbandry, Fishery and Water Conservancy	21.29	21.29
2.工业	Industry	3889.52	3366.35
#用作原料、材料	Non-Energy Use	52.83	47.75
3.建筑业	Construction	24.33	24.33
4.交通运输、仓储和邮政业	Transport, Storage and Post	77.11	65.65
5.批发、零售业和住宿、餐饮业	Wholesale, Retail Trade and Hotel, Restaurants	59.50	59.50
6.其他	Others	60.00	60.00
7.生活消费	Residential Consumption	394.82	155.51
城 镇	Urban	258.76	95.76
乡 村	Rural	136.06	59.75
五.平衡差额	**Statistical Difference**		
六.消费量合计	**Total Energy Consumption**	**18218.86**	**16474.02**

ENERGY BALANCE OF LIAONING (PHYSICAL QUANTITY) -2012

洗精煤(万吨) Cleaned Coal (10^4 tn)	其他洗煤(万吨) Other Washed Coal (10^4 tn)	型煤(万吨) Briquettes (10^4 tn)	煤矸石(万吨) Gangue (10^4 tn)	焦炭(万吨) Coke (10^4 tn)	焦炉煤气(亿立方米) Coke Oven Gas (10^8 cu.m)	高炉煤气(亿立方米) Blast Furnace Gas (10^8 cu.m)	转炉煤气(亿立方米) Converter Gas (10^8 cu.m)	其他煤气(亿立方米) Other Gas (10^8 cu.m)
2530.02	**-798.09**	**12.91**	**300.00**	**1380.29**				
2333.79	1.27		300.00	1440.49				
200.74		19.03						
32.89	799.25			63.62				
		3.60		0.01				
28.38	-0.11	-2.52		3.43				
-2165.87	**1181.11**	**13.86**	**-279.07**	**2055.00**	**62.84**	**0.13**	**0.73**	**13.93**
	-652.29		-341.65	-3.91	-9.69	-103.13	-5.17	
-8.98	-43.12	-12.00	-251.57	-0.90	-8.16	-81.52	-4.85	
630.25	1906.19		314.15					
-2787.14				2061.79	80.69	-36.90		
								13.93
				-1.98				
	-29.67	25.86						
						221.68	10.75	
364.15	**383.02**	**26.77**	**20.93**	**3435.29**	**62.84**	**0.13**	**0.73**	**13.93**
352.69	156.02	14.46	20.93	3435.28	62.84	0.13	0.73	6.69
0.68	0.20	4.20	0.77	18.59				
								0.07
11.46				0.01				0.26
								0.90
	227.00	12.31						6.01
	152.00	11.00						6.00
	75.00	1.31						0.01
3160.27	**1108.10**	**38.77**	**614.15**	**3442.08**	**80.69**	**221.68**	**10.75**	**13.93**

续表 1

项　　目	Item	其他焦化产品(万吨) Other Coking Products (10^4 tn)	油品合计(万吨) Petroleum Products Total (10^4 tn)
一.可供本地区消费的能源量	**Total Primary Energy Supply**	**-43.30**	**4993.10**
1.一次能源生产量	Indigenous Production		1000.01
2.外省(区、市)调入量	Moving In from Other Provinces	17.39	4642.02
3.进口量	Import	0.30	1967.15
4.境内轮船和飞机在境外的加油量	Domestic Airplanes&Ships Refueling in Abroad		57.14
5.本省(区、市)调出量(−)	Sending Out to Other Provinces(-)	58.50	2193.94
6.出口量(−)	Export(-)	1.11	399.20
7.境外轮船和飞机在境内的加油量(−)	Oversea Airplanes&Ships Refueling in China(-)		53.13
8.库存增(−)、减(+)量	Stock Change	-1.38	-26.95
二.加工转换投入(−)产出(+)量	**Input(-) & Output(+) of Transformation**	**101.48**	**-430.19**
1.火力发电	Thermal Power		-9.59
2.供　热	Heating Supply		-54.75
3.洗 选 煤	Coal Washing		
4.炼　焦	Coking	101.48	
5.炼油及煤制油	Petroleum Refineries		-251.36
#油品再投入量(−)	Petroleum Products Input (-)		-103.92
6.制　气	Gas Works		-10.57
#焦炭再投入量(−)	Coke Input (-)		
7.天然气液化	Natural Gas Liquefaction		
8.煤制品加工	Briquettes		
9.回收能	Recovery of Energy		
三.损 失 量	**Loss**		**54.51**
四.终端消费量	**Total Final Consumption**	**58.18**	**4508.40**
1.农、林、牧、渔、水利业	Agriculture, Forestry, Animal Husbandry, Fishery and Water Conservancy		161.29
2.工业	Industry	58.18	2368.70
#用作原料、材料	Non-Energy Use	34.85	756.35
3.建筑业	Construction		87.70
4.交通运输、仓储和邮政业	Transport, Storage and Post		1224.81
5.批发、零售业和住宿、餐饮业	Wholesale, Retail Trade and Hotel, Restaurants		41.61
6.其他	Others		357.42
7.生活消费	Residential Consumption		266.88
城 镇	Urban		179.01
乡 村	Rural		87.87
五.平衡差额	**Statistical Difference**		
六.消费量合计	**Total Energy Consumption**	**58.18**	**4993.10**

Continued 1

原油（万吨） Crude Oil (10^4 tn)	汽油（万吨） Gasoline (10^4 tn)	煤油（万吨） Kerosene (10^4 tn)	柴油（万吨） Diesel Oil (10^4 tn)	燃料油（万吨） Fuel Oil (10^4 tn)	石脑油（万吨） Naphtha (10^4 tn)	润滑油（万吨） Lubricants (10^4 tn)	石蜡（万吨） Paraffin Waxes (10^4 tn)	溶剂油（万吨） White Spirit (10^4 tn)
7000.91	**-307.23**	**-257.69**	**-1374.62**	**48.99**	**-20.18**	**8.46**	**-29.42**	**-0.01**
1000.01								
4389.78	17.98	0.91	2.62	52.59	97.92	10.00		
1647.65		8.02	2.62	8.64	129.31	9.76	0.09	
		10.64		46.50				
10.19	123.76	221.39	1380.13	0.61	194.96			
10.86	217.74	34.14	11.03	32.18	14.56	5.83	29.49	
		18.25	2.59	32.29				
-15.48	16.29	-3.48	13.89	6.34	-37.89	-5.47	-0.02	-0.01
-6963.68	**1088.05**	**293.27**	**2599.52**	**303.77**	**648.57**	**36.46**	**95.63**	**4.39**
-0.41			-0.43	-7.34				
-1.36			-0.15	-40.89				
-6961.91	1088.07	293.27	2600.10	373.01	648.57	36.46	95.63	4.39
	-0.02			-21.01				
33.51	**21.00**							
3.72	**759.82**	**35.58**	**1224.90**	**352.76**	**628.39**	**44.92**	**66.21**	**4.38**
	60.65		100.21					
3.72	159.67	6.15	360.85	150.97	628.39	44.92	66.21	4.38
	0.11	0.36	0.34	4.44	558.27	0.01		0.02
	15.73	0.71	39.66	1.95				
	294.73	28.02	568.35	198.55				
	21.01	0.10	5.00	0.50				
	88.00	0.60	93.02	0.79				
	120.03		57.81					
	91.00		20.01					
	29.03		37.80					
7000.91	**780.84**	**35.58**	**1225.48**	**422.00**	**628.39**	**44.92**	**66.21**	**4.38**

续表 2

项　目	Item	石油沥青(万吨) Bitumen Asphalt (10^4 tn)	石油焦(万吨) Petroleum Coke (10^4 tn)
一.可供本地区消费的能源量	**Total Primary Energy Supply**	**-91.14**	**28.31**
1.一次能源生产量	Indigenous Production		
2.外省(区、市)调入量	Moving In from Other Provinces	30.63	
3.进口量	Import	4.11	71.19
4.境内轮船和飞机在境外的加油量	Domestic Airplanes&Ships Refueling in Abroad		
5.本省(区、市)调出量(-)	Sending Out to Other Provinces(-)	124.07	
6.出口量(-)	Export(-)	1.79	41.58
7.境外轮船和飞机在境内的加油量(-)	Oversea Airplanes&Ships Refueling in China(-)		
8.库存增(-)、减(+)量	Stock Change	-0.02	-1.30
二.加工转换投入(-)产出(+)量	**Input(-) & Output(+) of Transformation**	**422.21**	**192.81**
1.火力发电	Thermal Power		
2.供　热	Heating Supply		
3.洗 选 煤	Coal Washing		
4.炼　焦	Coking		
5.炼油及煤制油	Petroleum Refineries	422.21	192.81
#油品再投入量(-)	Petroleum Products Input (-)		
6.制　气	Gas Works		
#焦炭再投入量(-)	Coke Input (-)		
7.天然气液化	Natural Gas Liquefaction		
8.煤制品加工	Briquettes		
9.回收能	Recovery of Energy		
三.损 失 量	**Loss**		
四.终端消费量	**Total Final Consumption**	**331.07**	**221.12**
1.农、林、牧、渔、水利业	Agriculture, Forestry, Animal Husbandry, Fishery and Water Conservancy	0.42	
2.工业	Industry	3.44	221.12
#用作原料、材料	Non-Energy Use	0.48	6.66
3.建筑业	Construction	29.21	
4.交通运输、仓储和邮政业	Transport, Storage and Post	129.00	
5.批发、零售业和住宿、餐饮业	Wholesale, Retail Trade and Hotel, Restaurants		
6.其他	Others	169.00	
7.生活消费	Residential Consumption		
城 镇	Urban		
乡 村	Rural		
五.平衡差额	**Statistical Difference**		
六.消费量合计	**Total Energy Consumption**	**331.07**	**221.12**

液化石油气 (万吨) LPG (10^4 tn)	炼厂干气 (万吨) Refinery Gas (10^4 tn)	其他石油制品 (万吨) Other Petroleum Products (10^4 tn)	天然气 (亿立方米) Natural Gas (10^8 cu.m)	液化天然气 (万吨) LNG (10^4 tn)	热力 (万百万千焦) Heat (10^{10} kJ)	电力 (亿千瓦小时) Electricity (10^8 kW•h)	其他能源 (万吨标煤) Other Energy (10^4 tce)
-26.85		**13.57**	**63.15**	**4.12**		**554.93**	**36.78**
			7.21			142.88	39.16
		39.59	55.94	4.12		522.18	
		85.76					
26.58		112.25				110.13	
-0.27		0.47					-2.38
175.23	**211.10**	**462.48**	**-0.12**		**42239.68**	**1344.95**	**-8.20**
	-1.41				-1044.73	1344.95	-7.92
	-12.35		-0.12		41464.18		
182.09	247.05	526.89					-0.28
	-18.48	-64.41					
-6.86	-3.71						
					1820.23		
					46.00	**99.00**	
148.38	**211.10**	**476.05**	**63.03**	**4.12**	**42193.68**	**1800.88**	**28.58**
0.01						26.59	
31.73	211.10	476.05	54.61	4.12	20892.76	1323.21	28.58
		185.66	5.67	0.16			
0.44					41.46	27.76	
6.16			0.10		201.01	39.05	
15.00			1.07		119.00	75.24	
6.01			0.25		902.50	108.99	
89.04			7.00		20036.95	200.04	
68.00			6.81		19876.95	131.48	
21.04			0.19		160.00	68.56	
155.24	**247.05**	**540.46**	**63.15**	**4.12**	**43284.41**	**1899.88**	**36.78**

6-7 吉林能源平衡表(实物量)-2012

项　目	Item	煤合计(万吨) Coal Total (10^4 tn)	原煤(万吨) Raw Coal (10^4 tn)
一.可供本地区消费的能源量	**Total Primary Energy Supply**	**11082.67**	**12187.99**
1.一次能源生产量	Indigenous Production	6336.46	6336.46
2.外省(区、市)调入量	Moving In from Other Provinces	6702.71	6702.71
3.进口量	Import	13.12	13.12
4.境内轮船和飞机在境外的加油量	Domestic Airplanes&Ships Refueling in Abroad		
5.本省(区、市)调出量(-)	Sending Out to Other Provinces(-)	2062.93	908.25
6.出口量(-)	Export(-)		
7.境外轮船和飞机在境内的加油量(-)	Oversea Airplanes&Ships Refueling in China(-)		
8.库存增(-)、减(+)量	Stock Change	93.31	43.95
二.加工转换投入(-)产出(+)量	**Input(-) & Output(+) of Transformation**	**-6584.75**	**-7768.07**
1.火力发电	Thermal Power	-3693.32	-3680.49
2.供　热	Heating Supply	-1756.07	-1722.58
3.洗 选 煤	Coal Washing	-414.22	-2349.97
4.炼　焦	Coking	-642.00	
5.炼油及煤制油	Petroleum Refineries		
#油品再投入量(-)	Petroleum Products Input (-)		
6.制　气	Gas Works	-79.53	-2.84
#焦炭再投入量(-)	Coke Input (-)		
7.天然气液化	Natural Gas Liquefaction		
8.煤制品加工	Briquettes	0.39	-12.19
9.回收能	Recovery of Energy		
三.损 失 量	**Loss**		
四.终端消费量	**Total Final Consumption**	**4497.92**	**4419.92**
1.农、林、牧、渔、水利业	Agriculture, Forestry, Animal Husbandry, Fishery and Water Conservancy	26.87	26.87
2.工业	Industry	3748.13	3677.89
#用作原料、材料	Non-Energy Use	119.28	106.28
3.建筑业	Construction	18.80	18.80
4.交通运输、仓储和邮政业	Transport, Storage and Post	87.33	85.32
5.批发、零售业和住宿、餐饮业	Wholesale, Retail Trade and Hotel, Restaurants	168.54	168.54
6.其他	Others	285.52	285.52
7.生活消费	Residential Consumption	162.73	156.98
城 镇	Urban	117.85	113.90
乡 村	Rural	44.88	43.08
五.平衡差额	**Statistical Difference**		
六.消费量合计	**Total Energy Consumption**	**11082.67**	**12187.99**

ENERGY BALANCE OF JILIN (PHYSICAL QUANTITY) -2012

洗精煤 (万吨) Cleaned Coal (10^4 tn)	其他洗煤 (万吨) Other Washed Coal (10^4 tn)	型煤 (万吨) Briquettes (10^4 tn)	煤矸石 (万吨) Gangue (10^4 tn)	焦炭 (万吨) Coke (10^4 tn)	焦炉煤气 (亿立方米) Coke Oven Gas (10^8 cu.m)	高炉煤气 (亿立方米) Blast Furnace Gas (10^8 cu.m)	转炉煤气 (亿立方米) Converter Gas (10^8 cu.m)	其他煤气 (亿立方米) Other Gas (10^8 cu.m)
-55.91	**-1049.45**	**0.04**		**146.26**				
				133.06				
106.87	1047.81							
				0.34				
50.96	-1.64	0.04		13.54				
116.27	**1054.47**	**12.58**	**7.02**	**523.84**	**12.13**	**108.83**	**6.87**	
-12.83					-0.51	-6.52	-0.45	
-33.49								
881.28	1054.47		7.02					
-642.00				471.65	10.31			
-76.69				52.19	2.33			
		12.58						
						115.35	7.32	
60.36	**5.02**	**12.62**	**7.02**	**670.10**	**12.13**	**108.83**	**6.87**	
				6.74				
58.35	5.02	6.87	7.02	663.36	11.68	108.83	6.86	
13.00				15.41				
2.01							0.01	
		5.75			0.45			
		3.95			0.45			
		1.80						
825.37	**5.02**	**12.62**	**7.02**	**670.10**	**12.64**	**115.35**	**7.32**	

续表 1

项 目	Item	其他焦化产品(万吨) Other Coking Products (10^4 tn)	油品合计(万吨) Petroleum Products Total (10^4 tn)
一.可供本地区消费的能源量	**Total Primary Energy Supply**	**-12.05**	**1002.20**
1.一次能源生产量	Indigenous Production		810.37
2.外省(区、市)调入量	Moving In from Other Provinces		256.39
3.进口量	Import		0.74
4.境内轮船和飞机在境外的加油量	Domestic Airplanes&Ships Refueling in Abroad		
5.本省(区、市)调出量(-)	Sending Out to Other Provinces(-)	11.82	69.90
6.出口量(-)	Export(-)		0.01
7.境外轮船和飞机在境内的加油量(-)	Oversea Airplanes&Ships Refueling in China(-)		
8.库存增(-)、减(+)量	Stock Change	-0.23	4.61
二.加工转换投入(-)产出(+)量	**Input(-) & Output(+) of Transformation**	**12.77**	**-65.56**
1.火力发电	Thermal Power		-1.19
2.供 热	Heating Supply		-1.80
3.洗选煤	Coal Washing		
4.炼 焦	Coking	12.77	
5.炼油及煤制油	Petroleum Refineries		-62.57
#油品再投入量(-)	Petroleum Products Input (-)		
6.制 气	Gas Works		
#焦炭再投入量(-)	Coke Input (-)		
7.天然气液化	Natural Gas Liquefaction		
8.煤制品加工	Briquettes		
9.回收能	Recovery of Energy		
三.损失量	**Loss**		
四.终端消费量	**Total Final Consumption**	**0.72**	**936.64**
1.农、林、牧、渔、水利业	Agriculture, Forestry, Animal Husbandry, Fishery and Water Conservancy		56.71
2.工业	Industry	0.72	394.69
#用作原料、材料	Non-Energy Use		247.70
3.建筑业	Construction		35.17
4.交通运输、仓储和邮政业	Transport, Storage and Post		282.67
5.批发、零售业和住宿、餐饮业	Wholesale, Retail Trade and Hotel, Restaurants		21.84
6.其他	Others		41.27
7.生活消费	Residential Consumption		104.29
城 镇	Urban		90.98
乡 村	Rural		13.31
五.平衡差额	**Statistical Difference**		
六.消费量合计	**Total Energy Consumption**	**0.72**	**1002.20**

Continued 1

原油 (万吨) Crude Oil (10⁴ tn)	汽油 (万吨) Gasoline (10⁴ tn)	煤油 (万吨) Kerosene (10⁴ tn)	柴油 (万吨) Diesel Oil (10⁴ tn)	燃料油 (万吨) Fuel Oil (10⁴ tn)	石脑油 (万吨) Naphtha (10⁴ tn)	润滑油 (万吨) Lubricants (10⁴ tn)	石蜡 (万吨) Paraffin Waxes (10⁴ tn)	溶剂油 (万吨) White Spirit (10⁴ tn)
977.05	**-12.65**	**0.81**	**41.04**	**2.23**	**46.92**		**0.02**	
810.37								
166.88		0.38	42.22		44.01			
		0.43						
	13.37			0.07				
			0.01					
-0.20	0.72		-1.17	2.30	2.91		0.02	
-959.09	**195.23**		**382.78**	**30.13**	**75.48**			
			-0.53	-0.56				
	-0.02		-0.05	-1.19				
-959.09	195.25		383.36	31.88	75.48			
17.96	**182.58**	**0.81**	**423.82**	**32.36**	**122.40**		**0.02**	
	8.62	0.02	48.05					
17.96	31.97	0.23	52.83	32.36	122.40		0.02	
0.17	0.02	0.03	0.37	23.35	122.40			
	11.34	0.05	23.78					
	43.51	0.25	238.58					
	11.81	0.11	9.25					
	27.95	0.15	12.25					
	47.38		39.08					
	38.30		35.07					
	9.08		4.01					
977.05	**182.60**	**0.81**	**424.40**	**34.11**	**122.40**		**0.02**	

续表 2

项　　目	Item	石油沥青(万吨) Bitumen Asphalt (10^4 tn)	石油焦(万吨) Petroleum Coke (10^4 tn)
一.可供本地区消费的能源量	**Total Primary Energy Supply**		**-20.81**
1.一次能源生产量	Indigenous Production		
2.外省(区、市)调入量	Moving In from Other Provinces		
3.进口量	Import		
4.境内轮船和飞机在境外的加油量	Domestic Airplanes&Ships Refueling in Abroad		
5.本省(区、市)调出量(-)	Sending Out to Other Provinces(-)		20.81
6.出口量(-)	Export(-)		
7.境外轮船和飞机在境内的加油量(-)	Oversea Airplanes&Ships Refueling in China(-)		
8.库存增(-)、减(+)量	Stock Change		
二.加工转换投入(-)产出(+)量	**Input(-) & Output(+) of Transformation**		**20.81**
1.火力发电	Thermal Power		
2.供　热	Heating Supply		
3.洗 选 煤	Coal Washing		
4.炼　焦	Coking		
5.炼油及煤制油	Petroleum Refineries		20.81
#油品再投入量(-)	Petroleum Products Input (-)		
6.制　气	Gas Works		
#焦炭再投入量(-)	Coke Input (-)		
7.天然气液化	Natural Gas Liquefaction		
8.煤制品加工	Briquettes		
9.回收能	Recovery of Energy		
三.损 失 量	**Loss**		
四.终端消费量	**Total Final Consumption**		
1.农、林、牧、渔、水利业	Agriculture, Forestry, Animal Husbandry, Fishery and Water Conservancy		
2.工业	Industry		
#用作原料、材料	Non-Energy Use		
3.建筑业	Construction		
4.交通运输、仓储和邮政业	Transport, Storage and Post		
5.批发、零售业和住宿、餐饮业	Wholesale, Retail Trade and Hotel, Restaurants		
6.其他	Others		
7.生活消费	Residential Consumption		
城 镇	Urban		
乡 村	Rural		
五.平衡差额	**Statistical Difference**		
六.消费量合计	**Total Energy Consumption**		

Continued 2

液化石油气 (万吨) LPG (10⁴ tn)	炼厂干气 (万吨) Refinery Gas (10⁴ tn)	其他石油制品 (万吨) Other Petroleum Products (10⁴ tn)	天然气 (亿立方米) Natural Gas (10⁴ tn)	液化天然气 (万吨) LNG (10⁴ tn)	热力 (万百万千焦) Heat (10^{10} kJ)	电力 (亿千瓦小时) Electricity (10^8 kW•h)	其他能源 (万吨标煤) Other Energy (10⁴ tce)
-19.78	**2.90**	**-15.53**	**22.70**	**0.63**		**187.35**	**79.64**
			22.70			123.37	34.20
	2.90			0.63		274.88	45.44
0.31							
20.13		15.52				210.90	
0.04		-0.01					
40.02	**23.15**	**125.93**	**-4.89**		**25883.10**	**598.27**	**-52.11**
		-0.10	-2.02		-157.10	598.27	-49.01
		-0.54	-2.87		25173.90		-3.10
40.02	23.15	126.57					
					866.30		
					2450.00		
20.24	**26.05**	**110.40**	**17.81**	**0.63**	**23433.10**	**787.05**	**27.53**
0.02			0.01			8.57	
0.47	26.05	110.40	11.80	0.63	14267.18	583.64	27.53
		101.36	0.49				
					97.12	9.31	
0.33			2.22		589.23	14.47	
0.67			0.57		136.46	26.78	
0.92			0.93		679.00	44.23	
17.83			2.28		7664.11	100.05	
17.61			2.25		7664.11	61.05	
0.22			0.03			39.00	
						-1.43	
20.24	**26.05**	**111.04**	**22.70**	**0.63**	**26040.20**	**787.05**	**79.64**

6-8 黑龙江能源平衡表(实物量)-2012

项　　目	Item	煤合计(万吨) Coal Total (10^4 tn)	原煤(万吨) Raw Coal (10^4 tn)
一.可供本地区消费的能源量	**Total Primary Energy Supply**	**13964.92**	**17038.52**
1.一次能源生产量	Indigenous Production	9129.47	9129.47
2.外省(区、市)调入量	Moving In from Other Provinces	7660.55	7637.32
3.进口量	Import	211.00	211.00
4.境内轮船和飞机在境外的加油量	Domestic Airplanes&Ships Refueling in Abroad		
5.本省(区、市)调出量(-)	Sending Out to Other Provinces(-)	3113.43	
6.出口量(-)	Export(-)	0.40	0.40
7.境外轮船和飞机在境内的加油量(-)	Oversea Airplanes&Ships Refueling in China(-)		
8.库存增(-)、减(+)量	Stock Change	77.73	61.13
二.加工转换投入(-)产出(+)量	**Input(-) & Output(+) of Transformation**	**-9918.82**	**-14381.61**
1.火力发电	Thermal Power	-4365.36	-4259.93
2.供　　热	Heating Supply	-2071.50	-1963.57
3.洗 选 煤	Coal Washing	-1979.49	-7984.63
4.炼　　焦	Coking	-1333.41	-25.70
5.炼油及煤制油	Petroleum Refineries		
#油品再投入量(-)	Petroleum Products Input (-)		
6.制　　气	Gas Works	-169.06	-147.78
#焦炭再投入量(-)	Coke Input (-)		
7.天然气液化	Natural Gas Liquefaction		
8.煤制品加工	Briquettes		
9.回收能	Recovery of Energy		
三.损 失 量	**Loss**		
四.终端消费量	**Total Final Consumption**	**4046.10**	**2656.91**
1.农、林、牧、渔、水利业	Agriculture, Forestry, Animal Husbandry, Fishery and Water Conservancy	204.77	204.77
2.工业	Industry	2414.92	1111.73
#用作原料、材料	Non-Energy Use	32.38	
3.建筑业	Construction		
4.交通运输、仓储和邮政业	Transport, Storage and Post	277.67	277.67
5.批发、零售业和住宿、餐饮业	Wholesale, Retail Trade and Hotel, Restaurants	360.00	360.00
6.其他	Others	385.00	385.00
7.生活消费	Residential Consumption	403.74	317.74
城 镇	Urban	278.68	192.68
乡 村	Rural	125.06	125.06
五.平衡差额	**Statistical Difference**		
六.消费量合计	**Total Energy Consumption**	**13964.92**	**17038.52**

ENERGY BALANCE OF HEILONGJIANG (PHYSICAL QUANTITY) -2012

洗精煤 (万吨) Cleaned Coal (10^4 tn)	其他洗煤 (万吨) Other Washed Coal (10^4 tn)	型煤 (万吨) Briquettes (10^4 tn)	煤矸石 (万吨) Gangue (10^4 tn)	焦炭 (万吨) Coke (10^4 tn)	焦炉煤气 (亿立方米) Coke Oven Gas (10^8 cu.m)	高炉煤气 (亿立方米) Blast Furnace Gas (10^8 cu.m)	转炉煤气 (亿立方米) Converter Gas (10^8 cu.m)	其他煤气 (亿立方米) Other Gas (10^8 cu.m)
-1981.47	**-1115.68**	**23.55**	**-2.52**	**-618.83**				
		23.23						
1997.82	1115.61			588.53				
16.35	-0.07	0.32	-2.52	-30.30				
2566.47	**1907.38**	**-11.06**	**398.98**	**948.75**	**17.34**	**4.46**	**0.56**	**13.65**
	-105.43		-406.67		-2.64	-3.28	-0.15	
	-96.87	-11.06	-168.65		-1.33	-26.39	-1.33	
3889.97	2115.17		974.30					
-1307.71				949.92	21.31			
-15.79	-5.49							13.65
				-1.17				
						34.13	2.04	
585.00	**791.70**	**12.49**	**491.80**	**329.92**	**17.34**	**4.46**	**0.56**	**13.65**
585.00	705.70	12.49	491.80	329.92	17.34	4.46	0.56	13.65
32.38								6.37
	86.00							
	86.00							
			-95.34					
1908.50	**999.49**	**23.55**	**1067.12**	**331.09**	**21.31**	**34.13**	**2.04**	**13.65**

续表 1

项　　目	Item	其他焦化产品(万吨) Other Coking Products (10^4 tn)	油品合计(万吨) Petroleum Products Total (10^4 tn)
一.可供本地区消费的能源量	**Total Primary Energy Supply**		**2252.23**
1.一次能源生产量	Indigenous Production		4000.04
2.外省(区、市)调入量	Moving In from Other Provinces		
3.进口量	Import		2066.45
4.境内轮船和飞机在境外的加油量	Domestic Airplanes&Ships Refueling in Abroad		
5.本省(区、市)调出量(−)	Sending Out to Other Provinces(-)		3801.65
6.出口量(−)	Export(-)		1.10
7.境外轮船和飞机在境内的加油量(−)	Oversea Airplanes&Ships Refueling in China(-)		
8.库存增(−)、减(+)量	Stock Change		-11.51
二.加工转换投入(−)产出(+)量	**Input(-) & Output(+) of Transformation**	**51.65**	**-246.57**
1.火力发电	Thermal Power		-10.64
2.供　　热	Heating Supply		-67.42
3.洗 选 煤	Coal Washing		
4.炼　　焦	Coking	51.65	
5.炼油及煤制油	Petroleum Refineries		-52.72
#油品再投入量(−)	Petroleum Products Input (-)		-115.79
6.制　　气	Gas Works		
#焦炭再投入量(−)	Coke Input (-)		
7.天然气液化	Natural Gas Liquefaction		
8.煤制品加工	Briquettes		
9.回收能	Recovery of Energy		
三.损 失 量	**Loss**		**48.00**
四.终端消费量	**Total Final Consumption**	**51.65**	**1957.66**
1.农、林、牧、渔、水利业	Agriculture, Forestry, Animal Husbandry, Fishery and Water Conservancy		154.86
2.工业	Industry	51.65	782.40
#用作原料、材料	Non-Energy Use		119.74
3.建筑业	Construction		6.65
4.交通运输、仓储和邮政业	Transport, Storage and Post		460.19
5.批发、零售业和住宿、餐饮业	Wholesale, Retail Trade and Hotel, Restaurants		183.02
6.其他	Others		56.60
7.生活消费	Residential Consumption		313.94
城 镇	Urban		269.94
乡 村	Rural		44.00
五.平衡差额	**Statistical Difference**		
六.消费量合计	**Total Energy Consumption**	**51.65**	**2252.23**

Continued 1

原油 (万吨) Crude Oil (10^4 tn)	汽油 (万吨) Gasoline (10^4 tn)	煤油 (万吨) Kerosene (10^4 tn)	柴油 (万吨) Diesel Oil (10^4 tn)	燃料油 (万吨) Fuel Oil (10^4 tn)	石脑油 (万吨) Naphtha (10^4 tn)	润滑油 (万吨) Lubricants (10^4 tn)	石蜡 (万吨) Parafin Waxes (10^4 tn)	溶剂油 (万吨) White Spirit (10^4 tn)
2166.48	**-0.03**	**0.01**	**32.74**	**53.02**				
4000.04								
1973.70			39.32	53.43				
3801.65								
	0.10		0.50	0.50				
-5.61	0.07	0.01	-6.08	0.09				
-1676.89	**466.02**	**65.93**	**571.62**	**-0.04**	**4.01**	**25.92**	**32.02**	**0.11**
			-0.34	-1.34				
			-0.08	-17.97				
-1676.89	466.02	65.93	572.04	46.51	4.01	25.92	32.02	0.11
				-27.24				
48.00								
441.59	**465.99**	**65.94**	**604.36**	**52.98**	**4.01**	**25.92**	**32.02**	**0.11**
	22.09		132.77					
441.59	12.59	0.33	41.69	52.98	4.01	25.92	32.02	0.11
25.45			0.04					
			6.65					
	195.98	65.61	198.60					
	110.90		72.12					
	56.60							
	67.83		152.53					
	49.83		126.53					
	18.00		26.00					
2166.48	**465.99**	**65.94**	**604.78**	**99.53**	**4.01**	**25.92**	**32.02**	**0.11**

续表 2

项　　目	Item	石油沥青(万吨) Bitumen Asphalt (10^4 tn)	石油焦(万吨) Petroleum Coke (10^4 tn)
一.可供本地区消费的能源量	**Total Primary Energy Supply**		**0.01**
1.一次能源生产量	Indigenous Production		
2.外省(区、市)调入量	Moving In from Other Provinces		
3.进口量	Import		
4.境内轮船和飞机在境外的加油量	Domestic Airplanes&Ships Refueling in Abroad		
5.本省(区、市)调出量(-)	Sending Out to Other Provinces(-)		
6.出口量(-)	Export(-)		
7.境外轮船和飞机在境内的加油量(-)	Oversea Airplanes&Ships Refueling in China(-)		
8.库存增(-)、减(+)量	Stock Change		0.01
二.加工转换投入(-)产出(+)量	**Input(-) & Output(+) of Transformation**		**17.71**
1.火力发电	Thermal Power		
2.供　　热	Heating Supply		
3.洗 选 煤	Coal Washing		
4.炼　　焦	Coking		
5.炼油及煤制油	Petroleum Refineries		17.71
#油品再投入量(-)	Petroleum Products Input (-)		
6.制　　气	Gas Works		
#焦炭再投入量(-)	Coke Input (-)		
7.天然气液化	Natural Gas Liquefaction		
8.煤制品加工	Briquettes		
9.回收能	Recovery of Energy		
三.损 失 量	**Loss**		
四.终端消费量	**Total Final Consumption**		**17.72**
1.农、林、牧、渔、水利业	Agriculture, Forestry, Animal Husbandry, Fishery and Water Conservancy		
2.工业	Industry		17.72
#用作原料、材料	Non-Energy Use		
3.建筑业	Construction		
4.交通运输、仓储和邮政业	Transport, Storage and Post		
5.批发、零售业和住宿、餐饮业	Wholesale, Retail Trade and Hotel, Restaurants		
6.其他	Others		
7.生活消费	Residential Consumption		
城 镇	Urban		
乡 村	Rural		
五.平衡差额	**Statistical Difference**		
六.消费量合计	**Total Energy Consumption**		**17.72**

Continued 2

液化石油气 (万吨) LPG (10^4 tn)	炼厂干气 (万吨) Refinery Gas (10^4 tn)	其他石油制品 (万吨) Other Petroleum Products (10^4 tn)	天然气 (亿立方米) Natural Gas (10^8 cu.m)	液化天然气 (万吨) LNG (10^4 tn)	热力 (万百万千焦) Heat (10^{10} kJ)	电力 (亿千瓦小时) Electricity (10^8 kW•h)	其他能源 (万吨标煤) Other Energy (10^4 tce)
			33.68			**55.61**	**11.88**
			33.68			69.41	
						0.02	11.88
						120.05	
						129.50	
						4.37	
150.09	**32.48**	**64.45**	**-5.96**		**27745.57**	**772.29**	**-11.88**
	-8.96		-1.18			772.29	-10.48
	-49.37		-4.78		27745.57		-8.10
159.12	90.81	143.97					
-9.03		-79.52					
							6.70
			1.43			**48.50**	
150.09	**32.48**	**64.45**	**26.29**		**27745.57**	**779.40**	
						36.67	
56.51	32.48	64.45	21.18		2783.64	532.95	
44.34		49.91	6.27				
					75.50	10.83	
					817.80	11.76	
					2100.98	25.80	
					2201.00	5.07	
93.58			5.11		19766.65	156.32	
93.58			5.11		19766.65	95.92	
						60.40	
159.12	**90.81**	**143.97**	**33.68**		**27745.57**	**827.90**	**18.58**

6-9 上海能源平衡表(实物量)-2012

项目	Item	煤合计(万吨) Coal Total (10^4 tn)	原煤(万吨) Raw Coal (10^4 tn)
一.可供本地区消费的能源量	**Total Primary Energy Supply**	**5701.89**	**4645.03**
1.一次能源生产量	Indigenous Production		
2.外省(区、市)调入量	Moving In from Other Provinces	7806.58	6761.18
3.进口量	Import	544.01	544.01
4.境内轮船和飞机在境外的加油量	Domestic Airplanes&Ships Refueling in Abroad		
5.本省(区、市)调出量(-)	Sending Out to Other Provinces(-)	2621.30	2621.30
6.出口量(-)	Export(-)		
7.境外轮船和飞机在境内的加油量(-)	Oversea Airplanes&Ships Refueling in China(-)		
8.库存增(-)、减(+)量	Stock Change	-27.40	-38.86
二.加工转换投入(-)产出(+)量	**Input(-) & Output(+) of Transformation**	**-4715.83**	**-3762.82**
1.火力发电	Thermal Power	-3397.31	-3397.31
2.供　热	Heating Supply	-322.56	-322.56
3.洗 选 煤	Coal Washing		
4.炼　焦	Coking	-986.73	-34.93
5.炼油及煤制油	Petroleum Refineries		
#油品再投入量(-)	Petroleum Products Input (-)		
6.制　气	Gas Works	-9.23	-8.02
#焦炭再投入量(-)	Coke Input (-)		
7.天然气液化	Natural Gas Liquefaction		
8.煤制品加工	Briquettes		
9.回收能	Recovery of Energy		
三.损 失 量	**Loss**	**12.13**	**12.13**
四.终端消费量	**Total Final Consumption**	**975.26**	**870.13**
1.农、林、牧、渔、水利业	Agriculture, Forestry, Animal Husbandry, Fishery and Water Conservancy	2.67	2.67
2.工业	Industry	835.84	730.71
#用作原料、材料	Non-Energy Use		
3.建筑业	Construction	10.49	10.49
4.交通运输、仓储和邮政业	Transport, Storage and Post	1.91	1.91
5.批发、零售业和住宿、餐饮业	Wholesale, Retail Trade and Hotel, Restaurants	38.54	38.54
6.其他	Others	44.62	44.62
7.生活消费	Residential Consumption	41.19	41.19
城 镇	Urban	33.30	33.30
乡 村	Rural	7.89	7.89
五.平衡差额	**Statistical Difference**	**-1.33**	**-0.05**
六.消费量合计	**Total Energy Consumption**	**5703.22**	**4645.08**

ENERGY BALANCE OF SHANGHAI (PHYSICAL QUANTITY)-2012

洗精煤 (万吨) Cleaned Coal (10^4 tn)	其他洗煤 (万吨) Other Washed Coal (10^4 tn)	型煤 (万吨) Briquettes (10^4 tn)	煤矸石 (万吨) Gangue (10^4 tn)	焦炭 (万吨) Coke (10^4 tn)	焦炉煤气 (亿立方米) Coke Oven Gas (10^8 cu.m)	高炉煤气 (亿立方米) Blast Furnace Gas (10^8 cu.m)	转炉煤气 (亿立方米) Converter Gas (10^8 cu.m)	其他煤气 (亿立方米) Other Gas (10^8 cu.m)
1032.44	**6.05**	**18.37**		**40.85**				**25.70**
1020.78	6.02	18.60		92.48				25.70
				44.91				
11.66	0.03	-0.23		-6.72				
-953.01				**632.60**	**24.13**			**-16.32**
					-1.18			-25.70
-951.80				632.60	26.91			-0.23
-1.21					-1.60			9.38
								0.23
								0.94
79.75	**6.46**	**18.92**		**673.17**	**24.46**			**8.57**
79.75	6.46	18.92		673.17	24.06			1.41
								0.02
								0.15
								1.96
					0.40			1.12
								3.91
								3.71
								0.20
-0.32	**-0.41**	**-0.55**		**0.28**	**-0.33**			**-0.13**
1032.76	**6.46**	**18.92**		**673.17**	**27.24**			**35.44**

续表 1

项　　目	Item	其他焦化产品(万吨) Other Coking Products (10^4 tn)	油品合计(万吨) Petroleum Products Total (10^4 tn)
一.可供本地区消费的能源量	**Total Primary Energy Supply**	**73.36**	**3259.93**
1.一次能源生产量	Indigenous Production		5.27
2.外省(区、市)调入量	Moving In from Other Provinces	73.94	4052.59
3.进口量	Import		2378.60
4.境内轮船和飞机在境外的加油量	Domestic Airplanes&Ships Refueling in Abroad		494.79
5.本省(区、市)调出量(-)	Sending Out to Other Provinces(-)	1.48	3475.61
6.出口量(-)	Export(-)	1.27	52.01
7.境外轮船和飞机在境内的加油量(-)	Oversea Airplanes&Ships Refueling in China(-)		151.68
8.库存增(-)、减(+)量	Stock Change	2.17	7.98
二.加工转换投入(-)产出(+)量	**Input(-) & Output(+) of Transformation**	**36.64**	**-11.53**
1.火力发电	Thermal Power		-26.63
2.供　　热	Heating Supply		-21.70
3.洗 选 煤	Coal Washing		
4.炼　　焦	Coking	36.64	
5.炼油及煤制油	Petroleum Refineries		53.15
#油品再投入量(-)	Petroleum Products Input (-)		-16.35
6.制　　气	Gas Works		
#焦炭再投入量(-)	Coke Input (-)		
7.天然气液化	Natural Gas Liquefaction		
8.煤制品加工	Briquettes		
9.回收能	Recovery of Energy		
三.损 失 量	**Loss**		
四.终端消费量	**Total Final Consumption**	**110.54**	**3248.46**
1.农、林、牧、渔、水利业	Agriculture, Forestry, Animal Husbandry, Fishery and Water Conservancy		31.64
2.工业	Industry	110.54	1088.83
#用作原料、材料	Non-Energy Use	24.80	657.98
3.建筑业	Construction		82.10
4.交通运输、仓储和邮政业	Transport, Storage and Post		1326.58
5.批发、零售业和住宿、餐饮业	Wholesale, Retail Trade and Hotel, Restaurants		169.47
6.其他	Others		275.00
7.生活消费	Residential Consumption		274.84
城 镇	Urban		201.69
乡 村	Rural		73.15
五.平衡差额	**Statistical Difference**	**-0.54**	**-0.06**
六.消费量合计	**Total Energy Consumption**	**110.54**	**3259.99**

Continued 1

原油 (万吨) Crude Oil (10^4 tn)	汽油 (万吨) Gasoline (10^4 tn)	煤油 (万吨) Kerosene (10^4 tn)	柴油 (万吨) Diesel Oil (10^4 tn)	燃料油 (万吨) Fuel Oil (10^4 tn)	石脑油 (万吨) Naphtha (10^4 tn)	润滑油 (万吨) Lubricants (10^4 tn)	石蜡 (万吨) Paraffin Waxes (10^4 tn)	溶剂油 (万吨) White Spirit (10^4 tn)
2210.54	**212.05**	**237.64**	**-253.55**	**622.79**	**204.67**	**112.44**	**-6.02**	**-1.80**
5.27								
157.11	967.62	657.43	1647.61	253.67	205.66	115.25	0.08	0.18
2053.91		259.21	9.04			0.01		
		76.56		392.30		25.93		
1.66	756.73	564.98	1916.41	16.25	8.99	25.48	0.18	1.79
		45.52		1.24		0.02	5.23	
		151.68						
-4.09	1.16	6.62	6.21	-5.69	8.00	-3.25	-0.69	-0.19
-2207.69	**305.03**	**164.99**	**821.34**	**8.41**	**228.14**	**7.05**	**14.11**	**4.72**
			-0.75	-7.58				
			-0.05	-1.27				
-2207.69	305.03	164.99	822.14	17.26	228.14	7.05	14.11	4.72
2.86	**517.35**	**402.74**	**568.19**	**631.30**	**432.72**	**119.99**	**8.09**	**2.11**
	17.80		13.79					
2.86	31.31	3.34	67.75	40.23	432.72	9.45	7.17	2.11
	0.56	0.33			432.72	0.74		0.96
	26.44	0.01	33.68	8.08		0.30		
	112.98	399.34	197.87	577.58		32.22		
	62.41	0.01	86.22	3.62		7.73	0.85	
	97.55	0.04	126.29	1.79		42.16	0.07	
	168.86		42.59			28.13		
	145.89		23.88			20.98		
	22.97		18.71			7.15		
-0.01	**-0.27**	**-0.11**	**-0.40**	**-0.10**	**0.09**	**-0.50**		**0.81**
2210.55	**517.35**	**402.74**	**568.99**	**640.15**	**432.72**	**119.99**	**8.09**	**2.11**

续表 2

项目	Item	石油沥青（万吨） Bitumen Asphalt (10^4 tn)	石油焦（万吨） Petroleum Coke (10^4 tn)
一.可供本地区消费的能源量	**Total Primary Energy Supply**	**-11.63**	**-26.05**
1.一次能源生产量	Indigenous Production		
2.外省(区、市)调入量	Moving In from Other Provinces		
3.进口量	Import		
4.境内轮船和飞机在境外的加油量	Domestic Airplanes&Ships Refueling in Abroad		
5.本省(区、市)调出量(−)	Sending Out to Other Provinces(-)	11.29	24.87
6.出口量(−)	Export(-)		
7.境外轮船和飞机在境内的加油量(−)	Oversea Airplanes&Ships Refueling in China(-)		
8.库存增(−)、减(+)量	Stock Change	-0.34	-1.18
二.加工转换投入(−)产出(+)量	**Input(-) & Output(+) of Transformation**	**31.07**	**100.81**
1.火力发电	Thermal Power		-17.84
2.供　　热	Heating Supply		-19.27
3.洗 选 煤	Coal Washing		
4.炼　　焦	Coking		
5.炼油及煤制油	Petroleum Refineries	31.07	137.92
#油品再投入量(−)	Petroleum Products Input (-)		
6.制　　气	Gas Works		
#焦炭再投入量(−)	Coke Input (-)		
7.天然气液化	Natural Gas Liquefaction		
8.煤制品加工	Briquettes		
9.回收能	Recovery of Energy		
三.损 失 量	**Loss**		
四.终端消费量	**Total Final Consumption**	**19.44**	**74.76**
1.农、林、牧、渔、水利业	Agriculture, Forestry, Animal Husbandry, Fishery and Water Conservancy		
2.工业	Industry	5.97	74.76
#用作原料、材料	Non-Energy Use	0.05	0.01
3.建筑业	Construction	13.47	
4.交通运输、仓储和邮政业	Transport, Storage and Post		
5.批发、零售业和住宿、餐饮业	Wholesale, Retail Trade and Hotel, Restaurants		
6.其他	Others		
7.生活消费	Residential Consumption		
城 镇	Urban		
乡 村	Rural		
五.平衡差额	**Statistical Difference**		
六.消费量合计	**Total Energy Consumption**	**19.44**	**111.87**

Continued 2

液化石油气 (万吨) LPG (10^4 tn)	炼厂干气 (万吨) Refinery Gas (10^4 tn)	其他石油制品 (万吨) Other Petroleum Products (10^4 tn)	天然气 (亿立方米) Natural Gas (10^8 cu.m)	液化天然气 (万吨) LNG (10^4 tn)	热力 (万百万千焦) Heat (10^{10} kJ)	电力 (亿千瓦小时) Electricity (10^8 kW•h)	其他能源 (万吨标煤) Other Energy (10^4 tce)
33.98	**-1.02**	**-74.11**	**64.72**	**0.51**		**386.80**	**25.22**
			2.98			6.37	
47.08		0.90	33.65	0.51		476.18	25.22
15.80		40.63	28.09				
29.25	1.02	116.71				95.75	
0.35		1.07					
81.44	**130.02**	**299.03**	**-19.35**		**7661.82**	**966.65**	**-20.99**
	-0.44	-0.02	-14.54		-5.75	966.65	-18.97
-0.03	-1.05	-0.03	-2.06		7295.16		-2.02
81.47	131.51	315.43					
		-16.35					
			-2.75		-33.31		
					405.72		
			3.10			**71.79**	
115.47	**128.64**	**224.80**	**41.86**	**0.51**	**7661.82**	**1281.66**	**4.23**
0.05			0.01			6.85	
57.72	128.64	224.80	26.21	0.51	7471.54	714.46	4.23
37.89	11.51	173.21					
0.12			0.02		21.12	29.83	
6.59			0.37		65.69	38.74	
8.63			1.49		43.21	74.72	
7.10			3.83		60.26	229.68	
35.26			9.93			187.38	
10.94			8.27			177.24	
24.32			1.66			10.14	
-0.05	**0.36**	**0.12**	**0.41**				
115.50	**130.13**	**241.20**	**64.31**	**0.51**	**7700.88**	**1353.45**	**25.22**

6-10 江苏能源平衡表(实物量)-2012

项目	Item	煤合计(万吨) Coal Total (10^4 tn)	原煤(万吨) Raw Coal (10^4 tn)
一.可供本地区消费的能源量	**Total Primary Energy Supply**	**27762.36**	**25402.20**
1.一次能源生产量	Indigenous Production	2104.16	2104.16
2.外省(区、市)调入量	Moving In from Other Provinces	26656.05	23971.48
3.进口量	Import	998.00	998.00
4.境内轮船和飞机在境外的加油量	Domestic Airplanes&Ships Refueling in Abroad		
5.本省(区、市)调出量(-)	Sending Out to Other Provinces(-)	2173.24	1796.17
6.出口量(-)	Export(-)	7.00	7.00
7.境外轮船和飞机在境内的加油量(-)	Oversea Airplanes&Ships Refueling in China(-)		
8.库存增(-)、减(+)量	Stock Change	184.39	131.73
二.加工转换投入(-)产出(+)量	**Input(-) & Output(+) of Transformation**	**-22159.42**	**-20439.00**
1.火力发电	Thermal Power	-15965.74	-15723.65
2.供　热	Heating Supply	-3028.95	-2927.90
3.洗 选 煤	Coal Washing	-218.06	-1520.18
4.炼　焦	Coking	-2945.05	-267.04
5.炼油及煤制油	Petroleum Refineries		
#油品再投入量(-)	Petroleum Products Input (-)		
6.制　气	Gas Works	-1.60	-0.23
#焦炭再投入量(-)	Coke Input (-)		
7.天然气液化	Natural Gas Liquefaction		
8.煤制品加工	Briquettes	-0.02	
9.回收能	Recovery of Energy		
三.损 失 量	**Loss**		
四.终端消费量	**Total Final Consumption**	**5602.94**	**4963.20**
1.农、林、牧、渔、水利业	Agriculture, Forestry, Animal Husbandry, Fishery and Water Conservancy	54.21	54.21
2.工业	Industry	5526.32	4886.58
#用作原料、材料	Non-Energy Use	470.45	470.45
3.建筑业	Construction	5.48	5.48
4.交通运输、仓储和邮政业	Transport, Storage and Post	2.89	2.89
5.批发、零售业和住宿、餐饮业	Wholesale, Retail Trade and Hotel, Restaurants		
6.其他	Others		
7.生活消费	Residential Consumption	14.05	14.05
城 镇	Urban	2.03	2.03
乡 村	Rural	12.02	12.02
五.平衡差额	**Statistical Difference**		
六.消费量合计	**Total Energy Consumption**	**27762.36**	**25402.20**

ENERGY BALANCE OF JIANGSU (PHYSICAL QUANTITY)-2012

洗精煤 (万吨) Cleaned Coal (10^4 tn)	其他洗煤 (万吨) Other Washed Coal (10^4 tn)	型煤 (万吨) Briquettes (10^4 tn)	煤矸石 (万吨) Gangue (10^4 tn)	焦炭 (万吨) Coke (10^4 tn)	焦炉煤气 (亿立方米) Coke Oven Gas (10^8 cu.m)	高炉煤气 (亿立方米) Blast Furnace Gas (10^8 cu.m)	转炉煤气 (亿立方米) Converter Gas (10^8 cu.m)	其他煤气 (亿立方米) Other Gas (10^8 cu.m)
2277.23	**60.99**	**21.94**		**1107.46**				
2597.01	65.52	22.04		1145.84				
354.99	22.08							
35.21	17.55	-0.10		-38.38				
-1690.25	**-32.34**	**2.17**		**2062.50**	**38.87**	**60.02**	**14.42**	**0.13**
	-242.09		-22.08		-10.38			
	-100.70	-0.35	-9.41		-0.78			
991.67	310.45		31.49					
-2678.01				2061.64	50.00			
-1.37				1.00	0.03			0.13
				-0.14				
-2.54		2.52						
						60.02	14.42	
586.98	**28.65**	**24.11**		**3169.96**	**38.87**	**60.02**	**14.42**	**0.13**
586.98	28.65	24.11		3169.96	38.87	60.02	13.52	
				17.96				
							0.90	0.13
							0.90	0.13
3268.90	**371.44**	**24.46**	**31.49**	**3170.10**	**50.03**	**60.02**	**14.42**	**0.13**

续表 1

项　　目	Item	其他焦化产品(万吨) Other Coking Products (10^4 tn)	油品合计(万吨) Petroleum Products Total (10^4 tn)
一.可供本地区消费的能源量	**Total Primary Energy Supply**	**-105.16**	**2934.51**
1.一次能源生产量	Indigenous Production		194.53
2.外省(区、市)调入量	Moving In from Other Provinces		2602.38
3.进口量	Import		1737.64
4.境内轮船和飞机在境外的加油量	Domestic Airplanes&Ships Refueling in Abroad		8.14
5.本省(区、市)调出量(−)	Sending Out to Other Provinces(-)	104.89	1538.65
6.出口量(−)	Export(-)		107.92
7.境外轮船和飞机在境内的加油量(−)	Oversea Airplanes&Ships Refueling in China(-)		1.73
8.库存增(−)、减(+)量	Stock Change	-0.27	40.12
二.加工转换投入(−)产出(+)量	**Input(-) & Output(+) of Transformation**	**139.64**	**-137.92**
1.火力发电	Thermal Power		-3.71
2.供　　热	Heating Supply		-2.57
3.洗 选 煤	Coal Washing		
4.炼　　焦	Coking	139.59	
5.炼油及煤制油	Petroleum Refineries		561.34
#油品再投入量(−)	Petroleum Products Input (-)		-692.98
6.制　　气	Gas Works	0.05	
#焦炭再投入量(−)	Coke Input (-)		
7.天然气液化	Natural Gas Liquefaction		
8.煤制品加工	Briquettes		
9.回收能	Recovery of Energy		
三.损 失 量	**Loss**		**7.20**
四.终端消费量	**Total Final Consumption**	**34.48**	**2789.39**
1.农、林、牧、渔、水利业	Agriculture, Forestry, Animal Husbandry, Fishery and Water Conservancy		249.53
2.工业	Industry	34.48	834.23
#用作原料、材料	Non-Energy Use	27.54	350.68
3.建筑业	Construction		162.71
4.交通运输、仓储和邮政业	Transport, Storage and Post		1027.25
5.批发、零售业和住宿、餐饮业	Wholesale, Retail Trade and Hotel, Restaurants		41.61
6.其他	Others		56.00
7.生活消费	Residential Consumption		418.07
城 镇	Urban		338.65
乡 村	Rural		79.42
五.平衡差额	**Statistical Difference**		
六.消费量合计	**Total Energy Consumption**	**34.48**	**2934.51**

Continued 1

原油 (万吨) Crude Oil (10^4 tn)	汽油 (万吨) Gasoline (10^4 tn)	煤油 (万吨) Kerosene (10^4 tn)	柴油 (万吨) Diesel Oil (10^4 tn)	燃料油 (万吨) Fuel Oil (10^4 tn)	石脑油 (万吨) Naphtha (10^4 tn)	润滑油 (万吨) Lubricants (10^4 tn)	石蜡 (万吨) Paraffin Waxes (10^4 tn)	溶剂油 (万吨) White Spirit (10^4 tn)
2947.99	**590.61**	**-178.49**	**124.81**	**-73.85**	**3.38**	**-2.92**	**-10.80**	**-11.53**
194.53								
1027.32	805.35	45.26	636.04	6.82	81.13	0.46		
1659.64			6.00	21.00				
		0.58	1.16	6.40				
6.93	204.36	220.41	507.28	27.25	51.88	2.90	10.80	11.40
		3.92	3.00	84.00				
		0.11	0.13	1.48		0.01		
73.43	-10.38	0.11	-7.98	4.66	-25.87	-0.47		-0.13
-2933.39	**344.39**	**231.63**	**676.85**	**232.01**	**214.46**	**3.49**	**10.89**	**12.43**
			-1.70	-0.19				
			-0.18					
-2933.39	344.39	231.63	678.73	232.20	214.46	3.49	10.89	12.43
6.02	**0.72**							
8.58	**934.28**	**53.14**	**801.66**	**158.16**	**217.84**	**0.57**	**0.09**	**0.90**
	23.48		213.69	12.36				
8.58	38.35	1.95	94.24	70.53	217.84	0.57	0.09	0.90
	0.66	0.22	0.39	0.34	181.82	0.14	0.03	0.25
	4.67		33.31	0.08				
	490.55	51.19	420.29	65.19				
	20.13		14.98					
	30.04		15.96	10.00				
	327.06		9.19					
	280.03							
	47.03		9.19					
2947.99	**935.00**	**53.14**	**803.54**	**158.35**	**217.84**	**0.57**	**0.09**	**0.90**

续表 2

项　　目	Item	石油沥青（万吨） Bitumen Asphalt (10^4 tn)	石油焦（万吨） Petroleum Coke (10^4 tn)
一.可供本地区消费的能源量	**Total Primary Energy Supply**	**-61.63**	**-242.79**
1.一次能源生产量	Indigenous Production		
3.外省(区、市)调入量	Moving In from Other Provinces		
4.进口量	Import		
5.境内轮船和飞机在境外的加油量	Domestic Airplanes&Ships Refueling in Abroad		
6.本省(区、市)调出量(−)	Sending Out to Other Provinces(-)	62.38	246.49
7.出口量(−)	Export(-)		
8.境外轮船和飞机在境内的加油量(−)	Oversea Airplanes&Ships Refueling in China(-)		
9.库存增(−)、减(+)量	Stock Change	0.75	3.70
二.加工转换投入(−)产出(+)量	**Input(-) & Output(+) of Transformation**	**194.35**	**276.92**
1.火力发电	Thermal Power		-0.27
2.供　　热	Heating Supply		-0.25
3.洗 选 煤	Coal Washing		
4.炼　　焦	Coking		
5.炼油及煤制油	Petroleum Refineries	194.35	277.44
#油品再投入量(−)	Petroleum Products Input (-)		
6.制　　气	Gas Works		
#焦炭再投入量(−)	Coke Input (-)		
7.天然气液化	Natural Gas Liquefaction		
8.煤制品加工	Briquettes		
2.回收能	Recovery of Energy		
三.损 失 量	**Loss**		
四.终端消费量	**Total Final Consumption**	**132.72**	**34.13**
1.农、林、牧、渔、水利业	Agriculture, Forestry, Animal Husbandry, Fishery and Water Conservancy		
2.工业	Industry	8.40	34.13
#用作原料、材料	Non-Energy Use	0.10	3.34
3.建筑业	Construction	124.33	
4.交通运输、仓储和邮政业	Transport, Storage and Post		
5.批发、零售业和住宿、餐饮业	Wholesale, Retail Trade and Hotel, Restaurants		
6.其他	Others		
7.生活消费	Residential Consumption		
城 镇	Urban		
乡 村	Rural		
五.平衡差额	**Statistical Difference**		
六.消费量合计	**Total Energy Consumption**	**132.72**	**34.65**

Continued 2

液化石油气 (万吨) LPG (10^4 tn)	炼厂干气 (万吨) Refinery Gas (10^4 tn)	其他石油制品 (万吨) Other Petroleum Products (10^4 tn)	天然气 (亿立方米) Natural Gas (10^8 cu.m)	液化天然气 (万吨) LNG (10^4 tn)	热力 (万百万千焦) Heat (10^{10} kJ)	电力 (亿千瓦小时) Electricity (10^8 kW•h)	其他能源 (万吨标煤) Other Energy (10^4 tce)
-33.53		**-116.74**	**112.43**	**5.15**		**638.81**	**239.03**
			0.57			216.27	238.79
			111.86	5.14		576.94	
51.00							
67.56		119.01				154.40	
17.00							
0.03		2.27		0.01			0.24
156.06	**86.64**	**355.35**	**-44.39**		**53937.49**	**3942.10**	**-195.92**
	-0.44	-1.11	-43.95			3942.10	-185.57
	-1.09	-1.05	-0.44		53118.29		-10.35
156.06	88.17	1050.49					
		-692.98					
					819.20		
0.46			**1.60**		**2197.00**	**285.48**	
122.07	**86.64**	**238.61**	**66.44**	**5.15**	**51740.49**	**4295.43**	**43.11**
						37.96	
33.40	86.64	238.61	50.18	5.15	51238.85	3276.99	43.11
		163.39					
0.32			0.08			43.09	
0.03			4.10		23.40	47.24	
6.50			1.80		50.00	137.28	
					90.00	284.01	
81.82			10.28		338.24	468.86	
58.62			10.28		338.24	230.64	
23.20						238.22	
122.53	**88.17**	**933.75**	**112.43**	**5.15**	**53937.49**	**4580.91**	**239.03**

6-11 浙江能源平衡表(实物量)-2012

项目	Item	煤合计 (万吨) Coal Total (10⁴ tn)	原煤 (万吨) Raw Coal (10⁴ tn)
一.可供本地区消费的能源量	**Total Primary Energy Supply**	**14373.52**	**13957.67**
1.一次能源生产量	Indigenous Production	15.01	15.01
2.外省(区、市)调入量	Moving In from Other Provinces	13109.34	12701.71
3.进口量	Import	1218.46	1218.46
4.境内轮船和飞机在境外的加油量	Domestic Airplanes&Ships Refueling in Abroad		
5.本省(区、市)调出量(-)	Sending Out to Other Provinces(-)		
6.出口量(-)	Export(-)		
7.境外轮船和飞机在境内的加油量(-)	Oversea Airplanes&Ships Refueling in China(-)		
8.库存增(-)、减(+)量	Stock Change	30.71	22.49
二.加工转换投入(-)产出(+)量	**Input(-) & Output(+) of Transformation**	**-11206.88**	**-10983.11**
1.火力发电	Thermal Power	-8633.73	-8633.73
2.供　　热	Heating Supply	-2218.17	-2218.17
3.洗 选 煤	Coal Washing	-0.15	-0.64
4.炼　　焦	Coking	-393.81	-4.33
5.炼油及煤制油	Petroleum Refineries		
#油品再投入量(-)	Petroleum Products Input (-)		
6.制　　气	Gas Works	-1.23	-1.23
#焦炭再投入量(-)	Coke Input (-)		
7.天然气液化	Natural Gas Liquefaction		
8.煤制品加工	Briquettes	40.21	-125.00
9.回收能	Recovery of Energy		
三.损 失 量	**Loss**		
四.终端消费量	**Total Final Consumption**	**3166.63**	**2974.56**
1.农、林、牧、渔、水利业	Agriculture, Forestry, Animal Husbandry, Fishery and Water Conservancy	4.00	4.00
2.工业	Industry	3050.80	2922.53
#用作原料、材料	Non-Energy Use		
3.建筑业	Construction	8.70	8.70
4.交通运输、仓储和邮政业	Transport, Storage and Post	0.33	0.33
5.批发、零售业和住宿、餐饮业	Wholesale, Retail Trade and Hotel, Restaurants	49.80	39.00
6.其他	Others		
7.生活消费	Residential Consumption	53.00	
城 镇	Urban	13.00	
乡 村	Rural	40.00	
五.平衡差额	**Statistical Difference**		
六.消费量合计	**Total Energy Consumption**	**14373.52**	**13957.66**

ENERGY BALANCE OF ZHEJIANG (PHYSICAL QUANTITY)-2012

洗精煤 (万吨) Cleaned Coal (10^4 tn)	其他洗煤 (万吨) Other Washed Coal (10^4 tn)	型煤 (万吨) Briquettes (10^4 tn)	煤矸石 (万吨) Gangue (10^4 tn)	焦炭 (万吨) Coke (10^4 tn)	焦炉煤气 (亿立方米) Coke Oven Gas (10^8 cu.m)	高炉煤气 (亿立方米) Blast Furnace Gas (10^8 cu.m)	转炉煤气 (亿立方米) Converter Gas (10^8 cu.m)	其他煤气 (亿立方米) Other Gas (10^8 cu.m)
420.12	**1.52**	**-5.79**	**27.34**	**156.62**				
406.22	1.41		27.34	154.20				
13.90	0.11	-5.79		2.42				
-388.99		**165.21**	**-1.45**	**294.80**	**6.40**	**118.95**	**7.25**	**0.22**
			-0.80		-0.69	-33.19	-1.52	
			-0.65		-0.04	-0.52	-0.18	
0.49								
-389.48				294.80	7.14			
								0.22
		165.21						
						152.66	8.95	
31.13	**1.52**	**159.42**	**25.88**	**451.42**	**6.40**	**118.95**	**7.25**	**0.22**
31.13	1.52	95.62	25.88	451.42	6.40	118.95	7.25	0.22
		10.80						
		53.00						
		13.00						
		40.00						
420.61	**1.52**	**159.42**	**27.34**	**451.42**	**7.13**	**152.66**	**8.95**	**0.22**

续表 1

项 目	Item	其他焦化产品(万吨) Other Coking Products (10^4 tn)	油品合计(万吨) Petroleum Products Total (10^4 tn)
一.可供本地区消费的能源量	**Total Primary Energy Supply**	**-6.44**	**2750.81**
1.一次能源生产量	Indigenous Production		
2.外省(区、市)调入量	Moving In from Other Provinces		2741.83
3.进口量	Import		2454.92
4.境内轮船和飞机在境外的加油量	Domestic Airplanes&Ships Refueling in Abroad		
5.本省(区、市)调出量(-)	Sending Out to Other Provinces(-)	6.40	1977.00
6.出口量(-)	Export(-)		473.34
7.境外轮船和飞机在境内的加油量(-)	Oversea Airplanes&Ships Refueling in China(-)		
8.库存增(-)、减(+)量	Stock Change	-0.04	4.40
二.加工转换投入(-)产出(+)量	**Input(-) & Output(+) of Transformation**	**8.32**	**-176.98**
1.火力发电	Thermal Power		-40.56
2.供 热	Heating Supply		-10.67
3.洗 选 煤	Coal Washing		
4.炼 焦	Coking	8.32	
5.炼油及煤制油	Petroleum Refineries		195.64
#油品再投入量(-)	Petroleum Products Input (-)		-321.39
6.制 气	Gas Works		
#焦炭再投入量(-)	Coke Input (-)		
7.天然气液化	Natural Gas Liquefaction		
8.煤制品加工	Briquettes		
9.回收能	Recovery of Energy		
三.损 失 量	**Loss**		
四.终端消费量	**Total Final Consumption**	**1.88**	**2573.82**
1.农、林、牧、渔、水利业	Agriculture, Forestry, Animal Husbandry, Fishery and Water Conservancy		224.00
2.工业	Industry	1.88	723.11
#用作原料、材料	Non-Energy Use		
3.建筑业	Construction		155.00
4.交通运输、仓储和邮政业	Transport, Storage and Post		848.91
5.批发、零售业和住宿、餐饮业	Wholesale, Retail Trade and Hotel, Restaurants		98.00
6.其他	Others		102.80
7.生活消费	Residential Consumption		422.00
城 镇	Urban		226.00
乡 村	Rural		196.00
五.平衡差额	**Statistical Difference**		**0.01**
六.消费量合计	**Total Energy Consumption**	**1.88**	**2750.80**

Continued 1

原油 (万吨) Crude Oil (10^4 tn)	汽油 (万吨) Gasoline (10^4 tn)	煤油 (万吨) Kerosene (10^4 tn)	柴油 (万吨) Diesel Oil (10^4 tn)	燃料油 (万吨) Fuel Oil (10^4 tn)	石脑油 (万吨) Naphtha (10^4 tn)	润滑油 (万吨) Lubricants (10^4 tn)	石蜡 (万吨) Paraffin Waxes (10^4 tn)	溶剂油 (万吨) White Spirit (10^4 tn)
2732.60	**421.91**	**-76.15**	**137.15**	**214.21**	**-136.01**	**1.02**	**0.42**	**-2.16**
801.04	573.19	48.22	476.28	626.44		8.50	0.43	
1931.62		4.44	20.93	483.75				
	170.84	52.79	348.19	500.75	136.01	5.60		2.16
		67.99	17.78	382.69				
-0.06	19.56	-8.03	5.91	-12.54		-1.88	-0.01	
-2732.54	**284.24**	**156.23**	**800.86**	**-40.28**	**136.01**			**2.58**
-2.25	0.00		-0.86	-1.29				
			-0.04	-0.06				
-2730.29	284.24	156.23	801.76	114.46	136.01			2.58
				-153.38				
0.05	**706.16**	**80.07**	**938.01**	**173.94**		**1.02**	**0.43**	**0.42**
	22.00		202.00					
0.05	71.16	2.18	185.51	77.64		1.02	0.43	0.42
	34.00		121.00					
	338.00	77.89	353.00	80.00				
	25.00		25.00	12.00				
	58.00		22.50	4.30				
	158.00		29.00					
	88.00		13.00					
	70.00		16.00					
0.01								
2732.59	**706.16**	**80.07**	**938.90**	**328.67**		**1.02**	**0.43**	**0.42**

续表 2

项　　目	Item	石油沥青（万吨） Bitumen Asphalt (10^4 tn)	石油焦（万吨） Petroleum Coke (10^4 tn)
一.可供本地区消费的能源量	**Total Primary Energy Supply**	**-312.28**	**-84.33**
1.一次能源生产量	Indigenous Production		
2.外省(区、市)调入量	Moving In from Other Provinces		
3.进口量	Import		
4.境内轮船和飞机在境外的加油量	Domestic Airplanes&Ships Refueling in Abroad		
5.本省(区、市)调出量(−)	Sending Out to Other Provinces(-)	312.28	84.29
6.出口量(−)	Export(-)		
7.境外轮船和飞机在境内的加油量(−)	Oversea Airplanes&Ships Refueling in China(-)		
8.库存增(−)、减(+)量	Stock Change		-0.04
二.加工转换投入(−)产出(+)量	**Input(-) & Output(+) of Transformation**	**312.30**	**107.81**
1.火力发电	Thermal Power		-36.15
2.供　　热	Heating Supply		-10.51
3.洗 选 煤	Coal Washing		
4.炼　　焦	Coking		
5.炼油及煤制油	Petroleum Refineries	312.30	154.48
#油品再投入量(−)	Petroleum Products Input (-)		
6.制　　气	Gas Works		
#焦炭再投入量(−)	Coke Input (-)		
7.天然气液化	Natural Gas Liquefaction		
8.煤制品加工	Briquettes		
9.回收能	Recovery of Energy		
三.损 失 量	**Loss**		
四.终端消费量	**Total Final Consumption**	**0.01**	**23.48**
1.农、林、牧、渔、水利业	Agriculture, Forestry, Animal Husbandry, Fishery and Water Conservancy		
2.工业	Industry	0.01	23.48
#用作原料、材料	Non-Energy Use		
3.建筑业	Construction		
4.交通运输、仓储和邮政业	Transport, Storage and Post		
5.批发、零售业和住宿、餐饮业	Wholesale, Retail Trade and Hotel, Restaurants		
6.其他	Others		
7.生活消费	Residential Consumption		
城 镇	Urban		
乡 村	Rural		
五.平衡差额	**Statistical Difference**		
六.消费量合计	**Total Energy Consumption**	**0.01**	**70.15**

Continued 2

液化石油气 (万吨) LPG (10^4 tn)	炼厂干气 (万吨) Refinery Gas (10^4 tn)	其他石油制品 (万吨) Other Petroleum Products (10^4 tn)	天然气 (亿立方米) Natural Gas (10^8 cu.m)	液化天然气 (万吨) LNG (10^4 tn)	热力 (万百万千焦) Heat (10^{10} kJ)	电力 (亿千瓦小时) Electricity (10^8 kW•h)	其他能源 (万吨标煤) Other Energy (10^4 tce)
217.16		**-362.74**	**47.20**	**6.37**		**937.65**	**137.74**
						574.01	137.87
207.73			47.20	6.37		383.18	
14.18							
		364.09				19.54	
4.88							
0.13		1.35					-0.13
84.62	**99.27**	**611.93**	**-25.48**	**-0.04**	**45007.95**	**2272.90**	**-88.02**
			-25.31	-0.03	-3300.44	2272.90	-60.95
	-0.06		-0.18	0.00	44157.65		-27.07
114.23	115.11	734.55					
-29.60	-15.78	-122.62					
					4150.73		
					1680.00	**121.11**	
301.78	**99.26**	**249.19**	**21.72**	**6.34**	**43327.95**	**3089.44**	**49.72**
						21.09	
12.77	99.26	249.19	13.92	6.34	36271.18	2281.62	49.72
						46.03	
0.02			0.02		4.77	33.21	
36.00			1.82		5534.00	122.31	
18.00					1518.00	193.29	
235.00			5.96			391.90	
125.00			5.96			208.35	
110.00						183.55	
	0.01				**-0.01**		
331.39	**115.10**	**371.81**	**47.20**	**6.37**	**48308.39**	**3210.55**	**137.74**

6-12 安徽能源平衡表(实物量)-2012

项目	Item	煤合计 (万吨) Coal Total (10^4 tn)	原煤 (万吨) Raw Coal (10^4 tn)
一.可供本地区消费的能源量	**Total Primary Energy Supply**	**14759.78**	**17113.21**
1.一次能源生产量	Indigenous Production	15049.00	15049.00
2.外省(区、市)调入量	Moving In from Other Provinces	3798.78	3798.78
3.进口量	Import		
4.境内轮船和飞机在境外的加油量	Domestic Airplanes&Ships Refueling in Abroad		
5.本省(区、市)调出量(-)	Sending Out to Other Provinces(-)	4002.00	1651.00
6.出口量(-)	Export(-)	3.25	3.25
7.境外轮船和飞机在境内的加油量(-)	Oversea Airplanes&Ships Refueling in China(-)		
8.库存增(-)、减(+)量	Stock Change	-82.75	-80.32
二.加工转换投入(-)产出(+)量	**Input(-) & Output(+) of Transformation**	**-9812.14**	**-12356.92**
1.火力发电	Thermal Power	-7838.63	-7539.89
2.供　　热	Heating Supply	-358.31	-354.15
3.洗 选 煤	Coal Washing	-372.46	-4356.41
4.炼　　焦	Coking	-1154.18	-0.36
5.炼油及煤制油	Petroleum Refineries	-5.98	-5.98
#油品再投入量(-)	Petroleum Products Input (-)		
6.制　　气	Gas Works	-85.21	-85.21
#焦炭再投入量(-)	Coke Input (-)		
7.天然气液化	Natural Gas Liquefaction		
8.煤制品加工	Briquettes	2.63	-14.92
9.回收能	Recovery of Energy		
三.损 失 量	**Loss**		
四.终端消费量	**Total Final Consumption**	**4892.11**	**4701.37**
1.农、林、牧、渔、水利业	Agriculture, Forestry, Animal Husbandry, Fishery and Water Conservancy	51.25	51.25
2.工业	Industry	4603.65	4414.42
#用作原料、材料	Non-Energy Use	419.05	409.51
3.建筑业	Construction	22.14	20.62
4.交通运输、仓储和邮政业	Transport, Storage and Post	15.52	15.52
5.批发、零售业和住宿、餐饮业	Wholesale, Retail Trade and Hotel, Restaurants	22.34	22.34
6.其他	Others	30.32	30.32
7.生活消费	Residential Consumption	146.90	146.90
城 镇	Urban	63.70	63.70
乡 村	Rural	83.20	83.20
五.平衡差额	**Statistical Difference**	**55.53**	**54.92**
六.消费量合计	**Total Energy Consumption**	**14704.25**	**17058.29**

ENERGY BALANCE OF ANHUI (PHYSICAL QUANTITY)-2012

洗精煤 (万吨) Cleaned Coal (10^4 tn)	其他洗煤 (万吨) Other Washed Coal (10^4 tn)	型煤 (万吨) Briquettes (10^4 tn)	煤矸石 (万吨) Gangue (10^4 tn)	焦炭 (万吨) Coke (10^4 tn)	焦炉煤气 (亿立方米) Coke Oven Gas (10^8 cu.m)	高炉煤气 (亿立方米) Blast Furnace Gas (10^8 cu.m)	转炉煤气 (亿立方米) Converter Gas (10^8 cu.m)	其他煤气 (亿立方米) Other Gas (10^8 cu.m)
-519.16	**-1834.04**	**-0.23**	**52.00**	**159.36**				
			52.00	179.00				
518.00	1833.00							
-1.16	-1.04	-0.23		-19.64				
646.47	**1880.76**	**17.55**	**-46.08**	**836.16**	**19.20**			**12.64**
	-298.74		-297.08		-5.56	-18.24	-3.47	
	-4.16		-10.52		-1.69			
1800.29	2183.66		261.52					
-1153.82				836.16	26.45			
								12.64
		17.55						
						18.24	3.47	
127.11	**46.09**	**17.55**	**6.91**	**996.44**	**18.89**			**12.64**
125.59	46.09	17.55	6.91	996.44	18.89			12.64
8.52	0.27	0.75		2.36	10.12			
1.52								
0.20	**0.63**	**-0.23**	**-0.99**	**-0.92**	**0.31**			
1280.93	**348.99**	**17.55**	**314.51**	**996.44**	**26.14**	**18.24**	**3.47**	**12.64**

项目	Item	其他焦化产品（万吨）Other Coking Products (10^4 tn)	油品合计（万吨）Petroleum Products Total (10^4 tn)
一.可供本地区消费的能源量	**Total Primary Energy Supply**	**-42.82**	**992.23**
1.一次能源生产量	Indigenous Production		
2.外省(区、市)调入量	Moving In from Other Provinces		886.83
3.进口量	Import		253.38
4.境内轮船和飞机在境外的加油量	Domestic Airplanes&Ships Refueling in Abroad		
5.本省(区、市)调出量(-)	Sending Out to Other Provinces(-)	43.00	156.94
6.出口量(-)	Export(-)		
7.境外轮船和飞机在境内的加油量(-)	Oversea Airplanes&Ships Refueling in China(-)		
8.库存增(-)、减(+)量	Stock Change	0.18	8.96
二.加工转换投入(-)产出(+)量	**Input(-) & Output(+) of Transformation**	**53.33**	**16.01**
1.火力发电	Thermal Power		-1.40
2.供　　热	Heating Supply		-2.01
3.洗 选 煤	Coal Washing		
4.炼　　焦	Coking	53.33	
5.炼油及煤制油	Petroleum Refineries		30.50
#油品再投入量(-)	Petroleum Products Input (-)		-11.08
6.制　　气	Gas Works		
#焦炭再投入量(-)	Coke Input (-)		
7.天然气液化	Natural Gas Liquefaction		
8.煤制品加工	Briquettes		
9.回收能	Recovery of Energy		
三.损 失 量	**Loss**		
四.终端消费量	**Total Final Consumption**	**10.12**	**1008.28**
1.农、林、牧、渔、水利业	Agriculture, Forestry, Animal Husbandry, Fishery and Water Conservancy		90.83
2.工业	Industry	10.12	182.31
#用作原料、材料	Non-Energy Use		21.52
3.建筑业	Construction		49.68
4.交通运输、仓储和邮政业	Transport, Storage and Post		496.36
5.批发、零售业和住宿、餐饮业	Wholesale, Retail Trade and Hotel, Restaurants		19.99
6.其他	Others		53.10
7.生活消费	Residential Consumption		116.01
城 镇	Urban		90.85
乡 村	Rural		25.16
五.平衡差额	**Statistical Difference**	**0.39**	**-0.04**
六.消费量合计	**Total Energy Consumption**	**10.12**	**992.27**

Continued 1

原油 (万吨) Crude Oil (10^4 tn)	汽油 (万吨) Gasoline (10^4 tn)	煤油 (万吨) Kerosene (10^4 tn)	柴油 (万吨) Diesel Oil (10^4 tn)	燃料油 (万吨) Fuel Oil (10^4 tn)	石脑油 (万吨) Naphtha (10^4 tn)	润滑油 (万吨) Lubricants (10^4 tn)	石蜡 (万吨) Paraffin Waxes (10^4 tn)	溶剂油 (万吨) White Spirit (10^4 tn)
421.07	**167.44**	**10.77**	**398.60**	**5.06**	**-5.19**	**1.81**	**0.03**	**0.32**
167.68	173.19	10.81	499.72	10.22		0.83	0.03	0.32
253.38								
	7.51		107.21	4.77	5.19			
0.01	1.76	-0.04	6.09	-0.39		0.98		
-420.43	**83.05**		**179.60**	**6.02**	**5.19**			
			-0.41					
-420.43	83.05		180.01	6.02	5.19			
0.95	**250.64**	**10.77**	**577.90**	**11.08**		**1.81**	**0.03**	**0.32**
	16.39		74.44					
0.95	9.54	0.44	57.57	6.94		1.81	0.03	0.32
	0.14		1.03					0.10
	8.25		40.29	1.14				
	109.26	10.33	373.74	3.00				
	4.58		14.69					
	44.47		7.90					
	58.15		9.28					
	58.15		0.30					
			8.98					
-0.31	**-0.16**		**0.30**					
421.38	**250.64**	**10.77**	**578.31**	**11.08**		**1.81**	**0.03**	**0.32**

续表 2

项　　目	Item	石油沥青(万吨) Bitumen Asphalt (10^4 tn)	石油焦(万吨) Petroleum Coke (10^4 tn)
一.可供本地区消费的能源量	**Total Primary Energy Supply**	**1.21**	**-28.74**
1.一次能源生产量	Indigenous Production		
2.外省(区、市)调入量	Moving In from Other Provinces	1.21	
3.进口量	Import		
4.境内轮船和飞机在境外的加油量	Domestic Airplanes&Ships Refueling in Abroad		
5.本省(区、市)调出量(-)	Sending Out to Other Provinces(-)		28.80
6.出口量(-)	Export(-)		
7.境外轮船和飞机在境内的加油量(-)	Oversea Airplanes&Ships Refueling in China(-)		
8.库存增(-)、减(+)量	Stock Change		0.06
二.加工转换投入(-)产出(+)量	**Input(-) & Output(+) of Transformation**		**34.18**
1.火力发电	Thermal Power		
2.供　热	Heating Supply		
3.洗 选 煤	Coal Washing		
4.炼　焦	Coking		
5.炼油及煤制油	Petroleum Refineries		34.18
#油品再投入量(-)	Petroleum Products Input (-)		
6.制　气	Gas Works		
#焦炭再投入量(-)	Coke Input (-)		
7.天然气液化	Natural Gas Liquefaction		
8.煤制品加工	Briquettes		
9.回收能	Recovery of Energy		
三.损 失 量	**Loss**		
四.终端消费量	**Total Final Consumption**	**1.21**	**5.41**
1.农、林、牧、渔、水利业	Agriculture, Forestry, Animal Husbandry, Fishery and Water Conservancy		
2.工业	Industry	1.21	5.41
#用作原料、材料	Non-Energy Use		0.15
3.建筑业	Construction		
4.交通运输、仓储和邮政业	Transport, Storage and Post		
5.批发、零售业和住宿、餐饮业	Wholesale, Retail Trade and Hotel, Restaurants		
6.其他	Others		
7.生活消费	Residential Consumption		
城 镇	Urban		
乡 村	Rural		
五.平衡差额	**Statistical Difference**		**0.03**
六.消费量合计	**Total Energy Consumption**	**1.21**	**5.41**

Continued 2

液化石油气 (万吨) LPG (10^4 tn)	炼厂干气 (万吨) Refinery Gas (10^4 tn)	其他石油制品 (万吨) Other Petroleum Products (10^4 tn)	天然气 (亿立方米) Natural Gas (10^8 cu.m)	液化天然气 (万吨) LNG (10^4 tn)	热力 (万百万千焦) Heat (10^{10} kJ)	电力 (亿千瓦小时) Electricity (10^8 kW•h)	其他能源 (万吨标煤) Other Energy (10^4 tce)
19.66		**0.19**	**24.81**	**0.62**		**-405.69**	**299.97**
						41.05	85.97
22.82			24.81	0.62		6.99	214.00
3.46						453.73	
0.30		0.19					
31.54	**7.16**	**89.70**			**7737.45**	**1766.79**	**-272.15**
	-0.99				-1166.20	1766.79	-210.58
	-2.01				6873.65		-61.57
31.54	15.00	95.94					
	-4.84	-6.24					
					2030.00		
						96.86	
51.21	**7.16**	**89.79**	**24.81**	**0.62**	**7742.29**	**1264.25**	**28.16**
						15.11	
1.14	7.16	89.79	8.18	0.62	5760.25	853.68	28.16
		20.10					
						21.76	
0.03			4.12		5.04	19.75	
0.72			3.46			54.78	
0.73						75.99	
48.58			9.05		1977.00	223.18	
32.40			9.05		1977.00	106.18	
16.18						117.00	
-0.01		**0.10**			**-4.84**	**-0.01**	**-0.34**
51.21	**15.00**	**96.03**	**24.81**	**0.62**	**8908.49**	**1361.10**	**300.31**

6-13 福建能源平衡表(实物量)-2012

项　　目	Item	煤合计(万吨) Coal Total (10^4 tn)	原煤(万吨) Raw Coal (10^4 tn)
一.可供本地区消费的能源量	**Total Primary Energy Supply**	**8484.87**	**8252.66**
1.一次能源生产量	Indigenous Production	2051.09	2051.09
2.外省(区、市)调入量	Moving In from Other Provinces	3080.23	2807.54
3.进口量	Import	3517.00	3517.00
4.境内轮船和飞机在境外的加油量	Domestic Airplanes&Ships Refueling in Abroad		
5.本省(区、市)调出量(-)	Sending Out to Other Provinces(-)	359.21	313.31
6.出口量(-)	Export(-)		
7.境外轮船和飞机在境内的加油量(-)	Oversea Airplanes&Ships Refueling in China(-)		
8.库存增(-)、减(+)量	Stock Change	195.76	190.34
二.加工转换投入(-)产出(+)量	**Input(-) & Output(+) of Transformation**	**-5030.45**	**-4836.99**
1.火力发电	Thermal Power	-4501.98	-4501.98
2.供　　热	Heating Supply	-264.03	-264.03
3.洗 选 煤	Coal Washing	-9.27	-55.17
4.炼　　焦	Coking	-253.27	-6.01
5.炼油及煤制油	Petroleum Refineries		
#油品再投入量(-)	Petroleum Products Input (-)		
6.制　　气	Gas Works	-3.93	-3.93
#焦炭再投入量(-)	Coke Input (-)		
7.天然气液化	Natural Gas Liquefaction		
8.煤制品加工	Briquettes	2.03	-5.87
9.回收能	Recovery of Energy		
三.损 失 量	**Loss**		
四.终端消费量	**Total Final Consumption**	**3454.42**	**3415.67**
1.农、林、牧、渔、水利业	Agriculture, Forestry, Animal Husbandry, Fishery and Water Conservancy	55.96	55.96
2.工业	Industry	3276.69	3237.94
#用作原料、材料	Non-Energy Use	372.35	370.11
3.建筑业	Construction	9.70	9.70
4.交通运输、仓储和邮政业	Transport, Storage and Post	3.48	3.48
5.批发、零售业和住宿、餐饮业	Wholesale, Retail Trade and Hotel, Restaurants	21.76	21.76
6.其他	Others	7.83	7.83
7.生活消费	Residential Consumption	79.00	79.00
城 镇	Urban	11.81	11.81
乡 村	Rural	67.19	67.19
五.平衡差额	**Statistical Difference**		
六.消费量合计	**Total Energy Consumption**	**8484.87**	**8252.66**

ENERGY BALANCE OF FUJIAN (PHYSICAL QUANTITY)-2012

洗精煤（万吨） Cleaned Coal (10^4 tn)	其他洗煤（万吨） Other Washed Coal (10^4 tn)	型煤（万吨） Briquettes (10^4 tn)	煤矸石（万吨） Gangue (10^4 tn)	焦炭（万吨） Coke (10^4 tn)	焦炉煤气（亿立方米） Coke Oven Gas (10^8 cu.m)	高炉煤气（亿立方米） Blast Furnace Gas (10^8 cu.m)	转炉煤气（亿立方米） Converter Gas (10^8 cu.m)	其他煤气（亿立方米） Other Gas (10^8 cu.m)
209.19	**1.13**	**21.89**		**460.09**		**85.97**	**5.39**	**0.10**
249.23	1.13	22.33		479.16		85.97	5.39	0.10
45.90				15.55				
5.86		-0.44		-3.52				
-201.36		**7.90**		**189.91**	**6.19**	**-26.60**	**-1.57**	**0.91**
					-0.28	-9.67	-1.11	
					-0.41	-16.93	-0.46	
45.90								
-247.26				189.91	6.88			
								0.91
		7.90						
7.83	**1.13**	**29.79**		**650.00**	**6.19**	**59.37**	**3.82**	**1.01**
7.83	1.13	29.79		650.00	6.19	59.37	3.82	1.01
2.13		0.11		1.75				
255.09	**1.13**	**29.79**		**650.00**	**6.88**	**85.97**	**5.39**	**1.01**

续表 1

项　　目	Item	其他焦化产品（万吨）Other Coking Products (10^4 tn)	油品合计（万吨）Petroleum Products Total (10^4 tn)
一.可供本地区消费的能源量	**Total Primary Energy Supply**	**0.10**	**1699.35**
1.一次能源生产量	Indigenous Production		
2.外省(区、市)调入量	Moving In from Other Provinces		1792.61
3.进口量	Import		
4.境内轮船和飞机在境外的加油量	Domestic Airplanes&Ships Refueling in Abroad		
5.本省(区、市)调出量(−)	Sending Out to Other Provinces(-)		91.64
6.出口量(−)	Export(-)		
7.境外轮船和飞机在境内的加油量(−)	Oversea Airplanes&Ships Refueling in China(-)		
8.库存增(−)、减(+)量	Stock Change	0.10	-1.62
二.加工转换投入(−)产出(+)量	**Input(-) & Output(+) of Transformation**	**8.17**	**-111.29**
1.火力发电	Thermal Power		-43.66
2.供　　热	Heating Supply		-7.01
3.洗 选 煤	Coal Washing		
4.炼　　焦	Coking	8.17	
5.炼油及煤制油	Petroleum Refineries		-60.62
#油品再投入量(−)	Petroleum Products Input (-)		
6.制　　气	Gas Works		
#焦炭再投入量(−)	Coke Input (-)		
7.天然气液化	Natural Gas Liquefaction		
8.煤制品加工	Briquettes		
9.回收能	Recovery of Energy		
三.损 失 量	**Loss**		
四.终端消费量	**Total Final Consumption**	**8.27**	**1588.06**
1.农、林、牧、渔、水利业	Agriculture, Forestry, Animal Husbandry, Fishery and Water Conservancy		127.17
2.工业	Industry	8.27	554.92
#用作原料、材料	Non-Energy Use		154.18
3.建筑业	Construction		84.20
4.交通运输、仓储和邮政业	Transport, Storage and Post		559.22
5.批发、零售业和住宿、餐饮业	Wholesale, Retail Trade and Hotel, Restaurants		41.74
6.其他	Others		82.79
7.生活消费	Residential Consumption		138.02
城 镇	Urban		85.84
乡 村	Rural		52.18
五.平衡差额	**Statistical Difference**		
六.消费量合计	**Total Energy Consumption**	**8.27**	**1699.35**

Continued 1

原油 (万吨) Crude Oil (10^4 tn)	汽油 (万吨) Gasoline (10^4 tn)	煤油 (万吨) Kerosene (10^4 tn)	柴油 (万吨) Diesel Oil (10^4 tn)	燃料油 (万吨) Fuel Oil (10^4 tn)	石脑油 (万吨) Naphtha (10^4 tn)	润滑油 (万吨) Lubricants (10^4 tn)	石蜡 (万吨) Paraffin Waxes (10^4 tn)	溶剂油 (万吨) White Spirit (10^4 tn)
1104.55	**236.40**	**-27.97**	**195.50**	**172.24**		**5.54**	**0.22**	**-16.10**
1100.03	236.40		195.42	178.27		5.54	0.22	
		27.96						16.10
4.52		-0.01	0.08	-6.03				
-1102.72	**161.22**	**102.33**	**319.77**	**7.76**				**16.30**
			-1.02	-0.62				
			-0.10	-5.68				
-1102.72	161.22	102.33	320.89	14.06				16.30
1.83	**397.62**	**74.36**	**515.27**	**180.00**		**5.54**	**0.22**	**0.20**
	21.36		74.15	13.00		0.02		
1.83	83.56	0.70	89.64	80.64		0.30	0.22	0.20
	13.00		28.00					
	97.00	73.66	290.60	86.36		5.20		
	28.00		11.20					
	70.83		10.91			0.02		
	83.87		10.77					
	58.67		3.02					
	25.20		7.75					
1104.55	**397.62**	**74.36**	**516.39**	**186.30**		**5.54**	**0.22**	**0.20**

续表 2

项　　目	Item	石油沥青(万吨) Bitumen Asphalt (10^4 tn)	石油焦(万吨) Petroleum Coke (10^4 tn)
一.可供本地区消费的能源量	**Total Primary Energy Supply**	**-0.34**	**0.12**
1.一次能源生产量	Indigenous Production		
2.外省(区、市)调入量	Moving In from Other Provinces		
3.进口量	Import		
4.境内轮船和飞机在境外的加油量	Domestic Airplanes&Ships Refueling in Abroad		
5.本省(区、市)调出量(-)	Sending Out to Other Provinces(-)		
6.出口量(-)	Export(-)		
7.境外轮船和飞机在境内的加油量(-)	Oversea Airplanes&Ships Refueling in China (-)		
8.库存增(-)、减(+)量	Stock Change	-0.34	0.12
二.加工转换投入(-)产出(+)量	**Input(-) & Output(+) of Transformation**	**31.22**	**26.91**
1.火力发电	Thermal Power		
2.供　热	Heating Supply		
3.洗 选 煤	Coal Washing		
4.炼　焦	Coking		
5.炼油及煤制油	Petroleum Refineries	31.22	26.91
#油品再投入量(-)	Petroleum Products Input (-)		
6.制　气	Gas Works		
#焦炭再投入量(-)	Coke Input (-)		
7.天然气液化	Natural Gas Liquefaction		
8.煤制品加工	Briquettes		
9.回收能	Recovery of Energy		
三.损 失 量	**Loss**		
四.终端消费量	**Total Final Consumption**	**30.88**	**27.03**
1.农、林、牧、渔、水利业	Agriculture, Forestry, Animal Husbandry, Fishery and Water Conservancy		
2.工业	Industry	2.00	27.03
#用作原料、材料	Non-Energy Use		
3.建筑业	Construction	28.88	
4.交通运输、仓储和邮政业	Transport, Storage and Post		
5.批发、零售业和住宿、餐饮业	Wholesale, Retail Trade and Hotel, Restaurants		
6.其他	Others		
7.生活消费	Residential Consumption		
城 镇	Urban		
乡 村	Rural		
五.平衡差额	**Statistical Difference**		
六.消费量合计	**Total Energy Consumption**	**30.88**	**27.03**

液化石油气 (万吨) LPG (10^4 tn)	炼厂干气 (万吨) Refinery Gas (10^4 tn)	其他石油制品 (万吨) Other Petroleum Products (10^4 tn)	天然气 (亿立方米) Natural Gas (10^8 cu.m)	液化天然气 (万吨) LNG (10^4 tn)	热力 (万百万千焦) Heat (10^{10} kJ)	电力 (亿千瓦小时) Electricity (10^8 kW•h)	其他能源 (万吨标煤) Other Energy (10^4 tce)
53.45		**-24.26**	**37.49**		**1463.64**	**461.22**	**111.08**
						504.33	
53.44		23.29			1463.64	1.31	111.08
			36.44				
		47.58				44.42	
0.01		0.03	1.05				
25.55	**76.11**	**224.26**	**-21.41**		**4137.81**	**1118.29**	**-2.77**
	-42.02		-21.41		-1127.21	1118.29	-0.67
	-1.23				5265.02		-2.10
25.55	119.36	224.26					
						95.55	
79.00	**76.11**	**200.00**	**16.08**		**5601.45**	**1483.96**	**108.31**
3.82		14.82				19.60	16.40
21.51	76.11	171.18	9.55		5601.45	962.64	91.91
		154.18					
0.32		14.00				27.30	
6.40			0.34			20.62	
2.54			0.45			64.02	
1.03			0.26			99.92	
43.38			5.48			289.86	
24.15			5.09			147.59	
19.23			0.39			142.27	
79.00	**119.36**	**200.00**	**37.49**		**6728.66**	**1579.51**	**111.08**

6-14 江西能源平衡表(实物量)-2012

项目	Item	煤合计(万吨) Coal Total (10^4 tn)	原煤(万吨) Raw Coal (10^4 tn)
一.可供本地区消费的能源量	**Total Primary Energy Supply**	**6801.85**	**6048.63**
1.一次能源生产量	Indigenous Production	2950.00	2950.00
2.外省(区、市)调入量	Moving In from Other Provinces	3310.23	2553.45
3.进口量	Import	852.00	852.00
4.境内轮船和飞机在境外的加油量	Domestic Airplanes&Ships Refueling in Abroad		
5.本省(区、市)调出量(−)	Sending Out to Other Provinces(-)	397.00	397.00
6.出口量(−)	Export(-)		
7.境外轮船和飞机在境内的加油量(−)	Oversea Airplanes&Ships Refueling in China(-)		
8.库存增(−)、减(+)量	Stock Change	86.62	90.18
二.加工转换投入(−)产出(+)量	**Input(-) & Output(+) of Transformation**	**-4092.76**	**-3562.89**
1.火力发电	Thermal Power	-2649.47	-2649.47
2.供　热	Heating Supply	-48.16	-48.16
3.洗 选 煤	Coal Washing	-263.57	-787.10
4.炼　焦	Coking	-1101.08	
5.炼油及煤制油	Petroleum Refineries		
#油品再投入量(−)	Petroleum Products Input (-)		
6.制　气	Gas Works	-1.61	
#焦炭再投入量(−)	Coke Input (-)		
7.天然气液化	Natural Gas Liquefaction		
8.煤制品加工	Briquettes	-28.87	-78.16
9.回收能	Recovery of Energy		
三.损 失 量	**Loss**		
四.终端消费量	**Total Final Consumption**	**2709.09**	**2485.74**
1.农、林、牧、渔、水利业	Agriculture, Forestry, Animal Husbandry, Fishery and Water Conservancy	16.00	16.00
2.工业	Industry	2515.39	2457.54
#用作原料、材料	Non-Energy Use	218.50	217.50
3.建筑业	Construction	2.00	1.00
4.交通运输、仓储和邮政业	Transport, Storage and Post	2.70	1.20
5.批发、零售业和住宿、餐饮业	Wholesale, Retail Trade and Hotel, Restaurants	16.00	
6.其他	Others	22.00	
7.生活消费	Residential Consumption	135.00	10.00
城 镇	Urban	22.00	2.00
乡 村	Rural	113.00	8.00
五.平衡差额	**Statistical Difference**		
六.消费量合计	**Total Energy Consumption**	**6801.85**	**6048.63**

ENERGY BALANCE OF JIANGXI (PHYSICAL QUANTITY)-2012

洗精煤 (万吨) Cleaned Coal (10^4 tn)	其他洗煤 (万吨) Other Washed Coal (10^4 tn)	型煤 (万吨) Briquettes (10^4 tn)	煤矸石 (万吨) Gangue (10^4 tn)	焦炭 (万吨) Coke (10^4 tn)	焦炉煤气 (亿立方米) Coke Oven Gas (10^8 cu.m)	高炉煤气 (亿立方米) Blast Furnace Gas (10^8 cu.m)	转炉煤气 (亿立方米) Converter Gas (10^8 cu.m)	其他煤气 (亿立方米) Other Gas (10^8 cu.m)
677.53	**75.64**	**0.05**	**35.69**	**76.54**				
687.07	69.71		35.69	280.05				
				220.66				
-9.54	5.93	0.05		17.15				
-664.98	**-31.42**	**166.53**	**-34.30**	**802.12**	**22.13**	**4.00**	**1.63**	**0.27**
			-66.29		-0.37	-17.39	-2.58	
437.71	85.82		31.99					
-1101.08				802.12	22.50			
-1.61								0.27
	-117.24	166.53						
						21.39	4.21	
12.55	**44.22**	**166.58**	**1.39**	**878.66**	**22.13**	**4.00**	**1.63**	**0.27**
12.55	44.22	1.08	1.39	878.66	19.13	4.00	1.63	0.27
0.59	0.41			1.83				
		1.00						
		1.50						
		16.00			2.00			
		22.00						
		125.00			1.00			
		20.00			1.00			
		105.00						
1115.24	**161.46**	**166.58**	**67.68**	**878.66**	**22.50**	**21.39**	**4.21**	**0.27**

续表 1

项　　目	Item	其他焦化产品（万吨）Other Coking Products (10^4 tn)	油品合计（万吨）Petroleum Products Total (10^4 tn)
一.可供本地区消费的能源量	**Total Primary Energy Supply**	**-21.97**	**779.82**
1.一次能源生产量	Indigenous Production		
2.外省(区、市)调入量	Moving In from Other Provinces	0.27	900.70
3.进口量	Import		322.82
4.境内轮船和飞机在境外的加油量	Domestic Airplanes&Ships Refueling in Abroad		
5.本省(区、市)调出量(-)	Sending Out to Other Provinces(-)	22.24	447.46
6.出口量(-)	Export(-)		
7.境外轮船和飞机在境内的加油量(-)	Oversea Airplanes&Ships Refueling in China(-)		
8.库存增(-)、减(+)量	Stock Change		3.76
二.加工转换投入(-)产出(+)量	**Input(-) & Output(+) of Transformation**	**25.02**	**-6.29**
1.火力发电	Thermal Power		-0.33
2.供　　热	Heating Supply		-4.82
3.洗 选 煤	Coal Washing		
4.炼　　焦	Coking	25.02	
5.炼油及煤制油	Petroleum Refineries		-1.14
#油品再投入量(-)	Petroleum Products Input (-)		
6.制　　气	Gas Works		
#焦炭再投入量(-)	Coke Input (-)		
7.天然气液化	Natural Gas Liquefaction		
8.煤制品加工	Briquettes		
9.回收能	Recovery of Energy		
三.损 失 量	**Loss**		**0.58**
四.终端消费量	**Total Final Consumption**	**3.05**	**772.95**
1.农、林、牧、渔、水利业	Agriculture, Forestry, Animal Husbandry, Fishery and Water Conservancy		53.00
2.工业	Industry	3.05	215.72
#用作原料、材料	Non-Energy Use	2.88	3.34
3.建筑业	Construction		27.03
4.交通运输、仓储和邮政业	Transport, Storage and Post		327.23
5.批发、零售业和住宿、餐饮业	Wholesale, Retail Trade and Hotel, Restaurants		28.25
6.其他	Others		29.62
7.生活消费	Residential Consumption		92.10
城 镇	Urban		63.05
乡 村	Rural		29.05
五.平衡差额	**Statistical Difference**		
六.消费量合计	**Total Energy Consumption**	**3.05**	**779.82**

Continued 1

原油 (万吨) Crude Oil (10^4 tn)	汽油 (万吨) Gasoline (10^4 tn)	煤油 (万吨) Kerosene (10^4 tn)	柴油 (万吨) Diesel Oil (10^4 tn)	燃料油 (万吨) Fuel Oil (10^4 tn)	石脑油 (万吨) Naphtha (10^4 tn)	润滑油 (万吨) Lubricants (10^4 tn)	石蜡 (万吨) Paraffin Waxes (10^4 tn)	溶剂油 (万吨) White Spirit (10^4 tn)
508.22	**67.81**	**6.27**	**187.64**	**25.56**	**-14.17**	**0.20**		**-0.18**
187.36	194.38	9.47	415.79	29.28		0.20		
322.82								
	130.33	3.20	229.41	4.19	14.17			0.21
-1.96	3.76		1.26	0.47				0.03
-507.64	**130.61**	**3.24**	**228.68**	**4.18**	**14.17**			**0.18**
			-0.33					
				-0.11				
-507.64	130.61	3.24	229.01	4.29	14.17			0.18
0.58								
	198.42	**9.51**	**416.32**	**29.74**		**0.20**		
	5.00		48.00					
	37.49	0.31	86.27	27.74		0.10		
			0.35	1.44				
	3.00		8.00					
	88.13	9.00	228.05	2.00				
	8.00	0.20	13.00					
	16.80		12.00					
	40.00		21.00			0.10		
	31.00		6.00			0.05		
	9.00		15.00			0.05		
508.22	**198.42**	**9.51**	**416.65**	**29.85**		**0.20**		

续表 2

项　目	Item	石油沥青（万吨）Bitumen Asphalt (10^4 tn)	石油焦（万吨）Petroleum Coke (10^4 tn)
一.可供本地区消费的能源量	**Total Primary Energy Supply**	**-2.00**	**-31.72**
1.一次能源生产量	Indigenous Production		
2.外省(区、市)调入量	Moving In from Other Provinces		1.98
3.进口量	Import		
4.境内轮船和飞机在境外的加油量	Domestic Airplanes&Ships Refueling in Abroad		
5.本省(区、市)调出量(-)	Sending Out to Other Provinces(-)	2.11	33.70
6.出口量(-)	Export(-)		
7.境外轮船和飞机在境内的加油量(-)	Oversea Airplanes&Ships Refueling in China(-)		
8.库存增(-)、减(+)量	Stock Change	0.11	
二.加工转换投入(-)产出(+)量	**Input(-) & Output(+) of Transformation**	**18.44**	**33.21**
1.火力发电	Thermal Power		
2.供　热	Heating Supply		
3.洗 选 煤	Coal Washing		
4.炼　焦	Coking		
5.炼油及煤制油	Petroleum Refineries	18.44	33.21
#油品再投入量(-)	Petroleum Products Input (-)		
6.制　气	Gas Works		
#焦炭再投入量(-)	Coke Input (-)		
7.天然气液化	Natural Gas Liquefaction		
8.煤制品加工	Briquettes		
9.回收能	Recovery of Energy		
三.损 失 量	**Loss**		
四.终端消费量	**Total Final Consumption**	**16.44**	**1.49**
1.农、林、牧、渔、水利业	Agriculture, Forestry, Animal Husbandry, Fishery and Water Conservancy		
2.工业	Industry	0.44	1.49
#用作原料、材料	Non-Energy Use		
3.建筑业	Construction	16.00	
4.交通运输、仓储和邮政业	Transport, Storage and Post		
5.批发、零售业和住宿、餐饮业	Wholesale, Retail Trade and Hotel, Restaurants		
6.其他	Others		
7.生活消费	Residential Consumption		
城 镇	Urban		
乡 村	Rural		
五.平衡差额	**Statistical Difference**		
六.消费量合计	**Total Energy Consumption**	**16.44**	**1.49**

Continued 2

液化石油气（万吨） LPG (10^4 tn)	炼厂干气（万吨） Refinery Gas (10^4 tn)	其他石油制品（万吨） Other Petroleum Products (10^4 tn)	天然气（亿立方米） Natural Gas (10^8 cu.m)	液化天然气（万吨） LNG (10^4 tn)	热力（万百万千焦） Heat (10^{10} kJ)	电力（亿千瓦小时） Electricity (10^8 kW•h)	其他能源（万吨标煤） Other Energy (10^4 tce)
17.23		**14.96**	**8.74**	**9.42**		**257.71**	**82.56**
			0.91			149.62	
28.23		34.01	7.83	9.42		108.09	82.56
10.97		19.17					
-0.03		0.12					
26.18	**12.87**	**29.59**	**-0.30**		**1038.89**	**609.96**	**-4.89**
			-0.11		-544.00	609.96	
	-4.71		-0.19		867.39		-4.89
26.18	17.58	29.59					
					715.50		
						56.10	
43.41	**12.87**	**44.55**	**8.44**	**9.42**	**1038.89**	**811.57**	**77.67**
						10.13	
4.60	12.87	44.41	5.50	6.12	1038.89	539.52	77.67
0.11		1.44	0.02				2.24
		0.03				11.24	
0.01		0.04				18.71	
7.00		0.05	0.30			34.49	
0.80		0.02	0.02			51.00	
31.00			2.62	3.30		146.48	
26.00			2.60	3.30		80.72	
5.00			0.02			65.76	
43.41	**17.58**	**44.55**	**8.74**	**9.42**	**1582.89**	**867.67**	**82.56**

6-15 山东能源平衡表(实物量)-2012

项目	Item	煤合计(万吨) Coal Total (10^4 tn)	原煤(万吨) Raw Coal (10^4 tn)
一.可供本地区消费的能源量	**Total Primary Energy Supply**	**40232.80**	**41294.93**
1.一次能源生产量	Indigenous Production	17667.60	17667.60
2.外省(区、市)调入量	Moving In from Other Provinces	26289.95	26289.95
3.进口量	Import		
4.境内轮船和飞机在境外的加油量	Domestic Airplanes&Ships Refueling in Abroad		
5.本省(区、市)调出量(-)	Sending Out to Other Provinces(-)	3770.15	2692.42
6.出口量(-)	Export(-)	34.75	34.75
7.境外轮船和飞机在境内的加油量(-)	Oversea Airplanes&Ships Refueling in China(-)		
8.库存增(-)、减(+)量	Stock Change	80.15	64.55
二.加工转换投入(-)产出(+)量	**Input(-) & Output(+) of Transformation**	**-26410.25**	**-29248.39**
1.火力发电	Thermal Power	-15398.75	-13276.35
2.供　　热	Heating Supply	-4589.89	-3767.90
3.洗 选 煤	Coal Washing	-894.25	-11366.07
4.炼　　焦	Coking	-5693.05	
5.炼油及煤制油	Petroleum Refineries		
#油品再投入量(-)	Petroleum Products Input (-)		
6.制　　气	Gas Works	-52.71	
#焦炭再投入量(-)	Coke Input (-)		
7.天然气液化	Natural Gas Liquefaction		
8.煤制品加工	Briquettes	218.40	-838.08
9.回收能	Recovery of Energy		
三.损 失 量	**Loss**		
四.终端消费量	**Total Final Consumption**	**13822.55**	**12046.55**
1.农、林、牧、渔、水利业	Agriculture, Forestry, Animal Husbandry, Fishery and Water Conservancy	58.00	58.00
2.工业	Industry	11526.63	10527.42
#用作原料、材料	Non-Energy Use		
3.建筑业	Construction	72.60	67.60
4.交通运输、仓储和邮政业	Transport, Storage and Post	27.28	27.28
5.批发、零售业和住宿、餐饮业	Wholesale, Retail Trade and Hotel, Restaurants	948.89	686.41
6.其他	Others	723.76	490.31
7.生活消费	Residential Consumption	465.40	189.54
城 镇	Urban	240.58	76.90
乡 村	Rural	224.82	112.64
五.平衡差额	**Statistical Difference**		
六.消费量合计	**Total Energy Consumption**	**40232.80**	**41294.94**

ENERGY BALANCE OF SHANDONG (PHYSICAL QUANTITY)-2012

洗精煤 (万吨) Cleaned Coal (10[4] tn)	其他洗煤 (万吨) Other Washed Coal (10[4] tn)	型煤 (万吨) Briquettes (10[4] tn)	煤矸石 (万吨) Gangue (10[4] tn)	焦炭 (万吨) Coke (10[4] tn)	焦炉煤气 (亿立方米) Coke Oven Gas (10[8] cu.m)	高炉煤气 (亿立方米) Blast Furnace Gas (10[8] cu.m)	转炉煤气 (亿立方米) Converter Gas (10[8] cu.m)	其他煤气 (亿立方米) Other Gas (10[8] cu.m)
-1061.39	**-3.44**	**2.69**	**-4.51**	**-584.61**			**-1.78**	**20.91**
								20.91
1077.73				667.20			1.78	
16.34	-3.44	2.69	-4.51	82.59				
1613.50	**227.05**	**997.59**	**40.33**	**4090.67**	**45.29**		**9.91**	**-0.74**
-5.52	-2085.85	-31.03	-591.26		-16.94	-231.53	-17.09	-0.74
-0.25	-793.89	-27.86	-136.96		-8.05	-60.45	-0.27	
7365.03	3106.79		768.55					
-5693.05				4052.04	69.46			
-52.71				38.63	0.81			
		1056.48						
						291.98	27.27	
552.11	**223.61**	**1000.28**	**35.82**	**3506.05**	**45.29**		**8.12**	**20.17**
552.11	223.61	223.49	35.82	3506.05	41.77		8.12	20.17
		5.00						
		262.48			1.42			
		233.45			0.51			
		275.86			1.59			
		163.68			1.59			
		112.18						
6303.63	**3103.35**	**1059.17**	**764.04**	**3506.05**	**70.28**	**291.98**	**25.48**	**20.91**

续表 1

项　　目	Item	其他焦化产品(万吨) Other Coking Products (10^4 tn)	油品合计(万吨) Petroleum Products Total (10^4 tn)
一.可供本地区消费的能源量	**Total Primary Energy Supply**	**-36.04**	**5178.57**
1.一次能源生产量	Indigenous Production		2774.70
2.外省(区、市)调入量	Moving In from Other Provinces		3418.81
3.进口量	Import		3550.66
4.境内轮船和飞机在境外的加油量	Domestic Airplanes&Ships Refueling in Abroad		
5.本省(区、市)调出量(-)	Sending Out to Other Provinces(-)	37.27	4575.33
6.出口量(-)	Export(-)		5.01
7.境外轮船和飞机在境内的加油量(-)	Oversea Airplanes&Ships Refueling in China(-)		
8.库存增(-)、减(+)量	Stock Change	1.23	14.74
二.加工转换投入(-)产出(+)量	**Input(-) & Output(+) of Transformation**	**147.83**	**-692.54**
1.火力发电	Thermal Power	-3.35	-20.27
2.供　热	Heating Supply		-62.27
3.洗 选 煤	Coal Washing		
4.炼　焦	Coking	148.69	
5.炼油及煤制油	Petroleum Refineries		2337.18
#油品再投入量(-)	Petroleum Products Input (-)		-2947.18
6.制　气	Gas Works	2.48	
#焦炭再投入量(-)	Coke Input (-)		
7.天然气液化	Natural Gas Liquefaction		
8.煤制品加工	Briquettes		
9.回收能	Recovery of Energy		
三.损 失 量	**Loss**		
四.终端消费量	**Total Final Consumption**	**111.78**	**4486.03**
1.农、林、牧、渔、水利业	Agriculture, Forestry, Animal Husbandry, Fishery and Water Conservancy		145.71
2.工业	Industry	111.78	1059.35
#用作原料、材料	Non-Energy Use		
3.建筑业	Construction		381.34
4.交通运输、仓储和邮政业	Transport, Storage and Post		1956.76
5.批发、零售业和住宿、餐饮业	Wholesale, Retail Trade and Hotel, Restaurants		110.50
6.其他	Others		156.05
7.生活消费	Residential Consumption		676.32
城 镇	Urban		497.66
乡 村	Rural		178.66
五.平衡差额	**Statistical Difference**		
六.消费量合计	**Total Energy Consumption**	**115.13**	**5178.57**

Continued 1

原油 (万吨) Crude Oil (10^4 tn)	汽油 (万吨) Gasoline (10^4 tn)	煤油 (万吨) Kerosene (10^4 tn)	柴油 (万吨) Diesel Oil (10^4 tn)	燃料油 (万吨) Fuel Oil (10^4 tn)	石脑油 (万吨) Naphtha (10^4 tn)	润滑油 (万吨) Lubricants (10^4 tn)	石蜡 (万吨) Paraffin Waxes (10^4 tn)	溶剂油 (万吨) White Spirit (10^4 tn)
6271.50	**-663.57**	**-37.81**	**-874.09**	**1140.88**	**-108.71**	**-13.23**	**-0.27**	**-69.53**
2774.70								
1414.36	150.06	0.66	550.68	772.21	61.21	0.52		
2254.65				1177.87				
169.22	851.81	38.00	1453.64	789.44	163.38	13.75	0.27	69.37
					5.01			
-2.98	38.19	-0.46	28.88	-19.76	-1.53			-0.16
-6143.60	**1475.14**	**114.88**	**2686.06**	**-733.59**	**235.84**	**13.44**	**0.42**	**69.98**
	-0.01		-2.06	-0.50				
			-0.30	-5.53				
-6143.60	1475.14	114.88	2688.42	554.32	235.84	13.44	0.42	69.98
				-1281.89				
127.91	**811.57**	**77.08**	**1811.97**	**407.29**	**127.13**	**0.21**	**0.15**	**0.44**
	3.28		94.83	47.00				
127.91	58.86	1.08	97.74	48.22	127.13	0.15	0.15	0.44
	7.92		58.20					
	286.29	76.00	1282.30	312.07		0.06		
	22.60		47.35					
	46.28		93.80					
	386.34		137.75					
	319.94		56.00					
	66.40		81.75					
6271.50	**811.58**	**77.08**	**1814.34**	**1695.20**	**127.13**	**0.21**	**0.15**	**0.44**

续表 2

项　　目	Item	石油沥青 (万吨) Bitumen Asphalt (10^4 tn)	石油焦 (万吨) Petroleum Coke (10^4 tn)
一.可供本地区消费的能源量	**Total Primary Energy Supply**	**-229.93**	**-458.43**
1.一次能源生产量	Indigenous Production		
2.外省(区、市)调入量	Moving In from Other Provinces		
3.进口量	Import		
4.境内轮船和飞机在境外的加油量	Domestic Airplanes&Ships Refueling in Abroad		
5.本省(区、市)调出量(-)	Sending Out to Other Provinces(-)	228.07	455.50
6.出口量(-)	Export(-)		
7.境外轮船和飞机在境内的加油量(-)	Oversea Airplanes&Ships Refueling in China(-)		
8.库存增(-)、减(+)量	Stock Change	-1.86	-2.93
二.加工转换投入(-)产出(+)量	**Input(-) & Output(+) of Transformation**	**544.50**	**491.25**
1.火力发电	Thermal Power		-15.57
2.供　热	Heating Supply		-36.29
3.洗 选 煤	Coal Washing		
4.炼　焦	Coking		
5.炼油及煤制油	Petroleum Refineries	544.50	543.11
#油品再投入量(-)	Petroleum Products Input (-)		
6.制　气	Gas Works		
#焦炭再投入量(-)	Coke Input (-)		
7.天然气液化	Natural Gas Liquefaction		
8.煤制品加工	Briquettes		
9.回收能	Recovery of Energy		
三.损 失 量	**Loss**		
四.终端消费量	**Total Final Consumption**	**314.56**	**32.81**
1.农、林、牧、渔、水利业	Agriculture, Forestry, Animal Husbandry, Fishery and Water Conservancy		
2.工业	Industry	0.19	32.81
#用作原料、材料	Non-Energy Use		
3.建筑业	Construction	314.37	
4.交通运输、仓储和邮政业	Transport, Storage and Post		
5.批发、零售业和住宿、餐饮业	Wholesale, Retail Trade and Hotel, Restaurants		
6.其他	Others		
7.生活消费	Residential Consumption		
城 镇	Urban		
乡 村	Rural		
五.平衡差额	**Statistical Difference**		
六.消费量合计	**Total Energy Consumption**	**314.56**	**84.67**

Continued 2

液化石油气 (万吨) LPG (10^4 tn)	炼厂干气 (万吨) Refinery Gas (10^4 tn)	其他石油制品 (万吨) Other Petroleum Products (10^4 tn)	天然气 (亿立方米) Natural Gas (10^8 cu.m)	液化天然气 (万吨) LNG (10^4 tn)	热力 (万百万千焦) Heat (10^{10} kJ)	电力 (亿千瓦小时) Electricity (10^8 kW•h)	其他能源 (万吨标煤) Other Energy (10^4 tce)
-103.33		**325.08**	**66.50**	**5.26**		**553.18**	**96.81**
			6.00			64.43	96.81
		469.11	60.50	5.17		488.75	
		118.15					
102.81		240.07					
-0.52		-22.11		0.09			
333.01	**91.95**	**128.19**	**-1.36**	**2.68**	**77272.39**	**3241.37**	**-74.70**
	-2.03	-0.10	-0.13		-2426.63	3241.37	-60.96
	-10.63	-9.53	-0.81		76435.85		-13.74
392.70	104.61	1743.42					
-59.69		-1605.60					
			-0.42	2.68			
					3263.17		
229.68	**91.95**	**453.28**	**65.15**	**7.94**	**77272.39**	**3794.55**	**22.11**
0.60						73.47	
19.73	91.95	452.99	38.59	7.94	62096.60	2899.69	22.11
0.56		0.29	0.05		819.03	34.40	
0.04			4.49		476.00	65.94	
40.55			4.70		2912.00	110.53	
15.97					3504.00	197.28	
152.23			17.32		7464.75	413.24	
121.72			17.32		7042.50	179.18	
30.51					422.25	234.05	
289.37	**104.61**	**2068.51**	**66.13**	**7.94**	**79699.01**	**3794.55**	**96.81**

6-16 河南能源平衡表(实物量)-2012

项目	Item	煤合计(万吨) Coal Total (10^4 tn)	原煤(万吨) Raw Coal (10^4 tn)
一.可供本地区消费的能源量	**Total Primary Energy Supply**	**21663.62**	**24996.84**
1.一次能源生产量	Indigenous Production	15878.84	15878.84
2.外省(区、市)调入量	Moving In from Other Provinces	9408.54	9222.00
3.进口量	Import		
4.境内轮船和飞机在境外的加油量	Domestic Airplanes&Ships Refueling in Abroad		
5.本省(区、市)调出量(-)	Sending Out to Other Provinces(-)	3522.38	
6.出口量(-)	Export(-)		
7.境外轮船和飞机在境内的加油量(-)	Oversea Airplanes&Ships Refueling in China(-)		
8.库存增(-)、减(+)量	Stock Change	-101.38	-104.00
二.加工转换投入(-)产出(+)量	**Input(-) & Output(+) of Transformation**	**-17968.76**	**-24040.44**
1.火力发电	Thermal Power	-11542.86	-11393.35
2.供　热	Heating Supply	-1093.06	-1081.78
3.洗 选 煤	Coal Washing	-1932.26	-11046.23
4.炼　焦	Coking	-3162.61	-274.81
5.炼油及煤制油	Petroleum Refineries		
#油品再投入量(-)	Petroleum Products Input (-)		
6.制　气	Gas Works	-238.83	-238.83
#焦炭再投入量(-)	Coke Input (-)		
7.天然气液化	Natural Gas Liquefaction		
8.煤制品加工	Briquettes	0.86	-5.44
9.回收能	Recovery of Energy		
三.损 失 量	**Loss**		
四.终端消费量	**Total Final Consumption**	**7271.56**	**6765.10**
1.农、林、牧、渔、水利业	Agriculture, Forestry, Animal Husbandry, Fishery and Water Conservancy	129.38	129.38
2.工业	Industry	5925.18	5593.72
#用作原料、材料	Non-Energy Use		
3.建筑业	Construction	20.00	20.00
4.交通运输、仓储和邮政业	Transport, Storage and Post		
5.批发、零售业和住宿、餐饮业	Wholesale, Retail Trade and Hotel, Restaurants	6.51	6.51
6.其他	Others	52.49	52.49
7.生活消费	Residential Consumption	1138.00	963.00
城 镇	Urban	265.00	265.00
乡 村	Rural	873.00	698.00
五.平衡差额	**Statistical Difference**	**-3576.70**	**-5808.70**
六.消费量合计	**Total Energy Consumption**	**25240.32**	**30805.54**

ENERGY BALANCE OF HENAN (PHYSICAL QUANTITY)-2012

洗精煤 (万吨) Cleaned Coal (10^4 tn)	其他洗煤 (万吨) Other Washed Coal (10^4 tn)	型煤 (万吨) Briquettes (10^4 tn)	煤矸石 (万吨) Gangue (10^4 tn)	焦炭 (万吨) Coke (10^4 tn)	焦炉煤气 (亿立方米) Coke Oven Gas (10^8 cu.m)	高炉煤气 (亿立方米) Blast Furnace Gas (10^8 cu.m)	转炉煤气 (亿立方米) Converter Gas (10^8 cu.m)	其他煤气 (亿立方米) Other Gas (10^8 cu.m)
-2250.07	**-1269.69**	**186.54**	**-33.92**	**-355.14**				**60.71**
		186.54						60.71
2250.70	1271.68		32.96	415.34				
0.63	1.99		-0.96	60.20				
3672.18	**2393.20**	**6.30**	**49.52**	**2556.41**	**22.18**	**131.04**	**4.11**	**31.03**
-22.71	-126.80		-234.49		-4.23	-72.19	-1.51	-0.11
	-11.28		-20.57		-0.03			
6582.69	2531.28		304.58					
-2887.80				2597.73				
				-20.66	26.44			31.14
				-20.66				
		6.30						
						203.23	5.62	
211.11	**102.51**	**192.84**	**15.60**	**2201.27**	**22.18**	**131.04**	**4.11**	**91.74**
211.11	102.51	17.84	15.60	2201.27	22.18	131.04	4.11	91.74
		175.00						
		175.00						
1211.00	**1021.00**							
3121.62	**240.59**	**192.84**	**270.66**	**2221.93**	**26.44**	**203.23**	**5.62**	**91.85**

续表 1

项　　目	Item	其他焦化产品(万吨) Other Coking Products (10^4 tn)	油品合计(万吨) Petroleum Products Total (10^4 tn)
一.可供本地区消费的能源量	**Total Primary Energy Supply**	**-31.55**	**1692.93**
1.一次能源生产量	Indigenous Production		476.56
2.外省(区、市)调入量	Moving In from Other Provinces		1006.21
3.进口量	Import		521.63
4.境内轮船和飞机在境外的加油量	Domestic Airplanes&Ships Refueling in Abroad		
5.本省(区、市)调出量(−)	Sending Out to Other Provinces(-)	45.55	282.17
6.出口量(−)	Export(-)		
7.境外轮船和飞机在境内的加油量(−)	Oversea Airplanes&Ships Refueling in China(-)		
8.库存增(−)、减(+)量	Stock Change	14.00	-29.30
二.加工转换投入(−)产出(+)量	**Input(-) & Output(+) of Transformation**	**77.23**	**-76.11**
1.火力发电	Thermal Power		-8.65
2.供　热	Heating Supply		-11.75
3.洗 选 煤	Coal Washing		
4.炼　焦	Coking	77.23	
5.炼油及煤制油	Petroleum Refineries		26.46
#油品再投入量(−)	Petroleum Products Input (-)		-82.17
6.制　气	Gas Works		
#焦炭再投入量(−)	Coke Input (-)		
7.天然气液化	Natural Gas Liquefaction		
8.煤制品加工	Briquettes		
9.回收能	Recovery of Energy		
三.损 失 量	**Loss**		
四.终端消费量	**Total Final Consumption**	**45.68**	**1616.49**
1.农、林、牧、渔、水利业	Agriculture, Forestry, Animal Husbandry, Fishery and Water Conservancy		124.54
2.工业	Industry	45.68	401.15
#用作原料、材料	Non-Energy Use		
3.建筑业	Construction		54.63
4.交通运输、仓储和邮政业	Transport, Storage and Post		728.40
5.批发、零售业和住宿、餐饮业	Wholesale, Retail Trade and Hotel, Restaurants		65.60
6.其他	Others		27.79
7.生活消费	Residential Consumption		214.38
城 镇	Urban		137.77
乡 村	Rural		76.61
五.平衡差额	**Statistical Difference**		**0.33**
六.消费量合计	**Total Energy Consumption**	**45.68**	**1692.60**

Continued 1

原油 (万吨) Crude Oil (10^4 tn)	汽油 (万吨) Gasoline (10^4 tn)	煤油 (万吨) Kerosene (10^4 tn)	柴油 (万吨) Diesel Oil (10^4 tn)	燃料油 (万吨) Fuel Oil (10^4 tn)	石脑油 (万吨) Naphtha (10^4 tn)	润滑油 (万吨) Lubricants (10^4 tn)	石蜡 (万吨) Paraffin Waxes (10^4 tn)	溶剂油 (万吨) White Spirit (10^4 tn)
1010.02	**203.07**	**-18.72**	**432.74**	**-0.99**	**-33.74**	**11.18**		**1.13**
476.56								
226.76	205.27		447.35			8.68		0.82
521.63								
195.00		19.27		1.14	34.56			
-19.93	-2.20	0.55	-14.61	0.15	0.82	2.50		0.31
-992.60	**223.85**	**72.11**	**304.02**	**13.00**	**39.05**	**0.01**	**0.01**	**1.30**
-0.03			-1.35	-0.82				
			-0.08	-0.33				
-992.57	223.85	72.11	305.45	14.15	39.05	0.01	0.01	1.30
17.42	**426.92**	**53.39**	**736.76**	**12.01**	**5.31**	**11.19**		**2.43**
	21.00		95.00					
17.42	73.14	12.39	120.00	12.01	5.31	0.73		2.43
	8.00		22.00			0.06		
	185.00	41.00	450.00			3.40		
	20.30		16.50			5.00		
	20.48		0.14			2.00		
	99.00		33.12					
	74.00		10.00					
	25.00		23.12					
							0.01	
1010.02	**426.92**	**53.39**	**738.19**	**13.16**	**5.31**	**11.19**		**2.43**

续表 2

项　　目	Item	石油沥青(万吨) Bitumen Asphalt (10^4 tn)	石油焦(万吨) Petroleum Coke (10^4 tn)
一.可供本地区消费的能源量	**Total Primary Energy Supply**	**-27.35**	**38.63**
1.一次能源生产量	Indigenous Production		
2.外省(区、市)调入量	Moving In from Other Provinces		38.63
3.进口量	Import		
4.境内轮船和飞机在境外的加油量	Domestic Airplanes&Ships Refueling in Abroad		
5.本省(区、市)调出量(−)	Sending Out to Other Provinces(-)	28.00	
6.出口量(−)	Export(-)		
7.境外轮船和飞机在境内的加油量(−)	Oversea Airplanes&Ships Refueling in China(-)		
8.库存增(−)、减(+)量	Stock Change	0.65	
二.加工转换投入(−)产出(+)量	**Input(-) & Output(+) of Transformation**	**37.81**	**26.92**
1.火力发电	Thermal Power		-5.71
2.供　　热	Heating Supply		-8.04
3.洗 选 煤	Coal Washing		
4.炼　　焦	Coking		
5.炼油及煤制油	Petroleum Refineries	37.81	40.67
#油品再投入量(−)	Petroleum Products Input (-)		
6.制　　气	Gas Works		
#焦炭再投入量(−)	Coke Input (-)		
7.天然气液化	Natural Gas Liquefaction		
8.煤制品加工	Briquettes		
9.回收能	Recovery of Energy		
三.损 失 量	**Loss**		
四.终端消费量	**Total Final Consumption**	**10.46**	**65.55**
1.农、林、牧、渔、水利业	Agriculture, Forestry, Animal Husbandry, Fishery and Water Conservancy		
2.工业	Industry	5.09	65.55
#用作原料、材料	Non-Energy Use		
3.建筑业	Construction	5.37	
4.交通运输、仓储和邮政业	Transport, Storage and Post		
5.批发、零售业和住宿、餐饮业	Wholesale, Retail Trade and Hotel, Restaurants		
6.其他	Others		
7.生活消费	Residential Consumption		
城 镇	Urban		
乡 村	Rural		
五.平衡差额	**Statistical Difference**		
六.消费量合计	**Total Energy Consumption**	**10.46**	**79.30**

Continued 2

液化石油气（万吨）LPG (10^4 tn)	炼厂干气（万吨）Refinery Gas (10^4 tn)	其他石油制品（万吨）Other Petroleum Products (10^4 tn)	天然气（亿立方米）Natural Gas (10^8 cu.m)	液化天然气（万吨）LNG (10^4 tn)	热力（万百万千焦）Heat (10^{10} kJ)	电力（亿千瓦小时）Electricity (10^8 kW•h)	其他能源（万吨标煤）Other Energy (10^4 tce)
75.46		**1.50**	**65.68**	**2.21**		**418.57**	**567.03**
			5.01			220.60	
77.45		1.25	60.67	2.21		256.09	567.03
4.20						58.12	
2.21		0.25					
59.54	**22.37**	**116.50**	**-10.07**		**17885.94**	**2507.63**	**-152.51**
	-0.74		-10.01		-1231.89	2507.63	-135.21
	-3.30		-0.06		16786.43		-17.30
59.54	26.41	198.67					
		-82.17					
					2331.40		
						76.55	
134.70	**22.37**	**118.00**	**63.54**	**2.21**	**17885.94**	**2849.65**	**414.52**
8.54			0.30		622.84	107.97	0.91
15.35	21.95	49.80	49.44	2.21	12992.44	2040.12	238.61
		19.20	1.00		0.31	19.65	
		49.00			440.82	55.33	175.00
23.80			2.20		204.06	92.82	
5.17			0.50		169.23	140.66	
81.84	0.42		10.10		3456.24	393.10	
53.35	0.42		10.10		3456.24	179.91	
28.49						213.19	
0.30			**-7.93**				
134.70	**26.41**	**200.17**	**73.61**	**2.21**	**19117.83**	**2926.20**	**567.03**

6-17 湖北能源平衡表(实物量)-2012

项 目	Item	煤合计（万吨）Coal Total (10^4 tn)	原煤（万吨）Raw Coal (10^4 tn)
一.可供本地区消费的能源量	**Total Primary Energy Supply**	**15799.36**	**14165.18**
1.一次能源生产量	Indigenous Production	887.44	887.44
2.外省(区、市)调入量	Moving In from Other Provinces	14809.67	13185.45
3.进口量	Import		
4.境内轮船和飞机在境外的加油量	Domestic Airplanes&Ships Refueling in Abroad		
5.本省(区、市)调出量(-)	Sending Out to Other Provinces(-)		
6.出口量(-)	Export(-)		
7.境外轮船和飞机在境内的加油量(-)	Oversea Airplanes&Ships Refueling in China(-)		
8.库存增(-)、减(+)量	Stock Change	102.25	92.29
二.加工转换投入(-)产出(+)量	**Input(-) & Output(+) of Transformation**	**-5221.54**	**-3923.94**
1.火力发电	Thermal Power	-3454.97	-3454.97
2.供　　热	Heating Supply	-441.75	-441.75
3.洗 选 煤	Coal Washing	-3.43	-14.15
4.炼　　焦	Coking	-1309.47	
5.炼油及煤制油	Petroleum Refineries		
#油品再投入量(-)	Petroleum Products Input (-)		
6.制　　气	Gas Works	-11.85	-11.85
#焦炭再投入量(-)	Coke Input (-)		
7.天然气液化	Natural Gas Liquefaction		
8.煤制品加工	Briquettes	-0.07	-1.22
9.回收能	Recovery of Energy		
三.损 失 量	**Loss**		
四.终端消费量	**Total Final Consumption**	**10577.82**	**10241.25**
1.农、林、牧、渔、水利业	Agriculture, Forestry, Animal Husbandry, Fishery and Water Conservancy	220.81	220.81
2.工业	Industry	8542.90	8245.80
#用作原料、材料	Non-Energy Use	731.31	731.31
3.建筑业	Construction	127.63	127.63
4.交通运输、仓储和邮政业	Transport, Storage and Post	399.16	399.16
5.批发、零售业和住宿、餐饮业	Wholesale, Retail Trade and Hotel, Restaurants	531.74	494.50
6.其他	Others	272.76	272.76
7.生活消费	Residential Consumption	482.82	480.60
城 镇	Urban	245.79	243.57
乡 村	Rural	237.03	237.03
五.平衡差额	**Statistical Difference**		**-0.01**
六.消费量合计	**Total Energy Consumption**	**15799.36**	**14165.19**

ENERGY BALANCE OF HUBEI (PHYSICAL QUANTITY)-2012

洗精煤 (万吨) Cleaned Coal (10^4 tn)	其他洗煤 (万吨) Other Washed Coal (10^4 tn)	型煤 (万吨) Briquettes (10^4 tn)	煤矸石 (万吨) Gangue (10^4 tn)	焦炭 (万吨) Coke (10^4 tn)	焦炉煤气 (亿立方米) Coke Oven Gas (10^8 cu.m)	高炉煤气 (亿立方米) Blast Furnace Gas (10^8 cu.m)	转炉煤气 (亿立方米) Converter Gas (10^8 cu.m)	其他煤气 (亿立方米) Other Gas (10^8 cu.m)
1496.60	**46.02**	**91.56**	**156.26**	**192.09**				
1488.78	44.31	91.13	156.26	200.62				
7.82	1.71	0.43		-8.53				
-1298.75		**1.15**	**-60.51**	**920.59**	**10.03**	**214.44**	**1.98**	**3.74**
			-60.51	-0.49	-0.03	-124.33		
				-0.68	-29.44		-16.86	
10.72								
-1309.47				921.76	39.50			
								3.74
		1.15						
						338.77	18.84	
197.85	**46.02**	**92.70**	**95.75**	**1112.68**	**10.03**	**214.44**	**1.98**	**3.74**
197.85	46.02	53.23	95.75	1112.68	10.03	214.44	1.98	3.74
				52.99				
		37.24						
		2.22						
		2.22						
		0.01						
1507.32	**46.02**	**92.70**	**156.26**	**1113.85**	**39.50**	**338.77**	**18.84**	**3.74**

续表 1

项　目	Item	其他焦化产品(万吨) Other Coking Products (10^4 tn)	油品合计(万吨) Petroleum Products Total (10^4 tn)
一.可供本地区消费的能源量	**Total Primary Energy Supply**	**-33.33**	**1987.61**
1.一次能源生产量	Indigenous Production		78.90
2.外省(区、市)调入量	Moving In from Other Provinces		1913.91
3.进口量	Import		
4.境内轮船和飞机在境外的加油量	Domestic Airplanes&Ships Refueling in Abroad		
5.本省(区、市)调出量(-)	Sending Out to Other Provinces(-)	32.97	18.90
6.出口量(-)	Export(-)		
7.境外轮船和飞机在境内的加油量(-)	Oversea Airplanes&Ships Refueling in China(-)		
8.库存增(-)、减(+)量	Stock Change	-0.36	13.70
二.加工转换投入(-)产出(+)量	**Input(-) & Output(+) of Transformation**	**46.29**	**-2.27**
1.火力发电	Thermal Power		-1.95
2.供　热	Heating Supply		-7.28
3.洗 选 煤	Coal Washing		
4.炼　焦	Coking	46.29	
5.炼油及煤制油	Petroleum Refineries		64.04
#油品再投入量(-)	Petroleum Products Input (-)		-57.08
6.制　气	Gas Works		
#焦炭再投入量(-)	Coke Input (-)		
7.天然气液化	Natural Gas Liquefaction		
8.煤制品加工	Briquettes		
9.回收能	Recovery of Energy		
三.损 失 量	**Loss**		
四.终端消费量	**Total Final Consumption**	**12.96**	**1985.33**
1.农、林、牧、渔、水利业	Agriculture, Forestry, Animal Husbandry, Fishery and Water Conservancy		152.08
2.工业	Industry	12.96	397.10
#用作原料、材料	Non-Energy Use	3.95	11.27
3.建筑业	Construction		148.69
4.交通运输、仓储和邮政业	Transport, Storage and Post		771.32
5.批发、零售业和住宿、餐饮业	Wholesale, Retail Trade and Hotel, Restaurants		186.17
6.其他	Others		98.99
7.生活消费	Residential Consumption		230.99
城 镇	Urban		128.26
乡 村	Rural		102.73
五.平衡差额	**Statistical Difference**		**0.01**
六.消费量合计	**Total Energy Consumption**	**12.96**	**1987.60**

Continued 1

原油 (万吨) Crude Oil (10^4 tn)	汽油 (万吨) Gasoline (10^4 tn)	煤油 (万吨) Kerosene (10^4 tn)	柴油 (万吨) Diesel Oil (10^4 tn)	燃料油 (万吨) Fuel Oil (10^4 tn)	石脑油 (万吨) Naphtha (10^4 tn)	润滑油 (万吨) Lubricants (10^4 tn)	石蜡 (万吨) Paraffin Waxes (10^4 tn)	溶剂油 (万吨) White Spirit (10^4 tn)
947.74	**325.75**	**2.37**	**377.31**	**91.69**	**-13.28**	**6.82**	**-5.62**	**4.45**
78.90								
874.85	311.72	2.23	367.37	91.44		6.84		4.47
					13.28		5.62	
-6.01	14.03	0.14	9.94	0.25		-0.02	0.00	-0.02
-931.89	**240.97**	**50.89**	**353.81**	**11.87**	**19.17**		**9.65**	**2.22**
			-0.85	-0.25				
			-0.10	-0.48				
-931.89	240.97	50.89	354.76	12.60	19.17		9.65	2.22
15.85	**566.71**	**53.26**	**731.12**	**103.56**	**5.89**	**6.83**	**4.03**	**6.67**
	37.94		106.45					
15.85	38.56	2.43	57.45	47.83	5.89	1.52	2.43	6.67
	17.20		95.26			1.15		
	291.70	24.78	310.56	55.73		4.17	1.60	
	38.29		92.94					
	61.19	8.91						
	81.83	17.14	68.47					
	51.87		41.93					
	29.96	17.14	26.54					
	0.01							
947.74	**566.71**	**53.26**	**732.07**	**104.29**	**5.89**	**6.83**	**4.03**	**6.67**

续表 2

项　　目	Item	石油沥青（万吨）Bitumen Asphalt (10^4 tn)	石油焦（万吨）Petroleum Coke (10^4 tn)
一.可供本地区消费的能源量	**Total Primary Energy Supply**	**27.82**	**13.17**
1.一次能源生产量	Indigenous Production		
2.外省(区、市)调入量	Moving In from Other Provinces	32.12	9.87
3.进口量	Import		
4.境内轮船和飞机在境外的加油量	Domestic Airplanes&Ships Refueling in Abroad		
5.本省(区、市)调出量(−)	Sending Out to Other Provinces(-)		
6.出口量(−)	Export(-)		
7.境外轮船和飞机在境内的加油量(−)	Oversea Airplanes&Ships Refueling in China(-)		
8.库存增(−)、减(+)量	Stock Change	-4.30	3.30
二.加工转换投入(−)产出(+)量	**Input(-) & Output(+) of Transformation**	**6.23**	**68.61**
1.火力发电	Thermal Power		
2.供　热	Heating Supply		-0.14
3.洗 选 煤	Coal Washing		
4.炼　焦	Coking		
5.炼油及煤制油	Petroleum Refineries	6.23	68.75
#油品再投入量(−)	Petroleum Products Input (-)		
6.制　气	Gas Works		
#焦炭再投入量(−)	Coke Input (-)		
7.天然气液化	Natural Gas Liquefaction		
8.煤制品加工	Briquettes		
9.回收能	Recovery of Energy		
三.损 失 量	**Loss**		
四.终端消费量	**Total Final Consumption**	**34.05**	**81.78**
1.农、林、牧、渔、水利业	Agriculture, Forestry, Animal Husbandry, Fishery and Water Conservancy		
2.工业	Industry		68.46
#用作原料、材料	Non-Energy Use		5.59
3.建筑业	Construction	24.23	
4.交通运输、仓储和邮政业	Transport, Storage and Post	5.85	
5.批发、零售业和住宿、餐饮业	Wholesale, Retail Trade and Hotel, Restaurants		
6.其他	Others		13.32
7.生活消费	Residential Consumption	3.97	
城 镇	Urban	1.83	
乡 村	Rural	2.14	
五.平衡差额	**Statistical Difference**		
六.消费量合计	**Total Energy Consumption**	**34.05**	**81.92**

Continued 2

液化石油气 (万吨) LPG (10^4 tn)	炼厂干气 (万吨) Refinery Gas (10^4 tn)	其他石油制品 (万吨) Other Petroleum Products (10^4 tn)	天然气 (亿立方米) Natural Gas (10^8 cu.m)	液化天然气 (万吨) LNG (10^4 tn)	热力 (万百万千焦) Heat (10^{10} kJ)	电力 (亿千瓦小时) Electricity (10^8 kW•h)	其他能源 (万吨标煤) Other Energy (10^4 tce)
44.54	**15.14**	**149.70**	**29.22**	**0.45**		**779.51**	**200.83**
			1.65			1381.79	200.88
44.60	15.14	153.26	27.57	0.45		310.95	
						913.23	
-0.06		-3.56					-0.05
57.57	**20.95**	**87.68**	**-1.74**		**8224.32**	**863.23**	**-184.70**
	-0.85		-1.71		-607.73	863.23	-182.66
	-6.56		-0.03		8239.76		-2.04
57.57	30.11	143.01					
	-1.75	-55.33					
					592.29		
						102.75	
102.11	**36.09**	**237.38**	**27.48**	**0.45**	**8224.32**	**1539.99**	**16.13**
		7.68				26.85	
3.16	36.09	110.75	13.88	0.45	7862.66	1067.16	16.13
		5.68					
		10.86				17.21	
14.32		62.61	5.11			29.43	
31.45		23.49	2.65		361.66	71.96	
		15.58				81.91	
53.18		6.41	5.84			245.47	
28.20		4.43	5.84			167.50	
24.98		1.98				77.97	
102.11	**45.25**	**292.71**	**29.22**	**0.45**	**8832.05**	**1642.74**	**200.83**

6-18 湖南能源平衡表(实物量)-2012

项目	Item	煤合计(万吨) Coal Total (10^4 tn)	原煤(万吨) Raw Coal (10^4 tn)
一.可供本地区消费的能源量	**Total Primary Energy Supply**	**12083.71**	**11598.59**
1.一次能源生产量	Indigenous Production	9032.48	9032.48
2.外省(区、市)调入量	Moving In from Other Provinces	4543.23	3829.36
3.进口量	Import	269.41	261.75
4.境内轮船和飞机在境外的加油量	Domestic Airplanes&Ships Refueling in Abroad		
5.本省(区、市)调出量(–)	Sending Out to Other Provinces(-)	1731.30	1475.93
6.出口量(–)	Export(-)		
7.境外轮船和飞机在境内的加油量(–)	Oversea Airplanes&Ships Refueling in China(-)		
8.库存增(–)、减(+)量	Stock Change	-30.11	-49.07
二.加工转换投入(–)产出(+)量	**Input(-) & Output(+) of Transformation**	**-5166.38**	**-5756.07**
1.火力发电	Thermal Power	-3233.93	-3233.93
2.供　　热	Heating Supply	-393.41	-284.26
3.洗 选 煤	Coal Washing	-660.30	-2226.95
4.炼　　焦	Coking	-878.74	-10.93
5.炼油及煤制油	Petroleum Refineries		
#油品再投入量(–)	Petroleum Products Input (-)		
6.制　　气	Gas Works		
#焦炭再投入量(–)	Coke Input (-)		
7.天然气液化	Natural Gas Liquefaction		
8.煤制品加工	Briquettes		
9.回收能	Recovery of Energy		
三.损 失 量	**Loss**	**3.72**	**3.26**
四.终端消费量	**Total Final Consumption**	**6913.61**	**5839.26**
1.农、林、牧、渔、水利业	Agriculture, Forestry, Animal Husbandry, Fishery and Water Conservancy	419.49	400.68
2.工业	Industry	5342.75	4770.12
#用作原料、材料	Non-Energy Use		
3.建筑业	Construction	75.43	57.46
4.交通运输、仓储和邮政业	Transport, Storage and Post	68.12	7.04
5.批发、零售业和住宿、餐饮业	Wholesale, Retail Trade and Hotel, Restaurants	366.84	219.32
6.其他	Others	117.85	86.84
7.生活消费	Residential Consumption	523.13	297.80
城 镇	Urban	109.66	60.09
乡 村	Rural	413.47	237.71
五.平衡差额	**Statistical Difference**		
六.消费量合计	**Total Energy Consumption**	**12083.71**	**11598.59**

ENERGY BALANCE OF HUNAN (PHYSICAL QUANTITY)-2012

洗精煤 (万吨) Cleaned Coal (10^4 tn)	其他洗煤 (万吨) Other Washed Coal (10^4 tn)	型煤 (万吨) Briquettes (10^4 tn)	煤矸石 (万吨) Gangue (10^4 tn)	焦炭 (万吨) Coke (10^4 tn)	焦炉煤气 (亿立方米) Coke Oven Gas (10^8 cu.m)	高炉煤气 (亿立方米) Blast Furnace Gas (10^8 cu.m)	转炉煤气 (亿立方米) Converter Gas (10^8 cu.m)	其他煤气 (亿立方米) Other Gas (10^8 cu.m)
-230.50	**174.02**	**541.60**		**439.03**				
	172.28	541.59		444.47				
7.66				1.35				
255.37								
				4.96				
17.21	1.74	0.01		-1.83				
619.66	**-29.97**		**46.69**	**391.59**	**14.64**	**52.92**	**6.24**	**1.28**
			-85.62		-0.15	-65.88	-3.19	
	-109.15			-241.51		-67.44		
1487.47	79.18		132.31					
-867.81				633.10	14.79			
						186.24	9.43	1.28
0.38	**0.08**							
388.78	**143.97**	**541.60**	**46.69**	**830.62**	**14.64**	**52.92**	**6.24**	**1.28**
		18.81		16.59				
380.51	143.84	48.28	46.69	814.03	10.82	52.92	6.19	1.27
4.53	0.13	13.31						0.01
1.14		59.94						
2.60		144.92						
		31.01						
		225.33			3.82		0.05	
		49.57						
		175.76			3.82		0.05	
1256.97	**253.20**	**541.60**	**132.31**	**1072.13**	**14.79**	**186.24**	**9.43**	**1.28**

续表 1

项　目	Item	其他焦化产品 (万吨) Other Coking Products (10^4 tn)	油品合计 (万吨) Petroleum Products Total (10^4 tn)
一.可供本地区消费的能源量	**Total Primary Energy Supply**	**2.84**	**1302.74**
1.一次能源生产量	Indigenous Production		
2.外省(区、市)调入量	Moving In from Other Provinces	3.56	877.72
3.进口量	Import		469.44
4.境内轮船和飞机在境外的加油量	Domestic Airplanes&Ships Refueling in Abroad		
5.本省(区、市)调出量(-)	Sending Out to Other Provinces(-)		47.03
6.出口量(-)	Export(-)		
7.境外轮船和飞机在境内的加油量(-)	Oversea Airplanes&Ships Refueling in China(-)		
8.库存增(-)、减(+)量	Stock Change	-0.72	2.61
二.加工转换投入(-)产出(+)量	**Input(-) & Output(+) of Transformation**	**22.92**	**-32.10**
1.火力发电	Thermal Power		-4.22
2.供　热	Heating Supply		-6.41
3.洗 选 煤	Coal Washing		
4.炼　焦	Coking	22.92	
5.炼油及煤制油	Petroleum Refineries		-7.21
#油品再投入量(-)	Petroleum Products Input (-)		-14.26
6.制　气	Gas Works		
#焦炭再投入量(-)	Coke Input (-)		
7.天然气液化	Natural Gas Liquefaction		
8.煤制品加工	Briquettes		
9.回收能	Recovery of Energy		
三.损 失 量	**Loss**		
四.终端消费量	**Total Final Consumption**	**25.76**	**1270.64**
1.农、林、牧、渔、水利业	Agriculture, Forestry, Animal Husbandry, Fishery and Water Conservancy		18.50
2.工业	Industry	25.76	306.89
#用作原料、材料	Non-Energy Use		
3.建筑业	Construction		82.68
4.交通运输、仓储和邮政业	Transport, Storage and Post		537.74
5.批发、零售业和住宿、餐饮业	Wholesale, Retail Trade and Hotel, Restaurants		98.55
6.其他	Others		33.26
7.生活消费	Residential Consumption		193.02
城 镇	Urban		146.50
乡 村	Rural		46.52
五.平衡差额	**Statistical Difference**		
六.消费量合计	**Total Energy Consumption**	**25.76**	**1302.74**

Continued 1

原油（万吨） Crude Oil (10[4] tn)	汽油（万吨） Gasoline (10[4] tn)	煤油（万吨） Kerosene (10[4] tn)	柴油（万吨） Diesel Oil (10[4] tn)	燃料油（万吨） Fuel Oil (10[4] tn)	石脑油（万吨） Naphtha (10[4] tn)	润滑油（万吨） Lubricants (10[4] tn)	石蜡（万吨） Paraffin Waxes (10[4] tn)	溶剂油（万吨） White Spirit (10[4] tn)
926.00	**156.10**	**6.91**	**159.08**	**35.41**	**-12.47**	**6.34**		**-11.11**
455.11	155.97	6.84	158.89	34.64		6.35		
469.44								
					12.81			11.28
1.45	0.13	0.07	0.19	0.77	0.34	-0.01		0.17
-923.61	**232.83**	**28.31**	**341.79**	**22.40**	**12.63**			**12.60**
			-0.63	-1.03				
			-0.12	-2.39				
-923.61	232.83	28.31	342.54	25.82	12.63			12.60
2.39	**388.93**	**35.22**	**500.87**	**57.81**	**0.16**	**6.34**		**1.49**
	10.14		8.15	0.01		0.01		
2.39	22.63	0.50	54.55	12.76	0.16	0.88		1.49
	21.92	0.17	60.07	0.04		0.01		
	133.24	32.88	324.01	42.08		2.90		
	39.37	1.22	34.63	1.27		0.91		
	15.63	0.45	13.16	0.65		0.87		
	146.00		6.30	1.00		0.76		
	112.42		2.77	0.70		0.66		
	33.58		3.53	0.30		0.10		
926.00	**388.93**	**35.22**	**501.62**	**61.23**	**0.16**	**6.34**		**1.49**

续表 2

项　　目	Item	石油沥青(万吨) Bitumen Asphalt (10^4 tn)	石油焦(万吨) Petroleum Coke (10^4 tn)
一.可供本地区消费的能源量	**Total Primary Energy Supply**		**-23.52**
1.一次能源生产量	Indigenous Production		
2.外省(区、市)调入量	Moving In from Other Provinces		
3.进口量	Import		
4.境内轮船和飞机在境外的加油量	Domestic Airplanes&Ships Refueling in Abroad		
5.本省(区、市)调出量(−)	Sending Out to Other Provinces(-)		22.94
6.出口量(−)	Export(-)		
7.境外轮船和飞机在境内的加油量(−)	Oversea Airplanes&Ships Refueling in China(-)		
8.库存增(−)、减(+)量	Stock Change		-0.58
二.加工转换投入(−)产出(+)量	**Input(-) & Output(+) of Transformation**		**28.96**
1.火力发电	Thermal Power		-2.22
2.供　热	Heating Supply		-3.16
3.洗 选 煤	Coal Washing		
4.炼　焦	Coking		
5.炼油及煤制油	Petroleum Refineries		34.34
#油品再投入量(−)	Petroleum Products Input (-)		
6.制　气	Gas Works		
#焦炭再投入量(−)	Coke Input (-)		
7.天然气液化	Natural Gas Liquefaction		
8.煤制品加工	Briquettes		
9.回收能	Recovery of Energy		
三.损 失 量	**Loss**		
四.终端消费量	**Total Final Consumption**		**5.44**
1.农、林、牧、渔、水利业	Agriculture, Forestry, Animal Husbandry, Fishery and Water Conservancy		
2.工业	Industry		5.44
#用作原料、材料	Non-Energy Use		
3.建筑业	Construction		
4.交通运输、仓储和邮政业	Transport, Storage and Post		
5.批发、零售业和住宿、餐饮业	Wholesale, Retail Trade and Hotel, Restaurants		
6.其他	Others		
7.生活消费	Residential Consumption		
城 镇	Urban		
乡 村	Rural		
五.平衡差额	**Statistical Difference**		
六.消费量合计	**Total Energy Consumption**		**10.82**

Continued 2

液化石油气 (万吨) LPG (10⁴ tn)	炼厂干气 (万吨) Refinery Gas (10⁴ tn)	其他石油制品 (万吨) Other Petroleum Products (10⁴ tn)	天然气 (亿立方米) Natural Gas (10⁸ cu.m)	液化天然气 (万吨) LNG (10⁴ tn)	热力 (万百万千焦) Heat (10¹⁰ kJ)	电力 (亿千瓦小时) Electricity (10⁸ kW•h)	其他能源 (万吨标煤) Other Energy (10⁴ tce)
13.84		**46.16**	**17.93**	**6.22**		**833.69**	**1439.23**
						566.84	
14.00		45.92	17.90	6.22		386.85	1438.78
						120.00	
-0.16		0.24	0.03				0.45
68.86	**25.65**	**117.48**			**11916.10**	**748.87**	**-0.17**
	-0.34				-3778.32	748.87	-0.17
	-0.74				12345.99		
68.86	26.73	131.74					
		-14.26					
					3348.43		
						97.91	
82.70	**25.65**	**163.64**	**17.93**	**6.22**	**11916.10**	**1484.43**	**1439.06**
0.19			0.08			105.55	127.39
21.32	24.19	160.58	7.79	3.41	11913.32	949.21	109.45
0.47			0.06			14.72	134.89
0.41		2.22	0.77	2.08		35.99	175.62
21.15			3.34	0.71		43.98	147.69
1.91		0.59	1.37		2.78	75.32	70.74
37.25	1.46	0.25	4.52	0.02		259.66	673.28
29.80		0.15	4.46	0.02		139.27	106.39
7.45	1.46	0.10	0.06			120.39	566.89
						0.22	
82.70	**26.73**	**177.90**	**17.93**	**6.22**	**15694.42**	**1582.34**	**1439.23**

6-19 广东能源平衡表(实物量)-2012

项目	Item	煤合计(万吨) Coal Total (10⁴ tn)	原煤(万吨) Raw Coal (10⁴ tn)
一.可供本地区消费的能源量	**Total Primary Energy Supply**	**17633.95**	**16303.90**
1.一次能源生产量	Indigenous Production		
2.外省(区、市)调入量	Moving In from Other Provinces	10877.29	9551.22
3.进口量	Import	6771.79	6771.79
4.境内轮船和飞机在境外的加油量	Domestic Airplanes&Ships Refueling in Abroad		
5.本省(区、市)调出量(-)	Sending Out to Other Provinces(-)		
6.出口量(-)	Export(-)	1.19	1.03
7.境外轮船和飞机在境内的加油量(-)	Oversea Airplanes&Ships Refueling in China(-)		
8.库存增(-)、减(+)量	Stock Change	-13.94	-18.08
二.加工转换投入(-)产出(+)量	**Input(-) & Output(+) of Transformation**	**-12115.77**	**-11743.43**
1.火力发电	Thermal Power	-11279.85	-11112.44
2.供　　热	Heating Supply	-598.07	-575.60
3.洗 选 煤	Coal Washing		
4.炼　　焦	Coking	-251.81	
5.炼油及煤制油	Petroleum Refineries		
#油品再投入量(-)	Petroleum Products Input (-)		
6.制　　气	Gas Works	-3.73	-3.73
#焦炭再投入量(-)	Coke Input (-)		
7.天然气液化	Natural Gas Liquefaction		
8.煤制品加工	Briquettes	17.69	-51.66
9.回收能	Recovery of Energy		
三.损 失 量	**Loss**	**9.30**	**9.30**
四.终端消费量	**Total Final Consumption**	**5508.88**	**4551.17**
1.农、林、牧、渔、水利业	Agriculture, Forestry, Animal Husbandry, Fishery and Water Conservancy	61.38	61.38
2.工业	Industry	5338.21	4400.82
#用作原料、材料	Non-Energy Use	118.72	117.72
3.建筑业	Construction	3.12	3.12
4.交通运输、仓储和邮政业	Transport, Storage and Post	2.43	2.43
5.批发、零售业和住宿、餐饮业	Wholesale, Retail Trade and Hotel, Restaurants	40.18	40.18
6.其他	Others		
7.生活消费	Residential Consumption	63.56	43.24
城 镇	Urban	33.17	20.46
乡 村	Rural	30.39	22.78
五.平衡差额	**Statistical Difference**		
六.消费量合计	**Total Energy Consumption**	**17633.95**	**16303.90**

ENERGY BALANCE OF GUANGDONG (PHYSICAL QUANTITY)-2012

洗精煤 (万吨) Cleaned Coal (10^4 tn)	其他洗煤 (万吨) Other Washed Coal (10^4 tn)	型煤 (万吨) Briquettes (10^4 tn)	煤矸石 (万吨) Gangue (10^4 tn)	焦炭 (万吨) Coke (10^4 tn)	焦炉煤气 (亿立方米) Coke Oven Gas (10^8 cu.m)	高炉煤气 (亿立方米) Blast Furnace Gas (10^8 cu.m)	转炉煤气 (亿立方米) Converter Gas (10^8 cu.m)	其他煤气 (亿立方米) Other Gas (10^8 cu.m)
1070.80	**2.56**	**256.69**	**359.67**	**367.34**				**17.04**
1069.27	2.72	254.08	359.67	375.46				17.04
				0.23				
		0.16						
1.53	-0.16	2.77		-8.35				
-251.81		**-120.53**	**-337.97**	**177.81**	**6.51**	**141.42**	**5.18**	**1.51**
		-167.41	-337.97			-18.19	-1.69	
		-22.47				-23.24	-1.10	
-251.81				178.16	6.51			
								1.51
				-0.35				
		69.35						
						182.85	7.97	
					0.08			
818.99	**2.56**	**136.16**	**21.70**	**545.15**	**6.43**	**141.42**	**5.18**	**18.55**
818.99	2.56	115.84	21.70	545.15	6.43	141.42	5.18	1.56
	0.93	0.07	17.76	0.10				
								4.90
		20.32						12.09
		12.71						12.09
		7.61						
1070.80	**2.56**	**326.04**	**359.67**	**545.50**	**6.51**	**182.85**	**7.97**	**18.55**

续表 1

项　　目	Item	其他焦化产品(万吨) Other Coking Products (10^4 tn)	油品合计(万吨) Petroleum Products Total (10^4 tn)
一.可供本地区消费的能源量	**Total Primary Energy Supply**	**-20.59**	**5481.09**
1.一次能源生产量	Indigenous Production		1209.29
2.外省(区、市)调入量	Moving In from Other Provinces		3434.83
3.进口量	Import	133.65	1801.41
4.境内轮船和飞机在境外的加油量	Domestic Airplanes&Ships Refueling in Abroad		153.17
5.本省(区、市)调出量(−)	Sending Out to Other Provinces(-)	154.14	448.09
6.出口量(−)	Export(-)	0.10	476.65
7.境外轮船和飞机在境内的加油量(−)	Oversea Airplanes&Ships Refueling in China(-)		223.28
8.库存增(−)、减(+)量	Stock Change		30.41
二.加工转换投入(−)产出(+)量	**Input(-) & Output(+) of Transformation**	**31.84**	**-278.07**
1.火力发电	Thermal Power		-53.37
2.供　热	Heating Supply		-121.31
3.洗 选 煤	Coal Washing		
4.炼　焦	Coking	9.87	
5.炼油及煤制油	Petroleum Refineries	21.97	-103.39
#油品再投入量(−)	Petroleum Products Input (-)		
6.制　气	Gas Works		
#焦炭再投入量(−)	Coke Input (-)		
7.天然气液化	Natural Gas Liquefaction		
8.煤制品加工	Briquettes		
9.回收能	Recovery of Energy		
三.损 失 量	**Loss**		**9.15**
四.终端消费量	**Total Final Consumption**	**11.25**	**5193.87**
1.农、林、牧、渔、水利业	Agriculture, Forestry, Animal Husbandry, Fishery and Water Conservancy		114.29
2.工业	Industry	11.25	1639.49
#用作原料、材料	Non-Energy Use		669.87
3.建筑业	Construction		388.86
4.交通运输、仓储和邮政业	Transport, Storage and Post		1869.34
5.批发、零售业和住宿、餐饮业	Wholesale, Retail Trade and Hotel, Restaurants		237.44
6.其他	Others		62.58
7.生活消费	Residential Consumption		881.87
城 镇	Urban		561.43
乡 村	Rural		320.44
五.平衡差额	**Statistical Difference**		
六.消费量合计	**Total Energy Consumption**	**11.25**	**5481.09**

Continued 1

原油 (万吨) Crude Oil (10^4 tn)	汽油 (万吨) Gasoline (10^4 tn)	煤油 (万吨) Kerosene (10^4 tn)	柴油 (万吨) Diesel Oil (10^4 tn)	燃料油 (万吨) Fuel Oil (10^4 tn)	石脑油 (万吨) Naphtha (10^4 tn)	润滑油 (万吨) Lubricants (10^4 tn)	石蜡 (万吨) Paraffin Waxes (10^4 tn)	溶剂油 (万吨) White Spirit (10^4 tn)
4511.51	**585.41**	**-155.74**	**2.62**	**250.07**	**109.19**	**16.35**	**-8.30**	**-5.92**
1209.29								
2149.02	594.43	11.38	1.28	225.47	96.61	16.04		
1191.42		82.92	167.25	121.73				
		26.87	3.50	122.80				
		121.44					8.28	5.92
7.06		125.61	162.41	90.39				
		38.25	4.78	180.25				
-31.16	-9.02	8.39	-2.22	50.71	12.58	0.31	-0.02	
-4493.90	**674.09**	**399.31**	**1537.17**	**57.57**	**382.29**	**12.87**	**8.73**	**7.52**
			-2.63	-20.63				
			-0.11	-106.64				
-4493.90	674.09	399.31	1539.91	184.84	382.29	12.87	8.73	7.52
1.67	**4.65**	**0.43**	**2.32**	**0.07**		**0.01**		
15.94	**1254.85**	**243.14**	**1537.47**	**307.57**	**491.48**	**29.21**	**0.43**	**1.60**
	15.29		91.57			7.43		
15.94	78.59	8.30	351.06	164.81	491.48	11.58	0.43	1.60
0.03	0.28	0.65	3.06	11.89	432.29		0.03	0.98
	35.19		32.18					
	598.24	230.96	905.56	128.72		5.86		
	72.09		132.63	14.04		0.05		
	52.70		7.75			0.04		
	402.75	3.88	16.72			4.25		
	274.08	0.43	4.21			2.80		
	128.67	3.45	12.51			1.45		
4511.51	**1259.50**	**243.57**	**1542.53**	**434.91**	**491.48**	**29.22**	**0.43**	**1.60**

续表 2

项　　目	Item	石油沥青（万吨） Bitumen Asphalt (10^4 tn)	石油焦（万吨） Petroleum Coke (10^4 tn)
一.可供本地区消费的能源量	**Total Primary Energy Supply**	**23.12**	**-166.89**
1.一次能源生产量	Indigenous Production		
2.外省(区、市)调入量	Moving In from Other Provinces	23.12	
3.进口量	Import		
4.境内轮船和飞机在境外的加油量	Domestic Airplanes&Ships Refueling in Abroad		
5.本省(区、市)调出量(−)	Sending Out to Other Provinces(-)		166.00
6.出口量(−)	Export(-)		
7.境外轮船和飞机在境内的加油量(−)	Oversea Airplanes&Ships Refueling in China(-)		
8.库存增(−)、减(+)量	Stock Change		-0.89
二.加工转换投入(−)产出(+)量	**Input(-) & Output(+) of Transformation**	**297.87**	**214.29**
1.火力发电	Thermal Power		-28.37
2.供　　热	Heating Supply		-9.91
3.洗 选 煤	Coal Washing		
4.炼　　焦	Coking		
5.炼油及煤制油	Petroleum Refineries	297.87	252.57
#油品再投入量(−)	Petroleum Products Input (-)		
6.制　　气	Gas Works		
#焦炭再投入量(−)	Coke Input (-)		
7.天然气液化	Natural Gas Liquefaction		
8.煤制品加工	Briquettes		
9.回收能	Recovery of Energy		
三.损 失 量	**Loss**		
四.终端消费量	**Total Final Consumption**	**320.99**	**47.40**
1.农、林、牧、渔、水利业	Agriculture, Forestry, Animal Husbandry, Fishery and Water Conservancy		
2.工业	Industry	0.32	47.40
#用作原料、材料	Non-Energy Use		
3.建筑业	Construction	320.67	
4.交通运输、仓储和邮政业	Transport, Storage and Post		
5.批发、零售业和住宿、餐饮业	Wholesale, Retail Trade and Hotel, Restaurants		
6.其他	Others		
7.生活消费	Residential Consumption		
城 镇	Urban		
乡 村	Rural		
五.平衡差额	**Statistical Difference**		
六.消费量合计	**Total Energy Consumption**	**320.99**	**85.68**

Continued 2

液化石油气 (万吨) LPG (10^4 tn)	炼厂干气 (万吨) Refinery Gas (10^4 tn)	其他石油制品 (万吨) Other Petroleum Products (10^4 tn)	天然气 (亿立方米) Natural Gas (10^8 cu.m)	液化天然气 (万吨) LNG (10^4 tn)	热力 (万百万千焦) Heat (10^{10} kJ)	电力 (亿千瓦小时) Electricity (10^8 kW•h)	其他能源 (万吨标煤) Other Energy (10^4 tce)
445.84	**5.62**	**-131.79**	**76.70**	**288.23**		**1687.58**	**889.68**
			83.52			704.88	
311.86	5.62					982.70	889.13
219.04		19.05		350.06			
		146.45	6.82	2.38			
88.23		2.95		59.55			
3.17		-1.44		0.10			0.55
189.98	**65.25**	**368.89**	**-32.63**	**-187.47**	**14802.35**	**2931.84**	**-283.63**
	-1.27	-0.47	-32.49	-178.80	-2146.83	2931.84	-283.26
	-3.24	-1.41	-0.14	-8.67	14778.46		-0.37
189.98	69.76	370.77					
					2170.72		
				28.14		**246.24**	
635.82	**70.87**	**237.10**	**44.07**	**72.62**	**14802.35**	**4373.18**	**606.05**
						79.34	
160.01	70.87	237.10	24.62	72.62	14264.95	2801.99	588.73
52.57		168.09	0.29	0.03			0.33
0.82						52.97	17.32
						68.11	
18.63			7.30		537.40	250.57	
2.09						430.38	
454.27			12.15			689.82	
279.91			12.15			420.96	
174.36						268.86	
635.82	**75.38**	**238.98**	**76.70**	**288.23**	**16949.18**	**4619.42**	**889.68**

6-20 广西能源平衡表(实物量)-2012

项　　目	Item	煤合计(万吨) Coal Total (10^4 tn)	原煤(万吨) Raw Coal (10^4 tn)
一.可供本地区消费的能源量	**Total Primary Energy Supply**	**7263.80**	**6645.16**
1.一次能源生产量	Indigenous Production	753.61	753.61
2.外省(区、市)调入量	Moving In from Other Provinces	5948.95	5347.76
3.进口量	Import	1393.54	1393.54
4.境内轮船和飞机在境外的加油量	Domestic Airplanes&Ships Refueling in Abroad		
5.本省(区、市)调出量(-)	Sending Out to Other Provinces(-)	750.07	750.07
6.出口量(-)	Export(-)		
7.境外轮船和飞机在境内的加油量(-)	Oversea Airplanes&Ships Refueling in China(-)		
8.库存增(-)、减(+)量	Stock Change	-82.23	-99.68
二.加工转换投入(-)产出(+)量	**Input(-) & Output(+) of Transformation**	**-3989.88**	**-3399.62**
1.火力发电	Thermal Power	-2765.45	-2765.45
2.供　热	Heating Supply	-496.75	-496.75
3.洗 选 煤	Coal Washing		
4.炼　焦	Coking	-609.30	-19.04
5.炼油及煤制油	Petroleum Refineries		
#油品再投入量(-)	Petroleum Products Input (-)		
6.制　气	Gas Works	-118.38	-118.38
#焦炭再投入量(-)	Coke Input (-)		
7.天然气液化	Natural Gas Liquefaction		
8.煤制品加工	Briquettes		
9.回收能	Recovery of Energy		
三.损 失 量	**Loss**		
四.终端消费量	**Total Final Consumption**	**3273.82**	**3245.44**
1.农、林、牧、渔、水利业	Agriculture, Forestry, Animal Husbandry, Fishery and Water Conservancy	9.86	9.86
2.工业	Industry	3118.20	3089.82
#用作原料、材料	Non-Energy Use	224.60	224.60
3.建筑业	Construction		
4.交通运输、仓储和邮政业	Transport, Storage and Post	0.17	0.17
5.批发、零售业和住宿、餐饮业	Wholesale, Retail Trade and Hotel, Restaurants	54.45	54.45
6.其他	Others	54.36	54.36
7.生活消费	Residential Consumption	36.78	36.78
城 镇	Urban	28.12	28.12
乡 村	Rural	8.66	8.66
五.平衡差额	**Statistical Difference**	**0.10**	**0.10**
六.消费量合计	**Total Energy Consumption**	**7263.70**	**6645.06**

ENERGY BALANCE OF GUANGXI (PHYSICAL QUANTITY)-2012

洗精煤 (万吨) Cleaned Coal (10^4 tn)	其他洗煤 (万吨) Other Washed Coal (10^4 tn)	型煤 (万吨) Briquettes (10^4 tn)	煤矸石 (万吨) Gangue (10^4 tn)	焦炭 (万吨) Coke (10^4 tn)	焦炉煤气 (亿立方米) Coke Oven Gas (10^8 cu.m)	高炉煤气 (亿立方米) Blast Furnace Gas (10^8 cu.m)	转炉煤气 (亿立方米) Converter Gas (10^8 cu.m)	其他煤气 (亿立方米) Other Gas (10^8 cu.m)
608.99	**2.96**	**6.69**		**369.23**				
591.85	2.68	6.66		376.19				
17.14	0.28	0.03		-6.96				
-590.26			**3.27**	**435.87**	**15.36**	**123.50**	**5.81**	**40.71**
					-3.69	-52.40	-3.46	
-590.26				435.87	19.05			
								40.71
			3.27			175.90	9.27	
18.73	**2.96**	**6.69**	**3.27**	**805.10**	**15.36**	**123.50**	**5.81**	**40.71**
18.73	2.96	6.69	3.27	805.10	14.51	123.50	5.81	40.71
					0.02			
					0.83			
					0.83			
608.99	**2.96**	**6.69**	**3.27**	**805.10**	**19.05**	**175.90**	**9.27**	**40.71**

续表 1

项　　目	Item	其他焦化产品(万吨) Other Coking Products (10^4 tn)	油品合计(万吨) Petroleum Products Total (10^4 tn)
一.可供本地区消费的能源量	**Total Primary Energy Supply**	**-21.82**	**1131.98**
1.一次能源生产量	Indigenous Production		2.29
2.外省(区、市)调入量	Moving In from Other Provinces		1973.11
3.进口量	Import		110.88
4.境内轮船和飞机在境外的加油量	Domestic Airplanes&Ships Refueling in Abroad		
5.本省(区、市)调出量(-)	Sending Out to Other Provinces(-)	21.82	933.77
6.出口量(-)	Export(-)		
7.境外轮船和飞机在境内的加油量(-)	Oversea Airplanes&Ships Refueling in China(-)		
8.库存增(-)、减(+)量	Stock Change		-20.53
二.加工转换投入(-)产出(+)量	**Input(-) & Output(+) of Transformation**	**25.41**	**-58.86**
1.火力发电	Thermal Power		-1.04
2.供　　热	Heating Supply		-5.11
3.洗 选 煤	Coal Washing		
4.炼　　焦	Coking	25.41	
5.炼油及煤制油	Petroleum Refineries		-35.53
#油品再投入量(-)	Petroleum Products Input (-)		-17.18
6.制　　气	Gas Works		
#焦炭再投入量(-)	Coke Input (-)		
7.天然气液化	Natural Gas Liquefaction		
8.煤制品加工	Briquettes		
9.回收能	Recovery of Energy		
三.损 失 量	**Loss**		
四.终端消费量	**Total Final Consumption**	**3.59**	**1072.89**
1.农、林、牧、渔、水利业	Agriculture, Forestry, Animal Husbandry, Fishery and Water Conservancy		43.57
2.工业	Industry	3.59	150.70
#用作原料、材料	Non-Energy Use		0.49
3.建筑业	Construction		4.99
4.交通运输、仓储和邮政业	Transport, Storage and Post		573.87
5.批发、零售业和住宿、餐饮业	Wholesale, Retail Trade and Hotel, Restaurants		54.93
6.其他	Others		45.40
7.生活消费	Residential Consumption		199.43
城 镇	Urban		151.43
乡 村	Rural		48.00
五.平衡差额	**Statistical Difference**		**0.23**
六.消费量合计	**Total Energy Consumption**	**3.59**	**1131.75**

Continued 1

原油 (万吨) Crude Oil (10^4 tn)	汽油 (万吨) Gasoline (10^4 tn)	煤油 (万吨) Kerosene (10^4 tn)	柴油 (万吨) Diesel Oil (10^4 tn)	燃料油 (万吨) Fuel Oil (10^4 tn)	石脑油 (万吨) Naphtha (10^4 tn)	润滑油 (万吨) Lubricants (10^4 tn)	石蜡 (万吨) Paraffin Waxes (10^4 tn)	溶剂油 (万吨) White Spirit (10^4 tn)
1473.00	**-14.95**	**-32.72**	**-130.66**	**-14.72**	**-19.94**	**0.14**	**0.12**	**-15.68**
2.29								
1381.16	243.36		420.12			0.19	0.12	
110.88								
	255.21	32.71	554.70	14.69	19.94			15.68
-21.33	-3.10	-0.01	3.92	-0.03		-0.05		
-1471.92	**300.64**	**32.80**	**649.24**	**64.22**	**19.94**			**15.82**
			-0.85	-0.08				
			-0.03	-0.14				
-1471.92	300.64	32.80	650.12	64.44	19.94			15.82
1.08	**285.41**	**0.08**	**518.58**	**49.50**		**0.14**	**0.12**	**0.14**
	6.85		32.36					
1.08	6.32	0.08	33.19	16.35		0.14	0.12	0.14
	0.26							
	3.76		1.23					
	130.36		410.36	33.15				
	11.12		22.55					
	24.15		18.89					
	102.85							
	69.54							
	33.31							
	0.28							
1473.00	**285.41**	**0.08**	**519.46**	**49.72**		**0.14**	**0.12**	**0.14**

续表 2

项目	Item	石油沥青（万吨） Bitumen Asphalt (10^4 tn)	石油焦（万吨） Petroleum Coke (10^4 tn)
一.可供本地区消费的能源量	**Total Primary Energy Supply**	**-16.09**	**-24.80**
1.一次能源生产量	Indigenous Production		
2.外省(区、市)调入量	Moving In from Other Provinces		
3.进口量	Import		
4.境内轮船和飞机在境外的加油量	Domestic Airplanes&Ships Refueling in Abroad		
5.本省(区、市)调出量(−)	Sending Out to Other Provinces(-)	16.07	24.77
6.出口量(−)	Export(-)		
7.境外轮船和飞机在境内的加油量(−)	Oversea Airplanes&Ships Refueling in China(-)		
8.库存增(−)、减(+)量	Stock Change	-0.02	-0.03
二.加工转换投入(−)产出(+)量	**Input(-) & Output(+) of Transformation**	**16.07**	**37.42**
1.火力发电	Thermal Power		
2.供　热	Heating Supply		
3.洗 选 煤	Coal Washing		
4.炼　焦	Coking		
5.炼油及煤制油	Petroleum Refineries	16.07	37.42
#油品再投入量(−)	Petroleum Products Input (-)		
6.制　气	Gas Works		
#焦炭再投入量(−)	Coke Input (-)		
7.天然气液化	Natural Gas Liquefaction		
8.煤制品加工	Briquettes		
9.回收能	Recovery of Energy		
三.损 失 量	**Loss**		
四.终端消费量	**Total Final Consumption**		**12.65**
1.农、林、牧、渔、水利业	Agriculture, Forestry, Animal Husbandry, Fishery and Water Conservancy		
2.工业	Industry		12.65
#用作原料、材料	Non-Energy Use		
3.建筑业	Construction		
4.交通运输、仓储和邮政业	Transport, Storage and Post		
5.批发、零售业和住宿、餐饮业	Wholesale, Retail Trade and Hotel, Restaurants		
6.其他	Others		
7.生活消费	Residential Consumption		
城 镇	Urban		
乡 村	Rural		
五.平衡差额	**Statistical Difference**	**-0.02**	**-0.03**
六.消费量合计	**Total Energy Consumption**		**12.65**

液化石油气 (万吨) LPG (10^4 tn)	炼厂干气 (万吨) Refinery Gas (10^4 tn)	其他石油制品 (万吨) Other Petroleum Products (10^4 tn)	天然气 (亿立方米) Natural Gas (10^8 cu.m)	液化天然气 (万吨) LNG (10^4 tn)	热力 (万百万千焦) Heat (10^{10} kJ)	电力 (亿千瓦小时) Electricity (10^8 kW•h)	其他能源 (万吨标煤) Other Energy (10^4 tce)
53.76		**-125.48**	**2.98**	**1.47**		**506.83**	**637.03**
						525.05	637.03
53.64		-125.48	2.98	1.47		97.48	
						115.70	
0.12							
73.90	**33.57**	**169.44**		**-0.11**	**6504.10**	**647.02**	**-201.71**
-0.11				-0.11	-2882.08	647.02	-160.43
	-4.94				6608.39		-41.28
87.31	38.51	173.32					
-13.30		-3.88					
					2777.79		
						70.18	
127.66	**33.57**	**43.96**	**2.98**	**1.36**	**6504.10**	**1083.67**	**435.32**
4.36						22.49	
3.10	33.57	43.96	1.02	1.36	6504.10	762.55	435.32
0.23				0.43			
						11.89	
						14.35	
21.26						31.13	
2.36						57.83	
96.58			1.96			183.43	
81.89			1.96			103.43	
14.69						80.00	
141.07	**38.51**	**47.84**	**2.98**	**1.47**	**9386.18**	**1153.85**	**637.03**

6-21 海南能源平衡表(实物量)-2012

项　目	Item	煤合计（万吨） Coal Total (10^4 tn)	原煤（万吨） Raw Coal (10^4 tn)
一.可供本地区消费的能源量	**Total Primary Energy Supply**	**930.00**	**930.00**
1.一次能源生产量	Indigenous Production		
2.外省(区、市)调入量	Moving In from Other Provinces	783.81	783.81
3.进口量	Import	139.30	139.30
4.境内轮船和飞机在境外的加油量	Domestic Airplanes&Ships Refueling in Abroad		
5.本省(区、市)调出量(-)	Sending Out to Other Provinces(-)		
6.出口量(-)	Export(-)		
7.境外轮船和飞机在境内的加油量(-)	Oversea Airplanes&Ships Refueling in China(-)		
8.库存增(-)、减(+)量	Stock Change	6.89	6.89
二.加工转换投入(-)产出(+)量	**Input(-) & Output(+) of Transformation**	**-691.39**	**-691.39**
1.火力发电	Thermal Power	-691.39	-691.39
2.供　　热	Heating Supply		
3.洗 选 煤	Coal Washing		
4.炼　　焦	Coking		
5.炼油及煤制油	Petroleum Refineries		
#油品再投入量(-)	Petroleum Products Input (-)		
6.制　　气	Gas Works		
#焦炭再投入量(-)	Coke Input (-)		
7.天然气液化	Natural Gas Liquefaction		
8.煤制品加工	Briquettes		
9.回收能	Recovery of Energy		
三.损 失 量	**Loss**		
四.终端消费量	**Total Final Consumption**	**239.23**	**239.23**
1.农、林、牧、渔、水利业	Agriculture, Forestry, Animal Husbandry, Fishery and Water Conservancy		
2.工业	Industry	239.23	239.23
#用作原料、材料	Non-Energy Use		
3.建筑业	Construction		
4.交通运输、仓储和邮政业	Transport, Storage and Post		
5.批发、零售业和住宿、餐饮业	Wholesale, Retail Trade and Hotel, Restaurants		
6.其他	Others		
7.生活消费	Residential Consumption		
城 镇	Urban		
乡 村	Rural		
五.平衡差额	**Statistical Difference**	**-0.62**	**-0.62**
六.消费量合计	**Total Energy Consumption**	**930.62**	**930.62**

ENERGY BALANCE OF HAINAN (PHYSICAL QUANTITY)-2012

洗精煤 (万吨) Cleaned Coal (10^4 tn)	其他洗煤 (万吨) Other Washed Coal (10^4 tn)	型煤 (万吨) Briquettes (10^4 tn)	煤矸石 (万吨) Gangue (10^4 tn)	焦炭 (万吨) Coke (10^4 tn)	焦炉煤气 (亿立方米) Coke Oven Gas (10^8 cu.m)	高炉煤气 (亿立方米) Blast Furnace Gas (10^8 cu.m)	转炉煤气 (亿立方米) Converter Gas (10^8 cu.m)	其他煤气 (亿立方米) Other Gas (10^8 cu.m)
				0.05				
				0.05				
				0.05				
				0.05				
				0.05				

续表 1

项　目	Item	其他焦化产品（万吨）Other Coking Products (10^4 tn)	油品合计（万吨）Petroleum Products Total (10^4 tn)
一.可供本地区消费的能源量	**Total Primary Energy Supply**		**410.10**
1.一次能源生产量	Indigenous Production		18.96
2.外省(区、市)调入量	Moving In from Other Provinces		73.06
3.进口量	Import		899.21
4.境内轮船和飞机在境外的加油量	Domestic Airplanes&Ships Refueling in Abroad		
5.本省(区、市)调出量(−)	Sending Out to Other Provinces(-)		497.47
6.出口量(−)	Export(-)		87.90
7.境外轮船和飞机在境内的加油量(−)	Oversea Airplanes&Ships Refueling in China(-)		
8.库存增(−)、减(+)量	Stock Change		4.24
二.加工转换投入(−)产出(+)量	**Input(-) & Output(+) of Transformation**		**-27.14**
1.火力发电	Thermal Power		-0.03
2.供　热	Heating Supply		-3.51
3.洗 选 煤	Coal Washing		
4.炼　焦	Coking		
5.炼油及煤制油	Petroleum Refineries		12.69
#油品再投入量(−)	Petroleum Products Input (-)		-36.29
6.制　气	Gas Works		
#焦炭再投入量(−)	Coke Input (-)		
7.天然气液化	Natural Gas Liquefaction		
8.煤制品加工	Briquettes		
9.回收能	Recovery of Energy		
三.损 失 量	**Loss**		
四.终端消费量	**Total Final Consumption**		**382.96**
1.农、林、牧、渔、水利业	Agriculture, Forestry, Animal Husbandry, Fishery and Water Conservancy		67.72
2.工业	Industry		32.16
#用作原料、材料	Non-Energy Use		
3.建筑业	Construction		10.87
4.交通运输、仓储和邮政业	Transport, Storage and Post		205.38
5.批发、零售业和住宿、餐饮业	Wholesale, Retail Trade and Hotel, Restaurants		6.82
6.其他	Others		27.18
7.生活消费	Residential Consumption		32.83
城 镇	Urban		27.05
乡 村	Rural		5.78
五.平衡差额	**Statistical Difference**		
六.消费量合计	**Total Energy Consumption**		**410.10**

Continued 1

原油 (万吨) Crude Oil (10^4 tn)	汽油 (万吨) Gasoline (10^4 tn)	煤油 (万吨) Kerosene (10^4 tn)	柴油 (万吨) Diesel Oil (10^4 tn)	燃料油 (万吨) Fuel Oil (10^4 tn)	石脑油 (万吨) Naphtha (10^4 tn)	润滑油 (万吨) Lubricants (10^4 tn)	石蜡 (万吨) Paraffin Waxes (10^4 tn)	溶剂油 (万吨) White Spirit (10^4 tn)
930.81	**-237.70**	**4.80**	**-138.35**	**5.37**	**-25.13**			
18.96								
		58.54		14.52				
897.61			0.10	1.50				
	226.64		116.25		25.13			
	7.40	51.90	19.50	8.90				
14.24	-3.66	-1.84	-2.70	-1.75				
-929.00	**302.75**	**78.03**	**293.99**	**33.69**	**25.13**			
			-0.03					
-929.00	302.75	78.03	294.02	33.69	25.13			
1.81	**65.05**	**82.83**	**155.64**	**39.06**				
	3.15		64.57					
1.81	0.68		4.36	1.78				
	3.79		7.08					
	9.62	82.83	75.65	37.28				
	2.63		1.43					
	24.18		2.55					
	21.00							
	16.62							
	4.38							
930.81	**65.05**	**82.83**	**155.67**	**39.06**				

续表 2

项　　目	Item	石油沥青（万吨）Bitumen Asphalt (10^4 tn)	石油焦（万吨）Petroleum Coke (10^4 tn)
一.可供本地区消费的能源量	**Total Primary Energy Supply**		
1.一次能源生产量	Indigenous Production		
3.外省(区、市)调入量	Moving In from Other Provinces		
4.进口量	Import		
5.境内轮船和飞机在境外的加油量	Domestic Airplanes&Ships Refueling in Abroad		
6.本省(区、市)调出量(−)	Sending Out to Other Provinces(-)		
7.出口量(−)	Export(-)		
8.境外轮船和飞机在境内的加油量(−)	Oversea Airplanes&Ships Refueling in China(-)		
9.库存增(−)、减(+)量	Stock Change		
二.加工转换投入(−)产出(+)量	**Input(-) & Output(+) of Transformation**		
1.火力发电	Thermal Power		
2.供　热	Heating Supply		
3.洗 选 煤	Coal Washing		
4.炼　焦	Coking		
5.炼油及煤制油	Petroleum Refineries		
#油品再投入量(−)	Petroleum Products Input (-)		
6.制　气	Gas Works		
#焦炭再投入量(−)	Coke Input (-)		
7.天然气液化	Natural Gas Liquefaction		
8.煤制品加工	Briquettes		
2.回收能	Recovery of Energy		
三.损 失 量	**Loss**		
四.终端消费量	**Total Final Consumption**		
1.农、林、牧、渔、水利业	Agriculture, Forestry, Animal Husbandry, Fishery and Water Conservancy		
2.工业	Industry		
#用作原料、材料	Non-Energy Use		
3.建筑业	Construction		
4.交通运输、仓储和邮政业	Transport, Storage and Post		
5.批发、零售业和住宿、餐饮业	Wholesale, Retail Trade and Hotel, Restaurants		
6.其他	Others		
7.生活消费	Residential Consumption		
城 镇	Urban		
乡 村	Rural		
五.平衡差额	**Statistical Difference**		
六.消费量合计	**Total Energy Consumption**		

Continued 2

液化石油气 (万吨) LPG (10^4 tn)	炼厂干气 (万吨) Refinery Gas (10^4 tn)	其他石油制品 (万吨) Other Petroleum Products (10^4 tn)	天然气 (亿立方米) Natural Gas (10^8 cu.m)	液化天然气 (万吨) LNG (10^4 tn)	热力 (万百万千焦) Heat (10^{10} kJ)	电力 (亿千瓦小时) Electricity (10^8 kW•h)	其他能源 (万吨标煤) Other Energy (10^4 tce)
-43.79		**-85.91**	**47.49**			**28.64**	**9.11**
			1.80			28.33	
			62.28			0.66	9.11
43.54		85.91				0.35	
0.20			16.59				
-0.05							
58.91	**14.04**	**95.32**	**-7.55**		**267.74**	**181.67**	**-4.50**
			-6.84		-232.00	181.67	-4.50
	-3.51		-0.71		278.28		
58.91	29.50	119.66					
	-11.95	-24.34					
					221.46		
			0.04			**13.89**	
15.12	**14.04**	**9.41**	**39.90**		**267.74**	**196.42**	**4.61**
						11.07	
0.08	14.04	9.41	37.89		267.74	91.38	4.61
			30.27				
						5.13	
			1.04			3.39	
2.76			0.66			16.42	
0.45						34.80	
11.83			0.31			34.23	
10.43			0.31			16.52	
1.40						17.71	
15.12	**29.50**	**33.75**	**47.49**		**499.74**	**210.31**	**9.11**

6-22 重庆能源平衡表(实物量)-2012

项　目	Item	煤合计(万吨) Coal Total (10^4 tn)	原煤(万吨) Raw Coal (10^4 tn)
一.可供本地区消费的能源量	**Total Primary Energy Supply**	**6749.85**	**6559.56**
1.一次能源生产量	Indigenous Production	3571.70	3571.70
2.外省(区、市)调入量	Moving In from Other Provinces	4105.94	3810.56
3.进口量	Import		
4.境内轮船和飞机在境外的加油量	Domestic Airplanes&Ships Refueling in Abroad		
5.本省(区、市)调出量(-)	Sending Out to Other Provinces(-)	982.23	868.80
6.出口量(-)	Export(-)		
7.境外轮船和飞机在境内的加油量(-)	Oversea Airplanes&Ships Refueling in China(-)		
8.库存增(-)、减(+)量	Stock Change	54.44	46.10
二.加工转换投入(-)产出(+)量	**Input(-) & Output(+) of Transformation**	**-2807.46**	**-3863.77**
1.火力发电	Thermal Power	-1546.32	-1408.27
2.供　　热	Heating Supply	-234.24	-234.24
3.洗 选 煤	Coal Washing	-549.55	-2203.58
4.炼　　焦	Coking	-475.94	-17.68
5.炼油及煤制油	Petroleum Refineries		
#油品再投入量(-)	Petroleum Products Input (-)		
6.制　　气	Gas Works		
#焦炭再投入量(-)	Coke Input (-)		
7.天然气液化	Natural Gas Liquefaction		
8.煤制品加工	Briquettes	-1.41	
9.回收能	Recovery of Energy		
三.损 失 量	**Loss**		
四.终端消费量	**Total Final Consumption**	**3942.39**	**2695.79**
1.农、林、牧、渔、水利业	Agriculture, Forestry, Animal Husbandry, Fishery and Water Conservancy	342.44	320.75
2.工业	Industry	3234.15	2009.24
#用作原料、材料	Non-Energy Use	112.04	112.04
3.建筑业	Construction	30.42	30.42
4.交通运输、仓储和邮政业	Transport, Storage and Post	36.59	36.59
5.批发、零售业和住宿、餐饮业	Wholesale, Retail Trade and Hotel, Restaurants	12.12	12.12
6.其他	Others	92.58	92.58
7.生活消费	Residential Consumption	194.09	194.09
城 镇	Urban	1.88	1.88
乡 村	Rural	192.21	192.21
五.平衡差额	**Statistical Difference**		
六.消费量合计	**Total Energy Consumption**	**6749.85**	**6559.56**

ENERGY BALANCE OF CHONGQING (PHYSICAL QUANTITY)-2012

洗精煤（万吨） Cleaned Coal (10^4 tn)	其他洗煤（万吨） Other Washed Coal (10^4 tn)	型煤（万吨） Briquettes (10^4 tn)	煤矸石（万吨） Gangue (10^4 tn)	焦炭（万吨） Coke (10^4 tn)	焦炉煤气（亿立方米） Coke Oven Gas (10^8 cu.m)	高炉煤气（亿立方米） Blast Furnace Gas (10^8 cu.m)	转炉煤气（亿立方米） Converter Gas (10^8 cu.m)	其他煤气（亿立方米） Other Gas (10^8 cu.m)
86.92	**99.03**	**4.34**	**147.90**	**179.37**				
135.79	148.21	11.38	146.30	274.80				
55.25	51.14	7.04		90.25				
6.38	1.96		1.60	-5.18				
774.66	**271.66**	**9.99**	**-147.90**	**324.40**	**8.89**	**31.76**	**2.49**	
	-138.05		-215.65		-1.59	-61.12	-0.71	-0.32
					-0.56			
1244.32	409.71		67.75					
-458.26				324.40	11.04			
-11.40		9.99						
						92.88	3.20	0.32
861.58	**370.69**	**14.33**		**503.77**	**8.89**	**31.76**	**2.49**	
	21.69			32.14				
861.58	349.00	14.33		471.63	8.89	31.76	2.49	
1331.24	**508.74**	**14.33**	**215.65**	**503.77**	**11.04**	**92.88**	**3.20**	**0.32**

续表 1

项　　目	Item	其他焦化产品(万吨) Other Coking Products (10^4 tn)	油品合计(万吨) Petroleum Products Total (10^4 tn)
一.可供本地区消费的能源量	**Total Primary Energy Supply**		**636.50**
1.一次能源生产量	Indigenous Production		
2.外省(区、市)调入量	Moving In from Other Provinces		636.36
3.进口量	Import		
4.境内轮船和飞机在境外的加油量	Domestic Airplanes&Ships Refueling in Abroad		
5.本省(区、市)调出量(−)	Sending Out to Other Provinces(-)		
6.出口量(−)	Export(-)		
7.境外轮船和飞机在境内的加油量(−)	Oversea Airplanes&Ships Refueling in China(-)		
8.库存增(−)、减(+)量	Stock Change		0.14
二.加工转换投入(−)产出(+)量	**Input(-) & Output(+) of Transformation**	**15.87**	**-0.85**
1.火力发电	Thermal Power		-0.85
2.供　热	Heating Supply		
3.洗 选 煤	Coal Washing		
4.炼　焦	Coking	15.87	
5.炼油及煤制油	Petroleum Refineries		
#油品再投入量(−)	Petroleum Products Input (-)		
6.制　气	Gas Works		
#焦炭再投入量(−)	Coke Input (-)		
7.天然气液化	Natural Gas Liquefaction		
8.煤制品加工	Briquettes		
9.回收能	Recovery of Energy		
三.损 失 量	**Loss**		
四.终端消费量	**Total Final Consumption**	**15.87**	**635.65**
1.农、林、牧、渔、水利业	Agriculture, Forestry, Animal Husbandry, Fishery and Water Conservancy		15.78
2.工业	Industry	15.87	73.80
#用作原料、材料	Non-Energy Use		
3.建筑业	Construction		36.68
4.交通运输、仓储和邮政业	Transport, Storage and Post		400.97
5.批发、零售业和住宿、餐饮业	Wholesale, Retail Trade and Hotel, Restaurants		31.70
6.其他	Others		11.85
7.生活消费	Residential Consumption		64.87
城 镇	Urban		41.57
乡 村	Rural		23.30
五.平衡差额	**Statistical Difference**		
六.消费量合计	**Total Energy Consumption**	**15.87**	**636.50**

原油 (万吨) Crude Oil (10^4 tn)	汽油 (万吨) Gasoline (10^4 tn)	煤油 (万吨) Kerosene (10^4 tn)	柴油 (万吨) Diesel Oil (10^4 tn)	燃料油 (万吨) Fuel Oil (10^4 tn)	石脑油 (万吨) Naphtha (10^4 tn)	润滑油 (万吨) Lubricants (10^4 tn)	石蜡 (万吨) Paraffin Waxes (10^4 tn)	溶剂油 (万吨) White Spirit (10^4 tn)
	144.63	**54.28**	**409.91**	**9.89**		**0.90**		
	144.64	54.28	409.81	9.87		0.90		
	-0.01		0.10	0.02				
			-0.85					
			-0.85					
	144.63	**54.28**	**409.06**	**9.89**		**0.90**		
	7.18		8.60					
	19.76	6.46	43.28	2.03		0.90		
	7.38	0.21	27.52	0.57				
	31.99	44.99	316.71	7.28				
	18.98		5.21					
	11.02		0.83					
	48.33	2.62	6.92					
	34.12	2.62	0.71					
	14.21		6.21					
	144.63	**54.28**	**409.91**	**9.89**		**0.90**		

续表 2

项　　目	Item	石油沥青(万吨) Bitumen Asphalt (10^4 tn)	石油焦(万吨) Petroleum Coke (10^4 tn)
一.可供本地区消费的能源量	**Total Primary Energy Supply**		
1.一次能源生产量	Indigenous Production		
2.外省(区、市)调入量	Moving In from Other Provinces		
3.进口量	Import		
4.境内轮船和飞机在境外的加油量	Domestic Airplanes&Ships Refueling in Abroad		
5.本省(区、市)调出量(−)	Sending Out to Other Provinces(-)		
6.出口量(−)	Export(-)		
7.境外轮船和飞机在境内的加油量(−)	Oversea Airplanes&Ships Refueling in China(-)		
8.库存增(−)、减(+)量	Stock Change		
二.加工转换投入(−)产出(+)量	**Input(-) & Output(+) of Transformation**		
1.火力发电	Thermal Power		
2.供　热	Heating Supply		
3.洗选煤	Coal Washing		
4.炼　焦	Coking		
5.炼油及煤制油	Petroleum Refineries		
#油品再投入量(−)	Petroleum Products Input (-)		
6.制　气	Gas Works		
#焦炭再投入量(−)	Coke Input (-)		
7.天然气液化	Natural Gas Liquefaction		
8.煤制品加工	Briquettes		
9.回收能	Recovery of Energy		
三.损失量	**Loss**		
四.终端消费量	**Total Final Consumption**		
1.农、林、牧、渔、水利业	Agriculture, Forestry, Animal Husbandry, Fishery and Water Conservancy		
2.工业	Industry		
#用作原料、材料	Non-Energy Use		
3.建筑业	Construction		
4.交通运输、仓储和邮政业	Transport, Storage and Post		
5.批发、零售业和住宿、餐饮业	Wholesale, Retail Trade and Hotel, Restaurants		
6.其他	Others		
7.生活消费	Residential Consumption		
城镇	Urban		
乡村	Rural		
五.平衡差额	**Statistical Difference**		
六.消费量合计	**Total Energy Consumption**		

Continued 2

液化石油气（万吨）LPG (10^4 tn)	炼厂干气（万吨）Refinery Gas (10^4 tn)	其他石油制品（万吨）Other Petroleum Products (10^4 tn)	天然气（亿立方米）Natural Gas (10^8 cu.m)	液化天然气（万吨）LNG (10^4 tn)	热力（万百万千焦）Heat (10^{10} kJ)	电力（亿千瓦小时）Electricity (10^8 kW•h)	其他能源（万吨标煤）Other Energy (10^4 tce)
16.10		**0.79**	**70.77**	**1.49**		**373.98**	**402.97**
			55.28			198.97	
16.07		0.79	36.21	1.49		231.55	402.97
			20.72			56.54	
0.03							
			-0.25		**5487.84**	**349.05**	**-28.40**
			-0.05		-123.58	349.05	-26.28
			-0.20		4101.96		-2.12
					1509.46		
			0.38			**47.23**	
16.10		**0.79**	**70.14**	**1.49**	**5487.84**	**675.80**	**374.57**
			0.84			2.11	
0.58		0.79	37.35	1.29	5487.84	422.16	374.57
1.01			0.15			17.78	
			7.03			13.35	
7.51			3.91			32.70	
			0.31			64.28	
7.00			20.55	0.20		123.42	
4.12			20.55	0.20		81.46	
2.88						41.96	
16.10		**0.79**	**70.77**	**1.49**	**5611.42**	**723.03**	**402.97**

6-23 四川能源平衡表(实物量)-2012

项　　目	Item	煤合计 (万吨) Coal Total (10^4 tn)	原煤 (万吨) Raw Coal (10^4 tn)
一.可供本地区消费的能源量	**Total Primary Energy Supply**	**11872.20**	**11876.91**
1.一次能源生产量	Indigenous Production	9470.70	9470.70
2.外省(区、市)调入量	Moving In from Other Provinces	2804.38	2804.38
3.进口量	Import		
4.境内轮船和飞机在境外的加油量	Domestic Airplanes&Ships Refueling in Abroad		
5.本省(区、市)调出量(-)	Sending Out to Other Provinces(-)	261.72	261.72
6.出口量(-)	Export(-)		
7.境外轮船和飞机在境内的加油量(-)	Oversea Airplanes&Ships Refueling in China(-)		
8.库存增(-)、减(+)量	Stock Change	-141.16	-136.45
二.加工转换投入(-)产出(+)量	**Input(-) & Output(+) of Transformation**	**-5349.88**	**-7544.17**
1.火力发电	Thermal Power	-2642.62	-2549.04
2.供　　热	Heating Supply	-147.29	-147.29
3.洗 选 煤	Coal Washing	-670.05	-4695.29
4.炼　　焦	Coking	-1889.56	-98.78
5.炼油及煤制油	Petroleum Refineries	-1.63	-1.63
#油品再投入量(-)	Petroleum Products Input (-)		
6.制　　气	Gas Works	-6.08	-2.53
#焦炭再投入量(-)	Coke Input (-)		
7.天然气液化	Natural Gas Liquefaction		
8.煤制品加工	Briquettes	7.35	-49.61
9.回收能	Recovery of Energy		
三.损 失 量	**Loss**	**93.17**	**92.17**
四.终端消费量	**Total Final Consumption**	**6429.15**	**4240.57**
1.农、林、牧、渔、水利业	Agriculture, Forestry, Animal Husbandry, Fishery and Water Conservancy	6.40	6.40
2.工业	Industry	6010.52	3821.94
#用作原料、材料	Non-Energy Use	257.80	232.68
3.建筑业	Construction	15.00	15.00
4.交通运输、仓储和邮政业	Transport, Storage and Post	5.03	5.03
5.批发、零售业和住宿、餐饮业	Wholesale, Retail Trade and Hotel, Restaurants	40.00	40.00
6.其他	Others	12.00	12.00
7.生活消费	Residential Consumption	340.20	340.20
城 镇	Urban	1.50	1.50
乡 村	Rural	338.70	338.70
五.平衡差额	**Statistical Difference**		
六.消费量合计	**Total Energy Consumption**	**11872.20**	**11876.91**

ENERGY BALANCE OF SICHUAN (PHYSICAL QUANTITY)-2012

洗精煤 (万吨) Cleaned Coal (10^4 tn)	其他洗煤 (万吨) Other Washed Coal (10^4 tn)	型煤 (万吨) Briquettes (10^4 tn)	煤矸石 (万吨) Gangue (10^4 tn)	焦炭 (万吨) Coke (10^4 tn)	焦炉煤气 (亿立方米) Coke Oven Gas (10^8 cu.m)	高炉煤气 (亿立方米) Blast Furnace Gas (10^8 cu.m)	转炉煤气 (亿立方米) Converter Gas (10^8 cu.m)	其他煤气 (亿立方米) Other Gas (10^8 cu.m)
13.41	**-11.92**	**-6.20**	**162.49**	**263.42**				
			163.32	263.00				
13.41	-11.92	-6.20	-0.83	0.42				
1335.11	**794.52**	**64.66**	**-23.62**	**1299.43**	**33.40**	**186.60**	**3.36**	**1.57**
	-93.58		-207.23		-4.57	-52.07	-8.38	
			-8.47		-3.31	-13.82	-0.01	
3136.41	888.83		192.08					
-1790.78				1299.43	41.28			
		-3.55						1.57
-10.52	-0.73	68.21						
						252.49	11.75	
		1.00		**2.00**				
1348.52	**782.60**	**57.46**	**138.87**	**1560.85**	**33.40**	**186.60**	**3.36**	**1.57**
1348.52	782.60	57.46	138.87	1554.35	33.40	186.60	3.36	1.57
23.00	1.75	0.37	1.51	64.33				
				3.50				
				3.00				
3149.82	**876.91**	**62.01**	**354.57**	**1562.85**	**41.28**	**252.49**	**11.75**	**1.57**

续表 1

项 目	Item	其他焦化产品(万吨) Other Coking Products (10^4 tn)	油品合计(万吨) Petroleum Products Total (10^4 tn)
一.可供本地区消费的能源量	**Total Primary Energy Supply**	**0.13**	**1960.54**
1.一次能源生产量	Indigenous Production		15.94
2.外省(区、市)调入量	Moving In from Other Provinces		1940.58
3.进口量	Import		
4.境内轮船和飞机在境外的加油量	Domestic Airplanes&Ships Refueling in Abroad		1.49
5.本省(区、市)调出量(-)	Sending Out to Other Provinces(-)		0.83
6.出口量(-)	Export(-)		
7.境外轮船和飞机在境内的加油量(-)	Oversea Airplanes&Ships Refueling in China(-)		4.98
8.库存增(-)、减(+)量	Stock Change	0.13	8.34
二.加工转换投入(-)产出(+)量	**Input(-) & Output(+) of Transformation**	**65.96**	**-65.97**
1.火力发电	Thermal Power		-1.59
2.供 热	Heating Supply		-0.01
3.洗 选 煤	Coal Washing		
4.炼 焦	Coking	65.96	
5.炼油及煤制油	Petroleum Refineries		26.52
#油品再投入量(-)	Petroleum Products Input (-)		-90.89
6.制 气	Gas Works		
#焦炭再投入量(-)	Coke Input (-)		
7.天然气液化	Natural Gas Liquefaction		
8.煤制品加工	Briquettes		
9.回收能	Recovery of Energy		
三.损 失 量	**Loss**		**3.23**
四.终端消费量	**Total Final Consumption**	**66.09**	**1891.34**
1.农、林、牧、渔、水利业	Agriculture, Forestry, Animal Husbandry, Fishery and Water Conservancy		166.11
2.工业	Industry	66.09	251.76
#用作原料、材料	Non-Energy Use		2.14
3.建筑业	Construction		139.86
4.交通运输、仓储和邮政业	Transport, Storage and Post		751.76
5.批发、零售业和住宿、餐饮业	Wholesale, Retail Trade and Hotel, Restaurants		184.63
6.其他	Others		151.76
7.生活消费	Residential Consumption		245.46
城 镇	Urban		133.75
乡 村	Rural		111.71
五.平衡差额	**Statistical Difference**		
六.消费量合计	**Total Energy Consumption**	**66.09**	**1960.54**

Continued 1

原油 (万吨) Crude Oil (10^4 tn)	汽油 (万吨) Gasoline (10^4 tn)	煤油 (万吨) Kerosene (10^4 tn)	柴油 (万吨) Diesel Oil (10^4 tn)	燃料油 (万吨) Fuel Oil (10^4 tn)	石脑油 (万吨) Naphtha (10^4 tn)	润滑油 (万吨) Lubricants (10^4 tn)	石蜡 (万吨) Paraffin Waxes (10^4 tn)	溶剂油 (万吨) White Spirit (10^4 tn)
351.47	**634.79**	**204.20**	**557.44**	**44.21**		**5.89**	**-0.83**	
15.94								
334.34	625.40	210.57	560.94	40.20		5.86		
		1.49						
							0.83	
		4.98						
1.19	9.39	-2.88	-3.50	4.01		0.03		
-349.83	**65.21**	**1.24**	**84.36**	**-22.75**		**19.30**	**0.89**	**4.79**
			-1.59					
			-0.01					
-349.83	65.21	1.24	85.96	31.00		19.30	0.89	4.79
				-53.75				
1.00	**1.20**	**0.03**	**1.00**					
0.64	**698.80**	**205.41**	**640.80**	**21.46**		**25.19**	**0.06**	**4.79**
	0.66	0.11	165.28					
0.64	102.44	2.41	114.42	6.46		0.63	0.06	4.79
	0.59							0.01
	30.88	1.76	3.02					
	183.90	192.35	185.32	15.00		24.56		
	76.47	6.12	101.27					
	77.55	2.19	71.41					
	226.90	0.47	0.08					
	120.11	0.04						
	106.79	0.43	0.08					
351.47	**700.00**	**205.44**	**643.40**	**75.21**		**25.19**	**0.06**	**4.79**

续表 2

项　目	Item	石油沥青(万吨) Bitumen Asphalt (10^4 tn)	石油焦(万吨) Petroleum Coke (10^4 tn)
一.可供本地区消费的能源量	**Total Primary Energy Supply**		**13.37**
1.一次能源生产量	Indigenous Production		
2.外省(区、市)调入量	Moving In from Other Provinces		13.27
3.进口量	Import		
4.境内轮船和飞机在境外的加油量	Domestic Airplanes&Ships Refueling in Abroad		
5.本省(区、市)调出量(−)	Sending Out to Other Provinces(-)		
6.出口量(−)	Export(-)		
7.境外轮船和飞机在境内的加油量(−)	Oversea Airplanes&Ships Refueling in China(-)		
8.库存增(−)、减(+)量	Stock Change		0.10
二.加工转换投入(−)产出(+)量	**Input(-) & Output(+) of Transformation**	**101.88**	
1.火力发电	Thermal Power		
2.供　热	Heating Supply		
3.洗 选 煤	Coal Washing		
4.炼　焦	Coking		
5.炼油及煤制油	Petroleum Refineries	101.88	
#油品再投入量(−)	Petroleum Products Input (-)		
6.制　气	Gas Works		
#焦炭再投入量(−)	Coke Input (-)		
7.天然气液化	Natural Gas Liquefaction		
8.煤制品加工	Briquettes		
9.回收能	Recovery of Energy		
三.损 失 量	**Loss**		
四.终端消费量	**Total Final Consumption**	**101.88**	**13.37**
1.农、林、牧、渔、水利业	Agriculture, Forestry, Animal Husbandry, Fishery and Water Conservancy		
2.工业	Industry	0.11	13.37
#用作原料、材料	Non-Energy Use	0.01	
3.建筑业	Construction	101.77	
4.交通运输、仓储和邮政业	Transport, Storage and Post		
5.批发、零售业和住宿、餐饮业	Wholesale, Retail Trade and Hotel, Restaurants		
6.其他	Others		
7.生活消费	Residential Consumption		
城 镇	Urban		
乡 村	Rural		
五.平衡差额	**Statistical Difference**		
六.消费量合计	**Total Energy Consumption**	**101.88**	**13.37**

Continued 2

液化石油气 (万吨) LPG (10^4 tn)	炼厂干气 (万吨) Refinery Gas (10^4 tn)	其他石油制品 (万吨) Other Petroleum Products (10^4 tn)	天然气 (亿立方米) Natural Gas (10^8 cu.m)	液化天然气 (万吨) LNG (10^4 tn)	热力 (万百万千焦) Heat (10^{10} kJ)	电力 (亿千瓦小时) Electricity (10^8 kW•h)	其他能源 (万吨标煤) Other Energy (10^4 tce)
		150.00	**152.17**	**6.00**		**1425.00**	**628.72**
			236.82			1545.60	
		150.00	31.09	6.00		95.61	628.72
			115.74			216.21	
20.70	**2.00**	**6.24**	**-1.26**	**2.15**	**3671.78**	**584.60**	**389.43**
			-0.21		-0.97	584.60	
			-0.72		3672.75		-0.01
20.70	3.77	41.61					
	-1.77	-35.37					
			-0.33	2.15			
							389.44
			4.50		**3.00**	**162.16**	
20.70	**2.00**	**156.24**	**146.41**	**8.15**	**3668.78**	**1847.44**	**1018.15**
0.06			0.01			11.20	
0.54	2.00	3.89	65.85	2.15	3668.78	1303.59	938.15
		1.53	16.16				
0.08		2.35	5.00			37.77	
0.63		150.00	4.82	6.00		32.28	80.00
0.77			7.00			69.48	
0.61						104.00	
18.01			63.73			289.12	
13.60			63.73			166.96	
4.41						122.16	
20.70	**3.77**	**191.61**	**151.87**	**8.15**	**3672.75**	**2009.60**	**1018.16**

6-24 贵州能源平衡表(实物量)-2012

项　目	Item	煤合计 (万吨) Coal Total (10^4 tn)	原煤 (万吨) Raw Coal (10^4 tn)
一.可供本地区消费的能源量	**Total Primary Energy Supply**	**13568.87**	**15088.93**
1.一次能源生产量	Indigenous Production	18107.05	18107.05
2.外省(区、市)调入量	Moving In from Other Provinces	168.19	168.19
3.进口量	Import		
4.境内轮船和飞机在境外的加油量	Domestic Airplanes&Ships Refueling in Abroad		
5.本省(区、市)调出量(-)	Sending Out to Other Provinces(-)	4221.14	2319.94
6.出口量(-)	Export(-)		
7.境外轮船和飞机在境内的加油量(-)	Oversea Airplanes&Ships Refueling in China(-)		
8.库存增(-)、减(+)量	Stock Change	-485.23	-866.37
二.加工转换投入(-)产出(+)量	**Input(-) & Output(+) of Transformation**	**-7464.08**	**-9368.07**
1.火力发电	Thermal Power	-5391.75	-4033.75
2.供　热	Heating Supply	-13.18	-13.18
3.洗 选 煤	Coal Washing	-1020.36	-5014.57
4.炼　焦	Coking	-1034.10	-204.88
5.炼油及煤制油	Petroleum Refineries		
#油品再投入量(-)	Petroleum Products Input (-)		
6.制　气	Gas Works	-0.89	-0.89
#焦炭再投入量(-)	Coke Input (-)		
7.天然气液化	Natural Gas Liquefaction		
8.煤制品加工	Briquettes	-3.80	-100.80
9.回收能	Recovery of Energy		
三.损 失 量	**Loss**	**55.00**	**55.00**
四.终端消费量	**Total Final Consumption**	**5808.55**	**5424.62**
1.农、林、牧、渔、水利业	Agriculture, Forestry, Animal Husbandry, Fishery and Water Conservancy	131.04	131.04
2.工业	Industry	3538.39	3227.88
#用作原料、材料	Non-Energy Use	459.70	436.60
3.建筑业	Construction	20.00	20.00
4.交通运输、仓储和邮政业	Transport, Storage and Post	42.76	42.76
5.批发、零售业和住宿、餐饮业	Wholesale, Retail Trade and Hotel, Restaurants	695.00	680.00
6.其他	Others	504.14	497.72
7.生活消费	Residential Consumption	877.22	825.22
城 镇	Urban	221.45	204.45
乡 村	Rural	655.77	620.77
五.平衡差额	**Statistical Difference**	**241.24**	**241.24**
六.消费量合计	**Total Energy Consumption**	**13327.63**	**14847.69**

ENERGY BALANCE OF GUIZHOU (PHYSICAL QUANTITY)-2012

洗精煤（万吨） Cleaned Coal (10^4 tn)	其他洗煤（万吨） Other Washed Coal (10^4 tn)	型煤（万吨） Briquettes (10^4 tn)	煤矸石（万吨） Gangue (10^4 tn)	焦炭（万吨） Coke (10^4 tn)	焦炉煤气（亿立方米） Coke Oven Gas (10^8 cu.m)	高炉煤气（亿立方米） Blast Furnace Gas (10^8 cu.m)	转炉煤气（亿立方米） Converter Gas (10^8 cu.m)	其他煤气（亿立方米） Other Gas (10^8 cu.m)
-1612.78	**67.30**	**25.42**		**-361.60**				
1901.20				400.00				
288.42	67.30	25.42		38.40				
1812.78	**-5.79**	**97.00**	**20.94**	**739.91**	**12.25**	**67.82**	**4.09**	**0.57**
	-1358.00		-84.06		-2.05	-15.63		-0.80
2642.00	1352.21		105.00					
-829.22				743.86	14.20			
					0.10			1.37
				-3.95				
		97.00						
						83.45	4.09	
200.00	**61.51**	**122.42**	**20.94**	**378.31**	**12.25**	**67.82**	**4.09**	**0.57**
200.00	61.51	49.00	20.94	375.71	10.82	67.82	4.09	0.57
7.88		15.22		41.40				
				2.60				
		15.00						
		6.42						
		52.00			1.43			
		17.00			1.43			
		35.00						
1029.22	**1419.51**	**122.42**	**105.00**	**382.26**	**14.30**	**83.45**	**4.09**	**1.37**

续表 1

项　　目	Item	其他焦化产品(万吨) Other Coking Products (10^4 tn)	油品合计(万吨) Petroleum Products Total (10^4 tn)
一.可供本地区消费的能源量	**Total Primary Energy Supply**	**4.50**	**562.03**
1.一次能源生产量	Indigenous Production		
3.外省(区、市)调入量	Moving In from Other Provinces		547.44
4.进口量	Import		
5.境内轮船和飞机在境外的加油量	Domestic Airplanes&Ships Refueling in Abroad		0.44
6.本省(区、市)调出量(−)	Sending Out to Other Provinces(-)		
7.出口量(−)	Export(-)		
8.境外轮船和飞机在境内的加油量(−)	Oversea Airplanes&Ships Refueling in China(-)		
9.库存增(−)、减(+)量	Stock Change	4.50	14.15
二.加工转换投入(−)产出(+)量	**Input(-) & Output(+) of Transformation**	**23.15**	**-1.89**
1.火力发电	Thermal Power		-1.89
2.供　热	Heating Supply		
3.洗 选 煤	Coal Washing		
4.炼　焦	Coking	23.15	
5.炼油及煤制油	Petroleum Refineries		
#油品再投入量(−)	Petroleum Products Input (-)		
6.制　气	Gas Works		
#焦炭再投入量(−)	Coke Input (-)		
7.天然气液化	Natural Gas Liquefaction		
8.煤制品加工	Briquettes		
2.回收能	Recovery of Energy		
三.损 失 量	**Loss**		
四.终端消费量	**Total Final Consumption**	**27.65**	**560.00**
1.农、林、牧、渔、水利业	Agriculture, Forestry, Animal Husbandry, Fishery and Water Conservancy		1.69
2.工业	Industry	27.65	69.94
#用作原料、材料	Non-Energy Use	3.63	10.17
3.建筑业	Construction		16.46
4.交通运输、仓储和邮政业	Transport, Storage and Post		402.44
5.批发、零售业和住宿、餐饮业	Wholesale, Retail Trade and Hotel, Restaurants		7.77
6.其他	Others		35.79
7.生活消费	Residential Consumption		25.91
城 镇	Urban		15.99
乡 村	Rural		9.92
五.平衡差额	**Statistical Difference**		**0.14**
六.消费量合计	**Total Energy Consumption**	**27.65**	**561.89**

Continued 1

原油 (万吨) Crude Oil (10^4 tn)	汽油 (万吨) Gasoline (10^4 tn)	煤油 (万吨) Kerosene (10^4 tn)	柴油 (万吨) Diesel Oil (10^4 tn)	燃料油 (万吨) Fuel Oil (10^4 tn)	石脑油 (万吨) Naphtha (10^4 tn)	润滑油 (万吨) Lubricants (10^4 tn)	石蜡 (万吨) Paraffin Waxes (10^4 tn)	溶剂油 (万吨) White Spirit (10^4 tn)
	158.30	**13.27**	**336.03**	**4.68**		**0.50**		**0.05**
	161.66	12.93	319.54	4.68				0.05
		0.44						
	-3.36	-0.10	16.49			0.50		
			-1.89					
			-1.89					
	158.30	**13.27**	**334.14**	**4.68**		**0.50**		**0.05**
	0.67		1.02					
	6.28	0.96	17.17	4.68		0.23		0.05
			0.25					
	5.04		11.42					
	112.21	12.21	278.02					
	7.50	0.05	0.22					
	15.00		20.79					
	11.60	0.05	5.50			0.27		
	8.00					0.15		
	3.60	0.05	5.50			0.12		
	158.30	**13.27**	**336.03**	**4.68**		**0.50**		**0.05**

续表 2

项目	Item	石油沥青(万吨) Bitumen Asphalt (10^4 tn)	石油焦(万吨) Petroleum Coke (10^4 tn)
一.可供本地区消费的能源量	**Total Primary Energy Supply**	**0.27**	**34.88**
1.一次能源生产量	Indigenous Production		
2.外省(区、市)调入量	Moving In from Other Provinces	0.27	34.88
3.进口量	Import		
4.境内轮船和飞机在境外的加油量	Domestic Airplanes&Ships Refueling in Abroad		
5.本省(区、市)调出量(-)	Sending Out to Other Provinces(-)		
6.出口量(-)	Export(-)		
7.境外轮船和飞机在境内的加油量(-)	Oversea Airplanes&Ships Refueling in China(-)		
8.库存增(-)、减(+)量	Stock Change		
二.加工转换投入(-)产出(+)量	**Input(-) & Output(+) of Transformation**		
1.火力发电	Thermal Power		
2.供　热	Heating Supply		
3.洗 选 煤	Coal Washing		
4.炼　焦	Coking		
5.炼油及煤制油	Petroleum Refineries		
#油品再投入量(-)	Petroleum Products Input (-)		
6.制　气	Gas Works		
#焦炭再投入量(-)	Coke Input (-)		
7.天然气液化	Natural Gas Liquefaction		
8.煤制品加工	Briquettes		
9.回收能	Recovery of Energy		
三.损 失 量	**Loss**		
四.终端消费量	**Total Final Consumption**	**0.27**	**34.88**
1.农、林、牧、渔、水利业	Agriculture, Forestry, Animal Husbandry, Fishery and Water Conservancy		
2.工业	Industry	0.27	34.88
#用作原料、材料	Non-Energy Use		9.45
3.建筑业	Construction		
4.交通运输、仓储和邮政业	Transport, Storage and Post		
5.批发、零售业和住宿、餐饮业	Wholesale, Retail Trade and Hotel, Restaurants		
6.其他	Others		
7.生活消费	Residential Consumption		
城 镇	Urban		
乡 村	Rural		
五.平衡差额	**Statistical Difference**		
六.消费量合计	**Total Energy Consumption**	**0.27**	**34.88**

Continued 2

液化石油气（万吨） LPG (10^4 tn)	炼厂干气（万吨） Refinery Gas (10^4 tn)	其他石油制品（万吨） Other Petroleum Products (10^4 tn)	天然气（亿立方米） Natural Gas (10^8 cu.m)	液化天然气（万吨） LNG (10^4 tn)	热力（万百万千焦） Heat (10^{10} kJ)	电力（亿千瓦小时） Electricity (10^8 kW•h)	其他能源（万吨标煤） Other Energy (10^4 tce)
13.44		**0.61**	**5.01**	**1.84**		**-26.87**	
						537.30	
13.43			5.01	1.84			
						564.17	
0.01		0.61					
				-0.33	**617.92**	**1073.59**	
					-1740.57	1073.59	
					181.67		
				-0.33			
					2176.82		
						69.90	
13.44		**0.47**	**5.01**	**1.51**	**617.92**	**976.82**	
						3.95	
4.95		0.47	4.02	1.51	617.92	713.06	
		0.47	2.62				
						13.33	
						26.26	
						18.72	
						31.53	
8.49			0.99			169.98	
7.84			0.99			110.94	
0.65						59.05	
		0.14					
13.44		**0.47**	**5.01**	**1.84**	**2358.49**	**1046.72**	

6-25 云南能源平衡表(实物量)-2012

项 目	Item	煤合计 (万吨) Coal Total (10^4 tn)	原煤 (万吨) Raw Coal (10^4 tn)
一.可供本地区消费的能源量	**Total Primary Energy Supply**	**9850.11**	**9843.42**
1.一次能源生产量	Indigenous Production	10384.72	10384.72
2.外省(区、市)调入量	Moving In from Other Provinces	1951.14	1138.81
3.进口量	Import		
4.境内轮船和飞机在境外的加油量	Domestic Airplanes&Ships Refueling in Abroad		
5.本省(区、市)调出量(-)	Sending Out to Other Provinces(-)	2075.39	1490.89
6.出口量(-)	Export(-)		
7.境外轮船和飞机在境内的加油量(-)	Oversea Airplanes&Ships Refueling in China(-)		
8.库存增(-)、减(+)量	Stock Change	-410.36	-189.22
二.加工转换投入(-)产出(+)量	**Input(-) & Output(+) of Transformation**	**-6221.27**	**-6385.29**
1.火力发电	Thermal Power	-3123.28	-3083.23
2.供 热	Heating Supply	-46.50	-46.50
3.洗 选 煤	Coal Washing	-222.63	-2819.02
4.炼 焦	Coking	-2611.08	-371.34
5.炼油及煤制油	Petroleum Refineries	-19.42	-19.42
#油品再投入量(-)	Petroleum Products Input (-)		
6.制 气	Gas Works	-199.89	-26.74
#焦炭再投入量(-)	Coke Input (-)		
7.天然气液化	Natural Gas Liquefaction		
8.煤制品加工	Briquettes	1.53	-19.05
9.回收能	Recovery of Energy		
三.损 失 量	**Loss**		
四.终端消费量	**Total Final Consumption**	**3628.84**	**3458.12**
1.农、林、牧、渔、水利业	Agriculture, Forestry, Animal Husbandry, Fishery and Water Conservancy	200.72	200.04
2.工业	Industry	2852.55	2732.05
#用作原料、材料	Non-Energy Use	446.94	444.95
3.建筑业	Construction	28.99	28.64
4.交通运输、仓储和邮政业	Transport, Storage and Post	14.29	14.29
5.批发、零售业和住宿、餐饮业	Wholesale, Retail Trade and Hotel, Restaurants	91.68	90.47
6.其他	Others	47.74	47.59
7.生活消费	Residential Consumption	392.86	345.04
城 镇	Urban	40.78	33.96
乡 村	Rural	352.08	311.09
五.平衡差额	**Statistical Difference**	**0.01**	**0.01**
六.消费量合计	**Total Energy Consumption**	**9850.10**	**9843.41**

ENERGY BALANCE OF YUNNAN (PHYSICAL QUANTITY)-2012

洗精煤 (万吨) Cleaned Coal (10^4 tn)	其他洗煤 (万吨) Other Washed Coal (10^4 tn)	型煤 (万吨) Briquettes (10^4 tn)	煤矸石 (万吨) Gangue (10^4 tn)	焦炭 (万吨) Coke (10^4 tn)	焦炉煤气 (亿立方米) Coke Oven Gas (10^8 cu.m)	高炉煤气 (亿立方米) Blast Furnace Gas (10^8 cu.m)	转炉煤气 (亿立方米) Converter Gas (10^8 cu.m)	其他煤气 (亿立方米) Other Gas (10^8 cu.m)
634.27	**-628.75**	**1.17**	**8.77**	**-249.09**				
805.83	6.50			138.75				
54.50	530.00			374.84				
-117.06	-105.25	1.17	8.77	-13.00				
-552.02	**695.46**	**20.58**	**-2.00**	**1586.36**	**18.58**	**135.93**	**3.28**	**1.24**
	-40.06		-30.47		-2.29	-56.48	-3.59	
			-0.35					
1718.68	877.71		28.82					
-2097.55	-142.19			1462.06	17.98			
-173.15				125.90	2.89			1.24
				-1.60				
		20.58						
						192.41	6.87	
82.25	**66.72**	**21.74**	**6.77**	**1337.27**	**18.58**	**135.93**	**3.28**	**1.24**
		0.68		2.01				
82.25	26.15	12.10	6.77	1334.93	13.59	135.93	3.28	
1.99				69.67	0.41			
	0.35							
		1.21			1.25			
		0.15			0.12			
	40.22	7.60		0.33	3.62			1.24
	5.24	1.58		0.21	3.62			1.20
	34.97	6.02		0.12				0.04
2352.95	**248.96**	**21.74**	**37.59**	**1338.87**	**20.87**	**192.41**	**6.87**	**1.24**

续表 1

项　　目	Item	其他焦化产品 (万吨) Other Coking Products (10^4 tn)	油品合计 (万吨) Petroleum Products Total (10^4 tn)
一.可供本地区消费的能源量	**Total Primary Energy Supply**	**-55.60**	**1069.87**
1.一次能源生产量	Indigenous Production		0.02
2.外省(区、市)调入量	Moving In from Other Provinces		1071.33
3.进口量	Import		4.00
4.境内轮船和飞机在境外的加油量	Domestic Airplanes&Ships Refueling in Abroad		1.20
5.本省(区、市)调出量(-)	Sending Out to Other Provinces(-)	55.76	0.47
6.出口量(-)	Export(-)		
7.境外轮船和飞机在境内的加油量(-)	Oversea Airplanes&Ships Refueling in China(-)		0.64
8.库存增(-)、减(+)量	Stock Change	0.16	-5.57
二.加工转换投入(-)产出(+)量	**Input(-) & Output(+) of Transformation**	**87.82**	**-0.72**
1.火力发电	Thermal Power		-2.26
2.供　　热	Heating Supply		-0.04
3.洗 选 煤	Coal Washing		
4.炼　　焦	Coking	80.17	
5.炼油及煤制油	Petroleum Refineries		1.58
#油品再投入量(-)	Petroleum Products Input (-)		
6.制　　气	Gas Works	21.70	
#焦炭再投入量(-)	Coke Input (-)	-14.05	
7.天然气液化	Natural Gas Liquefaction		
8.煤制品加工	Briquettes		
9.回收能	Recovery of Energy		
三.损 失 量	**Loss**		
四.终端消费量	**Total Final Consumption**	**32.22**	**1069.15**
1.农、林、牧、渔、水利业	Agriculture, Forestry, Animal Husbandry, Fishery and Water Conservancy		25.27
2.工业	Industry	31.51	147.36
#用作原料、材料	Non-Energy Use	0.84	23.27
3.建筑业	Construction	0.71	62.98
4.交通运输、仓储和邮政业	Transport, Storage and Post		637.60
5.批发、零售业和住宿、餐饮业	Wholesale, Retail Trade and Hotel, Restaurants		52.50
6.其他	Others		34.92
7.生活消费	Residential Consumption		108.52
城 镇	Urban		57.69
乡 村	Rural		50.82
五.平衡差额	**Statistical Difference**		
六.消费量合计	**Total Energy Consumption**	**46.27**	**1069.87**

Continued 1

原油(万吨) Crude Oil (10^4 tn)	汽油(万吨) Gasoline (10^4 tn)	煤油(万吨) Kerosene (10^4 tn)	柴油(万吨) Diesel Oil (10^4 tn)	燃料油(万吨) Fuel Oil (10^4 tn)	石脑油(万吨) Naphtha (10^4 tn)	润滑油(万吨) Lubricants (10^4 tn)	石蜡(万吨) Paraffin Waxes (10^4 tn)	溶剂油(万吨) White Spirit (10^4 tn)
0.02	**287.51**	**56.06**	**650.89**	**2.61**		**1.75**	**0.02**	**0.18**
0.02								
	291.51	51.48	653.62	2.49		1.67	0.02	0.18
		3.20	0.80					
			1.20					
	0.47							
		0.64						
0.00	-3.53	2.02	-4.73	0.12		0.08		0.00
			-0.91					
			-0.87					
			-0.04					
0.02	**287.51**	**56.06**	**649.98**	**2.61**		**1.75**	**0.02**	**0.18**
	8.82	0.09	16.36					
0.02	16.68	0.31	87.81	2.61		1.48	0.02	0.18
	0.01	0.01	0.14			0.02		0.15
	20.36	1.26	41.36					
	116.01	53.39	467.94			0.27		
	29.56	0.89	12.83					
	24.56	0.10	8.98					
	71.53	0.03	14.70					
	40.46	0.02	5.64					
	31.07	0.01	9.06					
0.02	**287.51**	**56.06**	**650.89**	**2.61**		**1.75**	**0.02**	**0.18**

续表 2

项　　目	Item	石油沥青(万吨) Bitumen Asphalt (10^4 tn)	石油焦(万吨) Petroleum Coke (10^4 tn)
一.可供本地区消费的能源量	**Total Primary Energy Supply**	**4.00**	**34.79**
1.一次能源生产量	Indigenous Production		
2.外省(区、市)调入量	Moving In from Other Provinces	3.85	35.29
3.进口量	Import		
4.境内轮船和飞机在境外的加油量	Domestic Airplanes&Ships Refueling in Abroad		
5.本省(区、市)调出量(−)	Sending Out to Other Provinces(-)		
6.出口量(−)	Export(-)		
7.境外轮船和飞机在境内的加油量(−)	Oversea Airplanes&Ships Refueling in China(-)		
8.库存增(−)、减(+)量	Stock Change	0.15	-0.50
二.加工转换投入(−)产出(+)量	**Input(-) & Output(+) of Transformation**		**-1.39**
1.火力发电	Thermal Power		-1.39
2.供　　热	Heating Supply		
3.洗 选 煤	Coal Washing		
4.炼　　焦	Coking		
5.炼油及煤制油	Petroleum Refineries		
#油品再投入量(−)	Petroleum Products Input (-)		
6.制　　气	Gas Works		
#焦炭再投入量(−)	Coke Input (-)		
7.天然气液化	Natural Gas Liquefaction		
8.煤制品加工	Briquettes		
9.回收能	Recovery of Energy		
三.损 失 量	**Loss**		
四.终端消费量	**Total Final Consumption**	**4.00**	**33.40**
1.农、林、牧、渔、水利业	Agriculture, Forestry, Animal Husbandry, Fishery and Water Conservancy		
2.工业	Industry	4.00	33.40
#用作原料、材料	Non-Energy Use	3.81	19.07
3.建筑业	Construction		
4.交通运输、仓储和邮政业	Transport, Storage and Post		
5.批发、零售业和住宿、餐饮业	Wholesale, Retail Trade and Hotel, Restaurants		
6.其他	Others		
7.生活消费	Residential Consumption		
城 镇	Urban		
乡 村	Rural		
五.平衡差额	**Statistical Difference**		
六.消费量合计	**Total Energy Consumption**	**4.00**	**34.79**

液化石油气 (万吨) LPG (10^4 tn)	炼厂干气 (万吨) Refinery Gas (10^4 tn)	其他石油制品 (万吨) Other Petroleum Products (10^4 tn)	天然气 (亿立方米) Natural Gas (10^8 cu.m)	液化天然气 (万吨) LNG (10^4 tn)	热力 (万百万千焦) Heat (10^{10} kJ)	电力 (亿千瓦小时) Electricity (10^8 kW•h)	其他能源 (万吨标煤) Other Energy (10^4 tce)
30.49		**1.54**	**4.30**	**0.02**		**833.83**	**160.19**
			0.05			1265.71	160.56
29.72		1.50	4.25	0.02		0.38	
						19.36	
						425.81	
						25.81	
0.77		0.04					-0.37
1.58					**1197.38**	**479.80**	**-46.47**
					-1230.65	479.80	-46.52
					485.41		
1.58							
					1942.62		0.05
						110.01	
32.07		**1.54**	**4.30**	**0.02**	**1197.38**	**1203.61**	**113.72**
			0.01			11.07	
0.59		0.26	3.93	0.02	1195.47	913.75	113.72
0.06			3.29				
						21.84	
			0.02			20.11	
9.22			0.06		1.91	32.81	
		1.28	0.01			54.78	
22.26			0.27			149.25	
11.58			0.27			89.94	
10.68						59.32	
32.07		**1.54**	**4.30**	**0.02**	**2428.03**	**1313.62**	**160.24**

6-26 陕西能源平衡表(实物量)-2012

项 目	Item	煤合计 (万吨) Coal Total (10^4 tn)	原煤 (万吨) Raw Coal (10^4 tn)
一.可供本地区消费的能源量	**Total Primary Energy Supply**	**16588.74**	**17131.16**
1.一次能源生产量	Indigenous Production	46767.32	46767.32
2.外省(区、市)调入量	Moving In from Other Provinces	1838.32	1838.32
3.进口量	Import		
4.境内轮船和飞机在境外的加油量	Domestic Airplanes&Ships Refueling in Abroad		
5.本省(区、市)调出量(-)	Sending Out to Other Provinces(-)	31589.67	31058.67
6.出口量(-)	Export(-)	146.72	146.72
7.境外轮船和飞机在境内的加油量(-)	Oversea Airplanes&Ships Refueling in China(-)		
8.库存增(-)、减(+)量	Stock Change	-280.51	-269.08
二.加工转换投入(-)产出(+)量	**Input(-) & Output(+) of Transformation**	**-11486.69**	**-13080.75**
1.火力发电	Thermal Power	-5683.06	-4160.44
2.供 热	Heating Supply	-407.18	-407.18
3.洗 选 煤	Coal Washing	-751.63	-5081.62
4.炼 焦	Coking	-4645.11	-3430.36
5.炼油及煤制油	Petroleum Refineries		
#油品再投入量(-)	Petroleum Products Input (-)		
6.制 气	Gas Works		
#焦炭再投入量(-)	Coke Input (-)		
7.天然气液化	Natural Gas Liquefaction		
8.煤制品加工	Briquettes	0.29	-1.16
9.回收能	Recovery of Energy		
三.损 失 量	**Loss**		
四.终端消费量	**Total Final Consumption**	**4286.92**	**3461.82**
1.农、林、牧、渔、水利业	Agriculture, Forestry, Animal Husbandry, Fishery and Water Conservancy	25.02	25.02
2.工业	Industry	3362.52	2731.18
#用作原料、材料	Non-Energy Use	593.28	593.28
3.建筑业	Construction	34.50	34.50
4.交通运输、仓储和邮政业	Transport, Storage and Post	59.10	59.10
5.批发、零售业和住宿、餐饮业	Wholesale, Retail Trade and Hotel, Restaurants	100.60	100.60
6.其他	Others	274.08	274.08
7.生活消费	Residential Consumption	431.10	237.34
城 镇	Urban	154.27	82.04
乡 村	Rural	276.83	155.30
五.平衡差额	**Statistical Difference**	**815.13**	**588.59**
六.消费量合计	**Total Energy Consumption**	**15773.61**	**16542.58**

ENERGY BALANCE OF SHAANXI (PHYSICAL QUANTITY)-2012

洗精煤 (万吨) Cleaned Coal (10^4 tn)	其他洗煤 (万吨) Other Washed Coal (10^4 tn)	型煤 (万吨) Briquettes (10^4 tn)	煤矸石 (万吨) Gangue (10^4 tn)	焦炭 (万吨) Coke (10^4 tn)	焦炉煤气 (亿立方米) Coke Oven Gas (10^8 cu.m)	高炉煤气 (亿立方米) Blast Furnace Gas (10^8 cu.m)	转炉煤气 (亿立方米) Converter Gas (10^8 cu.m)	其他煤气 (亿立方米) Other Gas (10^8 cu.m)
-542.43				**-1961.83**				
531.00				1935.00				
-11.43				-26.83				
1040.76	**551.86**	**1.45**	**24.80**	**2924.21**	**6.44**	**34.56**	**2.04**	
	-1522.62		-286.59		-16.57	-23.45		
			-3.94			-18.31		
2253.79	2076.19		315.32					
-1213.02	-1.72			2924.21	23.01			
		1.45						
						76.31	2.04	
257.50	**564.30**	**3.30**	**23.36**	**895.44**	**5.61**	**36.31**	**2.04**	
63.74	564.30	3.30	23.36	895.44	5.61	36.31	2.04	
				29.14				
193.76								
72.23								
121.53								
240.84	**-12.44**	**-1.85**	**1.44**	**66.94**	**0.83**	**-1.75**		
1470.52	**2088.64**	**3.30**	**313.88**	**895.44**	**22.18**	**78.07**	**2.04**	

续表 1

项　　目	Item	其他焦化产品（万吨）Other Coking Products (10^4 tn)	油品合计（万吨）Petroleum Products Total (10^4 tn)
一.可供本地区消费的能源量	**Total Primary Energy Supply**	**-125.00**	**1098.42**
1.一次能源生产量	Indigenous Production		3527.56
2.外省(区、市)调入量	Moving In from Other Provinces		114.09
3.进口量	Import		
4.境内轮船和飞机在境外的加油量	Domestic Airplanes&Ships Refueling in Abroad		
5.本省(区、市)调出量(-)	Sending Out to Other Provinces(-)	125.00	2546.80
6.出口量(-)	Export(-)		
7.境外轮船和飞机在境内的加油量(-)	Oversea Airplanes&Ships Refueling in China(-)		
8.库存增(-)、减(+)量	Stock Change		3.57
二.加工转换投入(-)产出(+)量	**Input(-) & Output(+) of Transformation**	**129.40**	**-146.26**
1.火力发电	Thermal Power		-0.45
2.供　热	Heating Supply		-2.08
3.洗 选 煤	Coal Washing		
4.炼　焦	Coking	178.46	
5.炼油及煤制油	Petroleum Refineries	-49.06	-137.07
#油品再投入量(-)	Petroleum Products Input (-)		-6.65
6.制　气	Gas Works		
#焦炭再投入量(-)	Coke Input (-)		
7.天然气液化	Natural Gas Liquefaction		
8.煤制品加工	Briquettes		
9.回收能	Recovery of Energy		
三.损 失 量	**Loss**		
四.终端消费量	**Total Final Consumption**	**4.41**	**1052.61**
1.农、林、牧、渔、水利业	Agriculture, Forestry, Animal Husbandry, Fishery and Water Conservancy		51.40
2.工业	Industry	4.41	207.25
#用作原料、材料	Non-Energy Use	0.05	0.25
3.建筑业	Construction		64.10
4.交通运输、仓储和邮政业	Transport, Storage and Post		550.41
5.批发、零售业和住宿、餐饮业	Wholesale, Retail Trade and Hotel, Restaurants		42.53
6.其他	Others		16.69
7.生活消费	Residential Consumption		120.23
城 镇	Urban		88.93
乡 村	Rural		31.30
五.平衡差额	**Statistical Difference**	**-0.01**	**-100.45**
六.消费量合计	**Total Energy Consumption**	**4.41**	**1198.87**

Continued 1

原油 (万吨) Crude Oil (10^4 tn)	汽油 (万吨) Gasoline (10^4 tn)	煤油 (万吨) Kerosene (10^4 tn)	柴油 (万吨) Diesel Oil (10^4 tn)	燃料油 (万吨) Fuel Oil (10^4 tn)	石脑油 (万吨) Naphtha (10^4 tn)	润滑油 (万吨) Lubricants (10^4 tn)	石蜡 (万吨) Paraffin Waxes (10^4 tn)	溶剂油 (万吨) White Spirit (10^4 tn)
2173.15	**-457.31**	**-19.20**	**-336.07**	**-30.54**	**-5.99**	**0.09**		**0.09**
3527.56								
	27.95		86.05					0.09
1376.19	474.57	20.00	413.36	30.80	5.99	0.10		
21.77	-10.69	0.80	-8.77	0.26		0.19		
-2124.90	**737.65**	**30.46**	**921.02**	**30.64**	**5.99**			
			-0.45					
			-0.04					
-2124.90	737.65	30.46	921.51	30.64	5.99			
143.06	**287.01**	**10.11**	**586.00**	**0.09**		**0.11**		**0.09**
	7.70		43.70					
143.06	11.36	2.51	48.80	0.09		0.11		0.09
	0.05		0.17					0.02
	10.60		53.50					
	149.41	7.60	393.40					
	11.62		27.70					
	5.09		11.60					
	91.23		7.30					
	71.03		2.10					
	20.20		5.20					
-94.81	**-6.67**	**1.16**	**-1.05**	**0.01**		**-0.02**		
2267.96	**287.01**	**10.11**	**586.50**	**0.09**		**0.11**		**0.09**

续表 2

项　　目	Item	石油沥青(万吨) Bitumen Asphalt (10^4 tn)	石油焦(万吨) Petroleum Coke (10^4 tn)
一.可供本地区消费的能源量	**Total Primary Energy Supply**	**-39.73**	**-58.07**
1.一次能源生产量	Indigenous Production		
2.外省(区、市)调入量	Moving In from Other Provinces		
3.进口量	Import		
4.境内轮船和飞机在境外的加油量	Domestic Airplanes&Ships Refueling in Abroad		
5.本省(区、市)调出量(−)	Sending Out to Other Provinces(-)	39.73	58.07
6.出口量(−)	Export(-)		
7.境外轮船和飞机在境内的加油量(−)	Oversea Airplanes&Ships Refueling in China(-)		
8.库存增(−)、减(+)量	Stock Change		
二.加工转换投入(−)产出(+)量	**Input(-) & Output(+) of Transformation**	**39.73**	**58.07**
1.火力发电	Thermal Power		
2.供　　热	Heating Supply		
3.洗 选 煤	Coal Washing		
4.炼　　焦	Coking		
5.炼油及煤制油	Petroleum Refineries	39.73	58.07
#油品再投入量(−)	Petroleum Products Input (-)		
6.制　　气	Gas Works		
#焦炭再投入量(−)	Coke Input (-)		
7.天然气液化	Natural Gas Liquefaction		
8.煤制品加工	Briquettes		
9.回收能	Recovery of Energy		
三.损 失 量	**Loss**		
四.终端消费量	**Total Final Consumption**		
1.农、林、牧、渔、水利业	Agriculture, Forestry, Animal Husbandry, Fishery and Water Conservancy		
2.工业	Industry		
#用作原料、材料	Non-Energy Use		
3.建筑业	Construction		
4.交通运输、仓储和邮政业	Transport, Storage and Post		
5.批发、零售业和住宿、餐饮业	Wholesale, Retail Trade and Hotel, Restaurants		
6.其他	Others		
7.生活消费	Residential Consumption		
城 镇	Urban		
乡 村	Rural		
五.平衡差额	**Statistical Difference**		
六.消费量合计	**Total Energy Consumption**		

液化石油气（万吨） LPG (10^4 tn)	炼厂干气（万吨） Refinery Gas (10^4 tn)	其他石油制品（万吨） Other Petroleum Products (10^4 tn)	天然气（亿立方米） Natural Gas (10^8 cu.m)	液化天然气（万吨） LNG (10^4 tn)	热力（万百万千焦） Heat (10^{10} kJ)	电力（亿千瓦小时） Electricity (10^8 kW•h)	其他能源（万吨标煤） Other Energy (10^4 tce)
-64.00		**-64.00**	**64.57**	**-16.30**		**-199.83**	**16.29**
			309.87			80.75	
							16.29
64.00		64.00	245.19	16.30		280.58	
			-0.10				
89.55		**65.52**	**-4.71**	**20.34**	**7994.27**	**1266.58**	**-2.03**
			-0.94		-650.04	1266.58	-2.03
	-2.04		-0.43		6996.99		
89.55	2.04	72.18					
		-6.65					
			-3.34	20.34			
					1647.32		
25.06		**1.08**	**63.51**	**4.04**	**7767.36**	**1066.75**	**14.26**
						42.65	
0.15		1.08	35.45	0.02	3979.08	705.63	14.26
			1.80				
						18.45	
			4.79	4.02	0.18	47.48	
3.21			8.19		113.40	37.17	
			0.35		352.70	67.21	
21.70			14.73		3322.00	148.16	
15.80			13.86		3224.00	87.92	
5.90			0.87		98.00	60.24	
0.49		**0.44**	**-3.65**		**226.91**		
25.06	**2.04**	**7.73**	**65.41**	**4.04**	**8417.40**	**1066.75**	**16.29**

6-27 甘肃能源平衡表(实物量)-2012

项　　目	Item	煤合计(万吨) Coal Total (10^4 tn)	原煤(万吨) Raw Coal (10^4 tn)
一.可供本地区消费的能源量	**Total Primary Energy Supply**	**6557.53**	**6324.16**
1.一次能源生产量	Indigenous Production	4878.08	4878.08
2.外省(区、市)调入量	Moving In from Other Provinces	4045.44	3797.87
3.进口量	Import		
4.境内轮船和飞机在境外的加油量	Domestic Airplanes&Ships Refueling in Abroad		
5.本省(区、市)调出量(-)	Sending Out to Other Provinces(-)	2222.20	2222.20
6.出口量(-)	Export(-)		
7.境外轮船和飞机在境内的加油量(-)	Oversea Airplanes&Ships Refueling in China(-)		
8.库存增(-)、减(+)量	Stock Change	-143.79	-129.59
二.加工转换投入(-)产出(+)量	**Input(-) & Output(+) of Transformation**	**-4404.15**	**-4306.91**
1.火力发电	Thermal Power	-3445.38	-3445.38
2.供　　热	Heating Supply	-430.57	-430.57
3.洗 选 煤	Coal Washing	-51.91	-292.84
4.炼　　焦	Coking	-470.56	-132.39
5.炼油及煤制油	Petroleum Refineries		
#油品再投入量(-)	Petroleum Products Input (-)		
6.制　　气	Gas Works	-5.73	-5.73
#焦炭再投入量(-)	Coke Input (-)		
7.天然气液化	Natural Gas Liquefaction		
8.煤制品加工	Briquettes		
9.回收能	Recovery of Energy		
三.损 失 量	**Loss**		
四.终端消费量	**Total Final Consumption**	**2153.38**	**2017.25**
1.农、林、牧、渔、水利业	Agriculture, Forestry, Animal Husbandry, Fishery and Water Conservancy	61.80	54.00
2.工业	Industry	1448.58	1405.25
#用作原料、材料	Non-Energy Use	154.01	143.35
3.建筑业	Construction	29.00	29.00
4.交通运输、仓储和邮政业	Transport, Storage and Post	46.00	46.00
5.批发、零售业和住宿、餐饮业	Wholesale, Retail Trade and Hotel, Restaurants	29.60	29.60
6.其他	Others	22.70	22.70
7.生活消费	Residential Consumption	515.70	430.70
城 镇	Urban	106.90	74.90
乡 村	Rural	408.80	355.80
五.平衡差额	**Statistical Difference**		
六.消费量合计	**Total Energy Consumption**	**6557.53**	**6324.16**

ENERGY BALANCE OF GANSU (PHYSICAL QUANTITY)-2012

洗精煤 (万吨) Cleaned Coal (10^4 tn)	其他洗煤 (万吨) Other Washed Coal (10^4 tn)	型煤 (万吨) Briquettes (10^4 tn)	煤矸石 (万吨) Gangue (10^4 tn)	焦炭 (万吨) Coke (10^4 tn)	焦炉煤气 (亿立方米) Coke Oven Gas (10^8 cu.m)	高炉煤气 (亿立方米) Blast Furnace Gas (10^8 cu.m)	转炉煤气 (亿立方米) Converter Gas (10^8 cu.m)	其他煤气 (亿立方米) Other Gas (10^8 cu.m)
140.24	**0.13**	**93.00**	**46.54**	**316.61**				
154.47	0.13	92.97	46.54	323.69				
-14.23		0.03		-7.08				
-97.24			**-46.02**	**335.95**	**13.25**	**81.21**	**4.18**	**1.89**
			-41.16		-0.50	-3.76	-1.01	
			-4.86		-0.62	-9.40	-0.27	
240.93								
-338.17				337.46	14.37			
								1.89
				-1.51				
						94.37	5.46	
43.00	**0.13**	**93.00**	**0.52**	**652.56**	**13.25**	**81.21**	**4.18**	**1.89**
		7.80						
43.00	0.13	0.20	0.52	652.56	13.10	81.21	4.18	1.89
10.44	0.09	0.13		57.54				
		85.00			0.15			
		32.00			0.15			
		53.00						
381.17	**0.13**	**93.00**	**46.54**	**654.07**	**14.37**	**94.37**	**5.46**	**1.89**

续表 1

项　　目	Item	其他焦化产品(万吨) Other Coking Products (10^4 tn)	油品合计(万吨) Petroleum Products Total (10^4 tn)
一.可供本地区消费的能源量	**Total Primary Energy Supply**	**-23.51**	**690.96**
1.一次能源生产量	Indigenous Production		629.52
2.外省(区、市)调入量	Moving In from Other Provinces		1524.11
3.进口量	Import		
4.境内轮船和飞机在境外的加油量	Domestic Airplanes&Ships Refueling in Abroad		
5.本省(区、市)调出量(-)	Sending Out to Other Provinces(-)	23.51	1425.57
6.出口量(-)	Export(-)		
7.境外轮船和飞机在境内的加油量(-)	Oversea Airplanes&Ships Refueling in China(-)		
8.库存增(-)、减(+)量	Stock Change		-37.10
二.加工转换投入(-)产出(+)量	**Input(-) & Output(+) of Transformation**	**24.07**	**-143.22**
1.火力发电	Thermal Power		-1.99
2.供　热	Heating Supply		-11.28
3.洗 选 煤	Coal Washing		
4.炼　焦	Coking	24.07	
5.炼油及煤制油	Petroleum Refineries		-129.95
#油品再投入量(-)	Petroleum Products Input (-)		
6.制　气	Gas Works		
#焦炭再投入量(-)	Coke Input (-)		
7.天然气液化	Natural Gas Liquefaction		
8.煤制品加工	Briquettes		
9.回收能	Recovery of Energy		
三.损 失 量	**Loss**		
四.终端消费量	**Total Final Consumption**	**0.56**	**547.74**
1.农、林、牧、渔、水利业	Agriculture, Forestry, Animal Husbandry, Fishery and Water Conservancy		35.12
2.工业	Industry	0.56	245.98
#用作原料、材料	Non-Energy Use	0.56	57.41
3.建筑业	Construction		26.90
4.交通运输、仓储和邮政业	Transport, Storage and Post		205.06
5.批发、零售业和住宿、餐饮业	Wholesale, Retail Trade and Hotel, Restaurants		7.75
6.其他	Others		12.03
7.生活消费	Residential Consumption		14.90
城 镇	Urban		11.60
乡 村	Rural		3.30
五.平衡差额	**Statistical Difference**		
六.消费量合计	**Total Energy Consumption**	**0.56**	**690.96**

Continued 1

原油 (万吨) Crude Oil (10^4 tn)	汽油 (万吨) Gasoline (10^4 tn)	煤油 (万吨) Kerosene (10^4 tn)	柴油 (万吨) Diesel Oil (10^4 tn)	燃料油 (万吨) Fuel Oil (10^4 tn)	石脑油 (万吨) Naphtha (10^4 tn)	润滑油 (万吨) Lubricants (10^4 tn)	石蜡 (万吨) Paraffin Waxes (10^4 tn)	溶剂油 (万吨) White Spirit (10^4 tn)
1544.21	**-309.24**	**-34.17**	**-426.98**	**-10.55**	**15.65**	**-21.13**	**-4.42**	**-0.26**
629.52								
916.17	83.36	0.37	492.09	1.93	15.65			
	377.66	33.63	911.07	12.94		21.55	4.46	0.26
-1.48	-14.94	-0.91	-8.00	0.46		0.42	0.04	
-1524.73	**375.04**	**39.40**	**684.53**	**18.05**	**4.35**	**21.19**	**4.49**	**0.27**
			-0.34	-0.07				
			-0.14	-1.68				
-1524.73	375.04	39.40	685.01	19.80	4.35	21.19	4.49	0.27
19.48	**65.80**	**5.23**	**257.55**	**7.50**	**20.00**	**0.06**	**0.07**	**0.01**
	4.10	0.02	31.00					
19.48	9.70	0.16	26.70	7.50	20.00	0.06	0.07	0.01
	0.01	0.08	0.34	0.05	20.00		0.05	
	9.80		13.90					
	19.40	5.05	180.60					
	4.60		2.82					
	9.80		2.23					
	8.40		0.30					
	6.80							
	1.60		0.30					
1544.21	**65.80**	**5.23**	**258.03**	**9.25**	**20.00**	**0.06**	**0.07**	**0.01**

续表 2

项　　目	Item	石油沥青（万吨）Bitumen Asphalt (10^4 tn)	石油焦（万吨）Petroleum Coke (10^4 tn)
一.可供本地区消费的能源量	**Total Primary Energy Supply**	**3.61**	**-1.76**
1.一次能源生产量	Indigenous Production		
2.外省(区、市)调入量	Moving In from Other Provinces	3.60	10.94
3.进口量	Import		
4.境内轮船和飞机在境外的加油量	Domestic Airplanes&Ships Refueling in Abroad		
5.本省(区、市)调出量(-)	Sending Out to Other Provinces(-)		
6.出口量(-)	Export(-)		
7.境外轮船和飞机在境内的加油量(-)	Oversea Airplanes&Ships Refueling in China(-)		
8.库存增(-)、减(+)量	Stock Change	0.01	-12.70
二.加工转换投入(-)产出(+)量	**Input(-) & Output(+) of Transformation**		**41.04**
1.火力发电	Thermal Power		
2.供　热	Heating Supply		
3.洗选煤	Coal Washing		
4.炼　焦	Coking		
5.炼油及煤制油	Petroleum Refineries		41.04
#油品再投入量(-)	Petroleum Products Input (-)		
6.制　气	Gas Works		
#焦炭再投入量(-)	Coke Input (-)		
7.天然气液化	Natural Gas Liquefaction		
8.煤制品加工	Briquettes		
9.回收能	Recovery of Energy		
三.损失量	**Loss**		
四.终端消费量	**Total Final Consumption**	**3.61**	**39.28**
1.农、林、牧、渔、水利业	Agriculture, Forestry, Animal Husbandry, Fishery and Water Conservancy		
2.工业	Industry	0.41	39.28
#用作原料、材料	Non-Energy Use		1.96
3.建筑业	Construction	3.20	
4.交通运输、仓储和邮政业	Transport, Storage and Post		
5.批发、零售业和住宿、餐饮业	Wholesale, Retail Trade and Hotel, Restaurants		
6.其他	Others		
7.生活消费	Residential Consumption		
城镇	Urban		
乡村	Rural		
五.平衡差额	**Statistical Difference**		
六.消费量合计	**Total Energy Consumption**	**3.61**	**39.28**

Continued 2

液化石油气 (万吨) LPG (10^4 tn)	炼厂干气 (万吨) Refinery Gas (10^4 tn)	其他石油制品 (万吨) Other Petroleum Products (10^4 tn)	天然气 (亿立方米) Natural Gas (10^8 cu.m)	液化天然气 (万吨) LNG (10^4 tn)	热力 (万百万千焦) Heat (10^{10} kJ)	电力 (亿千瓦小时) Electricity (10^8 kW•h)	其他能源 (万吨标煤) Other Energy (10^4 tce)
-25.00		**-39.00**	**19.97**	**2.25**		**277.05**	**8.21**
			1.28			389.53	
			18.69	2.25		167.39	8.21
25.00		39.00				279.87	
32.05	**75.80**	**85.30**	**-0.39**		**9635.75**	**717.51**	
	-1.58				-176.10	717.51	
	-9.46		-0.39		8042.36		
32.05	86.84	85.30					
					1769.49		
						46.10	
7.05	**75.80**	**46.30**	**19.58**	**2.25**	**9635.75**	**948.46**	**8.21**
						56.47	
0.51	75.80	46.30	14.96	2.25	7742.11	728.77	4.21
0.44		34.48	7.93				
						12.60	
0.01			1.41		12.03	33.29	
0.33			0.99			16.29	
			0.23			35.04	
6.20			1.99		1881.61	66.00	4.00
4.80			1.99		1881.61	37.66	
1.40						28.34	4.00
7.05	**86.84**	**46.30**	**19.97**	**2.25**	**9811.85**	**994.56**	**8.21**

6-28 青海能源平衡表(实物量)-2012

项　　目	Item	煤合计(万吨) Coal Total (10^4 tn)	原煤(万吨) Raw Coal (10^4 tn)
一.可供本地区消费的能源量	**Total Primary Energy Supply**	**1859.80**	**2412.84**
1.一次能源生产量	Indigenous Production	2605.91	2605.91
2.外省(区、市)调入量	Moving In from Other Provinces	1191.42	1190.88
3.进口量	Import		
4.境内轮船和飞机在境外的加油量	Domestic Airplanes&Ships Refueling in Abroad		
5.本省(区、市)调出量(-)	Sending Out to Other Provinces(-)	1932.70	1355.86
6.出口量(-)	Export(-)		
7.境外轮船和飞机在境内的加油量(-)	Oversea Airplanes&Ships Refueling in China(-)		
8.库存增(-)、减(+)量	Stock Change	-4.83	-28.09
二.加工转换投入(-)产出(+)量	**Input(-) & Output(+) of Transformation**	**-1218.35**	**-1780.77**
1.火力发电	Thermal Power	-603.47	-603.47
2.供　热	Heating Supply	-13.11	-13.11
3.洗 选 煤	Coal Washing	-287.88	-990.52
4.炼　焦	Coking	-313.89	-173.67
5.炼油及煤制油	Petroleum Refineries		
#油品再投入量(-)	Petroleum Products Input (-)		
6.制　气	Gas Works		
#焦炭再投入量(-)	Coke Input (-)		
7.天然气液化	Natural Gas Liquefaction		
8.煤制品加工	Briquettes		
9.回收能	Recovery of Energy		
三.损 失 量	**Loss**	**2.00**	**2.00**
四.终端消费量	**Total Final Consumption**	**638.77**	**629.39**
1.农、林、牧、渔、水利业	Agriculture, Forestry, Animal Husbandry, Fishery and Water Conservancy	3.79	3.79
2.工业	Industry	453.12	443.74
#用作原料、材料	Non-Energy Use	11.98	7.71
3.建筑业	Construction	3.09	3.09
4.交通运输、仓储和邮政业	Transport, Storage and Post	11.95	11.95
5.批发、零售业和住宿、餐饮业	Wholesale, Retail Trade and Hotel, Restaurants	11.92	11.92
6.其他	Others	47.29	47.29
7.生活消费	Residential Consumption	107.61	107.61
城 镇	Urban	17.49	17.49
乡 村	Rural	90.12	90.12
五.平衡差额	**Statistical Difference**	**0.68**	**0.68**
六.消费量合计	**Total Energy Consumption**	**1859.12**	**2412.16**

ENERGY BALANCE OF QINGHAI (PHYSICAL QUANTITY)-2012

洗精煤 (万吨) Cleaned Coal (10^4 tn)	其他洗煤 (万吨) Other Washed Coal (10^4 tn)	型煤 (万吨) Briquettes (10^4 tn)	煤矸石 (万吨) Gangue (10^4 tn)	焦炭 (万吨) Coke (10^4 tn)	焦炉煤气 (亿立方米) Coke Oven Gas (10^8 cu.m)	高炉煤气 (亿立方米) Blast Furnace Gas (10^8 cu.m)	转炉煤气 (亿立方米) Converter Gas (10^8 cu.m)	其他煤气 (亿立方米) Other Gas (10^8 cu.m)
-553.56		**0.52**		**-43.71**				
		0.54						
576.84				42.71				
23.28		-0.02		-1.00				
562.42				**240.05**	**1.64**	**14.09**		
					0.00	-4.44		
702.64								
-140.22				240.05	1.65			
						18.53		
8.87		**0.52**		**196.33**	**1.64**	**14.09**		
8.87		0.52		196.33	1.64	14.09		
4.26				5.53				
				0.01				
149.08		**0.52**		**196.33**	**1.65**	**18.53**		

续表 1

项 目	Item	其他焦化产品 (万吨) Other Coking Products (10^4 tn)	油品合计 (万吨) Petroleum Products Total (10^4 tn)
一.可供本地区消费的能源量	**Total Primary Energy Supply**	**-9.33**	**243.07**
1.一次能源生产量	Indigenous Production		205.00
2.外省(区、市)调入量	Moving In from Other Provinces		154.88
3.进口量	Import		
4.境内轮船和飞机在境外的加油量	Domestic Airplanes&Ships Refueling in Abroad		
5.本省(区、市)调出量(-)	Sending Out to Other Provinces(-)	9.26	121.37
6.出口量(-)	Export(-)		
7.境外轮船和飞机在境内的加油量(-)	Oversea Airplanes&Ships Refueling in China(-)		
8.库存增(-)、减(+)量	Stock Change	-0.07	4.56
二.加工转换投入(-)产出(+)量	**Input(-) & Output(+) of Transformation**	**9.33**	**-15.27**
1.火力发电	Thermal Power		-0.34
2.供　热	Heating Supply		
3.洗 选 煤	Coal Washing		
4.炼　焦	Coking	9.33	
5.炼油及煤制油	Petroleum Refineries		-14.93
#油品再投入量(-)	Petroleum Products Input (-)		
6.制　气	Gas Works		
#焦炭再投入量(-)	Coke Input (-)		
7.天然气液化	Natural Gas Liquefaction		
8.煤制品加工	Briquettes		
9.回收能	Recovery of Energy		
三.损 失 量	**Loss**		
四.终端消费量	**Total Final Consumption**		**227.79**
1.农、林、牧、渔、水利业	Agriculture, Forestry, Animal Husbandry, Fishery and Water Conservancy		9.03
2.工业	Industry		109.41
#用作原料、材料	Non-Energy Use		33.37
3.建筑业	Construction		9.86
4.交通运输、仓储和邮政业	Transport, Storage and Post		67.14
5.批发、零售业和住宿、餐饮业	Wholesale, Retail Trade and Hotel, Restaurants		13.35
6.其他	Others		9.01
7.生活消费	Residential Consumption		10.00
城 镇	Urban		4.68
乡 村	Rural		5.32
五.平衡差额	**Statistical Difference**		**0.01**
六.消费量合计	**Total Energy Consumption**		**243.06**

Continued 1

原油 (万吨) Crude Oil (10^4 tn)	汽油 (万吨) Gasoline (10^4 tn)	煤油 (万吨) Kerosene (10^4 tn)	柴油 (万吨) Diesel Oil (10^4 tn)	燃料油 (万吨) Fuel Oil (10^4 tn)	石脑油 (万吨) Naphtha (10^4 tn)	润滑油 (万吨) Lubricants (10^4 tn)	石蜡 (万吨) Paraffin Waxes (10^4 tn)	溶剂油 (万吨) White Spirit (10^4 tn)
145.45	**-12.19**		**38.71**	**-3.93**				
205.00								
	17.00		63.00					
59.55	28.47		29.40	3.95				
	-0.72		5.11	0.02				
-143.13	**42.10**		**67.21**	**4.03**				
			-0.27	-0.07				
-143.13	42.10		67.48	4.10				
2.30	**29.91**		**105.90**	**0.09**				
	2.01		7.02					
2.30	1.94		24.23	0.09				
			0.06					
	2.50		7.36					
	6.36		60.76					
	2.93		4.08					
	7.55		1.46					
	6.61		0.99					
	3.37		0.01					
	3.24		0.98					
0.01	**0.01**		**0.03**	**0.01**				
145.44	**29.91**		**106.16**	**0.17**				

续表 2

项目	Item	石油沥青(万吨) Bitumen Asphalt (10^4 tn)	石油焦(万吨) Petroleum Coke (10^4 tn)
一.可供本地区消费的能源量	**Total Primary Energy Supply**	**5.04**	**62.61**
1.一次能源生产量	Indigenous Production		
2.外省(区、市)调入量	Moving In from Other Provinces	5.20	62.07
3.进口量	Import		
4.境内轮船和飞机在境外的加油量	Domestic Airplanes&Ships Refueling in Abroad		
5.本省(区、市)调出量(-)	Sending Out to Other Provinces(-)		
6.出口量(-)	Export(-)		
7.境外轮船和飞机在境内的加油量(-)	Oversea Airplanes&Ships Refueling in China(-)		
8.库存增(-)、减(+)量	Stock Change	-0.16	0.54
二.加工转换投入(-)产出(+)量	**Input(-) & Output(+) of Transformation**		
1.火力发电	Thermal Power		
2.供　　热	Heating Supply		
3.洗 选 煤	Coal Washing		
4.炼　　焦	Coking		
5.炼油及煤制油	Petroleum Refineries		
#油品再投入量(-)	Petroleum Products Input (-)		
6.制　　气	Gas Works		
#焦炭再投入量(-)	Coke Input (-)		
7.天然气液化	Natural Gas Liquefaction		
8.煤制品加工	Briquettes		
9.回收能	Recovery of Energy		
三.损 失 量	**Loss**		
四.终端消费量	**Total Final Consumption**	**5.05**	**62.63**
1.农、林、牧、渔、水利业	Agriculture, Forestry, Animal Husbandry, Fishery and Water Conservancy		
2.工业	Industry	5.05	62.63
#用作原料、材料	Non-Energy Use	2.29	23.95
3.建筑业	Construction		
4.交通运输、仓储和邮政业	Transport, Storage and Post		
5.批发、零售业和住宿、餐饮业	Wholesale, Retail Trade and Hotel, Restaurants		
6.其他	Others		
7.生活消费	Residential Consumption		
城 镇	Urban		
乡 村	Rural		
五.平衡差额	**Statistical Difference**	**-0.01**	**-0.02**
六.消费量合计	**Total Energy Consumption**	**5.05**	**62.63**

Continued 2

液化石油气 (万吨) LPG (10^4 tn)	炼厂干气 (万吨) Refinery Gas (10^4 tn)	其他石油制品 (万吨) Other Petroleum Products (10^4 tn)	天然气 (亿立方米) Natural Gas (10^8 cu.m)	液化天然气 (万吨) LNG (10^4 tn)	热力 (万百万千焦) Heat (10^{10} kJ)	电力 (亿千瓦小时) Electricity (10^8 kW•h)	其他能源 (万吨标煤) Other Energy (10^4 tce)
3.03		**4.35**	**40.08**			**482.77**	
			63.50			472.56	
3.03		4.58				91.53	
			23.42			81.32	
		-0.23					
5.71	**6.09**	**2.72**	**-5.06**		**519.80**	**119.45**	
			-4.39			119.45	
			-0.67		519.80		
5.71	6.09	2.72					
			0.40			**20.59**	
8.75	**6.09**	**7.08**	**34.65**		**519.79**	**581.62**	
						1.05	
0.00	6.09	7.08	25.07		115.62	535.92	
		7.08	11.83				
			0.11		0.30	5.77	
0.01			0.93		10.00	5.35	
6.34			0.78		30.00	4.47	
			3.46		85.00	10.77	
2.40			4.30		278.87	18.30	
1.30			4.21		278.87	13.15	
1.10			0.09			5.15	
-0.01		**-0.01**	**-0.03**			**0.01**	
8.75	**6.09**	**7.08**	**40.11**		**519.79**	**602.22**	

6-29 宁夏能源平衡表(实物量)-2012

项　　目	Item	煤合计（万吨）Coal Total (10^4 tn)	原煤（万吨）Raw Coal (10^4 tn)
一.可供本地区消费的能源量	**Total Primary Energy Supply**	**8076.48**	**9315.20**
1.一次能源生产量	Indigenous Production	8597.66	8597.66
2.外省(区、市)调入量	Moving In from Other Provinces	2644.15	2525.45
3.进口量	Import		
4.境内轮船和飞机在境外的加油量	Domestic Airplanes&Ships Refueling in Abroad		
5.本省(区、市)调出量(-)	Sending Out to Other Provinces(-)	3214.46	1740.00
6.出口量(-)	Export(-)		
7.境外轮船和飞机在境内的加油量(-)	Oversea Airplanes&Ships Refueling in China(-)		
8.库存增(-)、减(+)量	Stock Change	49.14	-67.90
二.加工转换投入(-)产出(+)量	**Input(-) & Output(+) of Transformation**	**-6777.39**	**-8152.80**
1.火力发电	Thermal Power	-4978.31	-4626.48
2.供　　热	Heating Supply	-359.83	-349.85
3.洗 选 煤	Coal Washing	-561.11	-2893.34
4.炼　　焦	Coking	-877.63	-281.63
5.炼油及煤制油	Petroleum Refineries		
#油品再投入量(-)	Petroleum Products Input (-)		
6.制　　气	Gas Works		
#焦炭再投入量(-)	Coke Input (-)		
7.天然气液化	Natural Gas Liquefaction		
8.煤制品加工	Briquettes	-0.51	-1.50
9.回收能	Recovery of Energy		
三.损 失 量	**Loss**		
四.终端消费量	**Total Final Consumption**	**1277.98**	**1141.03**
1.农、林、牧、渔、水利业	Agriculture, Forestry, Animal Husbandry, Fishery and Water Conservancy	5.80	5.39
2.工业	Industry	1152.54	1016.00
#用作原料、材料	Non-Energy Use	226.65	167.50
3.建筑业	Construction	7.88	7.88
4.交通运输、仓储和邮政业	Transport, Storage and Post	6.43	6.43
5.批发、零售业和住宿、餐饮业	Wholesale, Retail Trade and Hotel, Restaurants	4.10	4.10
6.其他	Others	35.00	35.00
7.生活消费	Residential Consumption	66.23	66.23
城 镇	Urban	8.05	8.05
乡 村	Rural	58.18	58.18
五.平衡差额	**Statistical Difference**	**21.12**	**21.38**
六.消费量合计	**Total Energy Consumption**	**8055.37**	**9293.82**

ENERGY BALANCE OF NINGXIA (PHYSICAL QUANTITY)-2012

洗精煤 (万吨) Cleaned Coal (10⁴ tn)	其他洗煤 (万吨) Other Washed Coal (10⁴ tn)	型煤 (万吨) Briquettes (10⁴ tn)	煤矸石 (万吨) Gangue (10⁴ tn)	焦炭 (万吨) Coke (10⁴ tn)	焦炉煤气 (亿立方米) Coke Oven Gas (10⁸ cu.m)	高炉煤气 (亿立方米) Blast Furnace Gas (10⁸ cu.m)	转炉煤气 (亿立方米) Converter Gas (10⁸ cu.m)	其他煤气 (亿立方米) Other Gas (10⁸ cu.m)
-1229.17	**-9.50**	**-0.05**	**5.65**	**-233.99**				
118.70				204.60				
1465.56	8.90			413.00				
117.69	-0.60	-0.05	5.65	-25.59				
1347.83	**26.59**	**0.99**	**17.48**	**611.78**	**10.12**	**2.93**	**0.10**	
	-351.83		-100.76		-1.23	-0.65		
	-9.98		-7.03					
1919.45	412.78		125.27					
-571.62	-24.38			611.78	11.35			
		0.99						
						3.58	0.10	
118.09	**17.92**	**0.94**	**22.99**	**377.55**	**10.12**	**2.93**	**0.10**	
		0.41						
118.09	17.92	0.53	22.99	377.55	10.12	2.93	0.10	
58.07	1.07			112.64		2.87		
0.57	**-0.83**		**0.14**	**0.23**				
689.71	**404.12**	**0.94**	**130.78**	**377.55**	**11.35**	**3.58**	**0.10**	

续表 1

项目	Item	其他焦化产品(万吨) Other Coking Products (10^4 tn)	油品合计(万吨) Petroleum Products Total (10^4 tn)
一.可供本地区消费的能源量	**Total Primary Energy Supply**	**-25.92**	**252.06**
1.一次能源生产量	Indigenous Production		10.28
2.外省(区、市)调入量	Moving In from Other Provinces		502.02
3.进口量	Import		
4.境内轮船和飞机在境外的加油量	Domestic Airplanes&Ships Refueling in Abroad		
5.本省(区、市)调出量(−)	Sending Out to Other Provinces(-)	25.50	239.64
6.出口量(−)	Export(-)		
7.境外轮船和飞机在境内的加油量(−)	Oversea Airplanes&Ships Refueling in China(-)		
8.库存增(−)、减(+)量	Stock Change	-0.42	-20.61
二.加工转换投入(−)产出(+)量	**Input(-) & Output(+) of Transformation**	**32.29**	**-51.69**
1.火力发电	Thermal Power		-0.59
2.供　　热	Heating Supply		0.00
3.洗 选 煤	Coal Washing		
4.炼　　焦	Coking	32.29	
5.炼油及煤制油	Petroleum Refineries		-19.67
#油品再投入量(−)	Petroleum Products Input (-)		-31.43
6.制　　气	Gas Works		
#焦炭再投入量(−)	Coke Input (-)		
7.天然气液化	Natural Gas Liquefaction		
8.煤制品加工	Briquettes		
9.回收能	Recovery of Energy		
三.损 失 量	**Loss**		
四.终端消费量	**Total Final Consumption**	**5.90**	**199.80**
1.农、林、牧、渔、水利业	Agriculture, Forestry, Animal Husbandry, Fishery and Water Conservancy		9.88
2.工业	Industry	5.90	63.38
#用作原料、材料	Non-Energy Use	3.86	0.42
3.建筑业	Construction		20.75
4.交通运输、仓储和邮政业	Transport, Storage and Post		87.44
5.批发、零售业和住宿、餐饮业	Wholesale, Retail Trade and Hotel, Restaurants		1.13
6.其他	Others		9.38
7.生活消费	Residential Consumption		7.85
城 镇	Urban		5.51
乡 村	Rural		2.35
五.平衡差额	**Statistical Difference**	**0.48**	**0.57**
六.消费量合计	**Total Energy Consumption**	**5.90**	**251.49**

Continued 1

原油 (万吨) Crude Oil (10^4 tn)	汽油 (万吨) Gasoline (10^4 tn)	煤油 (万吨) Kerosene (10^4 tn)	柴油 (万吨) Diesel Oil (10^4 tn)	燃料油 (万吨) Fuel Oil (10^4 tn)	石脑油 (万吨) Naphtha (10^4 tn)	润滑油 (万吨) Lubricants (10^4 tn)	石蜡 (万吨) Paraffin Waxes (10^4 tn)	溶剂油 (万吨) White Spirit (10^4 tn)
424.12	**-150.21**	**5.19**	**-70.56**	**9.81**	**-8.51**	**0.54**		
10.28								
423.00	11.00	5.10	8.20	11.00		0.50		
	157.66		72.28	1.20	8.50			
-9.17	-3.55	0.09	-6.48	0.01	-0.01	0.04		
-424.12	**174.03**	**2.21**	**181.81**	**-9.21**	**8.89**			
			-0.19	-0.40				
			0.00					
-424.12	174.03	2.21	182.00	10.80	8.89			
				-19.61				
	23.36	**7.32**	**111.13**	**0.62**	**0.46**	**0.55**		
	0.75		9.13					
	0.96	0.01	9.63	0.25	0.46	0.05		
	0.00		0.19					
	2.07		15.72	0.37				
	5.48	7.31	74.16			0.50		
	0.38		0.45					
	7.40		1.98					
	6.32		0.07					
	5.30							
	1.03		0.07					
	0.46	**0.08**	**0.12**	**-0.01**	**-0.08**	**-0.01**		
424.12	**23.36**	**7.32**	**111.32**	**20.62**	**0.46**	**0.55**		

续表 2

项 目	Item	石油沥青（万吨） Bitumen Asphalt (10^4 tn)	石油焦（万吨） Petroleum Coke (10^4 tn)
一.可供本地区消费的能源量	**Total Primary Energy Supply**	**3.65**	**47.04**
1.一次能源生产量	Indigenous Production		
2.外省(区、市)调入量	Moving In from Other Provinces	3.68	49.00
3.进口量	Import		
4.境内轮船和飞机在境外的加油量	Domestic Airplanes&Ships Refueling in Abroad		
5.本省(区、市)调出量(-)	Sending Out to Other Provinces(-)		
6.出口量(-)	Export(-)		
7.境外轮船和飞机在境内的加油量(-)	Oversea Airplanes&Ships Refueling in China(-)		
8.库存增(-)、减(+)量	Stock Change	-0.03	-1.96
二.加工转换投入(-)产出(+)量	**Input(-) & Output(+) of Transformation**		
1.火力发电	Thermal Power		
2.供　　热	Heating Supply		
3.洗 选 煤	Coal Washing		
4.炼　　焦	Coking		
5.炼油及煤制油	Petroleum Refineries		
#油品再投入量(-)	Petroleum Products Input (-)		
6.制　　气	Gas Works		
#焦炭再投入量(-)	Coke Input (-)		
7.天然气液化	Natural Gas Liquefaction		
8.煤制品加工	Briquettes		
9.回收能	Recovery of Energy		
三.损 失 量	**Loss**		
四.终端消费量	**Total Final Consumption**	**3.65**	**47.05**
1.农、林、牧、渔、水利业	Agriculture, Forestry, Animal Husbandry, Fishery and Water Conservancy		
2.工业	Industry	1.06	47.05
#用作原料、材料	Non-Energy Use	0.06	0.12
3.建筑业	Construction	2.59	
4.交通运输、仓储和邮政业	Transport, Storage and Post		
5.批发、零售业和住宿、餐饮业	Wholesale, Retail Trade and Hotel, Restaurants		
6.其他	Others		
7.生活消费	Residential Consumption		
城 镇	Urban		
乡 村	Rural		
五.平衡差额	**Statistical Difference**		
六.消费量合计	**Total Energy Consumption**	**3.65**	**47.05**

Continued 2

液化石油气(万吨) LPG (10^4 tn)	炼厂干气(万吨) Refinery Gas (10^4 tn)	其他石油制品(万吨) Other Petroleum Products (10^4 tn)	天然气(亿立方米) Natural Gas (10^8 cu.m)	液化天然气(万吨) LNG (10^4 tn)	热力(万百万千焦) Heat (10^{10} kJ)	电力(亿千瓦小时) Electricity (10^8 kW•h)	其他能源(万吨标煤) Other Energy (10^4 tce)
-21.33		**12.30**	**22.49**	**-14.57**		**-210.38**	
						64.83	
-21.76		12.30	22.49			73.72	
				14.57		348.93	
0.43		0.00					
24.74	**0.05**	**-10.10**	**-3.58**	**14.57**	**5321.16**	**952.18**	
			-0.56		-171.83	952.18	
			-0.51		5394.35		
25.43	0.05	1.04					
-0.69		-11.14					
			-2.50	14.57			
					98.63		
						27.20	
3.41	**0.05**	**2.20**	**18.91**	**0.00**	**5321.16**	**714.60**	
						12.31	
1.65	0.05	2.20	12.81	0.00	2777.63	652.40	
		0.05	6.44				
			0.01		61.84	6.02	
			2.33		41.40	7.59	
0.30			1.02		317.95	7.78	
			1.03		499.66	11.23	
1.46			1.72		1622.68	17.27	
0.21			1.72		1622.68	10.29	
1.25						6.98	
4.09	**0.05**	**13.34**	**20.48**	**0.00**	**5492.99**	**741.80**	

6-30 新疆能源平衡表(实物量)-2012

项　　目	Item	煤合计 (万吨) Coal Total (10^4 tn)	原煤 (万吨) Raw Coal (10^4 tn)
一.可供本地区消费的能源量	**Total Primary Energy Supply**	**12027.61**	**12058.38**
1.一次能源生产量	Indigenous Production	15374.62	15374.62
2.外省(区、市)调入量	Moving In from Other Provinces		
3.进口量	Import		
4.境内轮船和飞机在境外的加油量	Domestic Airplanes&Ships Refueling in Abroad		
5.本省(区、市)调出量(-)	Sending Out to Other Provinces(-)	3239.04	3239.04
6.出口量(-)	Export(-)		
7.境外轮船和飞机在境内的加油量(-)	Oversea Airplanes&Ships Refueling in China(-)		
8.库存增(-)、减(+)量	Stock Change	-107.97	-77.20
二.加工转换投入(-)产出(+)量	**Input(-) & Output(+) of Transformation**	**-8897.66**	**-9029.57**
1.火力发电	Thermal Power	-4975.32	-4966.87
2.供　　热	Heating Supply	-1190.22	-1190.22
3.洗 选 煤	Coal Washing	-321.47	-1101.82
4.炼　　焦	Coking	-2407.32	-1767.33
5.炼油及煤制油	Petroleum Refineries	-3.33	-3.33
#油品再投入量(-)	Petroleum Products Input (-)		
6.制　　气	Gas Works		
#焦炭再投入量(-)	Coke Input (-)		
7.天然气液化	Natural Gas Liquefaction		
8.煤制品加工	Briquettes		
9.回收能	Recovery of Energy		
三.损 失 量	**Loss**		
四.终端消费量	**Total Final Consumption**	**3129.95**	**3028.81**
1.农、林、牧、渔、水利业	Agriculture, Forestry, Animal Husbandry, Fishery and Water Conservancy	105.00	105.00
2.工业	Industry	2606.95	2505.81
#用作原料、材料	Non-Energy Use		
3.建筑业	Construction	25.00	25.00
4.交通运输、仓储和邮政业	Transport, Storage and Post	51.00	51.00
5.批发、零售业和住宿、餐饮业	Wholesale, Retail Trade and Hotel, Restaurants	47.00	47.00
6.其他	Others	40.00	40.00
7.生活消费	Residential Consumption	255.00	255.00
城 镇	Urban	60.00	60.00
乡 村	Rural	195.00	195.00
五.平衡差额	**Statistical Difference**		
六.消费量合计	**Total Energy Consumption**	**12027.61**	**12058.38**

ENERGY BALANCE OF XINJIANG (PHYSICAL QUANTITY)-2012

洗精煤（万吨） Cleaned Coal (10^4 tn)	其他洗煤（万吨） Other Washed Coal (10^4 tn)	型煤（万吨） Briquettes (10^4 tn)	煤矸石（万吨） Gangue (10^4 tn)	焦炭（万吨） Coke (10^4 tn)	焦炉煤气（亿立方米） Coke Oven Gas (10^8 cu.m)	高炉煤气（亿立方米） Blast Furnace Gas (10^8 cu.m)	转炉煤气（亿立方米） Converter Gas (10^8 cu.m)	其他煤气（亿立方米） Other Gas (10^8 cu.m)
-20.83	**-9.94**			**-429.80**				
				377.43				
-20.83	-9.94			-52.37				
65.82	**66.09**		**29.37**	**1440.87**	**19.53**		**0.04**	
	-8.45		-114.88		-2.64	-4.22	-1.77	
			-15.89		-1.88	-36.61	-1.67	
702.93	77.42		160.14					
-637.11	-2.88			1440.87	24.05			
						40.83	3.48	
44.99	**56.15**		**29.37**	**1011.07**	**19.53**		**0.04**	
44.99	56.15		29.37	1011.07	19.33		0.04	
					0.20			
					0.20			
682.10	**67.48**		**160.14**	**1011.07**	**24.05**	**40.83**	**3.48**	

续表 1

项　　目	Item	其他焦化产品(万吨) Other Coking Products (10^4 tn)	油品合计(万吨) Petroleum Products Total (10^4 tn)
一.可供本地区消费的能源量	**Total Primary Energy Supply**	**-64.98**	**1099.91**
1.一次能源生产量	Indigenous Production		2670.68
2.外省(区、市)调入量	Moving In from Other Provinces		
3.进口量	Import		
4.境内轮船和飞机在境外的加油量	Domestic Airplanes&Ships Refueling in Abroad		1.70
5.本省(区、市)调出量(-)	Sending Out to Other Provinces(-)	66.07	1511.94
6.出口量(-)	Export(-)		
7.境外轮船和飞机在境内的加油量(-)	Oversea Airplanes&Ships Refueling in China(-)		1.50
8.库存增(-)、减(+)量	Stock Change	1.09	-59.03
二.加工转换投入(-)产出(+)量	**Input(-) & Output(+) of Transformation**	**75.00**	**-99.56**
1.火力发电	Thermal Power		-6.04
2.供　　热	Heating Supply		-14.25
3.洗 选 煤	Coal Washing		
4.炼　　焦	Coking	75.00	
5.炼油及煤制油	Petroleum Refineries		-55.23
#油品再投入量(-)	Petroleum Products Input (-)		-24.04
6.制　　气	Gas Works		
#焦炭再投入量(-)	Coke Input (-)		
7.天然气液化	Natural Gas Liquefaction		
8.煤制品加工	Briquettes		
9.回收能	Recovery of Energy		
三.损 失 量	**Loss**		**72.00**
四.终端消费量	**Total Final Consumption**	**10.02**	**928.35**
1.农、林、牧、渔、水利业	Agriculture, Forestry, Animal Husbandry, Fishery and Water Conservancy		81.45
2.工业	Industry	10.02	341.17
#用作原料、材料	Non-Energy Use		
3.建筑业	Construction		27.25
4.交通运输、仓储和邮政业	Transport, Storage and Post		356.67
5.批发、零售业和住宿、餐饮业	Wholesale, Retail Trade and Hotel, Restaurants		40.80
6.其他	Others		47.31
7.生活消费	Residential Consumption		33.70
城 镇	Urban		29.41
乡 村	Rural		4.29
五.平衡差额	**Statistical Difference**		
六.消费量合计	**Total Energy Consumption**	**10.02**	**1099.91**

Continued 1

原油 (万吨) Crude Oil (10^4 tn)	汽油 (万吨) Gasoline (10^4 tn)	煤油 (万吨) Kerosene (10^4 tn)	柴油 (万吨) Diesel Oil (10^4 tn)	燃料油 (万吨) Fuel Oil (10^4 tn)	石脑油 (万吨) Naphtha (10^4 tn)	润滑油 (万吨) Lubricants (10^4 tn)	石蜡 (万吨) Paraffin Waxes (10^4 tn)	溶剂油 (万吨) White Spirit (10^4 tn)
2594.85	**-84.61**	**-13.61**	**-626.02**	**-18.08**	**-54.93**	**-55.18**		**-8.90**
2670.68								
		1.70						
10.39	84.62	13.32	626.77	19.66	54.93	55.06		8.89
		1.50						
-65.44	0.01	-0.49	0.75	1.58		-0.12		-0.01
-2475.27	**239.23**	**58.95**	**1058.66**	**18.14**	**54.93**	**59.80**		**9.30**
			-0.68	-0.05				
	-0.01		-0.03	-0.02				
-2475.27	239.24	58.95	1059.37	26.14	54.93	59.80		9.30
				-7.93				
72.00								
47.58	**154.62**	**45.34**	**432.64**	**0.06**		**4.62**		**0.40**
	9.90	0.45	70.00					
47.58	8.00	0.04	79.00	0.06		4.52		0.40
	3.32	0.15	14.50					
	88.00	44.00	211.00			0.07		
	10.80	0.05	25.00			0.01		
	20.80	0.30	24.90			0.02		
	13.80	0.35	8.24					
	13.00	0.03	6.23					
	0.80	0.32	2.01					
2594.85	**154.63**	**45.34**	**433.35**	**8.06**		**4.62**		**0.40**

续表 2

项　　目	Item	石油沥青(万吨) Bitumen Asphalt (10^4 tn)	石油焦(万吨) Petroleum Coke (10^4 tn)
一.可供本地区消费的能源量	**Total Primary Energy Supply**	**-143.86**	**-138.78**
1.一次能源生产量	Indigenous Production		
2.外省(区、市)调入量	Moving In from Other Provinces		
3.进口量	Import		
4.境内轮船和飞机在境外的加油量	Domestic Airplanes&Ships Refueling in Abroad		
5.本省(区、市)调出量(−)	Sending Out to Other Provinces(-)	143.84	138.74
6.出口量(−)	Export(-)		
7.境外轮船和飞机在境内的加油量(−)	Oversea Airplanes&Ships Refueling in China(-)		
8.库存增(−)、减(+)量	Stock Change	-0.02	-0.04
二.加工转换投入(−)产出(+)量	**Input(-) & Output(+) of Transformation**	**159.13**	**164.89**
1.火力发电	Thermal Power		
2.供　　热	Heating Supply		
3.洗 选 煤	Coal Washing		
4.炼　　焦	Coking		
5.炼油及煤制油	Petroleum Refineries	159.13	164.89
#油品再投入量(−)	Petroleum Products Input (-)		
6.制　　气	Gas Works		
#焦炭再投入量(−)	Coke Input (-)		
7.天然气液化	Natural Gas Liquefaction		
8.煤制品加工	Briquettes		
9.回收能	Recovery of Energy		
三.损 失 量	**Loss**		
四.终端消费量	**Total Final Consumption**	**15.27**	**26.11**
1.农、林、牧、渔、水利业	Agriculture, Forestry, Animal Husbandry, Fishery and Water Conservancy		
2.工业	Industry	0.97	26.11
#用作原料、材料	Non-Energy Use		
3.建筑业	Construction	2.30	
4.交通运输、仓储和邮政业	Transport, Storage and Post	12.00	
5.批发、零售业和住宿、餐饮业	Wholesale, Retail Trade and Hotel, Restaurants		
6.其他	Others		
7.生活消费	Residential Consumption		
城 镇	Urban		
乡 村	Rural		
五.平衡差额	**Statistical Difference**		
六.消费量合计	**Total Energy Consumption**	**15.27**	**26.11**

液化石油气 (万吨) LPG (10^4 tn)	炼厂干气 (万吨) Refinery Gas (10^4 tn)	其他石油制品 (万吨) Other Petroleum Products (10^4 tn)	天然气 (亿立方米) Natural Gas (10^8 cu.m)	液化天然气 (万吨) LNG (10^4 tn)	热力 (万百万千焦) Heat (10^{10} kJ)	电力 (亿千瓦小时) Electricity (10^8 kW•h)	其他能源 (万吨标煤) Other Energy (10^4 tce)
-24.09		**-326.88**	**105.17**	**-23.33**		**149.21**	
			253.01			185.97	
24.07		331.65	147.84	23.33		36.76	
-0.02		4.77					
67.95	**101.92**	**382.81**	**-16.73**	**23.49**	**22696.58**	**1002.29**	**14.29**
	-5.31		-9.02			1002.29	
	-14.19		-3.91		22044.69		-1.82
67.95	121.42	398.92					
		-16.11					
			-3.80	23.49			
					651.89		16.11
						87.42	
43.86	**101.92**	**55.93**	**88.44**	**0.16**	**22696.58**	**1064.08**	**14.29**
1.10			0.03			90.66	
23.88	101.92	48.69	76.26	0.16	9627.77	827.86	14.29
0.06		6.92	0.03		30.00	14.09	
1.60			4.50		39.00	10.17	
4.77		0.17	1.40		120.00	21.17	
1.20		0.09	0.45		84.00	38.19	
11.25		0.06	5.77		12795.81	61.94	
10.10		0.05	5.70		12795.81	39.82	
1.15		0.01	0.07			22.12	
43.86	**121.42**	**72.04**	**101.93**	**0.16**	**22696.58**	**1151.50**	**16.11**

七、香港、澳门特别行政区能源数据

Chapter 7　Energy Data for Hong Kong and Macao Special Administrative Region

7-1 香港主要能源及相关指标

MAJOR ENERGY AND RELATED INDICATORS OF HONG KONG

项 目 Item	1990	2000	2005	2008	2009	2010	2011
一次能源供应总量（百万吨标准油） Total Primary Energy Supply (Mtoe)	10.7	15.5	18.1	14.1	14.9	13.8	14.9
净进口量（百万吨标准油） Net Imports (Mtoe)	11.9	18.9	23.5	25.7	29.9	31.7	29.9
油净进口量（百万吨标准油） Net Oil Imports (Mtoe)	6.6	12.4	14.1	15.5	19.1	21.5	18.9
油可供量（百万吨标准油） Oil Supply (Mtoe)	5.3	8.9	8.6	3.8	4.1	3.5	3.9
电消费量（十亿千瓦小时） Electricity Consumption (tW·h)	23.8	36.3	40.1	40.9	41.5	41.9	42.1
能源最终消费量（百万吨标准油） Total Final Consumption of Energy (Mtoe)	7.1	11.9	12.0	8.1	8.9	8.3	8.6
年中人口数（万人） Mid-year Population (10^4 persons)	570	667	680	695	700	705	710
国内生产总值（10亿美元,2005年价） GDP (10^9 US$,2005 prices)	98.9	145.2	177.8	207.1	201.6	215.6	230.9
人均国内生产总值（美元,2005年价） Per Capita GDP (US$,2005 prices)	17344	21782	26143	29796	28796	30582	32521
人均能源供应量（吨标准油／人） TPES/Population (toe per capita)	1.52	2.01	1.86	2.03	2.13	1.95	2.11
人均电力消费量（千瓦小时／人） Per Capita Electricity Consumption (kW·h/capita)	4178	5446	5879	5866	5924	5923	5949

资料来源：国际能源署，《非OECD成员国能源平衡表》
Source: ENERGY BALANCES OF NON-OECD COUNTRIES, IEA

7-2 香港电力和煤气消费量

CONSUMPTION OF ELECTRICITY AND GAS OF HONG KONG

年 份 Year	电力（太焦耳） Electricity (terajoule)				煤气（太焦耳） Gas (terajoule)			
	住 宅 Residential	商 业 Commercial	工业 Industrial	总 计 Total	住 宅 Residential	商 业 Commercial	工业 Industrial	总 计 Total
1990	19037	41830	24934	85801	7596	6877	583	15056
1995	27063	60191	20222	107477	11408	9586	978	21972
2000	32234	80672	17769	130675	13866	11209	982	26057
2001	32799	84580	16759	134139	14493	11060	1011	26564
2002	33394	87606	16112	137112	14794	10860	987	26641
2003	34365	89218	14851	138435	15446	10542	1015	27002
2004	34134	91638	15430	141201	15237	10945	955	27137
2005	35811	93724	14636	144171	15444	10919	898	27261
2006	35428	95761	14015	145204	15082	11050	903	27034
2007	36422	97546	13104	147072	14842	11305	895	27041
2008	37100	98063	12182	147345	15583	11095	905	27583
2009	38972	98856	11143	149366	15303	11069	902	27274
2010	39344	99883	11080	150705	15272	11389	917	27578
2011	39872	100067	11104	151432	15500	11562	1086	28147
2012	41188	102440	11283	154911	15473	11556	1331	28360

资料来源：《香港能源统计》，下同。
Source: Hong Kong Energy Statistics, the same applies to tables following.

7-3 香港油产品进口留用量

HONG KONG RETAINED IMPORTS OF OIL PRODUCTS

年 份 Year	航空汽油与煤油（千公升） Aviation Gasoline and Kerosene (kilolitre)	车用汽油（千公升） Motor Gasoline (kilolitre)		轻质柴油、重质柴油与石脑油(千公升) Gas Oil, Diesel Oil and Naphtha (kilolitre)	燃料油（千公升） Fuel Oil (kilolitre)	液化石油气和天然气(公吨) LPG, Natural Gas (tonne)
1990	2303262		390577	2690712	1347198	169224
		含铅 Leaded Petrol	不含铅 Unleaded Petrol			
1995	3318386	171456	323351	4691324	1561524	147544
2000	4011029		486087	7802247	2140655	2363434
2001	4198740		524588	6920460	2394450	2459050
2002	4315798		473441	6810838	2973785	2420756
2003	3986920		458985	7094270	3216278	1689413
2004	4937314		458802	6989635	4626483	2299778
2005	5424882		454254	4992498	4975866	2310535
2006	5543549		425146	5075975	5915645	2592142
2007	6261518		471418	4762939	7089613	2404774
2008	6003457		447546	3582774	6625377	2728962
2009	5807816		485331	7457229	6949268	2650259
2010	6510406		512091	6576001	9731120	3208070
2011	6990394		535880	5353688	7715460	2644854
2012	6674012		546563	4492756	7263198	2457899

7-4 香港煤产品进口留用量
HONG KONG RETAINED IMPORTS OF COAL PRODUCTS

单位：公吨 (tonne)

年 份 Year	蒸馏煤与其他煤产品 Steam Coal and Other Coal	木炭 Wood Charcoal	无烟煤 Anthracite	焦煤与半焦煤 Coke and Semi-coke
1990	8928614	16252	2053	1404
1995	9108994	13920		1063
2000	6057802	6050	1310	
2001	8033097	-4764	540	
2002	8717699	8142	201	
2003	10675881	8313	677	
2004	10691194	8052	396	-59
2005	10823664	7307	1423	
2006	11403420	6491	139	
2007	12261438	3945		
2008	11344961	7374	162	
2009	12331385	5831	389	
2010	10324200	3932	99	
2011	12528714	6094	163	
2012	12350726	4954	9	

7-5 香港电力生产、消费和进出口
HONG KONG ELECTRICITY PRODUCTION, CONSUMPTION,IMPORTS AND EXPORTS

单位：太焦耳 (terajoule)

年 份 Year	本地发电厂产电 Electricity Generated at Local Plant	由大陆进口 Imports to Mainland of China	系统损耗 System Loss	出口往大陆 Exports of Mainland of China	由电表量度的本地电力耗用 Local Electricity Consumption as Measured at Meter Point
1990	104256		11985	6470	85801
1995	100496	27164	14843	5340	107477
2000	112783	36732	14587	4253	130675
2001	116745	37278	14192	5692	134139
2002	123522	36655	15235	7830	137112
2003	127822	37428	15988	10827	138435
2004	133663	35413	16763	11112	141201
2005	138414	39604	17654	16192	144172
2006	139005	39230	16731	16300	145204
2007	140212	39453	18066	14527	147072
2008	136765	40668	17299	12789	147345
2009	139420	41725	18347	13432	149366
2010	137850	39765	17518	9392	150705
2011	140495	40822	19240	10645	151432
2012	139506	42508	20487	6616	154911

7-6 澳门主要能源及相关指标

MAJOR ENERGY RELATED INDICATORS OF MACAO

项 目 Item	1990	1995	2000	2005	2007	2008	2009	2010	2011	2012
净进口量（太焦耳） Net Imports (Terajoule)	13955	17487	22742	33605	37524	26367	29462			
可供电量（百万千瓦小时） Electricity Supply (GWh)		1335	1657	2287	3137	3463	3632	3815	3999	4372
电力消费量（百万千瓦小时） Electricity Consumption (GWh)		1265	1570	2112	2937	3264	3422	3615	3809	4148
能源消费量（太焦耳） Energy Consumption (Terajoule)	8953	12120	12823	16748	21054	22211	22427	23392	24796	26942
年中人口数（万人） Mid-year Population (10^4 persons)	34	41	43	47	53	54	55	55	55	57
国内生产总值（万澳门元，现价） GDP (10^4 MOP, Current Market Prices)	2617500	5227400	5141859	9412203	15020712	16601021	17009467	22374332	29209055	34821600
人均国内生产总值（澳门元，现价） Per Capita GDP (MOP,Current Prices)	78134	127716	119301	198989	285565	305166	317557	421312	531723	611930
人均能源消费量（百万焦耳） Per Capita Energy Consumption (10^6 joules)	26725	29612	29752	35408	40045	40829	41075	42764	45084	47267
人均电力消费量（千瓦小时/人） Per Capita Electricity Consumption (kW•h/capita)		3092	3643	4466	5585	6088	6268	6609	6925	7277

资料来源：《澳门统计年鉴》，下同。

Source: Macao Statistical Yearbook, the same applies to tables following.

7-7 澳门能源平衡表

MACAO ENERGY BALANCE TABLE

单位：太焦耳 (terajoules)

项 目	Item	1990	1995	2000	2005	2006	2007	2008	2009	2010	2011	2012
进口	Import											
总计	Total Energy	13975	17499	22742	33605	34833	37524	26367	29462	17941	20981	23835
#轻柴油	#Gas Oil and Diesel	3564	3257	3467	7114	6191	7062	5504	5560	5303	5815	6471
#重油	#Fuel Oil	8274	10325	11949	14108	12745	10711	5853	7993	2607	3773	3485
#电力	#Electricity	327	650	701	1227	3472	6060	8319	8016	10031	11393	13879
#汽油	#Gasoline	752	1128	1340	1758	1802	2003	2038	2220			
出口	Export											
总计	Total Energy	20	12									
#电力	#Electricity	9	11									
#液化石油气	#LPG		1									
库存变化	Change in Stocks	252	-43	-487	-68	372	341	-917	122	-399	-86	60
内部总消费	Gross Internal Consumption	13704	17670	19795	26050	25700	27488	27284	29341	28823	28720	28762
能源转化	Energy Transformation	-4461	-5124	-6458	-8558	-6517	-5662	-4298	-6084	-4705	-3230	-1089
电厂自耗和输电损失	Distribution and Transmission Loss	149	240	304	462	482	550	545	826	749	699	761
最终能源耗用量	Total Final Consumption	8953	12120	12823	16748	18442	21054	22211	22427	23392	24796	26942

附录 1　台湾省能源数据

Appendix Ⅰ　Energy Data for Taiwan Province

附录 1-1 台湾省主要能源及相关指标

MAJOR ENERGY RELATED INDICATORS OF TAIWAN PROVINCE

项 目 Item	1990	2000	2005	2008	2009	2010	2011
能源生产量（百万吨标准油） Energy Production (Mtoe)	10.81	11.49	12.27	12.68	12.84	12.96	13.59
净进口量（百万吨标准油） Net Imports (Mtoe)	41.75	79.31	95.14	97.49	90.88	100.42	97.20
一次能源需求总量（百万吨标准油） Total Primary Energy Supply (Mtoe)	48.24	85.10	102.59	105.50	102.40	109.28	108.58
油净进口量（百万吨标准油） Net Oil Imports (Mtoe)	28.76	45.15	48.20	46.07	43.28	46.14	42.03
油可供量（百万吨标准油） Oil Supply (Mtoe)	25.88	38.31	43.45	42.38	40.43	42.19	39.47
电消费量（十亿千瓦小时） Electricity Consumption (tW•h)	84.85	176.15	218.32	229.73	220.28	237.33	241.87
终端能源消费量（百万吨标准油） Total Final Consumption of Energy (Mtoe)	29.36	48.64	60.44	63.29	62.88	67.71	65.34
年中人口数（百万人） Mid-year Population (106 persons)	20.40	22.10	22.70	22.90	22.95	23.10	23.30
国内生产总值（10亿美元，2005年价） GDP (109 US$,2005 prices)	167.05	305.75	364.85	410.68	402.77	446.36	470.55
人均国内生产总值（美元，2005年价） Per Capita GDP (US$, 2005 prices)	8189	13835	16073	17934	17550	19323	20195
人均能源消费量（吨标准油/人） Per Capita Energy Consumption (toe/capita)	2.38	3.85	4.50	4.61	4.46	4.71	4.64
人均电力消费量（千瓦小时/人） Per Capita Electricity Consumption (kW•h/capita)	4184	7941	9617	10023	9588	10237	10340

资料来源：国际能源署，《非OECD成员国能源平衡表》
Source: ENERGY BALANCES OF NON-OECD COUNTRIES, IEA

附录 1-2 台湾省分行业电力消费量

TAIWAN PROVINCE ELECTRICITY CONSUMPTION BY SECTOR

单位: 百万千瓦小时 (GWh)

年 份 Year	总计 Total	农、林、牧、渔业 Farming,Forestry, Animal Husbandry, Fishery	采掘业 Mining and Quarrying	制造业 Manufa-cturing	建筑业 Constru-ction	批发及零售业 Wholesale and Retail Trades	运输及仓储业 Transport and Storage	住宿及餐饮业 Hotels and Catering Services
1990	51841	1611	171	40698	265			
1995	68931	2042	209	50792	564			
2000	94768	2262	319	67378	490	4818	2893	1911
2001	94794	2229	293	66127	543	5011	3014	1997
2002	100435	2326	367	69696	530	5363	3240	2074
2003	106043	2416	431	73691	544	5628	3326	2140
2004	113293	2511	444	79267	556	5936	3440	2262
2005	117648	2490	443	82518	553	6216	3572	2405
2006	123598	2602	453	86869	539	6297	2373	2502
2007	128226	2620	462	91042	575	6302	2669	2574
2008	128644	2600	380	91207	566	6020	3005	2545
2009	121348	2582	338	85298	488	5701	3003	2547
2010	134135	2616	419	97113	472	5631	3143	2680
2011	138161	2726	435	101220	501	5461	3211	2744
2012	139134	2708	416	102170	542	5372	3277	2776

资料来源：中国台湾省编辑的《统计年鉴》，下同。

Source: Statistical Yearbook, Taiwan Province of China, the same applies to tables following.

附录 1-3 台湾省能源供给总量及构成

TAIWAN PROVINCE ENERGY SUPPLY AND COMPOSITION

年 份 Year	供给量总计(千公升油当量) Total Supply (103 kl oil equivalent)	占供给总量的比重(%) As Percentage of Total Supply (%)				
		煤炭 Coal	石油 Petroleum	天然气 Natural Gas	水力发电 Hydro power	核能发电 Nuclear Power
1990	58521	24.0	55.2	3.5	1.0	16.3
1995	79770	26.8	54.5	5.2	0.6	12.8
2000	101788	29.7	51.6	6.4	0.4	11.0
2001	106382	30.5	51.7	6.5	0.5	9.7
2002	114909	32.8	48.9	6.8	0.2	10.0
2003	119583	30.4	51.9	6.7	0.2	9.4
2004	132608	30.2	52.4	7.3	0.2	8.6
2005	133679	29.7	52.7	7.4	0.3	8.7
2006	136530	30.1	52.1	7.7	0.3	8.5
2007	144192	30.0	52.2	7.8	0.3	8.1
2008	139162	30.2	50.6	8.7	0.3	8.5
2009	136258	28.1	52.5	8.7	0.3	8.8
2010	142501	29.3	50.1	10.4	0.3	8.5
2011	138237	31.4	46.2	11.8	0.3	8.8
2012	140768	29.7	48.0	12.2	0.4	8.3

附录 1-4 台湾省能源消费总量及分部门消费构成

TAIWAN PROVINCE ENERGY CONSUMPTION AND COMPOSITION BY SECTOR

年份 Year	消费总计（千公升油当量） Total Energy Consumption (103 kl oil equivalent)	占消费总量比重(%) As Percentage of Total Energy Consumption(%)					
		农业部门 Agriculture	工业部门 Industry	能源部门 Residence	运输部门 Transportation	其他部门 Other	非能源消费 Non-energy Use
1990	50355	2.9	41.4	9.6	14.7	21.7	9.8
1995	62628	2.4	41.2	10.2	17.3	24.2	4.7
2000	101788	1.6	39.8	11.4	14.5	21.7	10.9
2001	106382	1.5	37.2	11.2	13.8	20.9	15.4
2002	100498	1.5	38.6	8.4	13.2	23.5	14.8
2003	119583	1.6	37.2	11.3	13.2	19.9	16.8
2004	132608	1.6	37.4	11.3	13.2	19.6	17.0
2005	133679	1.5	37.0	11.7	13.3	20.3	16.3
2006	136530	1.1	37.7	11.8	13.0	20.0	16.4
2007	144192	0.9	37.5	11.2	12.0	18.9	19.6
2008	139162	1.0	37.1	11.6	11.7	18.7	19.9
2009	136258	0.9	35.3	11.4	12.1	18.8	21.5
2010	142501	0.8	37.1	11.0	11.8	17.9	21.3
2011	138237	0.9	38.6	11.1	12.1	18.4	19.1
2012	140768	0.9	38.2	11.0	11.9	18.0	20.0

附录 1-5 台湾省电力生产量和消费量

TAIWAN PROVINCE EIECTRICITY PRODUCTION AND CONSUMPTION

单位：百万千瓦小时 (GWh)

年份 Year	发电量 Electricity Generation				耗电量 Electricity Consumption			损失 Loss
	总计 Total	水力发电 Hydro power	火力发电 Thermal Power	核能发电 Nuclear Power	总计 Total	工业用电 Industry Consumption	住户及商业用电 Residence and Commerce	
1990	82350	8167	42629	31554	74345	51841	22504	5355
1995	117859	8858	75071	33931	105368	68931	36437	6848
2000	156511	8843	110672	36996	142413	94768	47645	8735
2001	158058	4070	114822	34094	143624	94807	48816	8610
2002	165901	3604	121526	38009	151193	100435	50758	9417
2003	173810	3852	129566	37371	159380	106043	53336	8751
2004	181245	3338	136770	37939	167478	113293	54185	8937
2005	189663	3830	143295	38404	175293	117648	57645	9036
2006	196567	3902	150014	38317	181593	123598	57996	9539
2007	201856	3924	154142	38961	187075	128226	58848	9590
2008	200241	3459	152636	39260	186931	128644	58288	8584
2009	193605	3290	145756	39981	179239	121348	57890	9418
2010	207385	3047	159112	40029	193313	134135	59179	9669
2011	213042	2889	164085	40522	198637	138161	60476	10149
2012	211708	2924	162621	38887	198391	139134	59256	9360

附录 2　有关国家和地区能源数据

Appendix Ⅱ　Energy Data for Related Countries or Areas

附录2-1 年中人口数

Mid-YEAR POPULATION

单位:百万人 (millions)

国家和地区	Contury or Area	2002	2003	2004	2005	2006	2007	2008	2009	2010	比重% Percent of World	2011	比重% Percent of World
世界总计	**World**	**6202.2**	**6280.2**	**6356.3**	**6431.7**	**6534.5**	**6610.5**	**6687.9**	**6722.4**	**6787.1**	**100.00**	**6958.0**	**100.00**
OECD合计	**OECD Total**	**1148.0**	**1155.7**	**1164.1**	**1171.5**	**1173.8**	**1181.9**	**1189.8**	**1221.2**	**1228.7**	**18.10**	**1240.5**	**17.83**
美国	United States	288.2	291.1	293.9	296.7	298.4	301.7	304.5	306.2	311.6	4.59	312.0	4.48
日本	Japan	127.4	127.7	127.8	127.8	127.8	127.8	127.7	127.4	127.1	1.87	127.8	1.84
墨西哥	Mexico	101.4	102.7	104.0	105.3	104.3	105.7	106.6	107.0	116.1	1.71	109.2	1.57
德国	Germany	82.5	82.5	82.5	82.5	82.4	82.3	82.1	82.0	81.7	1.20	81.8	1.18
法国	France	61.4	61.9	62.3	62.7	63.0	63.8	64.1	64.3	64.9	0.96	65.1	0.94
英国	United Kingdom	59.3	59.6	59.8	60.2	60.4	61.0	61.4	61.6	62.3	0.92	62.7	0.90
意大利	Italy	58.1	57.6	58.2	58.5	58.7	59.4	59.9	60.0	60.4	0.89	60.7	0.87
韩国	Korea	47.6	47.9	48.1	48.3	48.2	48.5	48.6	48.7	48.9	0.72	49.8	0.72
西班牙	Spain	41.3	42.0	42.7	43.4	43.7	44.9	45.6	45.8	46.1	0.68	46.1	0.66
加拿大	Canada	31.4	31.7	32.0	32.3	32.5	32.9	33.3	33.5	34.3	0.51	34.5	0.50
澳大利亚	Australia	19.8	20.0	20.2	20.5	20.6	21.2	21.5	21.9	22.7	0.33	22.8	0.33
荷兰	Netherlands	16.2	16.2	16.3	16.3	16.3	16.4	16.4	16.5	16.7	0.25	16.7	0.24
比利时	Belgium	10.3	10.4	10.4	10.5	10.5	10.6	10.7	10.8	10.9	0.16	11.0	0.16
瑞典	Sweden	8.9	9.0	9.0	9.0	9.1	9.2	9.3	9.3	9.4	0.14	9.5	0.14
瑞士	Switzerland	7.3	7.4	7.5	7.5	7.5	7.6	7.7	7.8	7.8	0.11	7.9	0.11
以色列	Israel	6.6	6.7	6.8	6.9	7.1	7.2	7.3	7.4	7.7	0.11	7.8	0.11
非OECD合计	**NON-OECD Total**	**5054.3**	**5124.5**	**5192.2**	**5260.2**	**5360.7**	**5428.6**	**5498.1**	**5489.4**	**5558.4**	**81.90**	**5717.5**	**82.17**
中国	China	1280.4	1288.4	1296.2	1300.4	1311.0	1318.3	1325.6	1328.1	1334.9	19.67	1344.1	19.32
印度	India	1048.6	1064.4	1079.7	1087.2	1109.8	1124.8	1140.0	1147.7	1163.1	17.14	1241.5	17.84
印度尼西亚	Indonesia	211.8	214.7	217.6	219.1	223.0	225.6	228.2	236.2	238.7	3.52	242.3	3.48
巴西	Brazil	178.9	181.4	183.9	185.6	188.2	190.1	192.0	192.4	194.1	2.86	196.7	2.83
俄罗斯	Russia	145.3	144.6	143.9	143.6	142.5	142.1	141.8	142.0	141.9	2.09	141.9	2.04
埃及	Egypt	69.9	71.3	72.6	72.3	78.6	80.1	81.5	79.0	80.4	1.18	82.5	1.19
伊朗	Islamic Republic of Iran	65.5	66.4	67.3	68.6	70.1	71.0	72.0	72.7	73.6	1.08	74.8	1.08
泰国	Thailand	62.6	63.1	63.7	62.8	66.5	67.0	67.4	68.5	68.9	1.02	69.5	1.00
南非	South Africa	45.3	45.8	46.4	46.6	47.4	47.9	48.7	49.1	49.7	0.73	50.6	0.73
阿根廷	Argentina	37.6	38.0	38.4	38.6	39.1	39.5	39.9	39.9	40.3	0.59	40.8	0.59
委内瑞拉	Venezuela	25.2	25.7	26.1	26.4	27.0	27.5	27.9	28.2	28.6	0.42	29.3	0.42
沙特阿拉伯	Saudi Arabia	22.7	22.1	22.5	22.8	23.7	24.2	24.6	26.5	27.1	0.40	28.1	0.40
中国，台北	Chinese Taipei	22.5	22.6	22.8	22.7	22.8	22.9	22.9	23.0	23.0	0.34	23.4	0.34
中国，香港	Hong Kong, China	6.8	6.8	6.9	6.8	6.9	6.9	7.0	7.0	7.1	0.10	7.1	0.10

资料来源：国际能源署，《OECD成员国能源统计》，《非OECD成员国能源统计》，《OECD成员国能源平衡表》，《非OECD成员国能源平衡表》，下同。

Source: ENERGY STATISTICS OF OECD COUNTRIES, ENERGY STATISTICS OF NON-OECD COUNTRIES, ENERGY BALANCES OF OECD COUNTRIES, ENERGY BALANCES OF NON-OECD COUNTRIES, IEA, the same applies to tables following.

附录2-2 国内生产总值汇率算法(2005年价格)

GROSS DOMESTIC PRODUCTS USING EXCHANGE RATES(US$2005)

单位:10亿美元 (billion US$)

国家和地区	Contury or Area	1980	1990	2000	2005	2008	2009	2010	比重% Percent of World	2011	比重% Percent of World
世界总计	**World**	**22477.9**	**30140.5**	**39637.5**	**45617.2**	**50105.7**	**48949.1**	**50929.6**	**100.00**	**52485.9**	**100.00**
OECD合计	**OECD Total**	**18205.9**	**24706.5**	**32225.9**	**35806.9**	**37887.0**	**36401.3**	**37494.1**	**73.62**	**38239.5**	**72.86**
美国	United States	5796.4	7962.6	11158.1			12635.2	13017.0	25.56	13225.9	25.20
日本	Japan	2411.7	3794.1	4266.9			4403.9	4578.6	8.99	4621.97	8.81
德国	Germany	1760.6	2216.3	2685.2			2840.9	2945.8	5.78	3048.69	5.81
英国	United Kingdom	1132.2	1485.1	1979.3			2289.7	2337.6	4.59	2386.63	4.55
法国	France	1283.6	1623.8	1973.0			2176.4	2208.6	4.34	2249.13	4.29
意大利	Italy	1144.3	1451.6	1701.0			1734.0	1765.3	3.47	1770.47	3.37
加拿大	Canada	568.3	749.9	999.9			1166.4	1203.9	2.36	1234.78	2.35
西班牙	Spain	547.3	730.9	963.1			1182.7	1181.9	2.32	1183.83	2.26
韩国	Korea	142.5	360.3	678.3			958.5	1017.6	2.00	1056.12	2.01
墨西哥	Mexico	458.0	547.8	770.7			871.6	920.0	1.81	956.82	1.82
荷兰	Netherlands	351.2	437.8	598.0			673.7	685.1	1.35	690.53	1.32
瑞士	Switzerland	252.0	313.9	349.1			400.8	411.7	0.81	436.15	0.83
瑞典	Sweden	212.4	263.9	324.5			376.9	400.0	0.79	416.51	0.79
比利时	Belgium	229.3	279.8	348.6			391.1	399.9	0.79	407.96	0.78
澳大利亚	Australia	333.9	451.4	644.7			853.3	869.8	1.71	899.11	1.71
以色列	Israel	47.1	68.1	120.9			156.6	164.1	0.32	173.16	0.33
非OECD合计	**NON-OECD Total**	**4272.0**	**5433.9**	**7411.5**	**9810.3**	**12218.6**	**12547.8**	**13435.5**	**26.38**	**14246.4**	**27.14**
中国	China	216.3	525.7	1417.1	2256.9	3183.6	3476.5	3838.0	7.54	4194.94	7.99
印度	India	203.9	350.0	595.5	834.0	1050.2	1145.8	1246.7	2.45	1317.48	2.51
巴西	Brazil	513.3	598.5	769.0	882.2	1023.2	1016.6	1092.7	2.15	1126.72	2.15
俄罗斯	Russian Federation		843.1	567.4	764.0	943.9	870.1	905.2	1.78	947.18	1.80
中国，台北	Chinese Taipei	80.1	167.1	305.8	364.9	410.7	402.8	446.4	0.88	470.55	0.90
印度尼西亚	Indonesia	80.9	150.1	226.9	285.9	340.0	355.6	377.3	0.74	402.19	0.77
沙特阿拉伯	Saudi Arabia	213.8	200.4	262.0	315.6	346.2	346.7	359.8	0.71	387.14	0.74
南非	South Africa	147.1	170.9	204.7	247.1	285.3	280.5	288.5	0.57	298.09	0.57
阿根廷	Argentina	123.9	106.4	166.0	183.2	230.5	232.5	253.7	0.50	276.25	0.53
伊朗	Islamic Republic of Iran	82.7	101.5	146.3	192.0	224.3	228.3	229.5	0.45	246.57	0.47
中国，香港	Hong Kong, China	51.6	98.9	145.2	177.8	207.1	201.6	215.6	0.42	230.86	0.44
泰国	Thailand	41.8	88.9	137.5	176.4	199.5	194.9	210.1	0.41	210.25	0.40
委内瑞拉	Venezuela	96.2	104.3	128.3	145.5	183.1	177.2	174.6	0.34	181.84	0.35
埃及	Egypt	29.1	49.5	75.4	89.7	110.0	115.1	121.0	0.24	123.22	0.23

附录2-3 能源生产总量

TOTAL ENERGY PRODUCTION

单位：百万吨标准油 (Mtoe)

国家和地区	Contury or Area	2003	2004	2005	2006	2007	2008	2009	2010	比重% Percent of World	2011	比重% Percent of World
世界总计	**World**	**10611.98**	**11145.52**	**11573.31**	**11778.39**	**11985.38**	**12334.15**	**12232.12**	**12789.25**	**100.00**	**13201.76**	**100.00**
OECD合计	**OECD Total**	**3806.93**	**3858.86**	**3838.09**	**3842.02**	**3843.28**	**3863.22**	**3793.93**	**3879.21**	**30.33**	**3853.90**	**29.19**
美国	United States	1634.52	1647.02	1629.89	1654.23	1668.96	1706.06	1685.85	1724.51	13.48	1784.77	13.52
加拿大	Canada	285.93	397.44	402.09	411.74	415.92	407.38	390.15	397.83	3.11	409.03	3.10
澳大利亚	Australia	253.89	259.02	268.19	267.79	298.60	302.13	297.08	310.62	2.43	296.73	2.25
墨西哥	Mexico	242.31	253.60	259.21	255.97	244.44	233.60	220.03	226.36	1.77	228.21	1.73
英国	United Kingdom	246.60	225.43	205.16	186.62	176.44	166.69	158.94	148.77	1.16	129.54	0.98
法国	France	136.48	137.31	137.12	137.02	134.79	136.63	128.86	135.57	1.06	136.07	1.03
德国	Germany	134.64	136.19	135.28	136.76	138.64	134.11	127.15	131.35	1.03	124.19	0.94
日本	Japan	84.00	95.01	99.89	101.07	90.60	88.66	93.96	96.79	0.76	51.67	0.39
荷兰	Netherlands	58.44	67.66	61.90	60.77	61.18	66.54	63.06	69.76	0.55	64.40	0.49
韩国	Korea	37.94	38.27	42.93	43.73	42.60	44.73	44.31	44.92	0.35	46.99	0.36
西班牙	Spain	32.99	32.67	30.13	31.36	30.26	30.42	29.97	34.24	0.27	31.78	0.24
瑞典	Sweden	31.04	34.46	34.67	32.79	33.58	33.24	30.35	33.50	0.26	32.50	0.25
意大利	Italy	27.59	28.15	27.85	27.43	26.38	26.94	26.99	29.79	0.23	31.56	0.24
比利时	Belgium	13.70	13.75	15.64	15.48	14.37	14.55	15.32	16.04	0.13	18.21	0.14
瑞士	Switzerland	11.79	11.82	10.88	12.15	12.62	12.73	12.79	12.64	0.10	12.33	0.09
以色列	Israel	0.75	1.76	2.12	2.65	2.73	3.27	3.27	3.85	0.03	4.70	0.04
非OECD合计	**NON-OECD Total**	**6805.05**	**7287.85**	**7735.22**	**7936.38**	**8142.09**	**8470.93**	**8438.19**	**8910.04**	**69.67**	**9347.85**	**70.81**
中国	China	1331.34	1511.72	1664.62	1724.41	1820.65	1950.58	2044.83	2208.96	17.27	2432.50	18.43
俄罗斯	Russia	1106.87	1158.44	1203.24	1227.00	1239.13	1253.92	1186.38	1293.05	10.11	1314.88	9.96
沙特阿拉伯	Saudi Arabia	530.53	548.71	580.56	570.65	552.00	579.32	528.38	538.09	4.21	601.72	4.56
印度	India	394.22	407.41	423.75	437.87	452.73	470.92	505.41	518.67	4.06	540.94	4.10
印度尼西亚	Indonesia	254.79	263.23	279.94	313.88	333.35	323.63	351.83	381.45	2.98	394.57	2.99
伊朗	Islamic Republic of Iran	263.69	278.72	310.47	311.53	327.37	337.43	341.49	349.12	2.73	353.67	2.68
巴西	Brazil	171.67	182.84	194.61	206.48	216.36	227.94	230.41	246.37	1.93	249.20	1.89
委内瑞拉	Venezuela	178.83	195.32	233.73	195.73	183.83	205.47	198.62	192.71	1.51	200.76	1.52
南非	South Africa	153.47	157.46	157.89	157.97	159.67	161.39	159.53	162.41	1.27	162.58	1.23
埃及	Egypt	64.43	64.66	77.98	79.74	82.28	89.14	87.99	88.38	0.69	88.21	0.67
阿根廷	Argentina	84.32	83.08	84.69	86.19	82.87	82.87	80.82	78.85	0.62	77.24	0.59
泰国	Thailand	48.26	50.44	55.19	56.26	59.31	65.49	64.61	70.56	0.55	68.74	0.52
中国，台北	Chinese Taipei	12.53	12.40	12.48	12.41	12.71	12.71	12.84	12.96	0.10	13.59	0.10
中国，香港	Hong Kong, China	0.05	0.05	0.05	0.05	0.05	0.05	0.05	0.05		0.05	

附录2-4 能源生产量/一次能源供应量(能源自给率)
ENERGY PRODUCTION/TPES (SELF SUFFICIENCY)

国家和地区	Contury or Area	2002	2003	2004	2005	2006	2007	2008	2009	2010	2011
世界	**World**	**1.01**	**1.00**	**1.00**	**1.01**	**1.00**	**1.00**	**1.01**	**1.01**	**1.01**	**1.01**
OECD合计	**OECD Total**	**0.72**	**0.70**	**0.70**	**0.70**	**0.70**	**0.70**	**0.71**	**0.73**	**0.72**	**0.73**
澳大利亚	Australia	2.27	2.25	2.28	2.22	2.19	2.40	2.32	2.36	2.49	2.41
加拿大	Canada	1.54	1.47	1.48	1.47	1.53	1.53	1.53	1.56	1.58	1.62
墨西哥	Mexico	1.48	1.52	1.53	1.47	1.44	1.39	1.29	1.26	1.27	1.23
荷兰	Netherlands	0.77	0.72	0.82	0.75	0.76	0.76	0.84	0.81	0.84	0.83
美国	United States	0.73	0.72	0.71	0.70	0.71	0.71	0.75	0.78	0.78	0.81
英国	United Kingdom	1.13	1.06	0.97	0.87	0.81	0.84	0.80	0.81	0.73	0.69
瑞典	Sweden	0.61	0.61	0.65	0.66	0.64	0.67	0.67	0.67	0.65	0.66
法国	France	0.51	0.50	0.50	0.50	0.50	0.51	0.51	0.51	0.52	0.54
瑞士	Switzerland	0.43	0.44	0.44	0.40	0.43	0.49	0.48	0.47	0.48	0.49
德国	Germany	0.39	0.39	0.39	0.39	0.39	0.40	0.40	0.40	0.40	0.40
西班牙	Spain	0.24	0.24	0.23	0.21	0.22	0.21	0.22	0.24	0.27	0.25
比利时	Belgium	0.23	0.23	0.24	0.25	0.25	0.25	0.25	0.27	0.26	0.31
日本	Japan	0.19	0.16	0.18	0.19	0.19	0.18	0.18	0.20	0.19	0.11
韩国	Korea	0.17	0.18	0.18	0.20	0.20	0.19	0.20	0.19	0.18	0.18
意大利	Italy	0.16	0.15	0.15	0.15	0.15	0.15	0.15	0.16	0.18	0.19
以色列	Israel	0.04	0.04	0.09	0.10	0.13	0.13	0.15	0.15	0.17	0.20
非OECD合计	**NON-OECD Total**	**1.32**	**1.34**	**1.33**	**1.36**	**1.33**	**1.31**	**1.32**	**1.28**	**1.28**	**1.26**
沙特阿拉伯	Saudi Arabia	3.78	4.31	4.16	3.99	3.99	3.73	3.76	3.35	3.18	3.22
委内瑞拉	Venezuela	3.52	3.36	3.43	3.49	3.22	2.89	2.93	2.83	2.50	2.86
俄罗斯	Russia	1.67	1.73	1.80	1.85	1.83	1.84	1.82	1.83	1.84	1.80
印度尼西亚	Indonesia	1.52	1.53	1.53	1.55	1.73	1.75	1.73	1.77	1.84	1.89
伊朗	Islamic Republic of Iran	1.81	1.89	1.85	1.80	1.74	1.69	1.66	1.60	1.68	1.67
埃及	Egypt	1.16	1.17	1.14	1.24	1.25	1.22	1.24	1.23	1.21	1.14
南非	South Africa	1.26	1.30	1.22	1.23	1.23	1.19	1.09	1.11	1.19	1.15
阿根廷	Argentina	1.45	1.41	1.32	1.26	1.18	1.13	1.08	1.08	1.06	0.96
巴西	Brazil	0.85	0.89	0.87	0.90	0.93	0.92	0.92	0.96	0.93	0.92
中国	China	0.99	0.98	0.95	0.95	0.93	0.93	0.94	0.91	0.91	0.89
印度	India	0.82	0.80	0.78	0.79	0.78	0.76	0.75	0.75	0.75	0.72
泰国	Thailand	0.54	0.54	0.52	0.56	0.56	0.57	0.61	0.60	0.60	0.58
中国，台北	Chinese Taipei	0.12	0.13	0.12	0.12	0.12	0.12	0.12	0.13	0.12	0.13
中国，香港	Hong Kong, China										

附录2-5　能源供应量/GDP(吨标准油/千美元 2005年价格)

TPES/GDP(toe per thousand 2005 US$)

国家和地区	Contury or Area	1980	1990	2000	2005	2008	2009	2010	2011
世界	**World**	**0.31**	**0.28**	**0.25**	**0.25**	**0.24**	**0.25**	**0.25**	**0.25**
OECD合计	**OECD Total**	**0.22**	**0.18**	**0.16**	**0.15**	**0.14**	**0.14**	**0.14**	**0.14**
澳大利亚	Australia	0.21	0.19	0.17				0.14	0.14
加拿大	Canada	0.34	0.28	0.25				0.21	0.20
墨西哥	Mexico	0.21	0.22	0.19				0.19	0.19
荷兰	Netherlands	0.18	0.15	0.12				0.12	0.11
美国	United States	0.31	0.24	0.20				0.17	0.17
英国	United Kingdom	0.17	0.14	0.11				0.09	0.08
瑞典	Sweden	0.19	0.18	0.15				0.13	0.12
法国	France	0.15	0.14	0.13				0.12	0.11
瑞士	Switzerland	0.08	0.08	0.07				0.06	0.06
德国	Germany	0.20	0.16	0.13				0.11	0.10
西班牙	Spain	0.12	0.12	0.13				0.11	0.11
比利时	Belgium	0.20	0.17	0.17				0.15	0.14
日本	Japan	0.14	0.11	0.12				0.11	0.10
韩国	Korea	0.29	0.26	0.28				0.25	0.25
意大利	Italy	0.11	0.10	0.10				0.10	0.09
以色列	Israel	0.17	0.17	0.15				0.14	0.13
非OECD合计	**NON-OECD Total**	**0.69**	**0.75**	**0.61**	**0.58**	**0.53**	**0.52**	**0.52**	**0.52**
伊朗	Islamic Republic of Iran	0.46	0.68	0.84	0.90	0.91	0.93	0.91	0.86
俄罗斯	Russian Federation		1.04	1.09	0.85	0.73	0.74	0.78	0.77
中国	China	2.77	1.66	0.83	0.78	0.66	0.65	0.63	0.65
埃及	Egypt	0.52	0.65	0.54	0.70	0.65	0.62	0.61	0.63
印度	India	1.01	0.90	0.77	0.65	0.60	0.59	0.56	0.57
泰国	Thailand	0.53	0.47	0.53	0.56	0.54	0.55	0.56	0.57
印度尼西亚	Indonesia	0.69	0.66	0.68	0.63	0.55	0.56	0.55	0.52
南非	South Africa	0.44	0.53	0.53	0.52	0.52	0.51	0.47	0.47
沙特阿拉伯	Saudi Arabia	0.15	0.30	0.39	0.46	0.45	0.46	0.47	0.48
委内瑞拉	Venezuela	0.37	0.42	0.44	0.46	0.38	0.40	0.44	0.39
阿根廷	Argentina	0.34	0.43	0.37	0.37	0.33	0.32	0.29	0.29
中国，台北	Chinese Taipei	0.35	0.29	0.28	0.28	0.26	0.25	0.24	0.23
巴西	Brazil	0.22	0.23	0.24	0.24	0.24	0.24	0.24	0.24
中国，香港	Hong Kong, China	0.09	0.09	0.09	0.07	0.07	0.07	0.06	0.06

附录2-6 人均能源供应量(吨标准油/人)

TPES/POPULATION (toe per capita)

国家和地区	Contury or Area	2002	2003	2004	2005	2006	2007	2008	2009	2010	2011
世界	**World**	**1.65**	**1.69**	**1.75**	**1.79**	**1.80**	**1.82**	**1.83**	**1.80**	**1.86**	**1.88**
OECD合计	**OECD Total**	**4.66**	**4.67**	**4.73**	**4.62**	**4.64**	**4.65**	**4.49**	**4.27**	**4.39**	**4.28**
加拿大	Canada	7.97	8.28	8.40	8.47	8.27	8.26	8.00	7.44	7.38	7.30
美国	United States	7.94	7.84	7.92	7.89	7.74	7.74	7.50	7.04	7.03	7.02
比利时	Belgium	5.48	5.73	5.58	5.89	5.79	5.37	5.47	5.29	5.59	5.38
澳大利亚	Australia	5.66	5.66	5.62	5.90	5.90	5.88	6.05	5.68	5.53	5.40
瑞典	Sweden	5.91	5.70	5.91	5.78	5.65	5.47	5.36	4.88	5.47	5.19
韩国	Korea	4.24	4.34	4.44	4.42	4.48	4.58	4.67	4.70	5.12	5.23
荷兰	Netherlands	4.87	4.99	5.41	5.05	4.90	4.90	4.85	4.73	5.02	4.64
法国	France	4.33	4.38	4.41	4.40	4.31	4.14	4.16	3.93	4.04	3.88
德国	Germany	4.19	4.21	4.22	4.19	4.23	4.05	4.08	3.87	4.00	3.81
日本	Japan	4.09	4.04	4.17	4.14	4.13	4.03	3.88	3.70	3.90	3.61
瑞士	Switzerland	3.65	3.63	3.64	3.60	3.73	3.38	3.46	3.46	3.37	3.22
英国	United Kingdom	3.85	3.90	3.90	3.89	3.82	3.45	3.40	3.19	3.26	3.00
以色列	Israel	3.05	3.09	3.02	2.96	2.96	3.02	3.01	2.88	3.01	3.00
意大利	Italy	2.99	3.14	3.14	3.17	3.13	3.02	2.94	2.74	2.81	2.76
西班牙	Spain	3.19	3.24	3.33	3.34	3.28	3.21	3.04	2.78	2.77	2.72
墨西哥	Mexico	1.53	1.56	1.59	1.70	1.69	1.67	1.69	1.63	1.64	1.70
非OECD合计	**NON-OECD Total**	**0.97**	**0.99**	**1.05**	**1.08**	**1.11**	**1.15**	**1.18**	**1.19**	**1.24**	**1.30**
沙特阿拉伯	Saudi Arabia	5.54	5.59	5.86	6.05	6.04	6.13	5.89	5.89	6.17	6.66
俄罗斯	Russian Federation	4.25	4.42	4.47	4.55	4.71	4.73	4.85	4.56	4.95	5.15
中国，台北	Chinese Taipei	4.16	4.36	4.59	4.50	4.60	4.81	4.61	4.46	4.71	4.64
伊朗	Islamic Republic of Iran	1.99	2.10	2.22	2.47	2.56	2.73	2.82	2.91	2.82	2.84
南非	South Africa	2.51	2.58	2.79	2.72	2.72	2.81	3.03	2.93	2.74	2.79
委内瑞拉	Venezuela	2.29	2.07	2.18	2.52	2.25	2.31	2.51	2.47	2.67	2.40
中国，香港	Hong Kong, China	2.41	2.47	2.58	1.86	1.94	2.07	2.03	2.13	1.95	2.11
阿根廷	Argentina	1.49	1.57	1.65	1.73	1.87	1.86	1.93	1.86	1.85	1.97
中国	China	0.95	1.06	1.22	1.34	1.41	1.49	1.57	1.69	1.81	2.03
泰国	Thailand	1.33	1.41	1.56	1.49	1.50	1.55	1.58	1.56	1.70	1.71
巴西	Brazil	1.07	1.07	1.14	1.16	1.19	1.24	1.30	1.24	1.36	1.37
埃及	Egypt	0.75	0.78	0.79	0.85	0.81	0.84	0.92	0.90	0.90	0.94
印度尼西亚	Indonesia	0.76	0.78	0.79	0.79	0.81	0.84	0.80	0.84	0.87	0.86
印度	India	0.51	0.46	0.48	0.49	0.51	0.53	0.55	0.58	0.59	0.60

附录2-7 煤生产量

COAL PRODUCTION

单位：百万吨标准油 (Mtoe)

国家和地区	Contury or Area	2002	2003	2004	2005	2006	2007	2008	2009	2010	比重% Percent of World	2011	比重% Percent of World
世界总计	**World**	**2375.3**	**2517.7**	**2743.5**	**2977.8**	**3081.7**	**3230.9**	**3415.7**	**3394.4**	**3596.0**	**100.00**	**3850.5**	**100.00**
中国	China	752.6	876.9	1033.0	1186.0	1234.5	1312.2	1452.9	1496.2	1623.2	45.14	1823.4	47.35
美国	United States	555.1	526.1	553.2	564.2	576.8	568.5	579.3	530.1	531.9	14.79	536.4	13.93
印度	India	156.8	166.3	176.4	187.8	197.9	210.2	225.1	244.9	244.5	6.80	252.2	6.55
澳大利亚	Australia	184.4	185.2	192.6	202.0	201.4	227.4	231.9	225.7	237.3	6.60	222.6	5.78
印度尼西亚	Indonesia	63.6	70.9	86.0	98.2	137.5	157.9	165.0	166.8	186.3	5.18	206.9	5.37
俄罗斯	Russian Federation	117.8	127.3	130.1	157.4	143.3	163.0	167.2	153.6	180.0	5.01	180.0	4.68
南非	South Atrica	124.3	134.8	137.1	138.4	138.3	139.9	142.5	140.9	143.8	4.00	142.7	3.71
波兰	Poland	71.2	70.8	69.8	68.9	67.6	62.5	60.9	56.4	55.4	1.54	55.8	1.45
哈萨克斯坦	Kazakhstan	35.6	37.3	38.2	38.3	42.3	43.0	48.8	44.3	48.6	1.35	50.9	1.32
哥伦比亚	Colombia	26.1	32.8	35.2	38.4	42.6	45.4	47.8	47.3	48.3	1.34	55.8	1.45
德国	Germany	58.4	57.7	58.3	56.5	53.4	54.6	50.1	45.7	45.1	1.25	46.5	1.21
加拿大	Canada	32.6	30.3	32.2	33.1	32.5	34.3	33.6	30.7	33.8	0.94	33.7	0.87
乌克兰	Ukraine	32.0	37.1	34.8	34.7	35.3	33.6	33.7	32.0	31.0	0.86	40.4	1.05
英国	United Kingdom	17.8	16.8	14.9	11.9	10.7	10.2	10.8	10.7	11.0	0.31	10.9	0.28

附录2-8 原油和天然气凝析液(NGL)生产量

CRUDE OIL AND NGL PRODUCTION

单位：千吨 (1000 tonnes)

国家和地区	Contury or Area	2003	2004	2005	2006	2007	2008	2009	2010	比重% Percent of World	2011	比重% Percent of World
世界总计	**World**	**3707983**	**3951180**	**3965041**	**4011420**	**3998630**	**4041340**	**3901215**	**3974009**	**100.00**	**4030254**	**100.00**
石油输出国家组织	**OPEC**	**1511598**	**1698790**	**1722991**	**1727900**	**1697710**	**1746660**	**1642594**	**1664310**	**41.88**	**1720289**	**42.68**
俄罗斯	Russian Federation	418582	458470	466448	478130	490040	488530	491247	504102	12.68	512388	12.71
沙特阿拉伯	Saudi Arabia	477792	502230	514016	517090	496200	518280	456926	461100	11.60	520168	12.91
美国	United States	338430	325916	322550	317810	317450	312910	321675	332428	8.37	343236	8.52
伊朗	Iran	191417	202540	220078	217090	219790	216420	219427	221883	5.58	220203	5.46
中国	China	169655	175940	181426	184850	186420	195170	189616	203154	5.11	203028	5.04
加拿大	Canada	140426	145419	147450	155300	161950	160420	152622	161220	4.06	169440	4.20
委内瑞拉	Venezuela	137829	161520	182556	159420	147840	145910	155502	149994	3.77	157179	3.90
墨西哥	Mexico	189289	191367	197280	190480	179600	168930	146007	144722	3.64	143395	3.56
尼日利亚	Nigeria	117666	131000	127976	127180	114850	110080	115054	133174	3.35	127283	3.16
阿联酋	United Arab Emirates	119291	126750	132943	137600	135440	138450	125621	130963	3.30	143699	3.57
科威特	Kuwait	111125	122730	134662	140910	137130	142970	118946	122246	3.08	141024	3.50
伊拉克	Iraq	65949	101230	93644	99550	103550	116100	117074	118691	2.99	133602	3.31
挪威	Norway	147011	144627	142030	131280	122010	116910	108295	99648	2.51	94235	2.34
安哥拉	Angola	43083	50480	62446	72600	87370	97990	91072	88487	2.23	81603	2.02
哈萨克斯坦	Kazakhstan	51452	59760	62238	65840	67410	70980	77522	80961	2.04	81278	2.02
阿尔及利亚	Algeria	79180	87390	86130	90490	90610	88190	77433	74403	1.87	72284	1.79
利比亚	Libya	70781	79520	86512	89970	87990	90590	78038	72695	1.83	23731	0.59
英国	United Kingdom	106193	95491	88470	80010	80160	74610	68198	52005	1.31	51972	1.29
印度尼西亚	Indonesia	59356	55950	52447	49140	47510	49230	47313	47535	1.20	45283	1.12
阿根廷	Argentina	40369	39430	37707	37670	36680	35710	35252	34893	0.88	33206	0.82

附录2-9 天然气生产量

PRODUCTION OF NATURAL GAS

单位：百万标准油 (Mtoe)

国家和地区	Contury or Area	2002	2003	2004	2005	2006	2007	2008	2009	2010	比重% Percent of World	2011	比重% Percent of World
世界总计	**World**	**2170.1**	**2246.1**	**2305.3**	**2373.3**	**2437.4**	**2507.7**	**2608.2**	**2528.8**	**2719.1**	**100.00**	**2805.4**	**100.00**
俄罗斯	Russian Federation	479.4	499.7	509.2	515.7	525.7	521.9	534.6	474.4	540.0	19.86	552.7	19.70
美国	United States	442.3	447.9	435.8	421.4	430.9	449.8	472.6	479.6	495.0	18.21	530.9	18.92
加拿大	Canada	153.3	151.1	150.8	154.0	154.9	151.4	143.8	135.3	132.3	4.87	132.4	4.72
伊朗	Iran	58.5	66.2	73.6	83.4	87.4	104.0	108.0	116.2	121.3	4.46	127.2	4.53
卡塔尔	Qatar	26.0	27.6	33.5	40.0	44.4	55.1	69.7	79.5	107.3	3.95	134.5	4.80
中国	China	33.8	29.3	35.3	41.3	49.0	57.9	67.2	71.3	79.4	2.92	85.9	3.06
印度尼西亚	Indonesia	65.9	66.0	63.5	65.5	64.1	62.4	64.3	67.1	74.7	2.75	71.0	2.53
阿尔及利亚	Algeria	75.1	79.4	78.3	75.6	74.4	73.6	73.8	70.9	72.0	2.65	69.6	2.48
沙特阿拉伯	Saudi Arabia	46.8	42.8	46.5	55.6	53.6	55.1	60.8	61.4	66.5	2.45	70.0	2.50
荷兰	Netherland	54.3	52.2	61.6	56.3	55.4	54.4	59.9	56.4	63.4	2.33	57.7	2.06
英国	United Kingdom	93.4	92.6	86.4	79.5	72.0	64.9	62.7	53.7	51.5	1.89	40.8	1.45
埃及	Egypt	23.1	26.1	28.2	42.6	44.6	45.9	49.2	50.7	50.3	1.85	49.9	1.78
乌兹别克斯坦	Uzbekistan	47.1	47.2	48.1	49.0	51.0	52.9	54.9	49.9	48.8	1.80	51.2	1.82
马来西亚	Malaysia	38.4	44.7	46.5	49.8	54.6	50.0	52.5	46.8	45.9	1.69	47.4	1.69
阿联酋	United Arab Emirates	34.7	35.9	38.8	39.0	40.9	42.9	42.1	40.9	43.0	1.58	43.8	1.56
澳大利亚	Australia	30.3	31.3	32.0	35.4	36.8	39.0	39.4	39.3	42.5	1.56	44.7	1.59
印度	India	22.6	23.6	23.4	25.9	23.4	26.1	26.3	38.5	42.4	1.56	38.5	1.37
墨西哥	Mexico	32.4	33.9	35.5	36.9	40.5	39.0	38.8	38.4	41.9	1.54	41.8	1.49
特立尼达和多巴哥	Trinidad and Tobago	13.7	20.9	22.0	27.7	26.1	32.5	32.2	36.2	37.5	1.38	35.9	1.28
土库曼斯坦	Turkmenistan	43.6	48.2	48.0	51.3	51.5	56.1	57.4	31.1	36.9	1.36	53.9	1.92
阿根廷	Argentina	32.2	35.8	36.8	39.9	37.2	38.9	39.1	37.2	35.4	1.30	34.9	1.24
巴基斯坦	Pakistan	17.8	22.2	24.1	25.6	25.1	27.2	26.5	27.3	27.0	0.99	26.9	0.96
泰国	Thailand	16.1	16.9	17.5	18.5	19.0	20.3	22.5	21.4	24.7	0.91	22.0	0.78
委内瑞拉	Venezuela	24.3	22.6	22.3	28.7	23.4	22.7	22.3	22.0	23.2	0.85	24.0	0.85
德国	Germany	16.0	15.9	14.7	14.2	14.1	13.1	11.3	11.1	9.7	0.36	10.9	0.39

附录2-10 总发电量(2011年)

TOTAL ELECTRICITY GENERATION(2011)

单位：百万千瓦小时 (GWh)

国家和地区	Contury or Area	总发电量 Total Production of Electricity	发电量占世界比重(%) Percent of World (%)	煤电比重(%) Electricity Generation from Coal (% of total)	油电比重(%) Electricity Generation from Oil (% of total)	气电比重(%) Electricity Generation from Gas (% of total)	水电比重(%) Electricity Generation from Hydro (% of total)	核电比重(%) Electricity Generation from Nuclear (% of total)
世界总计	**World**	**22125848**	**100.00**	**41.30**	**4.80**	**21.90**	**15.80**	**11.70**
美国	United States	4326625	19.55	43.35	0.91	24.16	7.44	18.98
中国	China	4715716	21.31	79.00	0.20	1.80	14.80	1.80
日本	Japan	1042739	4.71	26.96	14.71	35.86	7.98	9.76
俄罗斯	Russian Federation	1053001	4.76	15.60	2.60	49.30	15.70	16.40
印度	India	1052330	4.76	67.90	1.20	10.30	12.40	3.20
德国	Germany	602419	2.72	45.13	1.10	13.88	2.87	17.92
加拿大	Canada	636878	2.88	11.99	1.03	9.75	58.99	14.69
法国	France	556886	2.52	3.11	0.62	4.80	8.05	79.44
巴西	Brazil	531758	2.40	2.30	2.80	4.70	80.60	2.90
韩国	Korea	520053	2.35	43.17	3.20	22.25	0.88	29.75
英国	United Kingdom	364896	1.65	30.04	1.00	40.24	1.56	18.90
西班牙	Spain	289045	1.31	15.54	5.11	29.24	10.59	19.97
墨西哥	Mexico	295837	1.34	11.54	16.35	52.83	12.26	3.41
南非	South Africa	259576	1.17	93.80	0.10		0.80	5.20
中国，台北	Chinese Taipei	249114	1.13	51.00	3.90	24.60	1.60	16.90
乌克兰	Ukraine	194947	0.88	38.20	0.30	9.50	5.60	46.30
瑞典	Sweden	150254	0.68	1.32	0.53	1.03	44.21	40.25
阿根廷	Argentina	129555	0.59	2.50	15.10	51.40	24.40	4.90
荷兰	Netherlands	112968	0.51	21.90	1.29	60.58	0.05	3.67
巴基斯坦	Pakistan	95258	0.43	0.10	35.40	29.00	29.90	5.50
比利时	Belgium	89008	0.40	6.04	0.33	28.58	0.22	54.19
捷克	Czech Republic	86753	0.39	57.51	0.11	1.35	2.26	32.60
芬兰	Finland	73481	0.33	21.43	0.57	12.85	16.94	31.56
瑞士	Switzerland	62897	0.28		0.09	1.58	51.50	42.47
罗马尼亚	Romania	61999	0.28	40.00	1.20	13.50	23.80	18.90
保加利亚	Bulgaria	50023	0.23	55.00	0.30	4.20	5.80	32.60

附录2-11 终端能源消费量

TOTAL FINAL CONSUMPTION OF ENERGY

单位：百万吨标准油 (Mtoe)

国家和地区	Contury or Area	2002	2003	2004	2005	2006	2007	2008	2009	2010	比重% Percent of World	2011	比重% Percent of World
世界	**World**	**6110.96**	**6426.07**	**7731.12**	**7938.51**	**8074.24**	**8287.07**	**8411.73**	**8316.56**	**8676.63**	**100.00**	**8917.53**	**100.00**
OECD合计	**OECD Total**	**3569.52**	**3636.13**	**3702.41**	**3783.65**	**3824.38**	**3759.89**	**3732.30**	**3568.70**	**3691.11**	**42.54**	**3651.43**	**40.95**
美国	United States	1549.47	1570.93	1599.74	1591.86	1572.16	1581.62	1542.25	1458.67	1500.18	17.29	1503.71	16.86
日本	Japan	352.48	346.68	350.65	353.75	351.79	342.27	318.81	314.41	324.58	3.74	314.47	3.53
德国	Germany	239.48	250.59	252.56	249.26	253.57	228.32	235.67	222.73	226.75	2.61	221.02	2.48
加拿大	Canada	190.01	197.47	202.46	204.16	201.51	205.33	202.26	190.95	195.98	2.26	203.98	2.29
法国	France	168.99	175.03	176.81	175.23	173.95	165.18	165.55	157.90	162.81	1.88	152.20	1.71
韩国	Korea	138.99	143.13	145.34	143.64	145.08	147.10	147.54	147.82	157.44	1.81	161.04	1.81
英国	United Kingdom	158.66	160.75	162.53	161.30	158.73	142.21	142.85	131.46	137.91	1.59	126.30	1.42
意大利	Italy	133.83	139.36	146.31	145.22	144.57	138.52	133.40	125.58	129.77	1.50	126.75	1.42
墨西哥	Mexico	99.81	100.47	105.33	108.64	113.43	113.79	115.40	110.10	113.45	1.31	116.07	1.30
西班牙	Spain	94.44	99.74	103.50	105.19	103.93	102.79	99.07	92.04	93.70	1.08	88.60	0.99
澳大利亚	Australia	70.96	72.30	73.95	77.90	77.73	75.07	76.71	74.66	75.28	0.87	77.85	0.87
荷兰	Netherlands	60.15	62.28	63.25	63.92	61.25	61.63	61.04	60.10	64.77	0.75	59.63	0.67
比利时	Belgium	40.93	42.79	41.37	44.55	43.55	39.65	42.36	39.22	41.68	0.48	42.64	0.48
瑞典	Sweden	35.72	35.66	35.59	35.17	34.99	34.40	33.77	31.88	35.23	0.41	32.73	0.37
瑞士	Switzerland	21.07	21.69	22.04	22.27	22.24	20.30	20.97	20.17	21.05	0.24	19.45	0.22
以色列	Israel	12.22	12.69	13.00	11.97	12.29	12.92	13.15	13.92	14.81	0.17	14.08	0.16
非OECD合计	**NON-OECD Total**	**2541.44**	**2643.09**	**3745.29**	**3839.32**	**4006.26**	**4191.60**	**4333.54**	**4415.43**	**4631.14**	**53.37**	**4905.42**	**55.01**
中国	China	619.13	683.55	1025.16	1162.38	1171.91	1252.97	1369.86	1431.92	1512.22	17.43	1634.71	18.33
印度	India	177.06	182.54	349.78	360.23	375.39	394.20	415.24	441.33	457.49	5.27	492.51	5.52
俄罗斯	Russia	409.62	419.47	427.36	412.36	425.05	428.26	434.88	418.15	445.76	5.14	458.57	5.14
巴西	Brazil	120.02	118.81	170.54	171.68	178.23	188.33	194.54	190.77	210.61	2.43	217.89	2.44
伊朗	Islamic Republic of Iran	102.07	108.42	119.07	124.45	140.23	150.28	152.45	159.91	157.18	1.81	162.90	1.83
印度尼西亚	Indonesia	75.57	72.73	128.54	134.24	134.99	138.12	140.74	146.52	156.45	1.80	158.30	1.78
沙特阿拉伯	Saudi Arabia	76.95	73.41	80.70	74.80	85.75	90.29	94.04	99.56	105.36	1.21	118.19	1.33
泰国	Thailand	47.25	49.85	68.75	69.78	67.33	69.57	73.61	77.82	84.58	0.97	88.37	0.99
中国，台北	Chinese Taipei	58.67	60.89	63.38	60.44	60.36	64.74	63.29	62.88	67.71	0.78	65.34	0.73
南非	South Africa	49.47	52.83	63.96	63.38	63.26	64.10	71.78	71.02	61.44	0.71	71.13	0.80
阿根廷	Argentina	38.90	42.07	46.12	49.97	53.67	54.15	54.59	52.15	53.73	0.62	58.08	0.65
埃及	Egypt	34.87	36.71	39.34	42.89	44.52	47.55	49.94	48.28	49.54	0.57	52.17	0.59
委内瑞拉	Venezuela	36.27	34.78	37.96	43.52	42.40	43.20	38.60	38.93	45.18	0.52	47.59	0.53
中国，香港	Hong Kong, China	11.49	11.20	11.41	7.54	7.76	7.99	8.07	8.91	8.32	0.10	8.64	0.10

附录2-12 煤的一次供应量

PRIMARY SUPPLY OF COAL

单位：百万吨标准油 (Mtoe)

国家和地区	Contury or Area	2002	2003	2004	2005	2006	2007	2008	2009	2010	比重% Percent of Word	2011	比重% Percent of Word
世界	**World**	**2380.83**	**2536.38**	**2764.51**	**2951.39**	**3053.54**	**3190.30**	**3314.18**	**3289.99**	**3475.77**	**100.00**	**3776.06**	**100.00**
OECD合计	**OECD Total**	**1099.49**	**1105.14**	**1131.74**	**1146.37**	**1138.65**	**1155.31**	**1128.09**	**1029.17**	**1086.37**	**31.26**	**1063.04**	**28.15**
美国	United States	542.16	531.17	548.77	558.46	550.96	554.80	545.76	484.98	502.64	14.46	479.00	12.69
日本	Japan	103.16	106.44	116.48	111.04	112.41	116.24	113.50	101.15	114.95	3.31	107.42	2.84
德国	Germany	84.10	85.02	85.83	81.69	82.27	86.67	80.97	71.62	77.12	2.22	77.35	2.05
韩国	Korea	45.67	48.18	50.09	49.47	52.61	56.14	62.77	64.84	73.43	2.11	80.24	2.12
澳大利亚	Australia	49.04	48.29	49.47	53.18	53.75	55.47	57.96	52.33	51.37	1.48	48.18	1.28
英国	United Kingdom	35.67	38.64	37.35	37.94	41.29	38.77	35.89	29.83	30.75	0.88	30.66	0.81
加拿大	Canada	30.54	30.00	28.44	30.03	27.53	26.41	26.27	22.22	22.29	0.64	19.60	0.52
意大利	Italy	13.73	14.88	16.60	16.47	16.67	16.78	16.28	12.75	14.17	0.41	15.91	0.42
法国	France	13.57	14.36	13.90	14.30	13.20	13.64	12.88	11.20	12.04	0.35	10.28	0.27
墨西哥	Mexico	7.43	8.23	7.13	8.85	8.74	9.10	7.52	7.75	8.63	0.25	10.01	0.27
西班牙	Spain	21.58	20.11	21.02	20.49	17.87	20.01	13.48	10.15	7.68	0.22	12.44	0.33
荷兰	Netherlands	8.47	8.84	8.70	8.19	7.78	8.51	8.08	7.46	7.60	0.22	7.47	0.20
以色列	Israel	7.85	7.98	8.11	7.64	8.18	8.02	7.79	7.15	7.41	0.21	7.75	0.21
比利时	Belgium	6.34	5.95	5.79	5.02	4.78	4.24	4.35	2.98	3.19	0.09	2.91	0.08
瑞典	Sweden	2.84	2.67	2.94	2.62	2.69	2.65	2.43	1.93	2.49	0.07	2.49	0.07
瑞士	Switzerland	0.14	0.14	0.13	0.15	0.16	0.18	0.16	0.15	0.15		0.14	
非OECD合计	**NON-OECD Total**	**1281.34**	**1431.25**	**1630.44**	**1805.02**	**1915.05**	**2034.98**	**2186.09**	**2260.82**	**2389.40**	**68.74**	**2713.02**	**71.85**
中国	China	688.70	807.99	973.63	1138.53	1206.98	1285.07	1406.35	1509.57	1595.14	45.89	1858.66	49.22
印度	India	173.58	177.53	197.25	208.04	222.77	242.49	261.37	282.78	288.36	8.30	325.78	8.63
俄罗斯	Russian Federation	106.74	107.42	104.19	112.64	106.74	110.96	117.07	95.27	114.83	3.30	115.94	3.07
南非	South Africa	78.55	86.64	94.40	91.94	93.60	97.10	95.83	102.85	100.73	2.90	98.48	2.61
中国，台北	Chinese Taipei	33.31	36.05	37.46	38.14	39.96	41.79	40.11	38.16	41.43	1.19	40.93	1.08
印度尼西亚	Indonesia	17.95	18.84	20.22	23.18	29.22	33.99	37.14	30.51	30.48	0.88	31.48	0.83
泰国	Thailand	8.99	9.40	10.71	11.50	12.50	14.23	15.40	14.93	16.36	0.47	18.25	0.48
巴西	Brazil	12.96	13.10	13.43	12.99	12.79	13.59	13.73	10.98	14.44	0.42	15.43	0.41
中国，香港	Hong Kong, China	5.36	6.57	6.59	6.67	7.03	7.56	6.99	7.60	6.36	0.18	7.72	0.20
伊朗	Islamic Republic of Iran	1.14	1.11	1.03	1.65	1.28	1.71	1.61	1.18	1.44	0.04	1.37	0.04
阿根廷	Argentina	0.45	0.51	0.57	0.89	1.02	1.08	1.25	1.17	0.96	0.03	1.21	0.03
埃及	Egypt	0.83	0.86	0.94	0.90	0.87	0.87	0.85	0.82	0.80	0.02	1.04	0.03
委内瑞拉	Venezuela	0.02	0.04	-	0.04	0.04	0.05	0.04	0.24	0.20	0.01	0.21	0.01
沙特阿拉伯	Saudi Arabia												

附录2-13　石油的一次供应量

PRIMARY SUPPLY OF OIL

单位：百万吨标准油　　　　(Mtoe)

国家和地区	Contury or Area	2002	2003	2004	2005	2006	2007	2008	2009	2010	比重% Percent of Word	2011	比重% Percent of Word
世界	**World**	**3587.33**	**3793.60**	**3944.34**	**4025.69**	**4033.43**	**4078.04**	**4072.29**	**3989.63**	**4107.45**	**100.00**	**4135.99**	**100.00**
OECD合计	**OECD Total**	**2172.52**	**2202.07**	**2237.22**	**2188.05**	**2128.17**	**2102.69**	**2057.70**	**1953.00**	**1961.46**	**47.75**	**1921.33**	**46.45**
美国	United States	900.20	921.41	947.47	952.20	937.12	902.87	851.60	801.73	804.93	19.60	786.03	19.00
日本	Japan	258.15	256.87	253.60	250.53	240.57	229.83	214.29	200.50	203.01	4.94	206.30	4.99
德国	Germany	128.83	126.51	125.21	123.15	123.55	104.40	111.13	103.69	105.14	2.56	101.92	2.46
墨西哥	Mexico	92.34	91.71	96.12	103.82	100.74	100.37	103.71	99.03	97.30	2.37	100.09	2.42
韩国	Korea	102.00	101.20	101.43	94.94	93.61	94.45	89.62	90.60	95.11	2.32	93.71	2.27
加拿大	Canada	86.37	92.84	97.95	97.50	95.34	99.17	96.42	85.39	86.43	2.10	81.92	1.98
法国	France	91.27	91.13	92.13	91.56	90.71	83.96	83.20	79.02	76.52	1.86	75.56	1.83
意大利	Italy	87.45	86.87	83.77	82.11	81.19	75.96	72.46	67.61	65.24	1.59	62.70	1.52
英国	United Kingdom	80.51	81.08	83.20	84.60	83.80	67.44	67.73	64.18	63.36	1.54	60.50	1.46
西班牙	Spain	67.27	69.04	70.77	71.17	70.84	67.94	65.05	60.37	58.16	1.42	54.81	1.33
澳大利亚	Australia	34.57	35.93	34.56	37.88	38.76	36.25	39.40	39.35	39.87	0.97	41.35	1.00
荷兰	Netherlands	29.85	31.53	31.96	33.41	32.40	32.79	31.01	30.33	31.49	0.77	29.81	0.72
比利时	Belgium	22.90	24.76	23.02	25.55	24.45	22.50	24.08	23.95	24.80	0.60	22.60	0.55
瑞典	Sweden	16.52	15.75	15.45	14.90	14.62	12.93	13.52	11.85	13.89	0.34	13.73	0.33
瑞士	Switzerland	12.96	12.58	12.53	12.63	12.97	10.45	11.09	11.51	10.35	0.25	9.98	0.24
以色列	Israel	11.59	12.08	10.84	10.89	10.51	11.16	11.09	10.22	10.29	0.25	10.63	0.26
非OECD合计	**NON-OECD Total**	**1414.81**	**1444.69**	**1543.70**	**1522.10**	**1583.29**	**1639.77**	**1668.69**	**1704.20**	**1791.62**	**43.62**	**1853.97**	**44.83**
中国	China	244.16	269.81	311.12	317.44	341.53	354.99	363.63	377.99	431.35	10.50	442.25	10.69
印度	India	118.58	123.69	127.21	126.45	131.76	138.79	150.80	159.57	162.26	3.95	165.69	4.01
俄罗斯	Russia	128.35	131.51	131.62	129.20	133.80	132.39	143.13	137.92	139.08	3.39	158.52	3.83
巴西	Brazil	88.02	84.33	86.58	87.11	88.72	92.64	95.74	95.42	104.76	2.55	109.03	2.64
沙特阿拉伯	Saudi Arabia	78.94	80.45	85.45	89.94	89.51	93.03	93.03	96.50	102.80	2.50	117.03	2.83
伊朗	Islamic Republic of Iran	65.80	68.24	72.61	84.89	84.22	85.55	91.64	95.73	84.43	2.06	80.58	1.95
印度尼西亚	Indonesia	58.71	58.28	63.80	65.45	59.24	61.09	63.88	64.15	66.93	1.63	72.59	1.76
泰国	Thailand	37.90	40.61	45.68	43.74	42.29	41.86	40.31	42.07	44.56	1.08	46.81	1.13
委内瑞拉	Venezuela	27.75	24.72	28.12	30.68	29.90	33.12	37.23	37.83	44.02	1.07	36.21	0.88
中国，台北	Chinese Taipei	42.46	43.47	45.93	43.45	43.31	45.84	42.38	40.43	42.19	1.03	39.47	0.95
埃及	Egypt	26.23	26.53	28.04	29.35	29.36	31.19	31.85	32.18	31.58	0.77	31.55	0.76
阿根廷	Argentina	20.19	20.52	24.14	22.95	27.07	26.62	28.31	26.79	27.72	0.67	30.18	0.73
南非	South Africa	16.82	13.87	15.55	17.07	15.25	16.94	20.73	20.74	15.00	0.37	21.06	0.51
中国，香港	Hong Kong, China	8.35	8.02	8.13	3.19	3.30	3.89	3.83	4.08	3.52	0.09	3.90	0.09

附录2-14 天然气供应量

PRIMARY SUPPLY OF GAS

单位：百万吨标准油 (Mtoe)

国家和地区	Contury or Area	2002	2003	2004	2005	2006	2007	2008	2009	2010	比重% Percent of Word	2011	比重% Percent of Word
世界	**World**	**2170.85**	**2240.82**	**2289.45**	**2368.26**	**2417.13**	**2527.91**	**2592.81**	**2538.80**	**2727.61**	**100.00**	**2786.95**	**100.00**
OECD合计	**OECD Total**	**1167.30**	**1189.26**	**1195.39**	**1208.82**	**1205.82**	**1262.34**	**1276.75**	**1248.64**	**1316.96**	**48.28**	**1317.24**	**47.26**
美国	United States	535.66	519.80	512.12	507.07	501.27	542.69	542.77	535.23	556.48	20.40	568.73	20.41
日本	Japan	66.47	71.30	70.56	70.57	77.44	83.05	83.71	80.66	86.01	3.15	99.95	3.59
英国	United Kingdom	85.83	85.86	87.36	85.60	81.04	81.94	84.45	78.10	84.79	3.11	70.18	2.52
加拿大	Canada	73.33	79.71	78.00	80.60	79.47	80.59	77.05	78.37	78.59	2.88	83.57	3.00
德国	Germany	75.55	79.11	78.71	80.83	79.47	76.85	76.53	76.56	73.38	2.69	69.58	2.50
意大利	Italy	57.69	63.60	66.00	70.63	69.17	69.51	69.50	63.88	68.04	2.49	63.80	2.29
墨西哥	Mexico	38.33	41.97	43.70	44.19	48.56	47.11	49.08	48.51	53.26	1.95	56.22	2.02
法国	France	37.47	39.31	40.14	41.07	39.61	38.48	39.87	38.45	42.53	1.56	37.03	1.33
荷兰	Netherlands	35.83	35.99	36.73	35.31	34.25	33.26	34.65	34.96	39.20	1.44	34.19	1.23
韩国	Korea	21.20	22.00	25.28	27.37	28.70	31.15	31.81	31.70	38.67	1.42	41.58	1.49
西班牙	Spain	18.75	21.35	25.16	29.84	31.01	31.77	34.90	31.22	31.18	1.14	28.98	1.04
澳大利亚	Australia	21.45	22.15	22.74	23.04	23.43	25.79	25.72	26.86	26.48	0.97	27.02	0.97
比利时	Belgium	13.37	14.40	14.76	14.74	14.99	14.92	14.83	15.11	16.96	0.62	15.12	0.54
以色列	Israel	0.01	0.01	0.98	1.35	1.88	1.94	2.37	3.42	4.41	0.16	4.10	0.15
瑞士	Switzerland	2.49	2.63	2.71	2.78	2.71	2.63	2.81	2.69	3.01	0.11	2.67	0.10
瑞典	Sweden	0.89	0.89	0.88	0.84	0.88	0.91	0.83	1.09	1.46	0.05	1.16	0.04
非OECD合计	**NON-OECD Total**	**1003.55**	**1051.56**	**1096.25**	**1159.44**	**1211.31**	**1265.57**	**1316.06**	**1290.17**	**1410.65**	**51.72**	**1469.72**	**52.74**
俄罗斯	Russian Federation	325.56	342.50	346.56	349.57	358.61	365.96	366.17	350.29	382.67	14.03	391.21	14.04
伊朗	Islamic Republic of Iran	61.86	68.13	75.56	83.81	91.39	104.48	109.98	115.38	121.68	4.46	129.17	4.63
中国	China	31.85	27.73	33.25	38.78	47.36	59.12	68.32	75.04	88.57	3.25	107.75	3.87
沙特阿拉伯	Saudi Arabia	46.80	42.78	46.48	55.59	53.61	55.08	61.04	61.35	66.49	2.44	70.04	2.51
印度	India	22.57	23.57	26.34	31.75	33.48	35.70	35.58	48.93	52.72	1.93	50.38	1.81
印度尼西亚	Indonesia	32.98	32.54	30.31	29.25	28.25	30.08	29.79	34.37	38.79	1.42	34.76	1.25
埃及	Egypt	23.14	25.43	25.17	29.98	31.00	32.35	36.40	35.83	38.19	1.40	42.32	1.52
阿根廷	Argentina	27.36	30.17	31.31	35.81	36.64	38.08	39.37	38.72	37.97	1.39	40.45	1.45
泰国	Thailand	21.90	23.26	24.37	25.92	26.68	28.30	30.94	28.91	32.94	1.21	30.78	1.10
委内瑞拉	Venezuela	24.34	22.64	22.32	28.68	23.39	22.80	24.42	23.71	25.23	0.92	25.96	0.93
巴西	Brazil	12.38	12.76	15.77	16.72	17.50	17.72	21.21	16.99	23.02	0.84	22.89	0.82
中国，台北	Chinese Taipei	6.95	7.21	8.82	8.57	9.55	9.88	10.76	11.27	12.96	0.48	14.88	0.53
中国，香港	Hong Kong, China	1.92	1.51	2.18	2.19	2.40	2.24	2.59	2.52	3.13	0.11	2.49	0.09
南非	South Africa	1.80	1.08	2.78	2.76	3.75	3.77	3.49	2.58	2.95	0.11	3.79	0.14

附录2-15　国内生产总值电耗(千瓦小时/美元 2005年价)

ELECTRICITY CONSUMPTION/GDP (kW•h per 2005 US$)

国家和地区	Contury or Area	2000	2005	2008	2009	2010	2011
世界	**World**	**0.36**	**0.37**	**0.37**	**0.38**	**0.39**	**0.39**
OECD合计	**OECD Total**	**0.28**	**0.28**	**0.27**	**0.27**	**0.27**	**0.27**
非OECD合计	**NON-OECD Total**	**0.67**	**0.69**	**0.69**	**0.69**	**0.71**	**0.72**
埃及	Egypt	0.89	1.06	1.06	1.07	1.08	1.12
中国	China	0.89	1.03	1.02	1.01	1.03	1.06
俄罗斯	Russia	1.34	1.08	0.97	1.00	1.01	0.98
伊朗	Islamic Republic of Iran	0.69	0.76	0.78	0.80	0.86	0.81
南非	South Africa	1.01	0.90	0.84	0.82	0.83	0.8
泰国	Thailand	0.66	0.71	0.70	0.72	0.74	0.73
印度	India	0.68	0.62	0.63	0.62	0.61	0.63
沙特阿拉伯	Saudi Arabia	0.45	0.50	0.54	0.57	0.61	0.59
委内瑞拉	Venezuela	0.50	0.53	0.47	0.49	0.54	0.54
中国，台北	Chinese Taipei	0.58	0.60	0.56	0.55	0.53	0.51
阿根廷	Argentina	0.46	0.51	0.48	0.48	0.46	0.44
巴西	Brazil	0.43	0.43	0.42	0.42	0.43	0.43
印度尼西亚	Indonesia	0.36	0.40	0.40	0.40	0.41	0.41
中国，香港	Hong Kong, China	0.25	0.23	0.20	0.21	0.19	0.18

附录2-16　人均电力消费量(千瓦小时/人)

ELECTRICITY CONSUMPTION/POPULATION (kW•h per capita)

国家和地区	Contury or Area	2002	2003	2004	2005	2006	2007	2008	2009	2010	2011
世界	**World**	**2365**	**2435**	**2507**	**2593**	**2668**	**2758**	**2787**	**2739**	**2892**	**2933**
OECD合计	**OECD Total**	**7991**	**8081**	**8205**	**8308**	**8418**	**8508**	**8377**	**7983**	**8315**	**8226**
非OECD合计	**NON-OECD Total**	**1087**	**1162**	**1236**	**1296**	**1409**	**1506**	**1539**	**1576**	**1697**	**1784**
中国，台北	Chinese Taipei	8441	8898	9293	9617	9917	10216	10023	9588	10237	10340
沙特阿拉伯	Saudi Arabia	5810	6620	6587	6553	7080	7247	7127	7427	7967	8068
俄罗斯	Russia	5305	5480	5642	5785	6123	6318	6435	6136	6460	6533
中国，香港	Hong Kong, China	5612	5653	5779	5879	5883	5899	5866	5924	5923	5949
南非	South Africa	4546	4756	4886	4704	4831	4980	4934	4666	4803	4694
委内瑞拉	Venezuela	2653	2664	2760	2875	3029	2979	3092	3053	3287	3338
中国	China	1184	1379	1586	1784	2041	2328	2458	2633	2942	3298
阿根廷	Argentina	2017	2186	2301	2422	2560	2658	2801	2759	2904	2965
伊朗	Islamic Republic of Iran	1782	1916	2006	2080	2334	2318	2417	2499	2652	2671
巴西	Brazil	1813	1885	1951	2017	2075	2171	2236	2205	2384	2441
泰国	Thailand	1656	1752	1898	1878	1984	2055	2052	2045	2243	2218
埃及	Egypt	1103	1173	1234	1284	1304	1384	1484	1549	1608	1677
印度	India	417	435	457	475	516	552	581	617	644	673
印度尼西亚	Indonesia	428	440	487	498	530	564	572	597	641	684

附录2-17 煤净进口量

NET IMPORT OF COAL

单位：百万吨标准油 (Mtoe)

国家和地区	Contury or Area	2002	2003	2004	2005	2006	2007	2008	2009	2010	2011
日本	Japan	102.58	106.48	116.48	111.42	112.03	116.16	114.19	100.87	114.86	107.51
中国	China	-57.40	-63.86	-54.72	-28.95	-30.46	-17.39	-15.92	60.80	74.83	82.58
韩国	Korea	43.95	46.51	50.25	46.90	50.38	54.50	61.51	62.92	72.95	79.48
印度	India	15.48	14.11	19.30	25.07	29.49	33.43	36.62	46.22	66.22	74.32
中国台北	Chinese Taipei	34.15	35.98	39.73	38.60	39.96	41.90	40.84	37.27	41.35	40.98
德国	Germany	24.45	25.14	27.70	25.72	29.08	32.04	31.01	25.89	31.83	31.69
英国	United Kingdom	17.45	20.01	22.59	27.23	31.21	26.92	26.89	22.96	15.72	19.66
意大利	Italy	13.12	14.53	16.78	16.37	16.62	16.65	16.57	12.42	14.30	15.29
土耳其	Turkey	8.34	10.90	11.20	11.72	13.58	14.64	12.86	13.34	13.85	15.53
法国	France	12.60	11.76	13.11	13.51	13.83	12.59	14.20	10.27	12.15	10.17
巴西	Brazil	11.01	11.36	11.02	10.61	10.18	11.30	11.81	9.08	12.10	13.64
荷兰	Netherlands	8.24	9.23	8.58	8.32	7.97	8.87	8.56	9.30	9.24	7.54
以色列	Israel	7.98	7.70	8.02	7.94	7.99	8.10	7.66	7.11	7.38	7.56
西班牙	Spain	14.36	12.72	14.14	14.40	13.51	13.32	11.04	8.97	6.73	8.58
比利时	Belgium	5.46	5.80	5.87	5.09	4.58	4.07	4.64	2.44	3.14	2.94
波兰	Poland	-15.60	-14.72	-14.97	-12.99	-12.28	-8.52	-3.58	-2.64	-2.74	-0.55
加拿大	Canada	-1.46	-2.00	-4.52	-5.09	-5.22	-7.91	-7.59	-9.63	-12.09	-14.12
美国	United States	-11.49	-8.96	-10.06	-8.78	-5.05	-12.48	-27.13	-22.11	-36.80	-55.15
南非	South Africa	-45.17	-46.69	-44.25	-46.43	-44.64	-42.77	-39.21	-33.33	-43.09	-44.27
哥伦比亚	Colombia	-23.20	-29.73	-33.21	-34.85	-40.29	-41.99	-44.06	-43.78	-45.11	-52.25
印度尼西亚	Indonesia	-45.62	-52.06	-65.50	-75.05	-107.81	-124.24	-128.57	-136.29	-155.85	-175.41
澳大利亚	Australia	-132.58	-135.50	-141.70	-150.34	-150.00	-164.78	-172.58	-169.04	-190.14	-184.04

注：负数表示净出口。

Negative numbers show net export.

附录2-18 石油净进口量

NET IMPORT OF OIL

单位：百万吨标准油 (Mtoe)

国家和地区	Contury or Area	2002	2003	2004	2005	2006	2007	2008	2009	2010	2011
美国	United States	557.94	594.72	641.07	659.40	652.14	634.42	589.67	517.77	508.39	465.69
中国	China	79.80	106.16	148.29	143.43	168.56	183.83	200.54	218.06	252.86	275.30
日本	Japan	259.08	260.62	256.84	257.88	244.89	240.08	224.82	205.74	211.58	216.00
印度	India	80.35	85.19	88.09	91.79	97.02	104.90	115.92	124.63	123.37	126.76
德国	Germany	124.45	126.3	122.41	123.13	121.58	109.25	117.08	110.63	112.67	107.39
韩国	Korea	106.47	108.69	107.84	102.49	105.97	105.87	100.24	104.95	108.80	105.99
法国	France	93.39	93.78	93.87	93.93	92.36	91.08	89.93	85.25	82.87	82.44
新加坡	Singapore	41.03	34.81	41.79	44.63	44.38	44.38	56.21	61.84	70.56	70.94
西班牙	Spain	74.98	75.71	77.47	79.97	79.69	79.44	77.44	71.36	69.47	66.84
意大利	Italy	85.49	83.97	81.29	78.55	78.70	76.03	72.02	67.06	66.80	62.32
中国，台北	Chinese Taipei	43.79	45.35	48.36	48.20	49.34	50.01	46.07	43.28	46.14	42.03
荷兰	Netherlands	40.49	41.29	44.53	48.75	47.61	49.17	49.03	46.47	45.72	44.22
比利时	Belgium	29.43	31.93	30.72	33.43	32.96	31.91	35.57	31.81	33.73	30.67
泰国	Thailand	28.36	30.98	35.91	34.70	31.80	30.69	29.51	29.86	31.99	32.28
土耳其	Turkey	28.39	28.32	28.94	28.07	30.41	31.53	29.45	28.04	29.35	29.02
希腊	Greece	20.37	19.68	21.53	20.11	21.18	20.26	20.71	18.62	17.02	14.96
英国	United Kingdom	-39.85	-28.52	-14.15	-2.54	7.34	0.56	7.07	6.08	11.26	19.81
厄瓜多尔	Ecuador	-12.64	-13.41	-18.41	-17.96	-18.41	-16.31	-17.01	-14.91	-14.25	-14.49
阿曼	Oman	-45.17	-41.27	-38.79	-38.56	-33.99	-30.99	-35.33	-39.26	-41.02	-41.45
墨西哥	Mexico	-81.73	-94.4	-97.77	-92.24	-88.58	-74.24	-60.12	-55.42	-59.28	-55.13
阿尔及利亚	Algeria	-64.54	-72.39	-75.61	-79.28	-77.51	-76.98	-73.01	-64.99	-60.69	-58.75
利比亚	Libya	-51.25	-59.34	-66.74	-69.16	-77.49	-75.33	-73.45	-62.12	-61.04	-15.44
卡塔尔	Qatar	-32.12	-34.16	-48.36	-52.14	-43.31	-43.05	-61.76	-58.83	-63.15	-70.14
哈萨克斯坦	Kazakhstan	-38.05	-44.38	-50.1	-54.69	-54.38	-56.05	-60.52	-68.64	-64.44	-69.39
加拿大	Canada	-49.08	-49.32	-51.81	-47.03	-58.96	-63.01	-62.71	-70.27	-75.00	-90.51
安哥拉	Angola	-42.82	-41.24	-47.2	-61.28	-69.36	-84.14	-93.20	-88.46	-82.90	-77.99
挪威	Norway	-152.59	-145.41	-144.89	-125.68	-121.34	-112.36	-103.82	-98.55	-85.45	-84.10
伊拉克	Iraq	-73.73	-42.85	-74.1	-70.30	-65.84	-71.74	-90.40	-91.16	-88.01	-101.38
科威特	Kuwait	-86.17	-97.27	-105.23	-118.43	-124.98	-119.77	-123.41	-99.31	-101.93	-123.33
阿联酋	United Arab Emirates	-89.27	-99.54	-104.38	-112.18	-111.74	-107.83	-116.58	-100.65	-104.73	-116.21
委内瑞拉	Venezuela	-139.82	-120.07	-133.02	-169.27	-131.42	-113.53	-129.07	-123.44	-116.53	-130.17
尼日利亚	Nigeria	-90.67	-107.68	-118.68	-116.41	-111.52	-106.67	-100.98	-108.95	-125.54	-117.03
伊朗	Iran	-109.43	-126.37	-129.32	-139.82	-135.01	-132.37	-134.00	-127.42	-136.25	-141.05
俄罗斯	Russian Federation	-250.44	-290.38	-325.42	-334.92	-334.63	-351.44	-338.15	-348.68	-356.33	-346.91
沙特阿拉伯	Saudi Arabia	-346.91	-405.12	-414.65	-430.98	-423.26	-398.97	-422.36	-353.98	-348.33	-404.11

注：负数表示净出口。

Negative numbers show net export.

附录2-19 天然气净进口量

NET IMPORT OF GAS

单位：百万吨标准油 (Mtoe)

国家和地区	Contury or Area	2002	2003	2004	2005	2006	2007	2008	2009	2010	2011
日本	Japan	64.46	68.65	68.04	67.78	74.19	80.07	79.88	77.76	82.79	97.60
意大利	Italy	48.50	51.10	55.28	59.82	63.07	60.49	62.76	56.60	61.58	57.51
美国	United States	81.23	76.08	79.52	84.16	80.48	88.33	69.24	62.38	60.75	45.95
德国	Germany	60.05	62.42	65.88	65.72	66.41	61.74	64.67	67.27	60.10	60.36
法国	France	36.73	37.52	38.66	40.71	39.46	37.12	38.99	38.78	39.54	38.26
韩国	Korea	20.85	22.73	25.91	26.10	29.54	29.91	33.34	30.20	39.28	41.89
英国	United Kingdom	-6.98	-7.02	1.46	5.97	9.55	16.62	22.00	24.66	31.96	31.00
西班牙	Spain	18.92	21.16	24.61	30.24	31.24	31.50	35.23	30.87	30.94	29.39
土耳其	Turkey	14.34	17.28	18.12	22.13	25.17	29.76	30.24	28.93	30.78	35.53
乌克兰	Ukraine	45.82	49.00	48.68	48.25	42.11	42.00	44.09	30.65	29.55	36.18
白俄罗斯	Belarus	14.59	15.03	16.30	16.70	17.25	17.12	17.48	14.62	17.90	16.60
比利时	Belgium	13.65	14.24	14.55	14.81	15.03	14.90	14.89	14.96	16.79	15.20
中国，台北	Chinese Taipei	6.24	6.50	8.01	8.35	9.05	9.66	10.58	10.32	12.94	14.24
波兰	Poland	6.68	7.50	8.12	8.53	8.90	8.25	9.12	8.12	8.87	9.64
泰国	Thailand	5.82	6.31	6.85	7.42	7.64	7.99	7.44	7.47	8.23	8.79
匈牙利	Hungary	8.70	9.94	9.28	9.80	9.41	8.55	9.30	7.83	7.72	6.13
阿联酋	United Arab Emirates	-5.73	-5.73	-6.27	-4.84	-4.79	-1.12	6.02	8.21	7.60	8.48
捷克	Czech Republic	7.92	7.70	7.09	7.53	7.90	6.71	7.02	7.02	6.84	7.50
阿根廷	Argentina	-4.81	-5.59	-5.51	-4.11	-4.95	-0.83	0.24	1.56	2.61	5.55
文莱	Brunei Darssalam	-7.99	-8.39	-8.31	-8.16	-8.54	-8.25	-8.47	-8.01	-7.59	-7.53
乌兹别克斯坦	Uzbekistan	-3.77	-4.89	-7.03	-9.18	-9.38	-10.87	-11.32	-11.66	-11.15	-9.31
阿曼	Oman	-6.85	-7.62	-8.45	-10.48	-10.48	-14.22	-11.33	-12.68	-12.07	-8.06
澳大利亚	Australia	-8.88	-9.15	-9.25	-12.38	-13.40	-13.17	-13.66	-12.46	-16.04	-17.72
马来西亚	Malaysia	-16.99	-20.36	-25.98	-21.14	-20.81	-18.77	-18.41	-17.74	-17.83	-18.92
土库曼斯坦	Turkmenistan	-32.00	-35.34	-36.56	-37.05	-39.19	-42.68	-43.69	-15.99	-19.55	-34.82
尼日利亚	Nigeria	-6.64	-9.99	-10.67	-10.29	-14.89	-17.74	-16.77	-13.06	-19.84	-21.18
印度尼西亚	Indonesia	-32.88	-33.47	-33.18	-36.27	-30.66	-32.31	-32.35	-32.68	-35.95	-36.27
阿尔及利亚	Algeria	-55.31	-57.60	-57.08	-55.08	-52.82	-51.28	-51.26	-46.92	-48.64	-44.81
加拿大	Canada	-82.78	-75.35	-77.52	-79.55	-76.01	-77.45	-71.86	-61.59	-60.40	-50.87
卡塔尔	Qatar	-15.03	-15.91	-20.36	-26.08	-30.10	-36.94	-51.51	-59.99	-87.14	-105.56
挪威	Norway	-55.04	-60.93	-65.32	-71.10	-73.65	-73.20	-82.24	-85.17	-87.31	-81.33
俄罗斯	Russian Federation	-144.00	-145.87	-156.26	-161.18	-158.03	-148.98	-151.39	-129.32	-150.63	-158.72

注：负数表示净出口。
Negative numbers show net export.

附录2-20　主要高耗能产品单位能耗中外比较

ENERGY CONSUMPTION FOR MAIN ENERGY INTENSIVE PRODUCTS BY COMPARING CHINA WITH SELECTED COUNTRIES

1. 火电厂发电煤耗 Gross Coal Consumption Rate for Fossil-Fired Power Plant

单位：克标准煤/千瓦小时　　(gce/kW·h)

国家	Country	1990	1995	2000	2005	2006	2007	2008	2009	2010	2011	2012
中国①	China	392	379	363	343	342	332	322	320	312	308	305
日本②	Japan	317	315	303	301	299	300	297	294	294	295	295

注(Note)：①6MW以上机组(>6MW Unit).
②九大电力公司平均(Average level of 9 key electricity companies).

资料来源(Source)：1.中国电力企业联合会(China Electricity Council).
2.The Institute of Energy Economics, Japan, Handbook of Energy and Economic Statistics in Japan, 2013 Edition.

2. 火电厂供电煤耗 Net Coal Consumption Rate for Fossil-fired Power Plant

单位：克标准煤/千瓦小时　　(gce/kW·h)

国家	Country	1990	1995	2000	2005	2006	2007	2008	2009	2010	2011	2012
中国	China	427	412	392	370	367	356	345	340	333	329	325
日本	Japan	332	331	316	314	312	312	310	307	306	306	306
意大利	Italy	326	319	315	288	283	280	276	276	275		
韩国	Korea	332	323	311	302	300	301	301	300	303		

资料来源(Source)：1.中国电力企业联合会(China Electricity Council).
2.The Institute of Energy Economics, Japan, Handbook of Energy and Economic Statistics in Japan,2013 Edition.
3.International Energy Agency, Electricity Information.

2010年火电电源结构 2010 Fossil-Fired Power Generation by Source

单位：%　　(%)

国家	Country	煤 (Coal)	油 (Oil)	气 (Gas)
中国	China	94.3	0.5	2.3
日本	Japan	42.6	14.0	43.4
意大利	Italy	17.5	9.9	70.9
韩国	Korea	65.3	4.7	30.0

资料来源(Source)：1.国家统计局(National Bureau of Statistics).
2.中国电力企业联合会(China Electricity Council).
3.The Insititute of Energy Economics, Japan, Handbook of Energy and Economic Statistics in Japan, 2012 Edition.
4.International Energy Agency, Electricity Information.

3. 钢可比能耗 Comparable Energy Consumption for Steel

单位：千克标准煤/吨 (kgce/tn)

国家	Country	1990	1995	2000	2005	2006	2007	2008	2009	2010	2011	2012
中国①	China	997	976	784	732	729	718	709	697	681	675	674
日本	Japan	629	656	646	640	627	610		612			

注(Note)：①大中型钢铁企业平均值(Average level of key enterprises).
②综合能耗中的电耗，均按发电煤耗折算标准得(In the full energy consumption, all of conversion from electric to coal equivalent according to gross coal consumption for fossil-fired power plant).

资料来源(Source):1.中国钢铁工业协会(China Iron and Steel Association).
2.日本能源学会志(Journal of Energy Society of Japan).
3.日本钢铁协会(Japan Steel Association).

4. 电解铝交流电耗 Alternating Current Power Consumption for Electrolytic Aluminium

单位：千瓦时/吨 (kW·h/t)

国家	Country	1990	1995	2000	2005	2008	2009	2010	2011	2012
中国	China	17100	16620	15418	14575	14323	14171	13979	13913	13844
国际先进水平	International Advanced Level	14400	14400	14400	14100	13800	13830	12900	12900	12900

资料来源(Source)：中国有色金属工业协会(China Ferrous Metals Industry Association).

5. 水泥综合能耗 Fully Energy Consumption for Cement

单位：千克标准煤/吨 (kgce/tn)

国家	Country	1990	1995	2000	2005	2006	2007	2008	2009	2010	2011	2012
中国	China	201	199	183	178	172	168	161	148	143	138	136
日本	Japan	123	124	126	127	126	118			119		

注(Note)：综合能耗中的电耗，均按发电煤耗折算标准煤(In the full energy consumption, all of conversion from electric to coal equivalant according to gross coal consumption for fossil-fired power plant).

资料来源(Source)：1.国家统计局(National Bureau of Statistics).
2.中国水泥协会(China Cement Association).
3.日本能源学会志(Journal of Energy Sociaty of Japan).
4.日本水泥协会(Japan Cement Association).

6. 乙烯综合能耗 Fully Energy Consumption for Ethylene

单位: 千克标准煤/吨 (kgce/tn)

国家	Country	1990	2000	2005	2006	2007	2008	2009	2010	2011	2012
中国①	China	1580	1125	1073	1013	1026	1010	976	950	895	893
国际先进水平	International Advanced Level	897	714	629②	629②	629②	629②	629②	629②	629②	629②

注(Note): ①主要用石油脑油作原料(Feedstocks of ethylene production is used naphtha mainly).
②中东地区平均值，主要用乙烷作原料(Average level of Middle-East region,feedstocks of ethylene production is uesd ethane mainly).
③综合能耗中，电耗按发电煤耗折算标准煤(In the full energy consumption, all of conversion from electric to coal equivalant according to gross coal consumption for fossil-fired power plant).

资料来源(Source): 1.国家统计局(National Bureau of Statistics).
2.中国石油和化学工业联合会(China Petroleum and Chemical Industry Federation).

7. 合成氨综合能耗 Fully Energy Consumption for Sythetic Ammonia

单位: 千克标准煤/吨 (kgce/tn)

国家	Country	1990	1995	2000	2005	2008	2009	2010	2011	2012
中国①	China	2035	1849	1699	1650	1661	1591	1587	1568	1552
美国②	United States	1000	1000	1000	990	990	990	990	990	990

注(Note): ①大、中、小型装置平均值. 2012年煤占合成氨原料76%(Average level of large. medium and small size installation. In 2012, the coal amount to 76% of the feedstocks for sythetic ammonia).
②以天然气为原料的大型装置的平均值. 2010年天然气占合成氨原料98% (Average level of large size installation by natural gas. In 2010, the natural gas amount to 98% of the feedstocks for sythetic ammonia).

资料来源(Source): 同表6(Same Table 6).

8. 纸和纸板综合能耗 Full Energy Consumption for Paper and Paperboard

单位: 千克标准煤/吨 (kgce/tn)

国家	Country	1990	2000	2005	2006	2007	2010	2011	2012
中国	China	1550	1540	1380	1290	1255	1200	1170	1120
日本	Japan	744	678	640	627	610	581	583	

注(Note): 产品能耗为自制浆企业平均(Average level of enterprises which made pulp by oneself).

资料来源(Source): 1.国家统计局(National Bureau of Statistics).
2.中国造纸协会(China Paper Association).
3.日本能源学会志(Journal of Energy Society of Japan).
4.The Institute of Energy Economics, Japan, Handbook of Energy and Economic Statistics in Japan, 2013 Edition.

附录 3　主要统计指标解释

Appendix Ⅲ Explanatory Notes of Main Statistical Indicators

主要统计指标解释

国内生产总值　是按市场价格计算的国内生产总值的简称。国内生产总值及其产业构成的资料，是由国家统计局国民经济核算司根据不同产业部门的特点和资料来源情况而采用不同的方法计算的，有的部门以生产法计算增加值为准，有的部门以收入法计算的增加值为准，最后将各产业部门增加值求和得到国内生产总值的标准数据。按支出法计算的国内生产总值等于总消费、总投资、货物和服务净出口之和，它与按上述方法计算的国内生产总值不相等，两者的差率一般在±3%以内。

三次产业　根据社会生产活动历史发展的顺序对产业结构的划分，产品直接取自自然界的部门称为第一产业。对初级产品进行再加工的部门称为第二产业。为生产和消费提供各种服务的部门称为第三产业。它是世界上通用的产业结构分类，但各国的划分不尽一致。我国的三次产业划分是：

第一产业　是指农业、林业、畜牧业、渔业和农林牧渔服务业。

第二产业　是指采矿业，制造业，电力、煤气及水的生产和供应业，建筑业。

第三产业　是指除第一、二产业以外的其他行业。

能源生产总量　指一定时期内全国（地区）一次能源生产量的总和，是观察全国（地区）能源生产水平、规模、过程构成和发展速度的总量指标。一次能源生产量包括原煤、原油、天然气、水电、核电及其他动力能（如风能、地热能等）发电量。不包括低热值燃料生产量、生物质能、太阳能等的利用和由一次能源加工转换而成的二次能源产量。

能源消费总量　指一定地域内（国家或地区）国民经济各行业和居民家庭在一定时期消费的各种能源的总和。能源消费总量分为三部分，即终端能源消费量、能源加工转换损失量和损失量。

（1）终端能源消费量　指一定时期内全国（地区）各行业和居民生活消费的各种能源在扣除了用于加工转换二次能源消费量和损失量以后的数量。

（2）能源加工转换损失量　指一定时期内全国（地区）投入加工转换的各种能源数量之和与产出各种能源产品之和的差额。它是观察能源在加工转换过程中损失量变化的指标。

（3）能源损失量　指一定时期内能源在输送、分配、储存过程中发生的损失和由客观原因造成的各种损失量。不包括各种气体能源放空、放散量。

能源生产弹性系数　是能源生产量的增长与国民经济增长之间的比值。计算公式：

$$\text{能源生产弹性系数}=\frac{\text{能源生产总量年平均增长速度}}{\text{国民经济年平均增长速度}}$$

本资料采用国内生产总值指标计算国民经济年平均增长速度。

电力生产弹性系数　是电力生产量的增长与国民经济增长之间的比值。计算公式：

$$\text{电力生产弹性系数}=\frac{\text{电力生产量年平均增长速度}}{\text{国民经济年平均增长速度}}$$

能源消费弹性系数 是能源消费增长速度与国民经济增长速度之间的比值。计算公式：

$$能源消费弹性系数=\frac{能源消费总量年平均增长速度}{国民经济年平均增长速度}$$

电力消费弹性系数 是电力消费增长速度与国民经济增长速度之间的比值。计算公式：

$$电力消费弹性系数=\frac{电力消费量年平均增长速度}{国民经济年平均增长速度}$$

能源加工转换效率 指一定时期内能源经过加工转换后，产出的各种能源产品的数量与投入加工转换的各种能源数量的比率。它是观察能源加工转换装置和生产工艺先进与落后、管理水平高低等的重要指标。计算公式：

$$能源加工转换效率=\frac{加工转换产出量}{加工转换投入量}\times 100\ \%$$

Explanatory Notes on Main Statistical Indicators

Gross Domestic Product(GDP) : refers to gross domestic products calculated at market price. The data on GDP and its industrial composition are calculated by the Department of National Economic Accounting, State Statistical Bureau (SSB) with various approaches in the light of the features of various sectors and the data sources. The value added in some sectors is calculated with the production approach. The value added in other sectors is calculated with the income approach. Finally, the GDP is the result of the sum of the value added of various sectors. This is the standard data of GDP. The GDP calculated with the expenditure approach equals to the sum of total consumption, total investment and the net export of goods and services. However, it is not equal to the GDP calculated with the method mentioned above. The difference between the two figures is generally within ±3%.

Three Industries: Industry structure has been classified according to the sequence of historical development of social production activities. Primary industry refers to extraction of natural resources; secondary industry involves processing of primary products; and tertiary industry provides services of various kinds for production and consumption. The above classification is universal although it to some extent from country to country. Industry classification in China comprises:

Primary industry: refers to agriculture, forestry, animal husbandry and fishery and services in support of these industries.

Secondary industry: refers to mining and quarrying, manufacturing, production and supply of electricity, water and gas, and construction.

Tertiary industry: refers to all other economic activities not included in the primary or secondary industries.

Total Energy Production: refers to the total production of primary energy by all energy producing enterprises in the country (region) in a given period of time. It is a comprehensive indicator to show the capacity, scale, composition and development of energy production of the country (region). The production of primary energy includes that of coal, crude oil, natural gas, hydro power and electricity generated by other means such as wind power and geothermal power. However, it excludes the production of fuels of low calorific value, bioenergy, solar energy and the secondary energy converted from the primary energy.

Total Energy Consumption: refers to the total consumption of energy of various kinds of national economy industries and residents in a certain area (country or region) in a given period of time. Total energy consumption can be divided into three parts:

(1) **Final Energy Consumption**: refers to the total energy consumption by industry and residential in the country (region) in a given period of time, but excludes the consumption in conversion of the primary energy into the secondary energy and the loss in the process of energy transformation.

(2) **Loss During Energy Transformation**: refers to the total input of various kinds of energy for transformation, minus the total output of various kinds of energy in the country in a given period of time. It is an indicator to show the loss that occurs during the process of energy transformation.

(3) **Loss**: refers to the total of the loss of energy during the course of energy transport, distribution and storage and the loss caused by any objective reason in a given period of time. The loss of various kinds of gas due to gas discharges and stocktaking is excluded. Elasticity of Energy Production: is an indicator to show the relationship between the growth rate of energy production and the growth rate of the national economy. The formula is:

$$\textit{Elasticity of Energy Production} = \frac{\textit{average annual growth rate of energy production}}{\textit{average annual growth rate of national economy}}$$

The gross domestic products (GDP) is used to calculate the growth rate of national economy in this book.

Elasticity of Electricity Production: is an indicator to show the relationship between the growth rate of electricity production and the growth rate of the national economy. The formula is:

$$\textit{Elasticity of Electricity Production} = \frac{\textit{average annual growth rate of electricity production}}{\textit{average annual growth rate of national economy}}$$

Elasticity of Energy Consumption: is an indicator to show the relationship between the growth rate of energy consumption and the growth rate of the national economy. The formula is:

$$\textit{Elasticity of Energy Consumption} = \frac{\textit{average annual growth rate of energy consumption}}{\textit{average annual growth rate of national economy}}$$

Elasticity of Electricity Consumption: is an indicator to show the relationship between the growth rate of electricity consumption and the growth rate of the national economy. The formula is:

$$\textit{Elasticity of Electricity Consumption} = \frac{\textit{average annual growth rate of electricity consumption}}{\textit{average annual growth rate of national economy}}$$

Efficiency of Energy Transformation: refers to the ratio of the total output of energy products after transformation and the total input of energy for transformation in the same reference period. It is an indicator to show the current conditions of energy processing and conversion equipment, production technique and management. The formula is:

$$\textit{Efficiency of Energy Transformation} = \frac{\textit{output of energy from transformation}}{\textit{input of energy for transformation}}$$

附录 4　各种能源折标准煤参考系数

Appendix Ⅳ Conversion Factors from Physical Units to Coal Equivalent

各种能源折标准煤参考系数

能源名称	平均低位发热量	折标准煤系数
原煤	20 908 千焦/(5 000 千卡)/千克	0.7143 千克标准煤/千克
洗精煤	26 344 千焦/(6 300 千卡)/千克	0.9000 千克标准煤/千克
其它洗煤		
洗中煤	8 363 千焦/(2 000 千卡)/千克	0.2857 千克标准煤/千克
煤泥	8 363~12 545 千焦/(2 000~3 000 千卡)/千克	0.2857~0.4286 千克标准煤/千克
焦炭	28 435 千焦/(6 800 千卡)/千克	0.9714 千克标准煤/千克
原油	41 816 千焦/(10 000 千卡)/千克	1.4286 千克标准煤/千克
燃料油	41 816 千焦/(10 000 千卡)/千克	1.4286 千克标准煤/千克
汽油	43 070 千焦/(10 300 千卡)/千克	1.4714 千克标准煤/千克
煤油	43 070 千焦/(10 300 千卡)/千克	1.4714 千克标准煤/千克
柴油	42 652 千焦/(10 200 千卡)/千克	1.4571 千克标准煤/千克
液化石油气	50 179 千焦/(12 000 千卡)/千克	1.7143 千克标准煤/千克
炼厂干气	45 998 千焦/(11 000 千卡)/千克	1.5714 千克标准煤/千克
天然气	38 931 千焦/(9 310 千卡)/立方米	1.3300 千克标准煤/立方米
焦炉煤气	16 726~17 981 千焦/(4 000~4 300 千卡)/立方米	0.5714~0.6143 千克标准煤/立方米
其它煤气		
发生炉煤气	5 227 千焦/(1 250 千卡)/立方米	0.1786 千克标准煤/立方米
重油催化裂解煤气	19 235 千焦/(4 600 千卡)/立方米	0.6571 千克标准煤/立方米
重油热裂解煤气	35 544 千焦/(8 500 千卡)/立方米	1.2143 千克标准煤/立方米
焦炭制气	16 308 千焦/(3 900 千卡)/立方米	0.5571 千克标准煤/立方米
压力气化煤气	15 054 千焦/(3 600 千卡)/立方米	0.5143 千克标准煤/立方米
水煤气	10 454 千焦/(2 500 千卡)/立方米	0.3571 千克标准煤/立方米
煤焦油	33 453 千焦/(8 000 千卡)/千克	1.1429 千克标准煤/千克
粗苯	41 816 千焦/(10 000 千卡)/千克	1.4286 千克标准煤/千克
热力(当量)		0.03412 千克标准煤/百万焦耳 (0.14286 千克标准煤/1000 千卡)
电力(当量)	3 600 千焦/(860 千卡)/千瓦小时	0.1229 千克标准煤/千瓦小时
(等价)	按当年火电发电标准煤耗计算	
生物质能		
人粪	18 817 千焦/(4 500 千卡)/千克	0.643 千克标准煤/千克
牛粪	13 799 千焦/(3 300 千卡)/千克	0.471 千克标准煤/千克
猪粪	12 545 千焦/(3 000 千卡)/千克	0.429 千克标准煤/千克
羊、驴、马、骡粪	15 472 千焦/(3 700 千卡)/千克	0.529 千克标准煤/千克
鸡粪	18 817 千焦/(4 500 千卡)/千克	0.643 千克标准煤/千克
大豆秆、棉花秆	15 890 千焦/(3 800 千卡)/千克	0.543 千克标准煤/千克
稻秆	12 545 千焦/(3 000 千卡)/千克	0.429 千克标准煤/千克
麦秆	14 635 千焦/(3 500 千卡)/千克	0.500 千克标准煤/千克
玉米秆	15 472 千焦/(3 700 千卡)/千克	0.529 千克标准煤/千克
杂草	13 799 千焦/(3 300 千卡)/千克	0.471 千克标准煤/千克
树叶	14 635 千焦/(3 500 千卡)/千克	0.500 千克标准煤/千克
薪柴	16 726 千焦/(4 000 千卡)/千克	0.571 千克标准煤/千克
沼气	20 908 千焦/(5 000 千卡)/立方米	0.714 千克标准煤/立方米

Conversion Factors from Physical Unit to Coal Equivalent

Energy	Average Low Calorific Value	Conversion Factor
Raw Coal	20 908 kjoule / (5 000 kcal) / kg	0.7143 kgce / kg
Cleaned Coal	26 344 kjoule / (6 300 kcal) / kg	0.9000 kgce / kg
Other Washed Coal		
Middlings	8 363 kjoule / (2 000 kcal) / kg	0.2857 kgce / kg
Slimes	8 363 ~ 12 545 kjoule / (2 000 ~ 3 000kcal)/ kg	0.2857 ~ 0.4286 kgce / kg
Coke	28 435 kjoule / (6 800 kcal) / kg	0.9714 kgce / kg
Crude Oil	41 816 kjoule / (10 000 kcal) / kg	1.4286 kgce / kg
Fuel Oil	41 816 kjoule / (10 000 kcal) / kg	1.4286 kgce / kg
Gasoline	43 070 kjoule / (10 300 kcal) / kg	1.4714 kgce / kg
Kerosene	43 070 kjoule / (10 300 kcal) / kg	1.4714 kgce / kg
Diesel	42 652 kjoule / (10 200 kcal) / kg	1.4571 kgce / kg
Liquefied Petroleum Gas	50 179 kjoule / (12 000 kcal) / kg	1.7143 kgce / kg
Refinery Gas	45 998 kjoule / (11 000 kcal) / kg	1.5714 kgce / kg
Natural Gas	38 931kjoule / (9 310 kcal) / cu. m	1.3300 kgce / cu. m
Coke Oven Gas	16 726 ~ 17 981kKjoule/ (4 000 ~ 4 300kcal)/ cu. m	0.5714 ~ 0.6143 kgce / cu. m
Other Coal Gas		
By Gas Furnace	5 227 kjoule / (1 250 kcal) / cu. m	0.1786 kgce / cu. m
By Heavy Oil Catalytic Cracking	19 235 kjoule / (4 600 kcal) / cu. m	0.6571 kgce / cu. m
By Heavy Oil Thermal Cracking	35 544 kjoule / (8 500 kcal) / cu. m1. 2143 kgce / cu. m	
Coke Gas	16 308 kjoule / (3 900 kcal) / cu. m	0.5571 kgce / cu. m
By Pressure Gasification	15 054 kjoule / (3 600 kcal) / cu. m	0.5143 kgce / cu. m
Water Coal Gas	10 454 kjoule / (2 500 kcal) / cu. m	0.3571 kgce / cu. m
Coal Tar	33 453 kjoule / (8 000 kcal) / kg	1.1429 kgce / kg
Benzene	41 816 kjoule / (10 000 kcal) / kg	1.4286 kgce / kg
Heat (in calorific value)	0.03412 kgce / Mjoule	(0.14286 kgce / 1000 kcal)
Electricity (in calorific value)	3 600 kjoule / (860 kcal) / kW · h	0.1229 kgce / kW · h
(in coal equivalent)	calculated by average coal input for thermal power generation in the year	
Biomass Energy		
Night Soil1	8 817 kjoule / (4 500 kcal) / kg	0.643 kgce / kg
Cow Dung	13 799 kjoule / (3 300 kcal) / kg	0.471 kgce / kg
Pig Dung	12 545 kjoule / (3 000 kcal) / kg	0.429 kgce / kg
Sheep/Donkey/Horse/Mule Dung	15 472 kjoule / (3 700 kcal) / kg	0.529 kgce / kg
Poultry Manure	18 817 kjoule / (4 500 kcal) / kg	0.643 kgce / kg
Soybean Stalk, Cotton Stalk	15 890 kjoule / (3 800 kcal) / kg	0.543 kgce / kg
Paddy Stalk	12 545 kjoule / (3 000 kcal) / kg	0.429 kgce / kg
Wheat stalk	14 635 kjoule / (3 500 kcal) / kg	0.500 kgce / kg
Maize Stalk	15 472 kjoule / (3 700 kcal) / kg	0.529 kgce / kg
Fireweed	13 799 kjoule / (3 300 kcal) / kg	0.471 kgce / kg
Leaves	14 635 kjoule / (3 500 kcal) / kg	0.500 kgce / kg
Firewood	16 726 kjoule / (4 000 kcal) / kg	0.571 kgce / kg
Biogas	20 908 kjoule / (5 000 kcal) / cu. m	0.714 kgce / cu. m

山西瑞远水利工程有限公司

东川河清淤蓄水

山西瑞远水利工程有限公司前身为吕梁市水利工程建筑总队，成立于1976年，于2009年3月改制组建本公司。公司具有水利水电施工总承包二级、市政总承包三级、公路总承包三级和水土保持生态环境建设甲级资质，主要经营水利水电工程建筑、水文地质、勘探打井、市政工程建筑及公路工程施工。注册资金2500万元，资产总额5000余万元。拥有与经营范围相配套的各类施工、检测设备200余台（件）。公司下设七个职能部门和建安、基础处理、钻井勘探和吕梁市孝义分公司四个施工单位，年施工能力达2亿元以上。现有各类专业技术人员180余人，其中高中级职称90人，一、二级建筑师24人，造价工程师、注册安全工程师10人；公司已通过ISO9001：2008质量管理、ISO14001:2004环境管理和GB/T28001—2001职业健康安全管理体系认证，是我省水利建筑行业唯一通过三位一体管理体系认证的单位；是山西建筑理事会理事单位、山西招投标协会会员单位。

在公司领导的带领下，公司坚持“规范、科学、创新、安全、服务”的经营方针和“科技为先、质量为本、诚信守法、筑造精品”的企业宗旨，深化改革建立了一整套规范化、科学化的管理制度，使一个濒临破产倒闭的企业，走向可持续发展的轨道。特别是改制后的近三年来，企业施工产值逐年增加，经济效益不断提高；职工生活水平也逐步提高。

近年来，公司完成各类施工项目70余项，其中代表性工程有：呼和浩特市东河综合治理、吕梁市东川河离石城区段清淤蓄水、吕梁市城市生活垃圾处理场、文峪河综合治理及灌区配套续建等，工程合格率达100%，优良率达70%，做到了安全无事故。

山西瑞远水利工程有限公司连续六年被评为“先进单位”、“水库施工先进集体”、“重质量、守诚信示范单位”、“全国优秀施工企业”、“行业十强”，并于2011年5月获得转型跨越“山西青年五四奖状”、吕梁市“五一劳动奖状”、吕梁市“十佳单位” 的荣誉称号。 总经理李东平同志也连续六年获得“先进工作者”、“工作标兵”、“中国建筑精英”、“五一劳动模范”、“山西省五一劳动奖章”和“全心全意依靠职工办企业优秀企业家”的荣誉称号、当选为吕梁市离石区第五届人民代表大会代表、山西省慈善总会第二届理事会理事、山西省评标专家库专家。

山西瑞远水利工程有限公司将继续坚持以人为本的经营理念、质量第一的经营宗旨，安全第一的生产方针，与时俱进、开拓创新，力争为水利建设事业做出更大的贡献，创造新的辉煌业绩。

柏叶口公路改移工程

吕临能化水源井工程

山西朔州平鲁区国强煤业有限公司

山西朔州平鲁区国强煤业有限公司原名为山西中强伟业煤业有限公司，为朔州市平鲁区乡办煤矿，核定生产能力为21万吨/年，2008年6月与国电燃料公司重组，2009年企业名称变更为山西朔州平鲁区国强煤业有限公司。由山西煤炭工业局以晋煤行发[2008]56号文批复，同意该矿进行机械化采煤升级改造，批准该矿经过改造后建设规模为120万吨/年，实现“一矿一面，一采一掘”的生产格局。矿井保有储量14061.25万吨，可采储量7306万吨，矿井服务年限43.6年。

该矿井开拓方式为多水平斜井开拓，矿井通风方式为中央并列式，通风方法为机械抽出式，主副斜井进风，回风斜井（原主斜井）回风。矿井升级改造后实现双回路供电系统，一用一备。矿井新掘主副斜井，主井井筒长790米，副井井筒长820米，回风斜井井筒长392米。2009年9月6日开工建设，现已竣工。

在矿井建设过程中公司始终坚持“安全第一、预防为主、综合治理”的管理方针，认真贯彻落实好有关安全和生产方面的方针政策和法律法规，加强施工现场管理，及时有效地排除各种安全隐患，不断提高安全质量标准化建设水平，严格建设程序，确保安全生产。

特别是在2012年4月21日组建新班子后，他们在“全国煤炭工业劳动模范”董剑峰总经理的领导下，上下一心，团结拼搏，以国电集团公司、国电燃料公司开展的管理提升活动为契机，以党的十八大精神为指导，以建设资源节约型、环境友好型社会为己任，深入贯彻落实科学发展观，当年实现安全过导水陷落柱、新老系统改扩建工程提前一个月贯通对接、首采工作面安装试生产等安全生产目标，受到国电燃料公司、山西朔州市、平鲁区政府的赞扬。今年，他们创下了半年时间获得山西省兼并重组整合项目初步设计变更和安全专篇的批复，这在山西朔州市区域所有整合煤矿企业中是突出的好成绩。

现在，他们正以积极的姿态、充分的准备迎接山西省各级政府部门的单位工程质量认证，为全面进入生产时期奠定坚实基础。

正待验收中的国强煤业

神华胜利能源公司

“胜利嘉园”职工住宅区

49立方电铲与220吨卡车作业

神华北电胜利能源有限公司（以下简称胜利能源公司）位于锡林浩特市北郊五公里，成立于2003年12月30日，由中国神华股份公司（控股）、北方联合电力公司、锡林郭勒盟国有资产经营公司共同出资组建。主要任务是开发胜利煤田西一号露天矿，经营煤炭综合利用项目，建设大型煤电基地。

胜利能源公司实施煤电一体战略。胜利西一号露天矿于2006年2月17日获国家相关部门核准，建设规模为2000万吨/年。 2009年，露天矿一期1000万吨/年项目通过国家能源局验收，移交生产，二期2000万吨/年项目2011年11月已达产，目前正在验收。

坑口电厂规划分期建设6台66万千瓦机组，目前坑口电厂一期2台66万千瓦机组项目，已获批29个支持性文件，等待国家相关部门核准。

公司始终坚持“安全第一，预防为主”的方针，秉承露天矿能够做到零伤害，三违就是事故的安全生产理念，大力推广本质安全管理体系建设，安全生产一直平稳有序运行。露天矿以连续四年被中国煤炭协会评为安全高效矿井，2013年5月公司被国家安全总局命名为“全国安全文化建设示范企业”。公司已经实现安全生产1376天（截止到2013年6月10日）。

公司坚持科技兴企战略，紧紧围绕生产实际开展科技工作。2011年获得国家专利9项；2012年公司提报国家专利申请11项，获得国家知识产权局授权7项 ，申报公司级修旧利废项目24项，废旧物资修复节约直接成本260余万元；申报公司级小型创新项目70项，创造经济效益2200余万元；是年初下达指标的4倍和2.3倍。

胜利能源公司自觉承担社会责任，积极参与本地区社会公益事业，几年来，用于雪灾、地震、防洪、扶贫等各类社会公益救助资金已超过1000万元。

公司坚持“既要金山银山，又要绿水草原”的建设理念，在建设发展中，把环保作为发展战略之一，严格执行国家“三同时”的有关政策法规，为保护草原，恢复生态已经投入资金近2亿元，到界排土场绿化达到540万平米，未到界排土场全部布设了生态笆，疏干水由水厂净化后达标排放，生态恢复率达到了97%以上，拦渣率达到了97.3%。绿化效果十分显著。2013年第一季度被内蒙古自治区绿化办公室评为绿化示范企业。

在生产规模迅速扩大的同时，公司党的建设、精神文明建设、思想政治工作、企业文化建设和党风廉政建设等工作得到进一步加强。2009年，公司荣获内蒙古自治区“五一”劳动奖，同年被国家人力资源部、国资委评为“中央企业先进集体”和“思想政治工作先进单位”。目前公司已经获得地方政府和集团各类奖项45个。

在“十二五”和未来的发展中 ，神华胜利能源公司将继续坚持科学发展 ，建设先进的、和谐的现代化新型能源基地，力争为神华集团建设世界一流的综合能源企业的战略目标和地区经济发展做出新的更大的贡献。

露天矿　生产现场

阜宁县

阜宁县

一、阜宁县概况

阜宁地处江苏沿海中部，县域面积1439平方公里，人口109万，辖14个镇和“两区两园一湖”（省级阜宁经济开发区、东益经济区、澳洋工业园、富士康产业园、金沙湖）。阜宁历史悠久，清雍正九年（1731年）建县，境内地势平坦，气候温和，物阜民宁，素有“江淮乐地”之称。阜宁是著名的红色圣地、水绿宝地、创业福地，也是知名的“淮剧之乡”、“杂技之乡”、“建筑之乡”和“长寿之乡”。先后获得国家星火技术密集区、全国科技工作先进县、全国食品工业强县、全国肉类产量百强县、全国粮食产量百强县、全国绿化模范县、国家一类生态示范区、全国新能源产业百强县、苏商投资中国·最具投资价值城市、江苏省文明城市、江苏省社会治安综合治理先进县等称号。

近年来，伴着江苏沿海开发的大潮，阜宁县按照“万众一心齐拼搏，五年再展新宏图”的总体要求，高扬大变革大发展主旋律，全力加快发展，奋力跨越争先，新型工业化、经济外向化、城乡一体化进程不断加快，经济社会发展取得了令人瞩目的成就。新特产业快速集聚，省级阜宁经济开发区、东益经济区、澳洋工业园、富士康产业园“两区两园”竞相发展，中铝集团稀土应用产业园、三得普华智能电网产业园、中粮集团农产品精深加工产业园、山西晋煤集团煤化工产业园等4个专业园区加快建设，风电装备、光电光伏、粘胶纤维、环保滤料等新特产业蓬勃兴起，阀门机械、开关柜、轻工食品等传统优势产业再展雄风，经济转型升级加快步伐。高效农业全面提升，高效设施栽培遍地开花，生态猪养殖总量全省第一，生态猪肉、绿色西瓜、有机大米“生态三宝”打响品牌，农业现代化夯实基础。现代交通基本形成，累计新建一级公路201公里，到目前已通车176公里，全面连通沿海高速、宁连高速、京沪高速、盐淮徐高速和宁靖盐高速；国家三级航道通榆河、射阳河、苏北灌溉总渠贯通县境，国家内河运输二类口岸阜宁港全面开放；建阜高速、沿海高铁“两高”工程将成为阜宁通向现代化的快速通道。城市面貌焕然一新，以100平方公里新老城区为主城，各10平方公里城东开发区新城、城西澳洋新城为两翼的城市新格局已经形成，致力建设沿海新兴工贸城市和沿海城镇轴连云港至盐城次中心。社会事业全面进步，“八有”民生实事惠及百姓，城乡居民收入持续增长，广大群众幸福指数节节攀高。平安阜宁、诚信阜宁、绿色阜宁的名片更加亮丽，低成本、零障碍、高效率的商务环境更加优越。阜宁县正瞄准打造苏北新能源产业基地县、绿色发展先进县、统筹城乡示范县、民生“八有”样板县、风清气正典型县的目标，始终

金海新能源

中成紧固件

突出工业主导，更加注重生态文明，坚定不移朝着高水平小康社会迈进。

二、能源行业情况

1. 能源项目情况

近年以来，阜宁县以科学发展观为指导，认真贯彻落实中央和省有关能源行业的重大决策与工作部署，围绕“重点开发新能源、统筹推进清洁能源、培植壮大能源装备产业、积极争创全国绿色能源示范县”的工作目标，开发和储备了一系列能源项目。2002 年，建成 2×15MW 协鑫环保热电联产项目；2009 年，建成当时国内最大的屋顶光伏电站——荣威 3MW 屋顶光伏电站；2010 年，建成 3MW 双昌肥业有限公司余热发电项目；2012 年，3×7.5MW 澳洋公司自备电厂项目通过国家能源局核准；2013 年 10 月，县水产养殖场 30MW“渔光互补”光伏电站项目并网运行；县内首个国家“金太阳”示范工程——海鑫 4.23MW 屋顶光伏电站通过验收，已并网；沟墩镇白水塘 30MW“渔光互补”光伏电站项目已上报省相关部门申请开展前期工作。

“十二五”期间，该县将全面建成益林马家荡 50MW、沟墩白水塘 100MW“渔光互补”等光伏发电项目，积极探索农业智能大棚与光伏电站相结合、光伏发电与建筑一体化项目，深入调研废黄河堆堤 10 万千瓦、马家荡圩区 10 万千瓦低风速风电场项目；申报核准并开工建设 6×400MW 级燃机热电联产和天然气调峰发电项目；开工建设并投运垃圾焚烧发电、秸杆发电项目；建成双多公司自备热电厂及吹风气余热发电项目；调研开发能源植物柳枝稷、飞轮储能电池、钒电池等项目；积极推广农村秸杆综合利用、镇村沼气清洁利用项目；建立健全全县统一的能源管理服务机构组织，聘请高资质工程咨询单位编制绿色能源示范县规划实施方案，全面启动并实施完成绿色能源示范县各项工作。

2. 能源装备产业情况

在推进能源项目开发的同时，阜宁县积极抢抓江苏沿海开发国家战略机遇，针对县域沿海不临海的实际，积极转变思维方式，主动策应沿海开发，与临海县份分工协作，互动并进，重点发展与沿海资源密切相关的先进制造业，

荣威 3MW 屋顶光伏电站项目

大力培植风电装备和光电光伏产业，努力在更大的范围内配置资源、做大产业，以实现与沿海县份优势互补、同步发展、错位发展和差异化发展。

该县没有沿海和海上风场资源，但能生产叶片、塔筒、法兰、轴承、螺栓和控制系统等风电装备重要零部件，与临海县份风场资源分工协作。2009 年 7 月，江苏阜宁风电装备产业园获批江苏沿海第一家省级风电装备特色产业园区，已有中材叶片、神山风塔、三得普华风电控制系统、京冶轴承、金海法兰、中成螺栓等一批项目落户园区，现已建成江苏省风电装备产业链条最长、零部件最多的风电装备产业基地，正在着力打造国内外具有较高知名度的海陆风电装备城。

该县没有沿海滩涂光伏发电资源，但能成功建设屋顶光伏电站、“渔光互补”光伏电站，着力发展光伏光电产业，突出光伏、光电两个产业一体发展、互动并进，以太阳能电池组件、晶硅电池切片项目为龙头，引进太阳能背板、支架、光伏玻璃、逆变器及动力电池等项目，打造新能源产业新的增长极；以富晶钻蓝宝石项目为龙头，积极配套新上蓝宝石晶体、外延片、芯片制造及封装、照明产品等产业关联项目，打造全国一流的 LED 产业制造中心。

通过错位发展、融合发展，着力推进阜宁县与沿海县份优势互补、共同发展，让沿海风光资源成为该县的产业配套发展资源，实现与沿海县份互动并进、差异化发展。

阜宁城南新区

山东能源临沂矿业集团新驿煤矿

山东能源临矿集团新驿煤矿坐落于古九州之一的山东省兖州市境内，是一座于2004年5月1日建成投产的现代化高产高效矿井，井田面积59.6Km²，核定生产能力105万吨/年，主要产品有精煤、混煤、洗块、动力煤等，具有低灰、特低硫、低磷、高发热量的特点。目前全矿职工2060人，已连续八年实现安全生产。

矿区夜色

矿井自投产以来，始终注重发挥科技这第一生产力作用，按照建设“新型现代化一流精优矿井”的发展目标，和“以人为本、创新管理、安全高效、追求卓越”的发展理念，坚持高层次发展、深内涵建设，走“绿色开采、低碳发展”之路，大力推进技术改革与创新，深入推进本质安全型、高产高效型及数字化矿山、绿色型矿井、和谐型企业“五大工程”建设，突出“实力、平安、创新、活力、阳光、幸福”核心理念，持续开创了改革发展事业的新局面，实现了规模发展、经济效益、现代化建设、企业形象及社会贡献能力连年提升。

特别是近几年来，新驿煤矿通过对矿井进行全面的挖潜增效、改革创新，实现了各项指标成倍增长、创新创效能力大幅提升、现代化矿井建设持续推进，并逐步实现了井下原生矸石低成本充填置换煤炭资源，地面煤矸不落地，井下黑色煤炭绿色开采、地面生态花园式的发展新亮点，矿井综合实力达到国内同类型矿井领先水平，持续刷新了矿井发展史上的“新纪录”，保持了持续高效、跨越式发展的强劲态势。在信息化建设中，围绕数字化、智慧化矿山建设，配置高精技术装备及系统，形成了调度指挥中心、综合自动化控制中心、洗煤厂集控中心、智能办公系统、E矿山、井下安全信息采集系统等为主的信息化管控体系，在推动企业高速跨越发展中发挥了极大的作用。在节能降耗中，矿井积极响应国家建设节约型能源企业号召，发展循环经济，大力实施水循环、矸石再利用等工艺，形成了产量、质量、成本、环保一体化生产模式，促进了企业又好又快发展。在和谐矿区建设上，坚持以人为本，以山东能源“超越文化”与临矿集团“实新”文化为引领，着力建设“管理规范、工作实效、效益最大、氛围和谐”的企业文化，统一了核心价值观和理念，企业凝聚力、战斗力持续提高。

新驿煤矿的快速发展得到了同行业及社会的广泛赞誉，先后荣获“全国煤炭行业优质工程”、“全国先进煤矿”、“全国煤炭工业先进集体”、“全国煤炭系统文明煤矿”、“国家级安全质量标准化煤矿”、“全国煤炭工业行业一级安全高效矿井”、“山东省煤矿安全生产先进单位”、“山东省十佳煤矿”、“山东省文明单位”等荣誉称号，并连续七年获得“山东省安全程度评估A级矿井”荣誉称号。

矿山儿女多壮志，百尺竿头谱新编。当前，在“十二五”快越发展的征程中，新驿煤矿将立足新起点、实施新跨越，建设成为齐鲁大地上的一颗璀璨的明珠。

现代化的调度指挥中心

耗资300余万元建成的自动化信息集控中心

通威集团

通威集团是以农业、新能源为双主业的大型民营科技型企业，拥有全球首屈一指的水产饲料生产基地和最完整的自主知识产权光伏能源产业链条，并在化工、宠物食品、IT、建筑与房地产等行业取得飞速发展。集团目前拥有全国及东南亚110余家分、子公司，员工逾2万人。秉承“为了生活更美好”的核心理念和“追求卓越，奉献社会”的企业宗旨，通威集团始终保持稳健快速的发展节奏，2012年集团实现销售收入412亿元人民币，预计未来3-5年内，销售收入将达600-1000亿元人民币。

通威国际中心

志在为中国乃至世界未来新能源发展做出应有的努力，2007年初，通威集团正式进入多晶硅太阳能光伏产业，与巨星集团共同投资成立四川永祥股份有限公司，注册资本金为9.21亿元，旗下拥有四川永祥多晶硅有限公司、乐山永祥硅业有限公司和乐山市永祥多晶硅有限公司3个子公司。2008年9月，首期1000吨永祥多晶硅项目顺利建成投产，项目开创了从立项到投产的国内外行业最快建设速度，创造了同种尺寸、规格单炉产量最高，同级别纯度最高等多项行业记录，项目的环保治理基本做到零排放，特别是装置下线的多晶硅产品，纯度达到了八个9，接近电子级的标准，创造了多晶硅行业的一大奇迹。到2013年底，永祥多晶硅产能将达到10000吨。

2009年4月，从新能源板块发展战略考虑，通威集团迈出了进军太阳能光伏产业下游领域的步伐，并于2009年8月正式组建通威太阳能有限公司并开始积极谋布。2011年4月，通威太阳能（成都）有限公司正式成立，一期项目计划建设300MWp硅片、300MWp电池片，该期项目预计投资13亿人民币，投产后预计年销售达18亿人民币。计划在未来的3—5年内，形成超过2GW的产能。这一年，通威集团也全面启动光伏产业终端市场，并于2011年9月21日与新疆维吾尔自治区人民政府签署战略合作框架协议，永祥股份在新疆巨资打造的“太阳能光伏一体化项目”由此启动。该项目位于新疆阜康市产业园，包括5万吨太阳能级多晶硅项目、3GW太阳能硅片及电池项目和5座各35万千瓦火力发电机组，项目规划总用地9000亩，计划总投资435亿元。

与此同时，2011年底通威集团旗下通威太阳能有限公司与新疆且末县人民政府签署了1GWp大型光伏电站投资协议，计划总投资约150亿元。2012年又分别与四川盐源县人民政府和新疆和静县人民政府签署了大型光伏电站投资合作协议。目前，通威与四川省理塘县人民政府、甘肃省金昌市人民政府、内蒙古乌海市人民政府的光伏电站投资项目也在加紧推进。

依托在太阳能光伏产业方面的积极谋划和优势技术，通威集团始终坚持以一个成功企业的高度社会责任感，用真情和爱心回馈社会各界的厚爱。自2007年通威集团每年捐赠500万元，十年共捐赠5000万元实施“思源·阳光计划”，主要用于太阳能清洁能源的科研投入和新技术、新产品的试验和研发，以及为经济欠发达地区送去优质、高效、环保的太阳能生产、生活用电。

2011年4月在甘孜州若拉村建设300KW并网光伏电站

新疆龟兹矿业有限公司

龟兹矿业办公区

新疆龟兹矿业有限公司是河南煤化集团新疆能源化工有限公司的下属子公司，于2008年6月22日由永煤集团以收购股权的方式正式接管。河南煤业化工集团有限责任公司，是2008年12月5日经河南省委、省政府批准，由永煤集团、焦煤集团、鹤煤集团、中原大化集团、河南煤气集团等5家单位战略重组成立的国有独资公司，位列世界500强企业内。河南煤业化工集团紧紧抓住新疆跨越式发展的历史机遇，2008年初进入新疆，2008年11月6日成立全资子公司——河南煤化集团新疆能源化工有限公司，主要从事煤炭开采及洗选、煤化工产品开发、电力、物流贸易等产业，主要分布在库拜地区、伊犁地区、准东地区、吐哈地区，目前河南煤化新疆公司在南疆地区拥有龟兹矿业、众泰煤焦化、众维煤业、音西煤业、恒泰煤业和康苏煤矿等6个下属矿厂。

龟兹矿业自河南煤化集团正式接管以来，已渡过了五个春秋。五年的艰苦磨砺，五年的跨越发展，龟兹矿业由小到大，从弱到强，从一个设备落后的小煤窑发展成为机械化完善的中型现代化大煤矿，东井实现年产63万吨，西井实现年产90万吨。龟兹矿业秉承"做有责任的企业、做有责任的员工"的理念，不断推进地企和谐发展，利税由2009年的3006万元提高到2012年的3.49亿元，缴纳各种税费总额2.28多亿元，吸纳民族职工就业100多名，获得了库车县"2012年度纳税突出贡献企业二等奖"和"扶贫状元"称号。数字证明足迹，汗水推动梦想。全矿1000多名员工用智慧和勇气，把龟兹矿业打造成一朵南疆地区绚丽多姿的奇葩，一颗璀璨夺目的煤海新星。

龟兹矿业秉承集团公司"生命至高无上，安全发展第一"的安全理念，把安全工作放在重于一切、先于一切、高于一切的位置，大力提升机械化、标准化、信息化水平，创新安全管理，形成强大的安全保障能力。

龟兹矿业从接管起就瞄准国内外采矿业发展前沿，大力推行机械化生产，在不到两年的时间内，全公司两个矿井均实现了100%的机械化，机械化的实现为矿井安全高效的生产提供了强有效的保障。龟兹矿业结合矿井实际不断创新安全管理模式，创新实施了"六确认、六不干"、

龟兹矿业领导班子共商发展大计

龟兹矿业承办新疆公司安全管理创新交流会

龟兹矿业获得库车县2012年度纳税突出贡献企业二等奖称号

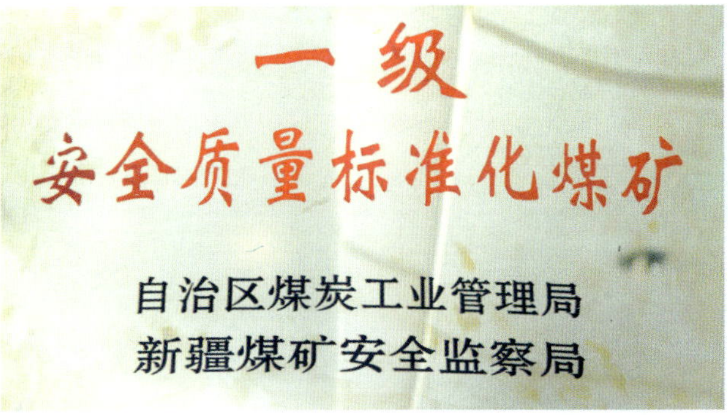

自治区质标化一级矿井

“矿帽亮身份”、尽职尽责约谈等安全管理方法，安全管理水平得到显著提升。特别是把市场机制引入班组安全隐患管理，推广实施了班组安全隐患买卖。班组隐患买卖实施以来公司安全隐患月均数量较之前下降了40%，整改率提高95%以上，现场安全得到了有效保证。安全隐患闭合管理实现OA办公，隐患整改管理更加透明化、效率化、可借鉴化。

自2008年河南煤化接管龟兹矿业以来，公司实现了安全生产，得到自治区各级党委、政府和行业主管部门的高度评价。2009年至2012年连续三年被评为库车县煤炭工业“安全生产先进单位”，2011年和2012年连续两年被阿克苏地区煤炭局评为“煤矿安全管理先进单位”，2010年，该矿被评为自治区级质量标准化示范矿井，目前西井已初步达到国家级质量标准化矿井要求。2013年初龟兹矿业被中国煤炭工业协会评为“2010-2011年度全国煤炭工业先进煤矿”。

龟兹矿业牢固树立以“制度化、规范化、市场化”为主体的“三化”管理理念，通过引入市场机制，充分调动广大员工的积极性，引导生产经营管理工作向纵深发展，实现了企业从生产管理向生产经营管理的转变。改革出新招，创新换辉煌。龟兹矿业实行一岗多责的管理模式，将员工的收入同岗位职责、员工工作业绩等职责挂钩，更好地调动员工的生产积极性，让创造财富的源泉充分涌流。

以人为本，龟兹矿业始终致力于为员工创造体面劳动和快乐生活的条件，使每一个员工生活得更有尊严。井上绿色盎然的广场、宽敞整洁的宿舍、花样丰富的饭菜和班中餐、提供精神生活的图书阅览室和职工娱乐中心；井下宽敞明亮的主巷（hang）道、标准亮丽的现代化工作面、醒目协调的通行标识……开心生活，快乐工作，龟兹矿业已成为员工享受工作和生活的一方乐土。

龟兹矿业的快速发展，得到了各级政府的高度关注，在全疆树立了河南煤化的良好形象。龟兹矿业在发展的同时，也以造福地方为己任，为带动地方就业，贡献利税，促进当地经济发展做着孜孜不倦的贡献。党的十八大光芒洒向新疆大地，面向未来，龟兹矿业全体干部职工怀着一颗感恩的心，大力推进本安型、和谐型矿井建设，再谱龟兹矿业发展的新篇章。

龟兹矿业综采生产现场

2011年7月27日，龟兹矿业首届技术比武活动吸引了来自库车县各企业单位的众多观摩团前来参观学习

兵团第二师库尔勒金川矿业公司

公司兴建廉租房 300 多套，改善了员工居住条件

库尔勒金川矿业有限公司隶属新疆生产建设兵团第二师，地处巴音郭楞蒙古自治州库尔勒塔什店镇西北 13 公里。有金川煤矿和塔什店煤矿两个现代化生产矿井，年产能 300 万吨。矿区总面积 26.85 平方公里，地质储量 2.2 亿吨，现有员工 550 人。公司目前是兵团最大的国有煤炭生产企业，是巴州和二师重点骨干企业，稳定着区域煤炭市场，全力保障着电煤、热煤供应。

公司重视科技投入，先后投入 1.9 亿元对安全装备水平和生产工艺进行技术完善，以科技保安全促发展。两个生产矿井采煤方法采用国内领先的走向长壁综合机械化放顶煤，安全生产为计算机智能化全过程监测，实现井下人员定位可视化、数字化管理，广播音乐也已送到井下。公司劳动生产率、机械化程度处于疆内先进水平。

在发展中，公司领导班子认真执行党和国家路线、方针、政策，严格遵守国家法律、法规，认真贯彻“安全第一、预防为主、综合治理”的安全生产方针，坚持科学发展观，坚持以人为本，团结奋进，推进民主管理，带领干部职工，发扬“团结拼搏、追求卓越、安全高效、争创一流”的金川企业精神，以创一流企业的坚定信心，克服资金短缺、市场压力、技术等各种困难，推进企业又好又快发展。近 5 年来，通过实施产业升级，增加产能 164 万吨，提前 4 年实现“十二五”规划目标。坚持科学发展，重视资源有效利用，回采率达到 90% 以上，通过合理回避地质断层和复杂构造，建成了新疆区域最长的 2950 米长的采煤工作面顺槽。

五年来，公司累计生产煤炭 1107 万吨，完成工业总产值 14.67 亿元，完成工业增加值 9.42 亿元，累计销售煤炭 1047 万吨，完成销售收入 13.78 亿元，实现利润 1.93 亿元，上交税费 3.14 亿元，还师借款 1.28 亿元，还开发银行 1 亿元。资产总额由最初的 5.049 亿元增长到现在的 6.85 亿元，增长 36%。

2011 年 7 月，两个矿井在兵团煤炭企业中率先通过国家安全质量标准化一级达标验收。

近两年公司先后被评为全国煤炭企业先进集体、全国工人先锋号、全国和谐劳动关系模范单位、全国普法先进单位；被自治区评为“双十佳煤矿”、安康杯先进单位；被兵团党委评为先进基层党委、授予兵团级精神文明先进单位，列为兵团示范化矿井，连续三年被兵团评为安全生产先进单位。

金川矿业两个煤矿年产能 300 万吨，占兵团煤炭产量的三分之一

公司厂区一隅

公司在经营管理中牢固树立以人为本思想，以严格管理、规范管理为基本手段，形成严密的闭环式管理，夯实基础，强本固基，持续改进，保障安全生产，提升管理水平。牢固树立"只要管理到位，煤矿就可以做到不死人"；"瓦斯超限就是事故"的两个安全理念，努力创建本质安全型、质量效益型、科技创新型、资源节约型、和谐发展型的"五型"企业。坚持每日八点半的晨会和公司领导总值班制度，深入开展"查隐患、抓整改、促落实"的"一、三、五"工作流程，狠抓现场的安全管理，强化生产现场动态管理，确保生产系统安全运转。

以班组建设和标准化管理为平台，深入开展危险源辨识、手指口述、岗位描述、集体升入井、安全宣誓、每日一题等为主题的安全现场管理和风险预控活动。逐步完善岗位职责、管理流程、管理标准、工作程序和工作标准，建立安全风险预控管理体系。建立和完善岗位、区队、科室、专业、矿井五级风险预控和隐患排查体系，使安全管理形成员工自律、班组自主、区队自治、专业自控、矿井保安的联动互促机制。

加强对安全管理执行力的考评，从严治矿，对安全生产做到"三抓一严一勤一重"：抓现场、抓分析、抓追究，严处理、勤检查、重落实，形成了全方位多层次的立体安全网络。在公司全面推行准军事化管理，规范干部职工的行为规范，提升个体和队伍的综合素质。

公司把安全质量标准化作为"一切工作的基础"，提高到"生命工程"的高度来认识。认真落实"质量第一，注重过程，持续改进，打造精品"的质量观。按照"高起点规划、高标准建设、高效能管理"的思路，采取总体规划、分片治理、逐步优化、巩固提高的原则，实现了公司质量标准化由井下到地面全方位延伸。围绕班组建设组织开展了以安全质量标准化达标及现场目标管理为主题的劳动竞赛活动。

将"敬业精神，专业水平，持续改进，共同成长"做为公司企业文化的核心目标，开展以"安全文化、管理文化、廉政文化、职业道德文化"四个体系为核心的企业文化体系。在班组中开展每日一题、每周一案例、每月一考、每季一评和"三个一"活动（每人一本书、一支笔、一个本）的素质提升工程。编写了《金川人》企业歌、《安全歌》，在每天晨会和班前会上唱，用歌声烘托企业文化，凝聚职工，激发干部职工忠于企业、创业奉献的激情。出版了《走进金川》，该书被兵团党委宣传部列为学习推广图书。在职工中全面推进国学文化《弟子规》的学习，将公司企业文化与传统文化相结合，使企业文化实现质的提升，管理水平实现新的跨越。

率先在兵团煤矿企业中推行了"整理、整顿、清扫、清洁、素养、安全、节约"7S 管理和准军事化管理，美化了矿区和工作环境，树立了公司形象，有力地促进了管理水平和管理质量的提升。

为使干部职工时刻感受到企业发展带来的实惠，近年来，公司加大力度对矿区基础设施进行了改造和完善：先后实施了矿区公路畅通工程、职工饮水工程、绿化工程、美化工程，实施了职工安居工程，在矿区建设职工住房、公寓 300 套，在库尔勒市建设棚户区改造住房 460 套，使 50% 的职工在矿区住上了楼房，60% 的职工在市区有了住房，使职工真正实现体面工作、快乐生活。

面对大发展的机遇，锐意进取的金川人正在运作成立金川能源集团，通过合资、兼并、控股、租赁等形式来获得对更大资本的支配权，在"十二五"末再造一个金川；实施"大煤炭"战略，以煤炭为主业，立足巴州，服务南疆，精心打造"煤电、煤化工"为主体的优势产业，推动相关产业的关联发展，构筑起内涵丰富、外延广阔、前景非凡的产业发展新格局，实现资源优势向经济优势的转变，使企业稳定发展、卓越成长，努力建成兵团煤炭企业生产安全一流、生产效益一流、队伍和企业文化一流的现代化文明企业。

金川机械厂员工在维修液压支架

抢险救援队员在国家（区域）兵团救援基地演练

西藏旁多水利枢纽工程

基础防渗墙夜间施工

一、工程概况

旁多水利枢纽工程是国家西部大开发十周年开工的23个重点项目之一，是西藏自治区“十一五”重点建设项目，也是西藏规模最大的水利枢纽工程。

旁多水利枢纽工程地处西藏拉萨河流域中游，坝址位于西藏自治区林周县旁多乡下游约1.5公里，距拉萨市直线距离63公里。工程以灌溉、发电为主，兼顾防洪和供水，水库总库容12.3亿立方米，控制流域面积16370平方公里，占拉萨河流域面积的49.8%。工程主要由沥青混凝土心墙砂砾石坝、泄洪洞、导流洞、引水发电系统及灌溉输水洞等组成，为Ⅰ等大（1）型工程，工程控制灌溉面积65万亩，电站装机容量16万千瓦，多年平均发电量5.99亿千瓦时。工程总投资45.69亿元，建设总工期69个月。水库淹没占地56821亩，移民搬迁人口2176人。

二、工程进展情况

旁多水利枢纽主体工程于2009年7月15日开工建设，2011年10月26日按期实现截流，2012年安全度汛，工程计划2013年9月底下闸蓄水，10月底首台机组发电。

大坝坝体填筑：2010年5月18日开工，目前左岸填筑至4076m高程，右岸填筑至4053m高程，计划2014年5月31日完成坝体填筑。大坝基础处理：2009年9月28日开工，2012年4月18日防渗墙施工全部完成，12月19日帷幕灌浆工作全部完成。泄洪兼导流洞：2009年11月18日开工，2011年 10月26日顺利过流，目前该建筑物按设计要求已正常发挥作用。泄洪洞：2010年9月4日开工，已于2012年9月4日实现贯通，目前正在进行混凝土衬砌，下闸蓄水前具备运用条件。发电厂房系统：2010年9月5日开工，目前发电引水洞进口闸室、洞身段和发电厂房正在进行混凝土浇筑，已完成总工程量的90%以上，压力钢管已安装完毕。灌溉输水洞：2011年6月1日开工，已完成洞室开挖3234米（含支洞）。机电设备安装：蜗壳已安装完毕，正在进行桥机调试和定子组装工作。

旁多水利枢纽工程一期征地和移民安置工作已经结束并顺利通过截流前验收。二期征地和新建房屋也已完成，计划2013年5月底前完成下闸蓄水阶段验收。

工程全貌

截流龙口